上海市政工程设计研究总院（集团）有限公司
现代桥梁技术丛书

ARCH BRIDGE
CONSTRUCTION
TECHNOLOGY

拱桥施工技术

邵长宇
汤　虎
常付平
沈　祺　编著

人民交通出版社股份有限公司
北　京

内 容 提 要

本书根据拱桥施工的国内外技术发展、最新动态及相关工程实践成果,针对拱桥结构体系、结构形式以及建筑材料等方面,以工程设计施工应用为导向,阐述了拱桥施工的技术发展、施工方法及关键技术,力求较为全面地反映常用拱桥结构的施工技术特色。本书采取以施工方法为主、兼顾建筑材料的分类方式,将不同形式拱桥的施工技术分别纳入相应的施工方法中。全书共分为8章,包括支架法、提升法、顶推法、浮运架设法、转体法、悬臂拼装法、悬臂浇筑法、劲性骨架及其组合法等内容。

本书可供桥梁技术人员在设计、施工时参考使用,也可供大专院校学生学习参考。

图书在版编目(CIP)数据

拱桥施工技术/邵长宇等编著. — 北京:人民交通出版社股份有限公司, 2022.3

ISBN 978-7-114-17253-3

Ⅰ.①拱… Ⅱ.①邵… Ⅲ.①拱桥—桥梁施工 Ⅳ.①U448.22

中国版本图书馆CIP数据核字(2021)第073795号

上海市政工程设计研究总院(集团)有限公司
现代桥梁技术丛书
Gongqiao Shigong Jishu

书　　名:拱桥施工技术
著 作 者:邵长宇　汤　虎　常付平　沈　祺
责任编辑:卢俊丽
责任校对:孙国靖　魏佳宁
责任印制:刘高彤
出版发行:人民交通出版社股份有限公司
地　　址:(100011)北京市朝阳区安定门外外馆斜街3号
网　　址:http://www.ccpcl.com.cn
销售电话:(010)59757973
总 经 销:人民交通出版社股份有限公司发行部
经　　销:各地新华书店
印　　刷:北京虎彩文化传播有限公司
开　　本:787×1092　1/16
印　　张:17.75
字　　数:432千
版　　次:2022年3月　第1版
印　　次:2022年3月　第1次印刷
书　　号:ISBN 978-7-114-17253-3
定　　价:120.00元

前　言

拱桥作为一种古老的桥型，是所有桥梁体系中变化最多的结构形式。按拱脚是否产生水平推力可分为有推力、无推力及部分推力体系拱桥，按主拱的建筑材料可分为石拱桥、钢拱桥、混凝土拱桥、钢管混凝土拱桥，按桥面与拱肋相对位置又可分为上承式、中承式及下承式拱桥等，每一种划分方式又可以进一步细分为不同类型。拱桥因为结构形式和施工方法的不断发展丰富，能适用大到500m以上、小到100m以下的桥梁。既有适合于山区的结构形式，也有适合于平原地区的结构形式；既适用于公路、城市桥梁，也适用于铁路桥梁；既广泛应用于山区峡谷中，也常见于河流海洋上。古今中外拱桥遍布世界各地，至今仍然长盛不衰，在桥梁建设中占有重要地位。

从拱桥的技术发展看，新材料、新理论、新工艺和新装备的出现，大大推动了拱桥体系及施工技术的发展，使拱桥形式和施工方法多种多样。同一种拱桥形式有多种施工方法，同一种施工方法可以用于不同拱桥形式。面向我国交通基础设施的发展需求，仍然需要建设大量的桥梁工程，拱桥是不可或缺的重要组成部分。国内外社会经济发展程度不同，技术发展存在差别，拱桥施工技术发展也呈现出不同的特点。中国地域辽阔、桥梁建设环境多样，随着拱桥施工技术的多样性发展，为工程师提供了更多的选择，同时也提出了更大的挑战。在面对不同跨度、不同地貌、不同施工条件等一系列特定要求的时候，创新寻求最佳解决方案，成为工程师最有意义的工作。拱桥作为重要的桥型之一，结构与施工方法的多样性使其具有不断拓展、不断进步的发展空间，充分借鉴国内外多方面的成果与经验，对于拱桥施工技术的全面发展具有重要的现实意义。

《拱桥施工技术》是编著者在总结多年学习成果的基础上，加以充实完善而成。按照施工方法划分为8章，包括支架法、提升法、顶推法、浮运架设法、转体法、悬臂拼装法、悬臂浇筑法、劲性骨架及其组合法等内容。汤虎博士高级工程师、常付平高级工程师、沈祺高级工程师分别参与了相关章节上承式拱桥、中承式拱桥、下承式拱桥部分内容的编写。限于时间和水平，缺点在所难免，希望本书的编写能够对我国拱桥技术的发展有所裨益！

编著者
2020年2月

目　　录

第1章 支 架 法

1.1 技 术 特 点

对于钢拱桥而言,特别是中小跨度的钢桥,支架法也是常用的安装施工方法之一。通过搭设临时支架作为梁与拱结构节段单元拼装时的支撑,临时支架设置方案与梁和拱结构的节段划分密切相关,支架的间距和密度等需要考虑梁和拱的受力、现场起吊和运输能力等方面。节段采用较小长度单元时,可以降低对现场运输、起吊设备能力的要求,但需要设置较密集的支架,拼装单元增加、工期加长,现场接缝多、工作量大,不利于工程质量。节段采用较大单元长度时,需要配备较大的运输、吊装设备,可以显著提升工作效率、减少现场工作量、加快工程进度。随着施工装备水平的进步,除非现场遇有特殊情况,现在一般很少采用密集支架安装方法。

综合各种因素确定节段划分后,进行主梁节段和拱肋节段的制造,并运送至现场进行安装。现场安装施工的一般性步骤如下:

(1)在桥位现场修建主梁安装用临时墩。

(2)逐段起吊安装主梁节段,按照预定顺序进行节段间的连接,并完成主梁的拼装。

(3)在主梁上安装拱结构拼装用临时支架(部分支架可穿越主梁支撑于临时墩上)。

(4)依次起吊安装拱肋及其横撑节段,一般顺序为由拱脚到拱顶,边吊装边连接,直至拱肋合龙。

(5)依次安装吊杆(索)并拆除拱肋安装临时支架,直至全部支架拆除、吊杆(索)安装完毕。

(6)张拉吊杆(索)至预定值,拆除主梁临时墩。

(7)混凝土桥面板施工(本步骤仅限于组合梁)。

(8)继续完成后续桥面系施工,必要时可再次张拉调整吊杆力。

施工过程主要步骤如图1.1-1所示。

以上仅是一般性的施工步骤,实际施工时,梁与拱的安装并不限于原位拼装。对于主梁的安装,可以采用提升法、顶推法等方法进行安装,之后再在梁上安装支架进行拱肋拼装;对于拱肋及其横撑的安装,可以在梁面平卧拼装后再竖转,也可以将拱顶高位处的节段,在梁面低位拼装完成再提升就位,这样可以降低起重机的起吊高度要求。总之,梁与拱的安装施工方法灵活多样,可以结合具体工程背景择优选用。主梁采用顶推、主拱采用转体等方法,虽然施工中也需要搭设临时支架,但其临时支架只是作为辅助结构,将按照其主要特征归入顶推法、转体法等相关章节。此外,一些以支架法为主的施工方法,为了更好地解决施工安装问题,针对具体的施工条件采用一些拉杆、扣索等作为支架法的辅助措施,与支架法进行组合,可以取得更为经济合理的效果。

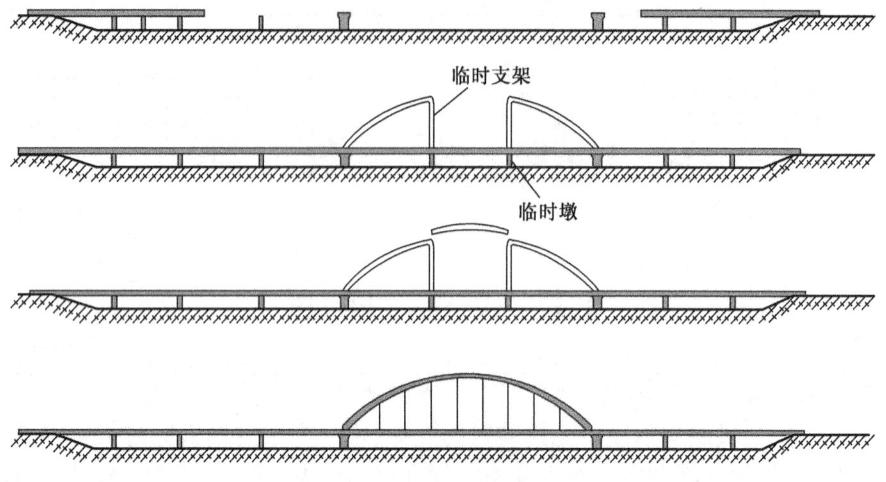

图 1.1-1　拱桥支架法安装示意

支架法安装拱桥并不限于钢拱桥,混凝土拱桥也有采用支架法进行安装施工的案例,但主要在混凝土拱桥建设的早期,跨度最大的达到了 300m 以上,随着施工方法的发展与技术进步,目前已经很少采用支架法进行混凝土拱桥施工。混凝土拱桥采用支架施工的方法,主要可以分为两类:一类为拱架法,另一类为拱形支架法。拱架法的支架不仅做成拱形,而且自身也是一座拱桥,施工时混凝土拱桥的重量施加到拱架后,拱架所受荷载以拱的方式传递到拱脚,因此称为拱架。拱架又可以细分为两种情况:一种是在拱架的拱脚设置拉杆,用以平衡拱脚水平分力作用,表现为系杆拱桥的受力特点;另一种是将拱架的拱脚直接支撑在坚硬地基上,表现为推力拱桥的受力特点。拱形支架法由竖向支架及顶层拱形平台组成,顶部搭设成拱形适应混凝土拱肋现浇或节段拼装,混凝土拱桥的重量施加到拱形平台后,传递到竖向支架上,再由竖向支架传递到支架基础上。显然,在通航河道上修建拱桥时,拱架法(无系杆索时)在施工期间可以保持航道通行,而支架法将会影响航道通行,甚至需要禁止通航。

目前支架法在混凝土拱桥的施工中已经不多见,相对而言,该施工方法代价高、风险大,仅在小跨度混凝土拱桥施工中使用。除了上述施工方法外,也有小跨度混凝土肋拱采用预制拼装的方法施工,预制节段直接由竖向支架提供支撑,而无须在支架顶面设置拱形平台。

1.2　钢　拱　桥

1.2.1　少支架安装

钢拱桥结构自重轻、承载能力强,多采用少支架安装的方法,一般先进行主梁安装、后进行主拱安装,在搭设梁下支架完成拱桥主梁(桥面结构)的安装后,再搭设梁上支架进行拱结构的安装。

采用正交异性钢桥面板的全钢梁结构主梁,无论纵横向如何进行单元划分,在主梁安装时一般都会形成完整的桥面结构。当主梁采用组合梁时情况有所不同,无论采用何种方法,一般其钢梁和桥面板都采用分步施工的方法,先完成桥面结构钢梁部分以及拱肋安装,再现浇或安装预制桥面板。这种施工步骤符合拱桥的受力特点,有利于桥面结构的受力,并可以减小施工难度。特别是对于系杆拱桥,最后安装桥面板可以使系杆大部分水平拉力由钢梁承担,桥面板与钢梁组合后,仅参与承担二期恒载与运营荷载作用。

现场支架法主要适合中小跨度的拱桥,西班牙 Plama del Ria 桥的跨度为 130m,就是采用这种施工方法。Plama del Ria 桥跨越 Guadalquivir 河,是一座主跨 130m 的网状吊杆系杆拱桥,两根倾斜拱肋的矢高为 25m,拱肋截面采用直径 0.9m、最大壁厚 50mm 的钢管截面。主梁由两侧各一根直径 0.9m、最大壁厚 50mm 的钢管截面和间隔 5.0m 布置的变高度横梁以及混凝土桥面板组成。横梁采用工字形截面,最大高度为1.25m,混凝土桥面板宽度为 16m,厚度为 0.25m(图 1.2-1)。

图 1.2-1 Palma del Ria 拱桥空中鸟瞰图

拱桥的施工先将钢拱及主梁预制成可拼装的节段,然后进入现场安装施工阶段,主要的施工步骤如下:

(1)在桥位两侧搭建工作平台进行主梁及主拱的组装,等待吊装。

(2)安装主梁拼装临时支架。

(3)通过河两侧两台重型起重机及一台辅助起重机依次吊装主梁节段,支撑在临时支架上并进行拼接。

(4)完成主梁拼接后,在梁上安装拱肋拼装支架。

(5)采用起重机吊装拱肋节段,支撑在临时支架上并进行拼接。

(6)安装吊索并拆除主拱拱肋临时支撑,张拉调整吊索索力。

(7)拆除主梁临时支撑,进行预制桥面板的安放和现浇桥面板的浇筑。

(8)完成桥面系施工,最终调整吊索成桥索力。

图 1.2-2 所示为主梁节段吊装及安装完成场景,图 1.2-3 所示为拱肋安装过程的支撑和节段吊装状态,图 1.2-4 所示为桥面板施工过程,桥面板下层预制板已经安装就位,等待浇筑上层桥面板混凝土。

图 1.2-2 主梁钢梁的安装施工

图 1.2-3　拱肋安装施工

图 1.2-4　桥面板施工

对于刚梁柔拱体系桁架拱桥，主梁的刚度较大、结构自重较轻，特别是铁路桥梁，桥面二期恒载和运营荷载大，在总荷载中占比高，施工阶段结构适应能力强，可以利用少支架等辅助措施，经济合理地解决安装架设问题。

相对于钢箱拱肋采用支架法施工的案例，刚性梁柔性拱的钢桁拱桥更适合采用支架法施工。钢桁梁结构可以拆分为单构件，对起吊能力要求低，由于其梁高大、抗弯能力强，在少支架情况下可以完成结构安装工作。采用钢桁架的连续梁拱桥，采用支架法施工时可以提供较大的临时通航孔，满足一般通航河道施工期通航需求。

榕江特大桥(图 1.2-5)为双线铁路桥梁，采用刚性梁柔性拱体系的连续梁拱桥。主桥跨径布置为 110m+220m+220m+110m，边跨与中跨之比为 0.5，钢桁梁全长 662m，大桥立面布置如图 1.2-6 所示。拱肋采用抛物线曲线，矢高(上弦以上)为 44m，矢跨比为 1/5。主桥的吊杆全部采用钝体的矩形截面，而主桁结构弦杆和拱肋主要采用加劲矩形断面，桁架腹杆、平联杆及其他细长杆件主要采用王字形和 H 形截面构件。

图 1.2-5　榕江特大桥

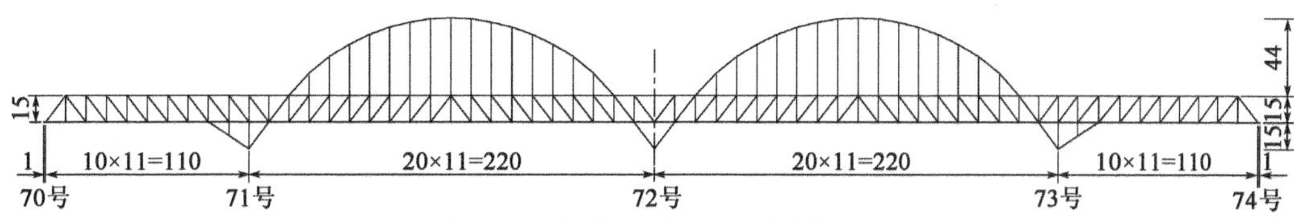

图 1.2-6　主桥立面布置(尺寸单位:m)

大桥的施工考虑类似桥梁的经验,结合本桥钢桁架结构特点以及所处台风区情况,主梁采用临时墩(支架)配合全回转架梁起重机对称悬拼,柔性拱采用全回转架梁起重机对称拼装,避免使用高耸塔架、缆索起重机、门式起重机等大型施工设备,减少施工设备投入,降低施工风险,加快施工进度。

连续梁拱桥的施工,按照先梁后拱的顺序进行,先完成 4 跨钢桁梁的拼装施工,再进行两个主跨拱肋的安装施工。钢桁梁的施工先从边跨开始,通过搭设临时墩为边跨钢桁架拼装提供支撑,直至完成边主墩墩顶钢桁架,继续向主跨跨中方向拼装钢桁梁,并适时拆除边跨临时支撑。

在从两侧向主跨进行钢桁梁拼装施工的同时,适时进行中间主墩顶钢桁梁的拼装施工,然后再从主墩顶向两侧主跨跨中方向对称进行钢桁梁拼装。为了提高双悬臂的抗风稳定性,在中间主墩一侧、距离中心线 5 个钢桁节间位置设置一座临时墩,提高防台风能力,两主跨合龙口将在不对称状态下先后合龙。另外,在两个主跨跨中各设一座临时墩支撑主梁,一方面满足随后进行主拱拼装时的受力需要,另一方面也方便主跨钢桁梁的合龙施工。

钢桁梁架设完成后,进入两个主拱安装施工阶段。由于吊杆采用刚性钢构件,主拱肋拼装和吊杆同步依次进行,由吊杆支撑拱肋。为了保持安装期间的结构稳定,采用了交叉缆风索等措施。通过钢丝绳将两片拱肋与上弦杆交叉连接,提高吊杆和拱圈在施工过程中的稳定性。

主要施工步骤如下:

(1)边跨拼装。分别在两边跨(70 号~71 号、73 号~74 号)间及主跨(71 号~72 号、72 号~73 号)中间搭设临时钢管支墩,在 70 号及 74 号墩位置安装大吨位塔式起重机;通过栈桥,将钢桁梁散件运到塔式起重机处,用塔式起重机分别安装完成靠近 70 号和 74 号墩的 3 个钢桁梁节段;然后在已拼装完成的 3 个钢桁梁节段上,安装调试 2 台悬拼起重机;最后从 70 号和 74 号墩位置,分别向跨中方向悬臂拼装钢桁梁直至 71 号和 73 号墩位置。

(2)主跨拼装。在 72 号主墩搭设墩旁支架,并安装大吨位塔式起重机,用塔式起重机安装 72 号墩两侧各两个钢桁梁节段;再在已经拼装的两个钢桁梁节段上,安装调试两台悬拼起重机;然后从 71 号和 73 号墩位置分别向 72 号墩位置、从 72 号墩位置分别向 71 号和 73 号墩位置进行钢桁梁的对称悬拼;直至跨中的合龙处,分次合龙钢桁梁。

(3)主拱拼装。加长悬拼起重机的吊臂后,按照靠岸侧拱脚→拱顶→靠江侧拱脚的次序,依次安装 71 号~72 号墩的拱肋及吊杆;在顺桥向和横桥向设置吊杆的 4 道临时撑杆,在拱脚位置施加顶力合龙拱肋;同样,72 号~73 号墩的拱肋也从靠岸侧拱脚→拱顶→靠江侧拱脚的顺序,依次完成拱肋的安装与合龙。

(4)桥面板安装。采用整体安装方案,横向焊缝可滞后两个节间焊接;纵肋与纵肋之间、横梁与弦杆的高强度螺栓连接可滞后两个节间终拧。

主要施工过程如图1.2-7～图1.2-12所示。

图1.2-7　边跨桁架安装

图1.2-8　主跨桁架安装

图1.2-9　第一主跨主梁合龙

图1.2-10　第二主跨主梁合龙

图1.2-11　主拱安装

图1.2-12　全桥安装完成

图1.2-13　斜腹杆与临时加强杆件

拱桥安装施工过程中，对较薄弱的下弦杆附加H形截面杆件进行临时加强（图1.2-13），加强杆件和被加强杆件共用螺栓连接副，加强杆件与主桁结构协同工作性能较好，满足大跨度钢桁梁悬拼施工问题，与增加临时墩相比，采用杆件加强方案易加工安装且方便卸除，并节省施工时间和施工成本。

当钢箱拱桥在施工期有通航要求时，也可以采用少支架的安装方法。随着支架的减少，相应系梁与拱肋需要划分为大节段单元，并采用较大的运输与起吊设备。从安装施工的角度看，虽然采用较大的节段单元长度并不一定是最为经济的选择，但考虑到通航要求及现场施工的具体条件，除了顶推法、浮运架设法等施工方法，少支架的方法也可能成为合理的选择。

上海市金山区北环路跨平申线大桥为主跨188m系杆拱桥，大桥主拱矢跨比为1/5，立面矢高为37.6m，拱轴线为二次抛物线，采用提篮式布置，内倾角度为12°。两片拱肋之间设置6道钢箱横向风撑。风撑外设椭圆形装饰结构。吊杆采用高强度平行钢丝束，纵向间距为9m。大桥立面布置如图1.2-14所示。

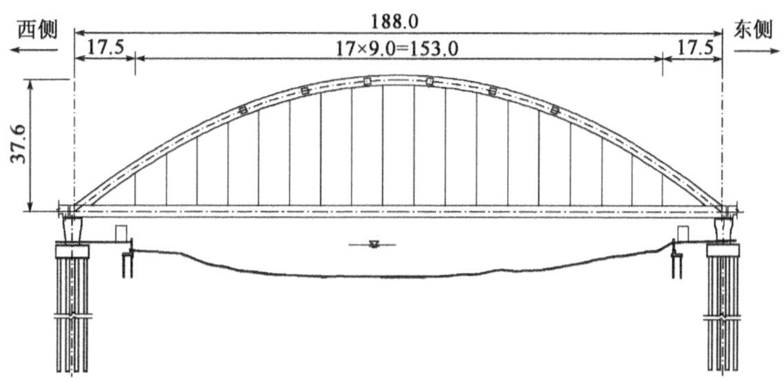

图1.2-14 大桥立面布置(尺寸单位:m)

主拱肋采用钢箱矩形断面，宽2.2m、高2.8m。通过调整顶、底板及腹板板厚来适应不同区域的受力要求，拱顶区域板厚为16mm，拱脚区域板厚为28mm，拱梁结合段处腹板板厚加大至40mm。主拱肋钢板通过纵向板肋进行加劲，沿拱轴线方向每隔约1.8m设置一道环向加劲肋。

主梁(桥面结构)为钢-混凝土组合梁，其中桥面板为组合板，全宽40m。主梁横截面布置如图1.2-15所示。组合梁的钢梁全高3.5m，截面全宽40m，材质为Q345qD。主纵梁采用窄幅钢箱结构，每9m为一个标准节段。两片主纵梁之间采用工字形横梁连接，横梁标准间距为3m、高度为3m，钢-混凝土组合桥面板由兼作模板的钢底板和混凝土组成。主纵梁外侧对应横梁位置设置悬臂挑梁，用于通行非机动车和行人。

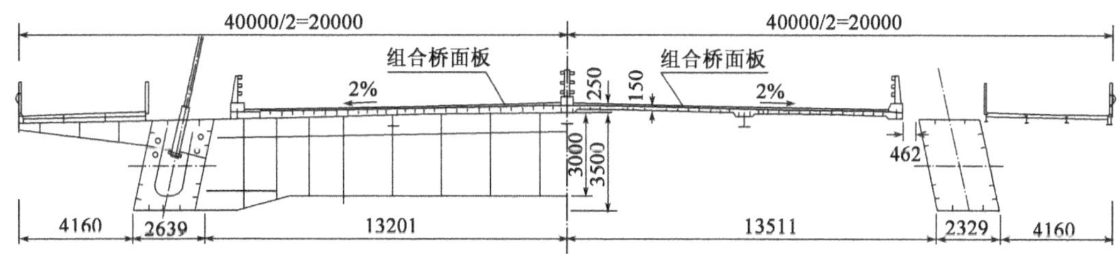

图1.2-15 主梁横断面布置(尺寸单位:mm)

该桥施工期间需要考虑通航要求，河道仅设置两个临时墩，留出67m宽的临时通航孔。因此梁与拱采用大节段、少支架进行架设。主拱、主梁均在工厂内制造成大节段，船运至现场，通过浮式起重机进行拼装施工，施工顺序为先梁后拱。

工厂加工制造时，梁拱结构划分为若干大节段，分别为拱梁交汇段、端横梁节段、中横梁节段、钢纵梁边节段、钢纵梁中节段(合龙段)、拱肋边节段和拱肋中段(合龙段)，最大节段长度约为80m，最大节段质量约为220t。

施工首先从下部结构开始，依次完成钻孔桩、承台和桥墩施工，并安装主桥支座。在下部结构施工的同时，现场同步施工水中临时墩及临时防撞设施，工厂内同步进行钢结构加工制造。钢纵梁、拱肋大节段制造及组合桥面板钢底板制造分别如图 1.2-16 ~ 图 1.2-18 所示。

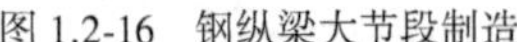

图 1.2-16　钢纵梁大节段制造

图 1.2-17　拱肋大节段制造

图 1.2-18　组合桥面板钢底板制造

钢梁安装主要施工步骤如下：

(1)采用 150t 浮式起重机吊装 4 个拱梁交汇段和 2 个端横梁节段。

(2)采用 150t 浮式起重机由南向北分别吊装上下游 4 个钢纵梁边节段，并完成相应中横梁、小纵梁及人行道挑臂的安装。

(3)利用 600t 浮式起重机由南向北分别吊装上下游 2 个钢纵梁中节段(合龙段)，并完成相应中横梁、小纵梁及人行道挑臂安装。

拱梁交汇段、端横梁节段、钢纵梁边节段、钢纵梁中节段(合龙段)、钢梁中横梁节段吊装施工分别如图 1.2-19 ~ 图 1.2-23 所示。

图 1.2-19　拱梁交汇段吊装

图 1.2-20　端横梁节段吊装

图 1.2-21 钢纵梁边节段吊装

图 1.2-22 钢纵梁中节段(合龙段)吊装

图 1.2-23 钢梁中横梁节段吊装

钢拱肋安装主要施工步骤如下：

(1)搭设拱肋支架,并安装缆风绳联系支架和桥面结构,确保支架稳定。

(2)采用 600t 浮式起重机分别吊装上下游 4 个拱肋边节段,并安装相应横向风撑。

(3)采用 600t 浮式起重机分别吊装上下游 2 个拱肋中节段,并安装相应横向风撑。

拱肋安装临时支架施工、拱肋边节段吊装、拱肋中节段(合龙段)吊装分别如图 1.2-24~图 1.2-26所示。

图 1.2-24 拱肋安装临时支架施工

图 1.2-25 拱肋边节段吊装

图 1.2-26 拱肋中节段(合龙段)吊装

吊杆及组合桥面板施工主要步骤如下：

(1)安装并张拉吊杆,依次拆除拱肋拼装支架和水中临时墩。

(2)安装组合桥面板钢底板,绑扎钢筋,浇筑桥面板混凝土。

(3)安装主梁箱内体外预应力索并张拉。

组合桥面板钢底板及其上钢筋绑扎、桥面板混凝土浇筑施工分别如图 1.2-27 ~ 图 1.2-30 所示。

图 1.2-27 组合桥面板钢底板施工

图 1.2-28 组合桥面板钢筋施工

图 1.2-29 组合桥面板混凝土浇筑施工(一)

图 1.2-30 组合桥面板混凝土浇筑施工(二)

最后,进行拱顶风撑装饰结构、桥面铺装、栏杆等附属工程施工,完成大桥施工。

1.2.2 支架及辅助索安装

对于有通航要求而起吊能力受限的拱桥施工,设置临时支架时需要在河道留出临时通航孔,相应临时通航孔范围内的主梁可以采用提升施工,以便减小节段安装对起吊能力的要求。在拱肋节段单元安装时,需要在梁上搭设支架,为了减小起吊重量,临时支架需要布置在无临时支架支撑的梁段上,这将导致主梁难以承受施工荷载。为此,可以采取辅助索斜拉主梁的方式,以使主梁满足施工阶段的受力要求。

意大利罗马的国会桥(The Ponte dei Congressi)跨越Tiber河,为主跨175m的系杆拱桥,设有24.5m宽的机动车道以及高程低于机动车道的非机动车道,如图1.2-31所示。

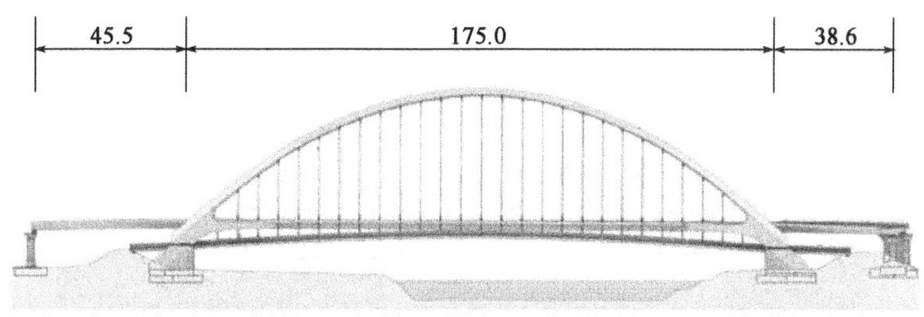

图1.2-31 国会桥立面布置(尺寸单位:m)

该桥的施工总体上采用支架法,但考虑台伯河及其两岸具体情况以及环境保护等要求,对施工方案采取了一些特殊措施,主要施工步骤如图1.2-32所示。主梁在河岸段的施工均采用支架法,而在河道段采用了浮运提升的方法,最终完成全部主梁的安装。随后主拱的安装需要借助于临时塔架和拉索措施,以使主拱拼装用临时支架可以正常布置,并且也使主梁在主拱施工过程中满足受力要求。这些特殊措施保证了桥梁建设对河道影响最小化,也避免了对该区域动植物的影响。

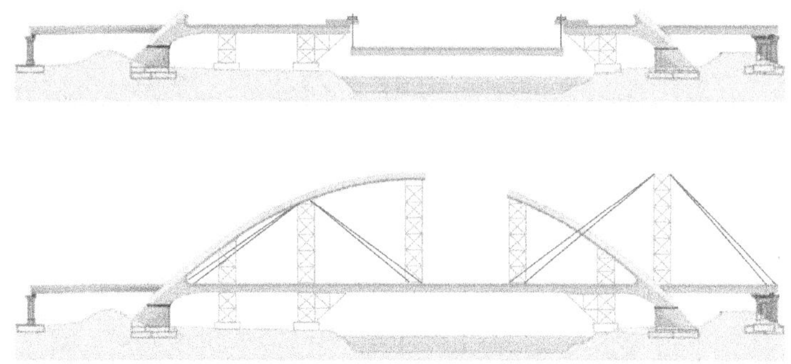

图1.2-32 主梁与拱肋安装示意

采用支架法安装的中承式拱桥,当支架的搭设满足主梁节段架设后,梁上主拱待主梁安装后再搭设支架进行节段拼装,梁下主拱的安装则可以采用斜拉索进行扣挂,以免除搭设支架或避免搭设支架的困难。

日本豆谷大桥是一座位于富山县南砺市利贺村大豆谷附近的中承式拱桥(图1.2-33)。

豆谷大桥的架设地点位于水库建设预定地点的上游,处于山间狭谷地带。因此,受地形条件以及冬季积雪等限制,采用拱桥架设常用的缆索施工法变得极为困难。另外,大桥需要两年时间才能架设完成,为了能够使施工中的拱桥以稳定的结构状态越冬,各结构部位有针对性地采取了不同的架设施工方法,大桥自2014年12月23日开工,至2018年7月31日完工。

豆谷大桥为中承式推力拱桥,主拱拱肋采用钢箱截面形式,主梁采用钢-混凝土组合梁。拱桥立面呈非对称布置,主拱跨度为210.0m,桥梁全长259.0m,跨径布置为217.8m+39.8m,桥梁有效宽度为8.5m。大桥立面及横截面布置如图1.2-34所示。

图 1.2-33　豆谷大桥

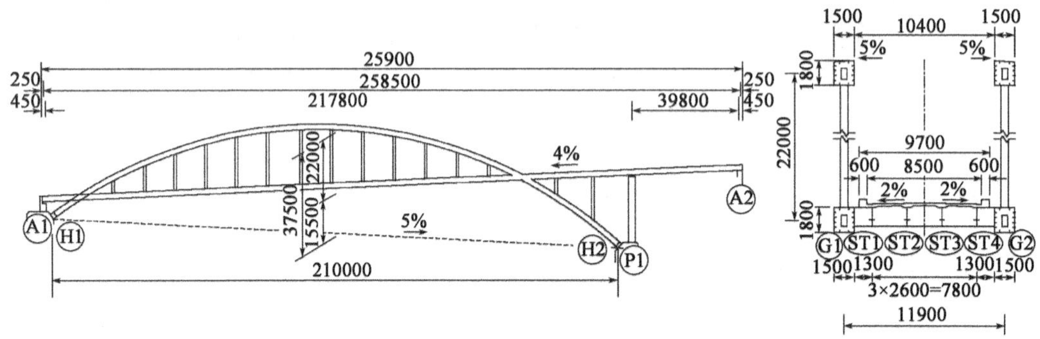

图 1.2-34　豆谷大桥立面及横截面布置(尺寸单位:mm)

现场施工于 2015 年 5 月开始,主要施工步骤如图 1.2-35 所示。2015 年,首先在进行拱桥基础施工的同时,搭设了 6 座临时支架(B1～B6),之后从一侧向另一侧悬臂架设拱跨部分(A1～P1)的加劲梁。通过悬臂架设和平行作业,在拱座进行锚框架的安装和施工混凝土的浇筑。完成加劲梁悬臂架设后,从 2015 年 12 月到 2016 年 3 月,进入了冬休期。

冬休结束后,于 2016 年采用移动式起重机架设包括 A1 墩角部的梁段和 P1～A2 墩范围的加劲梁。随后,在加劲梁上铺设钢轨,然后进行移动式起重机的组装。P1 侧的下拱肋利用 P1 桥墩的斜吊设备,采用移动式起重机进行架设。加劲梁上的拱肋架设采用移动式起重机从 A1 侧向 P1 侧单向推进(图 1.2-36)。

1.2.3　悬臂桁架安装

对于通航要求不高的河道或较为平坦的山谷,可以在近岸处搭设支架(临时墩),采用梁拱同步或交替安装方案,通过在梁拱间设置支撑(压杆)及拉索(拉杆),使梁拱形成桁架受力体系,满足悬臂拼装要求。实施时由拱桥的两侧向跨中方向进行钢拱肋及桥面钢结构的安装,这种施工方法一般适用于中小跨度的拱桥。大跨度拱桥的建筑高度及结构尺度大,若采用这种方法会导致临时墩和支架规模庞大,并且对起吊能力提出过高要求,将失去经济竞争力。

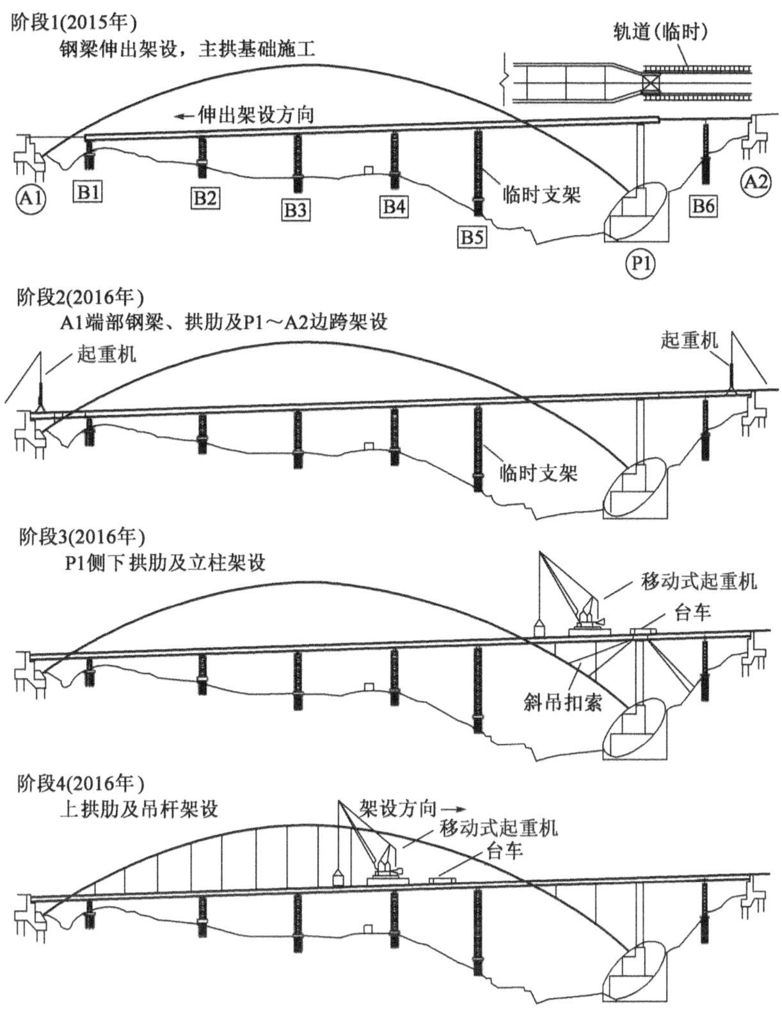

图 1.2-35 豆谷大桥主要施工步骤

图 1.2-36 豆谷大桥拱肋安装场景

对于采用组合桥面结构的拱桥,梁拱同步或交替安装一般是指钢梁部分的安装,组合桥面结构的桥面板,留待拱与梁的钢结构形成完整体系后再进行安装。这样可以减轻施工时对临时支撑、运输起吊设备等方面的要求,还可以调节桥面结构中钢与混凝土的受力分配,减少混凝土桥面板所承受的拉力。

对于采用钢箱拱肋、钢主梁(或组合梁)的拱桥,其一般安装步骤为:搭设临时支架(临时墩)→拼装临时支架上的桥面结构的钢梁节段→吊装拱肋节段→在拱肋与钢梁间设置支撑(压杆)及斜拉索(拉杆)→吊装主梁节段→在拱肋与钢梁间设置斜拉索支撑主梁悬臂→重复进行以上工作直至钢梁与钢拱合龙→进行桥面板施工(仅限组合梁)并完成桥面铺装等施工。针对安装过程的受力需要,根据拼装节段大小及悬臂伸出情况,确定拱肋与主梁之间的受压撑杆及受拉索的布置,伴随梁拱节段交替安装进度,适时安装支撑与斜拉索。根据具体施工情况,斜拉索也可以由支撑杆件替代,相对而言,受拉构件采用拉索更为经济。

系杆拱桥属于中小跨度的拱桥,对于一般的河道或河谷,易于设置临时墩、搭设支架,通过梁与拱交替安装,在其间设置拉压杆件构成桁架受力体系,实现由两侧向跨中无临时墩范围进行拱梁悬臂安装,条件合适时将成为具有经济优势的方法。美国的布伦纳哈塞特(Blennerhassett)桥就采用这一方法,该系杆拱桥主跨跨越俄亥俄河北侧河道,跨度为267.8m、拱高53.3m,桥面结构的钢系梁和拱肋均为箱形结构,立面布置如图1.2-37所示。

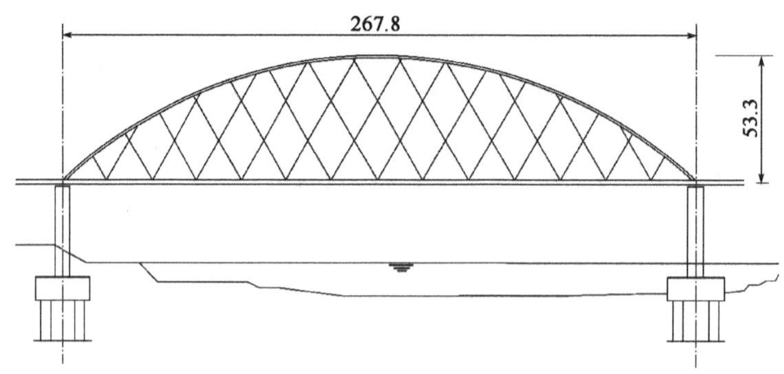

图1.2-37 大桥立面布置(尺寸单位:m)

拱桥的施工分为拱肋和系梁节段的预制和现场拼装,拱肋(含横撑)和钢系梁在预拼场拼装成节段单元,运送至现场进行吊装,每半桥的拱肋和钢系梁悬臂段由2座临时墩、3根临时支撑杆及2道临时拉索构成的系统来支承。支撑杆和支柱设置有顶升装置,可允许3mm内的细微调整,同时系统还设置有系紧装置,用来抵抗最大悬臂状态下的顶升力。北侧的半拱支承于桥墩上的滑动轴承和临时支撑上,施工开始时的位置与最终阶段有150mm的偏移量。系梁合龙时将拱肋向跨中顶进,通过消除系梁段之间的间隙实现。之后调整支撑合龙拱顶段(图1.2-38)。

在拱桥的梁拱安装完成后,进行吊索的安装张拉及桥面板施工,在此期间还需按照确定的施工步骤,有序完成拱梁之间临时支撑和拉索的拆除工作。施工完成后的桥梁如图1.2-39所示。

图 1.2-38 系梁的钢梁与拱肋安装过程

图 1.2-39 拱桥施工完成后的实景

1.3 混凝土拱桥

1.3.1 拱架法安装

拱架法的支架做成拱形，无竖向支架，自身以拱桥形式承载，在一些施工期有通航要求、搭设支架困难的河道等情况下，可以满足拱桥的施工需求。当拱脚附近为岩石等坚硬地基时，施工拱架水平推力由地基平衡；当拱脚地基不很理想时，可在拱架底部设置水平系杆索以平衡水平分力，但施工时不再具备通航条件。

法国 Plougastel 大桥(图 1.3-1)位于法国布列塔尼地区布雷斯特附近，跨越埃洛恩河，采用孔跨布置为 3×186m 的上承式混凝土拱桥，为公铁两用桥，矢高为 27.5m，矢跨比为 1/6.55，主拱拱轴线采用抛物线，拱肋采用变截面箱形截面。大桥首次采用千斤顶调整拱肋内力，消除拱圈在自重作用下的弹性压缩及收缩徐变影响，并方便拆除拱架。

图 1.3-1 法国 Plougastel 大桥

法国 Plougastel 大桥仅采用一个木拱架依次

浇筑三跨拱肋。木拱架在岸边组装,拱架支承在两驳船上,拱架底部采用系杆连接以承受水平拉力;在潮水位合适时机,将岸边木拱架通过驳船运输至第一跨拱肋处就位,将木拱架与拱脚基座固定后,在拱架上浇筑第一跨拱肋;待第一跨拱肋混凝土强度达到要求后,将木拱架与拱肋整体分离,通过驳船运输至第二跨拱肋处就位;依次浇筑第二跨、第三跨拱肋混凝土,随后施工拱上建筑,直至成桥通车。主要施工过程如图 1.3-2 所示。

a)河岸木拱架预制

b)驳船运输木拱架

c)木拱架就位后现浇第一跨拱肋

d)木拱架运至第二跨

e)依次浇筑第二、三跨拱肋

f)成桥通车

图 1.3-2　Plougastel 大桥主要施工过程

桑多(Sandö)大桥(图 1.3-3)是瑞典北部克拉姆福斯市一座跨越尼德河的上承式混凝土拱桥,主跨 264m,桥面距水面 42m。大桥于 1943 年建成,从法国 Albert Louppe 大桥接过世界最大跨度纪录拱桥头衔,直至 1964 年被葡萄牙 Arrábida 桥打破,保持纪录长达 20 年。施工期

a) b) c) d) e) f) g) h)

图 1.3-6 澳大利亚格拉德维尔大桥施工过程

图 1.3-7　瑞士萨尔基那山谷桥

图 1.3-8　许沟大桥

四川攀枝花宝鼎大桥(图1.3-10)跨越金沙江,为双层结构的特殊公路大桥,上层通行汽车及人群,下层为输煤结构。主桥采用净跨170m的上承式钢筋混凝土箱形拱,矢跨比为1/5,拱轴线采用拱轴系数$m=1.756$的悬链线,主拱圈为单箱三室截面,截面高2.8m,宽10.6m,顶板、底板及腹板厚度均为25cm。拱上建筑采用16×10.96m的装配式T梁结构、四柱式多层排架墩。

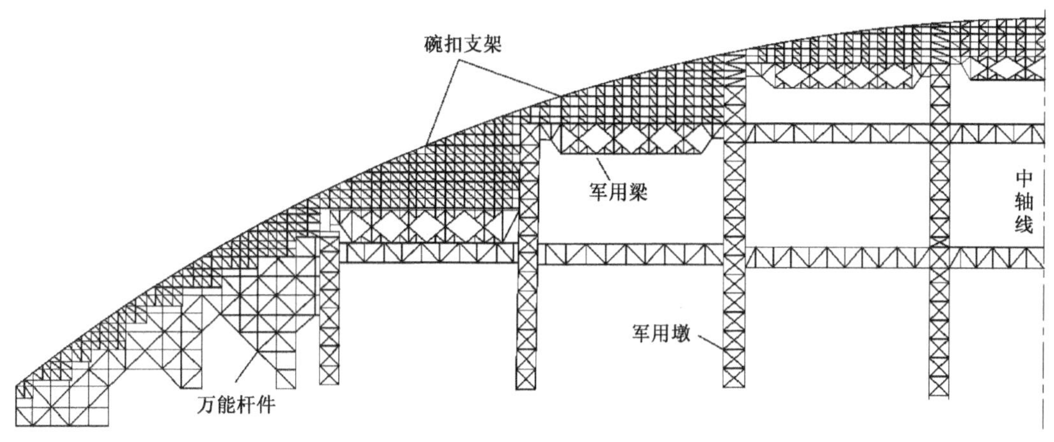

图1.3-9 支架总体布置

图1.3-10 四川攀枝花宝鼎大桥

拱圈采用钢拱架现浇施工。钢拱架由角钢、槽钢焊接组拼成基本节、拱顶节及拱脚节三种类型构件单元,钢拱架安装采用缆索吊装法。

1.3.3 多点支架法安装

多点支架法主要用于拱肋预制的混凝土拱桥施工,通常拱桥的跨度较小,拱肋截面尺寸也较小,桥址环境适合起重机械现场作业。采用这一方法施工的混凝土拱桥并不多见,但在拱桥的跨度、结构形式等条件合适时,可以参考借鉴。

Milowka大桥(图1.3-11)是瑞士S69高速公路的一座桥梁。桥梁全长662.5m,包括9跨梁桥和3跨上承式混凝土拱桥,大桥立面布置如图1.3-12所示。全桥跨径布置为32m+41m+41m+3×103.84m+5×41m+32m,桥梁宽度12.9m。

拱桥采用构件桥位厂预制、现场临时支撑安装的方法施工,每座拱桥共28块预制构件,从拱脚向拱顶安装,单块预制构件重量达36t。大桥2007年建成时为瑞士最大跨度混凝土拱桥,图1.3-13所示为大桥施工过程。

图 1.3-11　瑞士 Milowka 大桥

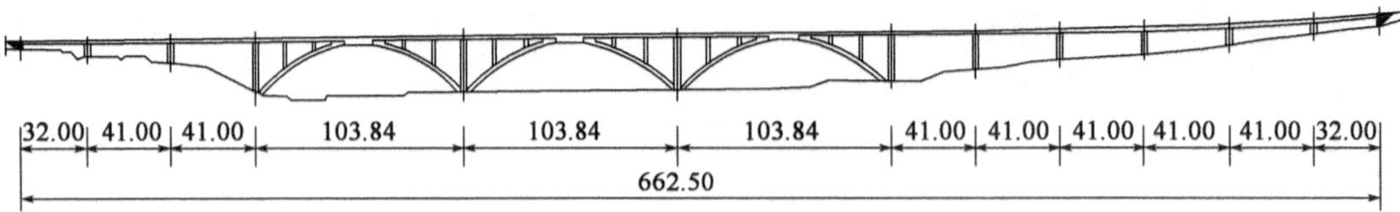

图 1.3-12　立面布置图(尺寸单位:m)

图 1.3-13　大桥施工场景

第2章 提 升 法

2.1 技 术 特 点

提升法是指利用固定在先行安装的永久结构或专用临时塔架上的提升设备进行桥体提升架设的施工方法。桥体一般采用较大的整体单元,在预制场拼装成大节段后进行架设,可以减少现场分节段施工环节、提高现场作业效率。在进行桥体单元划分时,需要考虑拼装场地大小、陆地与水上转运以及提升重量和所需设备能力大小等多方面的因素。大节段提升施工主要有两大类型:一种是在桥位下方(陆地或水上)拼装,然后进行提升;另一种在预制场拼装,之后浮运就位,再进行提升。

通常根据拱桥的结构形式、运输条件和提升能力等情况,确定拱和梁结构分段,并组装成大型节段单元。如中承式拱桥的拱梁固结点之间的结构,可以拼装成系杆拱体系,作为一个大节段进行运输及现场提升架设。此外,中承式拱桥、系杆拱桥的主拱肋的一部分,也可以作为一个大节段单元,拼装完成后在单元两侧下端设置临时系索、撑杆等辅助结构,然后运输到现场进行提升作业。

中承式拱桥提升就位后,需要与已经安装的桥面以下拱肋及边跨主梁进行连接。通常提升节段与已经安装节段的匹配口受力后的变形并不一致,一般需要根据实际情况仔细分析匹配断面的变形,在制造拼装时采取反向预拱措施,以便顺利对接并保证连接质量。此外,对于提升就位准备对接状态下,结构可能发生较大变形的情况,还需针对与提升节段匹配的先期安装的拱肋或梁体,预留空间移动或转动的条件,以便消除较大的匹配误差。当大节段提升就位、定位精度满足要求后即可进行连接施工。提升设备的支撑分为两种情况:一种是提升设备设置在已经安装完成的桥体上,另一种是专门设置临时塔架。

大节段整体提升架设方法一般经历三个主要步骤:首先是在预制场搭设支架进行梁与拱结构拼装,支架的间距和密度等需要考虑节段划分、场内起吊和运输能力等方面;接着是拼装完成的整体结构的场内与场外运输,如果直接在桥位下方进行拼装则可以省去这一步;最后是进行提升架设,安装就位后依次解除临时辅助设施以及吊索安装张拉等。

大节段提升架设具有较高的施工效率和速度,现场工作量相应减少,可大量缩短施工时间,但提升要将大节段运输至永久位置下方,然后提升至最终位置,特别是结构重量与提升高度均很大的情况下,提升施工技术难度大。常用于安装跨越河道的中跨部分时使用,尤其是在浮式起重机或其他安装方法造价高昂、甚至不可行的情况。在这种情况下,提升施工能够在几小时内完成几百吨甚至几千吨的大节段的提升就位,可以大大缩短施工对河道的影响。

2.2 桥上起重机提升安装

2.2.1 一般方法

大节段提升吊装一般用于桥梁跨越河道的中跨部分的安装。岸上或近岸的边跨结构采用比较常规的施工方法,如起重机分段吊装等方法。在完成边跨施工后,将跨越水域的中跨单元船运至现场,采用固定在边跨悬臂端的提升设备,完成对中跨单元的提升就位。提升结束并精确调整完成后,跨中节段和两侧边跨完成对接焊接施工或者螺栓拼接施工。

提升操作可由提升滑轮组或缆索顶升千斤顶实现,可以多台缆索和千斤顶设备并联使用以满足起重要求,提升设备与已施工的结构临时固结。提升的桥体单元和已经安装的结构直接的匹配连接需要采取适当措施予以保证,通常采用焊接的钢结构板件匹配面之间允许的缝隙很小,这会影响提升作业的顺利进行。为确保跨中节段单元的安全提升和提升就位后节段间的连接定位,常见将已经安装结构的匹配接缝设置成上口小、下口大的形式,并利用降温时段接口较大时进行提升,升温时段接口恢复到满足要求时临时锁定的方法。这些措施不能满足要求时,需要将边跨匹配构件先行后撤适当距离,待中跨节段提升结束后,再将其移动至最终位置,然后完成节段间的连接固定。

采用提升方法吊装的桥体单元,其主要的组装工作都在地面或钢结构加工厂完成,有利于施工安全和工程质量。提升施工方法的应用对象一般节段都比较大,提升设备通常需要定制,因此设备的可重复利用性较差。非常复杂的提升工序需要精细的施工操作,并且需要气象条件较好的环境下施工。

提升施工的方法并不仅限于将提升设备设置在边跨结构上进行中跨桥体的提升,根据实际工程具体的结构与环境条件,还可以将提升设备布置在拱肋上,进行主梁大节段单元的提升作业,以提高安装施工效率。显然,这需要相对强大的拱肋和较轻的主梁,否则有可能因为拱肋的承载能力或稳定性能不足而无法实施。

2.2.2 梁拱整体单元提升

利用桥面起重机进行整体吊装的方法,一般适用于中承式拱桥的中间有缆索支撑的部分,该部分拆解出来后,相当于一座系杆拱桥,可以自成体系并实施整体吊装。即使成桥时桥面钢梁与拱肋不是固结体系,也可以采用临时固结措施,使之成为系杆拱桥的结构体系,在完成安装后予以恢复。图 2.2-1 和图 2.2-2 分别示意了两种桥式的提升吊装方案。

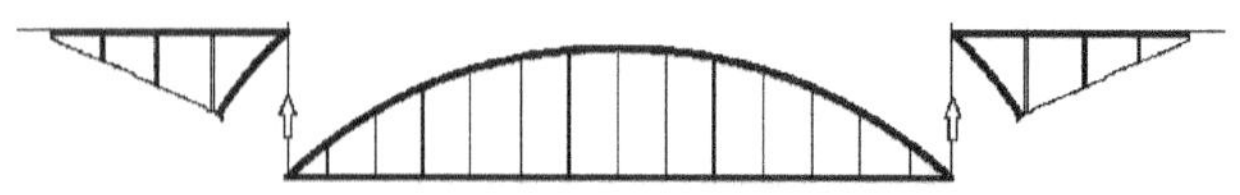

图 2.2-1 有推力中承式拱桥整体吊装示意

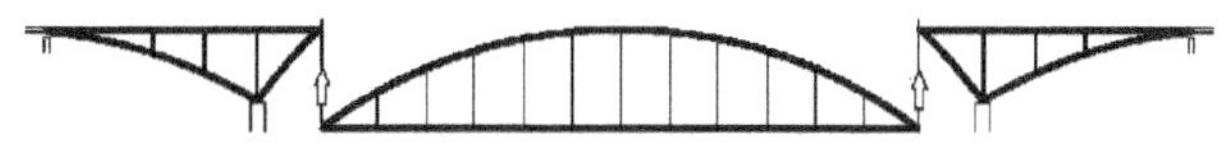

图 2.2-2 部分推力中承式拱桥整体吊装示意

梁拱整体起吊安装施工，当在水域环境由浮式起重机起吊、吊点无法设在“系杆拱桥”的拱脚时，首先应该根据吊装需要对拼装完成的梁与拱结构进行必要的临时加强，一般是在梁拱间设置临时支撑杆件，使之满足吊装时的受力要求，然后进行起吊安装，安装就位后依次解除拱梁间临时支撑和吊索安装张拉，当采用组合桥面结构时，接着完成桥面板的施工。当由桥面起重机进行起吊安装时，吊点可以直接设于“系杆拱桥”的拱脚，梁拱整体结构拼装时设于拱梁间的临时支撑应予以拆除，吊杆（索）应该全部安装并适当张拉，以便在吊装就位完成连接后，直接进行桥面板施工。

西班牙的 La Vicaria 桥就是采用这一方法吊装的中承式拱桥，全长 260m，其中索支承范围跨度为 168m，如图 2.2-3 所示。

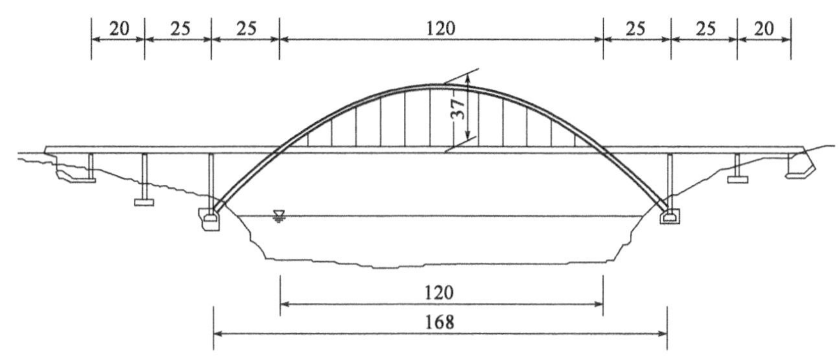

图 2.2-3 La Vicaria 桥的桥式布置（尺寸单位：m）

主梁为钢-混凝土组合结构，梁和拱的钢结构先在工厂预制，然后运输至施工现场，利用枯水期在河谷底搭建施工平台，进行 120m 长的系杆拱钢结构部分的拼装（图 2.2-4），在分节段完成钢系梁和拱肋的拼装后，进行吊杆安装张拉并拆除临时支撑。同时，完成基底拱肋（从拱脚到梁拱连接处这部分拱肋）安装，并安装起重设备，接着开始吊装系杆拱，系杆拱吊装及结构受力如图 2.2-5 所示。完成吊装及拱肋连接后，接着完成混凝土桥面板的浇筑。

图 2.2-4 枯水期在河谷进行钢结构拼装

图 2.2-5 利用桥面起重机进行吊装

2.2.3 拱肋大节段提升

飞燕式拱桥由中跨主拱和边跨半拱组成，条件合适时先行施工完成桥面以下拱肋及其上主梁，形成稳定的三角刚构体系，在其上靠近主跨端设置提升装置，对中跨拱肋大节段（甚至包括主梁）进行提升施工。广州南沙区凤凰三桥采用该方法进行了中跨拱肋安装。

凤凰三桥为主跨 308m 的中承式拱桥（图 2.2-6），全长 510m，宽约 40m，总体布置如图 2.2-7所示。主拱采用矩形钢箱，截面由拱脚处的高 6m、宽 3m 变化到拱顶处的高 4.5m、宽 3m。拱肋呈 1∶5 内倾，共设置 9 道钢横撑。

图 2.2-6 凤凰三桥

该桥双拱肋为呈 1∶5 内倾的提篮式结构，空间关系相对复杂，提升系统设计必须考虑各位置关系，避免相互干涉影响顺利提升。提升段拱肋超过驳船长度一倍多，运输时需另设支架支撑在驳船上，运输与定位等难度大、工艺复杂。主跨中间拱肋采用提升法施工，钢结构拱肋提升段长 224m、高 40m，包括 S2～S13 节段，外加 S1′节段（S1 节段分割成 S1′节段和合龙节段），提升总重量约 4340t，拱肋节段划分及主要施工流程如图 2.2-8 所示。

拱肋施工自岸上拼装开始，在拼装完成后需滑移到驳船上，最后提升到位，施工过程拱肋受力方式转换较多。拱肋支承状态由拱脚到船上支架再到拱脚转换，水平拉索内力也会产生相应变化，故必须有效控制水平拉索力。此外，下吊点受力状态复杂，作为竖向提升钢绞线和临时水平拉索的锚固结构，同时承受较大的竖向力与水平力，结构受力状态复杂，需要合理进行构造处理避免局部位置应力集中。

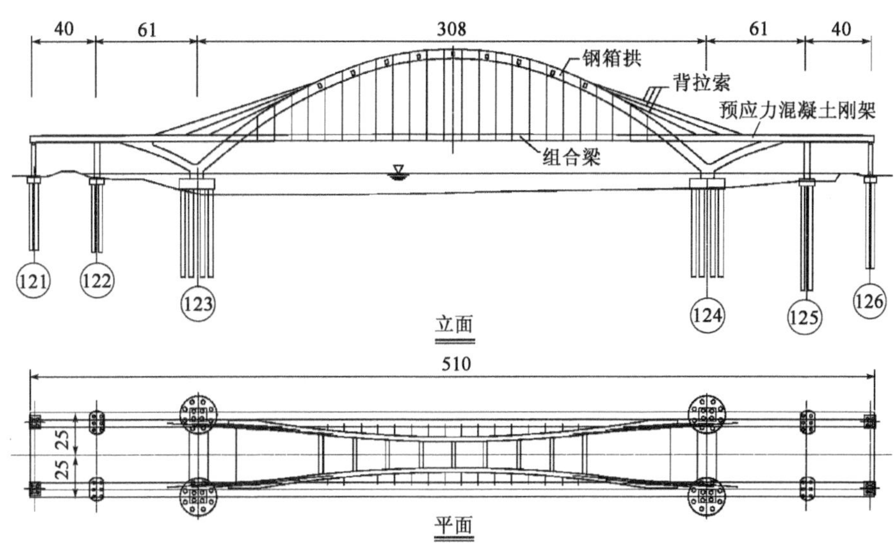

图 2.2-7 全桥总图布置(尺寸单位:m)

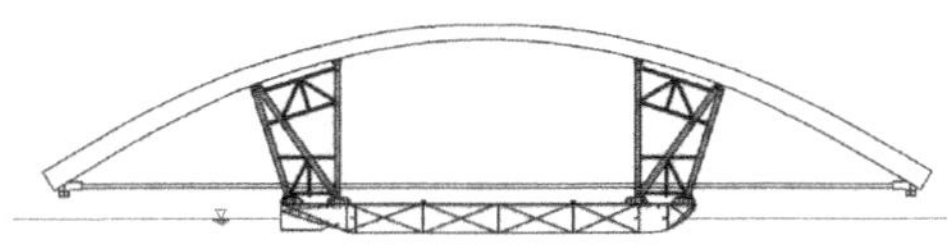

a)驳船浮运

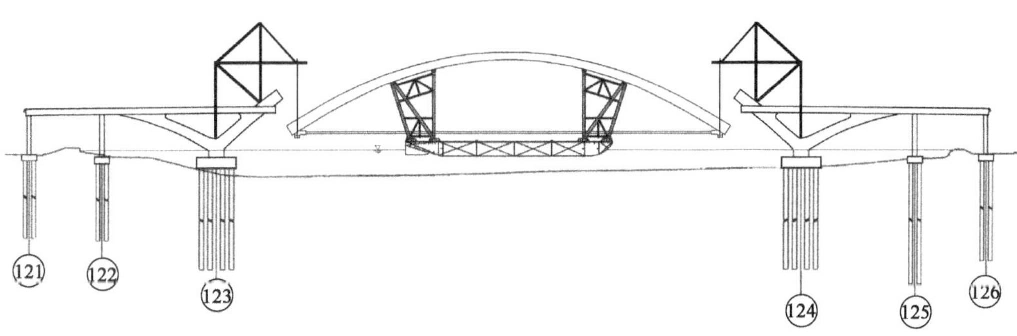

b)浮运就位提升前

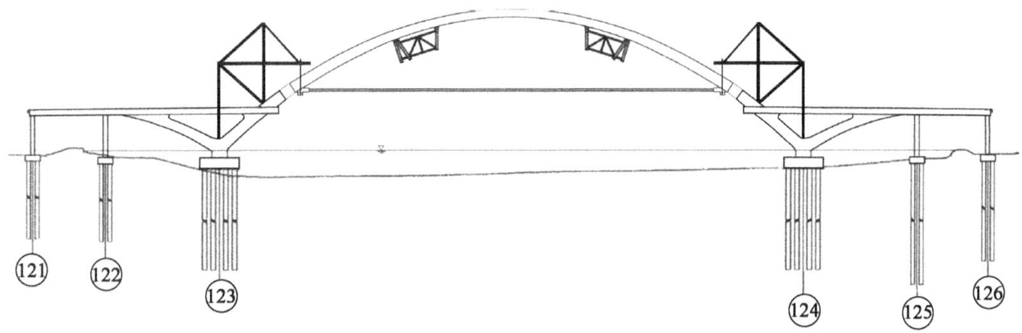

c)提升完成，安装合龙段

图 2.2-8 施工流程(尺寸单位:m)

施工工艺流程包括 5 个部分：在岸上完成拱肋拼装，采用 15000t 驳船运至现场桥位下方；驳船定位调整拱肋到提升位置，并抛锚固定；安装提升钢绞线，在低潮水位时解除拱肋支撑架与驳船连接；通过提升系统将拱肋提升到设计高程，其中部分拱肋支架随拱肋一起提升；最后安装合龙段，完成拱肋提升。施工过程主要情况如图 2.2-9 所示。

图 2.2-9　主要施工过程

由于提升荷载较大，对提升支架提出了较高要求，需要采用带有后锚点的支架来满足受力要求。支架结构选用 2 片三角形悬挑形式（图 2.2-10），2 片支架之间采用万能杆件联结；前后拉杆均采用分段形式、销轴连接，以方便安装。提升架前立柱支撑在拱肋钢-混凝土结合段上，后塔架立柱直接向下连接到主墩承台上。对应后塔架立柱设置后锚索（4 束钢绞线），用以平衡提升时的负反力，使后立柱尽可能承受压力。

后锚索最大拉力为 1476kN，提前预紧张拉到位后立柱无法承受。考虑到提升过程中潮汐涨落影响，后进行了试验验证，4 片三角支架分开加载。采用浮筒灌水加载，最大荷载为 11000kN。

下吊点结构与受力复杂，由箱形托梁和拱肋底座两部分构成，箱形托梁作为提升钢绞线锚固结构，拱肋底座作为水平临时索（钢绞线）锚固结构。经计算，水平张拉荷载为 12000kN、竖向提升荷载为 11000kN。拱肋底座上设置水平张拉油缸，单侧布置 4 个 350t 和 1 个 200t 油缸。在托梁上布置竖向提升钢绞线锚座，单侧共布置 4 个 350t 油缸。下吊点构造如图 2.2-11 所示。

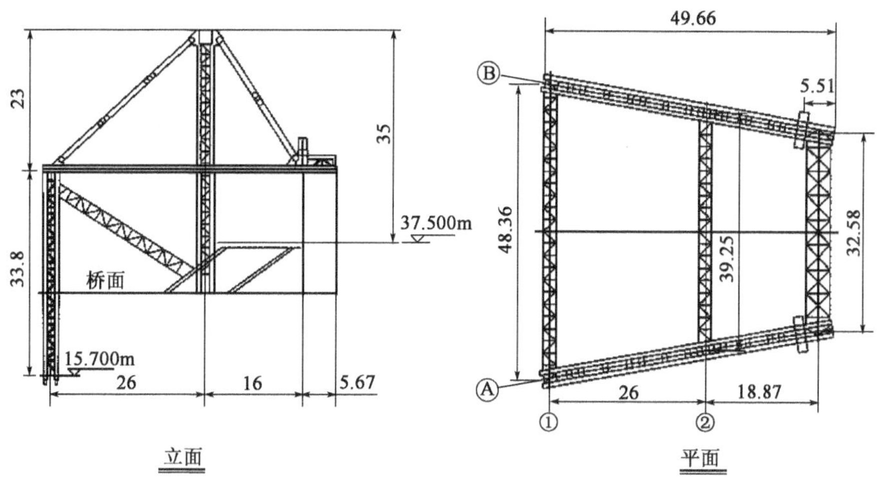

图 2.2-10 提升支架布置(尺寸单位:m)

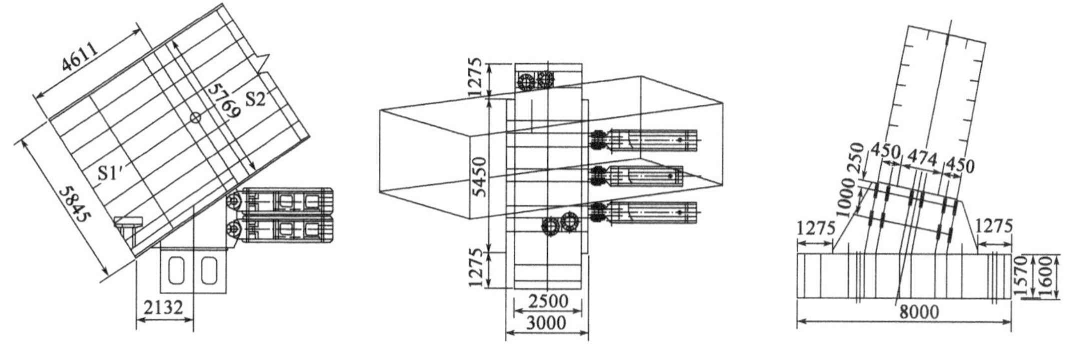

图 2.2-11 下吊点布置示意(尺寸单位:mm)

锚索与提升索同步加载也难以实现。最终以后立柱能承受约 800kN 压力为依据,采用在提升过程分阶段加载方案,即先行张拉锚索使后立柱产生 800kN 压力,提升钢绞线加载 50% 后,后锚索再施加 700kN 压力。

提升加载采用分阶段的方式进行,主要阶段划分如下:

(1)提升油缸空载、后锚索预紧至 800kN;

(2)提升油缸加载至 25%、后锚索预紧至 800kN;

(3)提升油缸加载至 50%、后锚索预紧至 800kN;

(4)提升油缸加载至 50%、后锚索预紧至 1400kN;

(5)提升油缸加载至 80%、后锚索预紧至 1400kN;

(6)提升油缸加载至 100%、后锚索预紧至 1400kN。

在以上各阶段分别计算的基础上,补充计算偏载 10% 导致的支架受力不均情况,施工中偏载控制精度为 5%。对分阶段加载进行监控,与计算结果相互对照,随时进行误差调整。卸载时做好结构应力与变形即时监控,确保两侧吊点均匀卸载。

凤凰三桥拱桥跨度大、结构自重大,施工河道受到通航制约,一般施工方法造价与风险高、施工周期长。中跨钢拱肋采用岸上拼装、驳船运输、整体提升的施工方式,能减少高空作业、提高施工质量和安全性,并降低工程造价。

2.3 临时塔架提升安装

2.3.1 一般方法

拱桥施工过程的受力状态往往和成桥受力状态存在较大差异,一般难以将其安装施工过程和最终成桥状态高效结合利用。平原地区跨越河流的拱桥,当由于河面宽阔等原因不适合搭设缆索起重机时,浮运安装的方法成为可选择的主要方法之一。平原地区水道分布密集,当河道水深有限时,大型浮式起重机常常不能到达桥位现场,这种情况下采用吃水深度较小的驳船进行拱肋运输,或者搭设支架进行低位拼装,采用临时塔架进行提升安装将成为合理选择。

提升安装的拱肋长度的确定需要考虑多种因素,包括浮运和提升能力、允许设置临时塔架的位置、拼装场地及转移下河条件、施工工期以及对通航的影响等。此外,工程造价也将作为重要的考虑因素。当拱桥跨度确定后,节段长度越小、重量越轻,对临时塔架的承载能力和提升设备的能力要求越低,但现场安装的构件数量增加,特别是临时塔架也越靠近跨中,留给船舶通行的航道宽度越小,这常常受到航务部门的制约。而节段长度越大、重量也大,一方面要有合适的拼装场地和转运下河条件,要有合适的驳船并能够顺利实施运输的条件;另一方面将会对临时塔架的承载能力和提升设备能力提出更高要求,这也会成为控制因素。

采用提升安装的大节段拱肋并不一定采用异地制造,然后浮运就位提升。结合具体的建设条件,可以采用在桥址原位下方搭设支架进行拼装,再进行提升架设。这对于通航要求低、不通航河道以及较为平坦的河谷地貌等建设条件,采用低位拼装成大节段拱肋,然后利用临时塔架提升,也是一种合理的选择。甚至,为了进一步降低大节段拼装支架的高度、规模以及拼装难度,将大节段拱肋一分为二,低位卧拼后先竖转并合龙成完整大节段拱肋,再利用临时塔架提升,也有工程实例。

如前所述,拱肋在浮运和提升过程中的受力状态与成桥状态往往存在较大差别,浮运提升的拱肋节段长度还必须考虑不同状态下的受力状况。尽管可以采取适当辅助措施、甚至加强拱肋截面,但从总体上综合考虑还必须控制在合理的范围内。

一般而言,中承式拱桥采用提升法安装的拱肋主要是桥面以上部分,该部分拱肋组装完成后,没有吊索支撑及主梁参与共同作用,直接投入运输与提升将呈现以受弯曲为主的梁的特性,这与成桥以受压为主的状态差别巨大,并不可取。因此,必须采取施工临时措施使之在运输与提升状态下的受力维持在可接受范围内。

2.3.2 浮运就位提升

单跨推力拱桥没有边拱,不能利用桥面以下边中跨拱肋和主梁形成较为强劲“刚构体系”,桥面无法设置提升装置,需要设置临时塔架完成提升施工。

新沃尔特代尔大桥(New Walterdale Bridge)是位于加拿大阿尔伯塔省埃德蒙顿市中心的一座标志性建筑(图2.3-1)。桥梁的总体布置如图2.3-2所示,桥面结构在桥台中心线之间长230m,主拱跨度208m,拱肋采用钢箱形截面,支承在基岩(黏土页岩)上的止推块(抗推力基础)上,两片拱肋通过车行道上方的横撑和桥面的横梁连接在一起。主梁采用组合梁,钢梁由纵横梁体系构成,其上为混凝土桥面板。该桥除车行道和人行道主梁外,还设有共用通道直接连接河道两岸,采用钢箱结构,在跨中区域通过横梁连接到主梁以及吊索锚于拱肋。

图2.3-1 新沃尔特代尔大桥

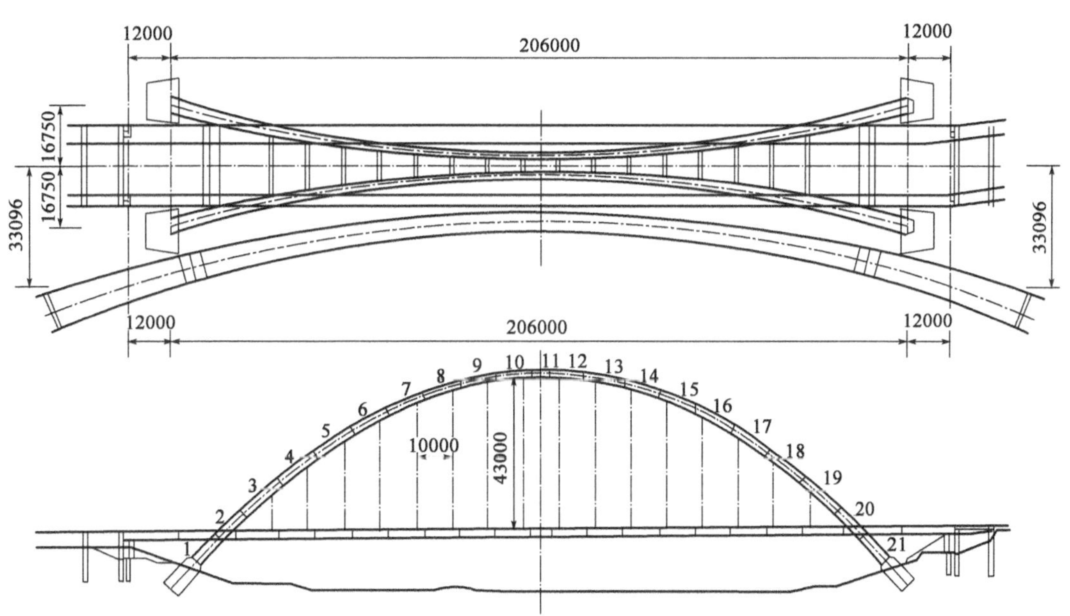

图2.3-2 总体布置与拱肋节段划分(尺寸单位:mm)

钢结构制造与船运情况如下:

桥梁钢结构在韩国制造和涂装。用于桥梁的结构钢材屈服强度为350MPa,在跨中附近延伸与共用通道连接的横梁采用屈服强度为480MPa的钢材。所有外部钢表面均采用三层锌/环氧树脂/聚氨酯系统进行保护。

图 2.3-3 显示了其中一个拱肋的中心部分的试拼装。每个拱肋节段约 10m 长,一般采用螺栓连接。高度较低,容易从桥面上看到的部分,相应的节段由全熔透焊缝连接,更有利于改善视觉效果。桥梁的钢构件从韩国运至加拿大和美国西海岸的港口,根据构件尺寸大小分别采用载货汽车运输或铁路运输至埃德蒙顿的现场。

图 2.3-3 拱肋试拼装

拱肋提升安装主要情况如下:

拱肋安装时每片拱肋分为 21 个节段,从 1 到 21 依次编号,安装从南混凝土支腿开始,拱肋的组装和提升到最终位置分两个阶段进行。对于第一次提升,两片拱肋(第 7~15 节段)的中心部分,在河流南岸的支架上组装,并与两道临时支柱连接在一起,该段拱肋的下端用临时的拉杆连接,并支承在轨道上的滑橇上。一旦拉紧临时拉杆,拱肋的中间支架就被拆除,通过铁轨滑到河中的驳船上。由于水位较低,因此需要疏浚河床,以便通过连接到临时锚和现有桥梁桥墩的缆绳将驳船牵拉到位。与此同时,两岸第 4、5、6 节段以及第 18、17、16 节段拱肋安装在临时支架上,从南北两岸向河中延伸,临时支架延伸至河道护堤上,护堤形成后河道还有大约 50%是流通的。

图 2.3-4 显示了从南岸到临时护堤边缘的拱肋中心部分的拖航情况。驳船上支撑拱肋的临时支柱、拱肋下端之间的临时系杆索以及用于移动驳船的一些缆绳清晰可见。由于 2015 年秋末开始河上已经结冰,承包人成功地完成了这项需要仔细进行风险控制规划的作业。图 2.3-5显示了第一次提升,使用支承在护道边缘的临时塔架将拱肋(第 7~15 节段)的中心部分提升到位。一旦就位,中心部分拱肋将连接到分别位于南侧和北侧平台上的第 4、5、6 节段以及第 18、17、16 节段上。在第 6、7 节段以及第 15、16 节段之间进行螺栓连接后,在第 4 节段和第 18 节段的端部之间新设置 10 个拉杆。然后移除航运设备和第一次提升安装的临时拉杆。

图 2.3-4 拱肋节段整体浮运

图 2.3-5 拱肋节段第一次提升

对于第二次提升(图 2.3-6),第一次将第 1、2、3 节段以及第 21、20、19 节段组装在两岸临时支架上,分别位于南岸和北岸护堤上。第 3 节段和第 19 节段分别与两侧提升塔架重新定位,随后将第 4 节段至第 18 节段提升到位,以便连接到第 1、2、3 节段以及第 21、20、19 节段。最后,在第 3 节段和第 4 节段之间以及第 18 节段和第 19 节段之间完成了焊接连接,并移除临时拉杆。

图 2.3-6 拱肋节段第二次提升

主梁和共用通道安装情况如下：

主梁两边的钢纵梁、钢横梁及小纵梁从桥台开始依次安装，然后向中跨推进，在护岸上使用起重机进行吊装，主梁钢结构的装配采用螺栓连接。拱肋和钢纵梁之间的吊索在钢梁节段安装时适时进行安装张拉。图 2.3-7 显示了钢梁安装的一般情况。混凝土桥面板的施工从跨中开始向桥台移动，桥面混凝土分三次浇筑完成。

图 2.3-7 主梁安装

共用通道的安装顺序从护岸末端开始，然后向桥台方向分步进行。安装到达桥台后，再回头继续从护岸边缘向中跨方向进行安装。两侧的节段由护岸上的临时脚手架支撑，中跨段由护岸上的起重机安装。共用通道节段之间的所有连接都要焊接。

多跨拱桥即使有条件利用先期拼装的结构（比如桥面及其以下拱肋构成的三角刚构）安装提升设备，提升时的反力作用也可能导致三角刚构基础的受力过大，使提升方案失去经济性。除此而外，当主拱跨度较大时，提升桥体的重量过大也将导致设备投入和施工风险增加。上述情况下，可以选择采用临时塔架提升方法，通过调节塔架位置可以控制提升桥体的长度和重量，也规避了重量过大导致的基础受力问题，提高总体施工方案的经济性。

新光大桥（图 2.3-8）是广州市新光快速路跨越珠江的一座桥梁，主桥为三跨连拱桥，跨径布置为 177m+428m+177m，大桥立面布置如图 2.3-9 所示。

图 2.3-8 广州新光大桥

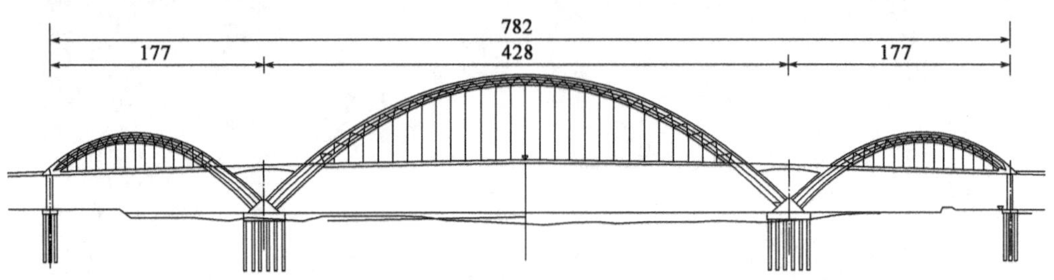

图 2.3-9　大桥立面布置(尺寸单位:m)

大桥主跨 428m,净跨 416m,矢高为 104m,矢跨比为 1/4,拱肋采用拱轴系数 $m=1.2$ 的悬链线变桁高拱肋,两拱肋之间的横向间距为 28.1m。拱顶截面径向高 7.5m,拱脚截面径向高 12.0m,拱肋上、下弦杆均采用钢箱截面,结构尺寸为 1.58m×2.1m(高×宽),腹板厚度采用 30mm、50mm 两类,顶板、底板厚度根据受力需要采用 32mm、40mm、50mm 三种规格。拱肋腹杆采用 H 形截面,与上、下弦杆整体节点板采用高强度螺栓连接。主跨 7 组桁架式横撑上、下弦杆均为箱形断面,与拱肋对应节点板通过高强度螺栓连接。拱肋受力杆件采用 Q345qC 钢,节点板采用 Q345qE 钢。

珠江主航道航运繁忙,因此不可能采用封航施工方案。为了保证主桥施工期间通航要求,减小施工对航道的干扰影响,大桥采用主拱肋大节段整体浮运、整体提升架设方法施工。边跨和主跨拱肋分为 5 个大节段进行拼装,其中两边跨各 1 段,主跨拱肋分为 3 个节段。拱肋大节段提升施工布置如图 2.3-10 所示。

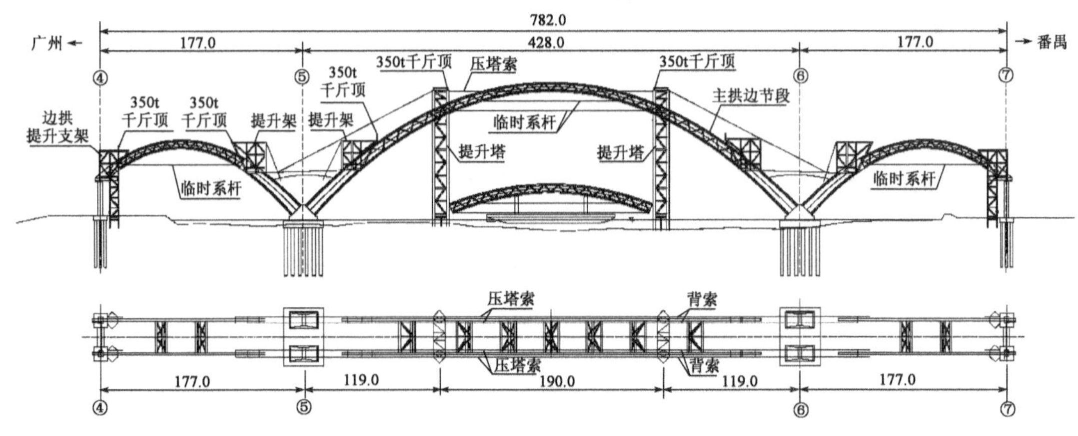

图 2.3-10　拱肋提升施工布置(尺寸单位:m)

边拱拱肋在桥位处低位支架上拼装,然后利用边墩处提升支架及三角刚构边拱侧斜腿顶部提升支架,进行边拱拱肋大节段的提升操作,两侧的边拱节段提升重量为 1640t。

主拱拱肋分三大段提升,先在岸上拼装场进行节段拼装,然后分别整体浮运至桥位处,再利用相应提升支架进行提升操作。两侧的边段单片拱肋单元重量约为 600t,共 4 件,采用驳船

(载重量 2000t)运输。单片拱肋浮运至桥位后,离船低位安装横撑后再提升就位,每段提升重量约为 1160t。主跨中段拱肋轴线长度为 168m,结构重量约为 2850t,提升重量为 3078t,提升高度为 85.6m。中段(包括横撑)组拼完成后,整体大节段牵引滑移上 16000t 排水量的半潜驳船(图 2.3-11),浮运至临时提升塔下水面,同步垂直提升整段拱肋就位、焊接合龙段。江中两主提升塔塔身结构用钢量为 2045t,基础混凝土用量为 $3700m^3$。

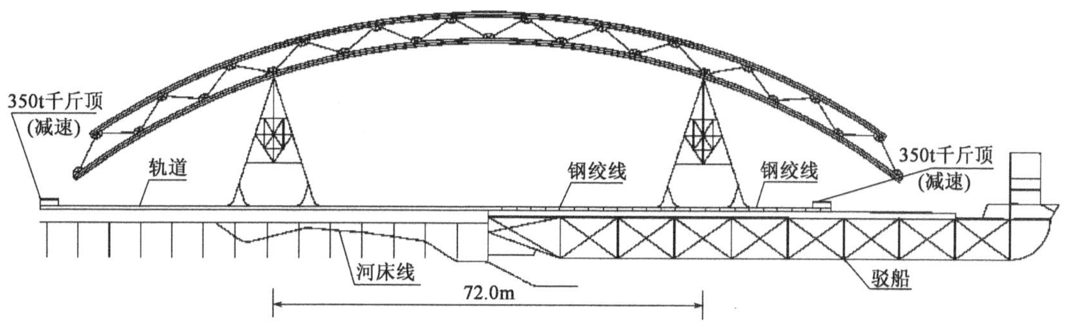

图 2.3-11 主拱中段滑移上船布置

拱肋提升采用同步液压提升技术,主跨中段拱肋浮运提升施工如图 2.3-12 ~ 图 2.3-14 所示。

图 2.3-12 主拱中段浮运至桥位

图 2.3-13 主拱中段提升脱离驳船

图 2.3-14 主拱中段即将提升到位

与一般缆索吊装、斜拉扣索悬拼施工方法相比，主拱大节段整体提升安装方法具有拱肋安装精度高、工序简单、工期短、易于保证质量、安全可靠等优点，但采用提升法需要拼装场及合适的船舶，还要具备满足船舶浮运的水深条件，其应用受外界条件的限制。此外，由于提升塔反力较大，若地质水文条件较差，则提升塔基础成本较高，同时还有船撞风险，应采取相应的防撞措施。

新光大桥主拱中段提升需一次性完成，4 个端点提升速度需均匀平稳、避免倾斜，防止与塔式起重机发生碰撞，提升期间江面风力不能超过 4 级。

2.3.3 低位拼装提升

单跨推力拱桥施工时，即使所处河道并无通航要求，甚至是在无水的河谷环境中，采用支架法进行拱肋拼装仍然存在高空作业、对施工安装设备要求高、风险较大等问题。为此，可以选择在桥位下方低位搭设支架进行拱肋拼装，然后采用临时塔架进行提升施工，临时塔架的设置位置可以根据提升重量等综合考虑确定。通常拱肋的下段由于高度较低，一般采用支架原位拼装，中跨部分采用低位拼装成大节段进行提升架设。

官塘大桥是广西柳州市连接城中区与鱼峰区的跨江通道，位于柳江水道之上，是柳州市东北方向城市主干路的重要组成部分。官塘大桥于 2016 年 2 月 2 日举行动工仪式，于 2018 年 5 月 20 日完成主拱合龙。2018 年 11 月 27 日，官塘大桥通车运营。建成后大桥如图 2.3-15 所示。

图 2.3-15　柳州官塘大桥

主桥采用净跨 450m 的中承式有推力提篮式钢箱拱。拱座为分离式钢筋混凝土结构，基础底部与基岩接触面设置成台阶状。拱肋由钢箱拱肋段和混凝土拱肋段组成，拱轴线采用悬链线，拱平面与竖直平面的夹角为 10°。钢箱拱肋采用等宽变高的单箱单室截面，拱箱高度沿拱轴线按照线性变化，由跨中的 6.0m 渐变至拱脚截面的 10.575m。单个拱肋钢箱划分为 27 个吊装节段，第 1、2 节段钢箱内腔填充 60cm 厚 C50 混凝土，内设预应力钢束与拱座连接。主梁采用单箱单室扁平流线型全焊钢箱梁，吊索区全宽 44.5m，无吊索区宽 39.5m，中心高 3.5m。全桥吊索均为横向双索，采用环氧喷涂低松弛钢绞线、整束挤压式锚固的拉索体系。拱桥总体布置如图 2.3-16 所示。

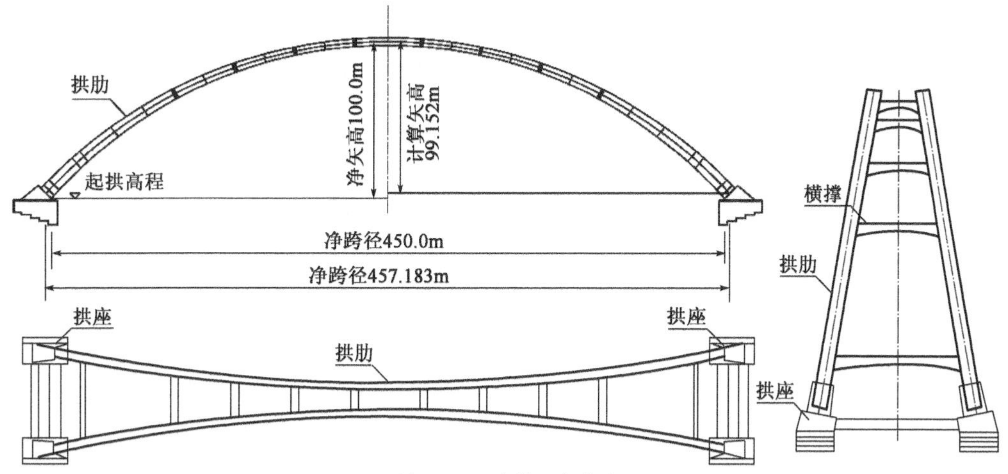

图 2.3-16 主拱一般构造

主拱分为边拱段和中拱段两部分。边拱段跨径距离为 95.28m,总重量为 2058.6t,采用 1 台 660t 浮式起重机在桥位处少支架安装;中拱段跨径距离为 254.7m,包括拱肋、横撑等的总重量为 4911.4t。中拱段在桥位处设置临时支架低位拼装,采用专设门式提升支架大节段整体提升架设,提升高度约为 68m,提升总重量为 5885t;中拱段与两边拱段设置合龙段,待大节段提升就位后实施合龙。

主拱中段主要施工步骤(图 2.3-17)如下。

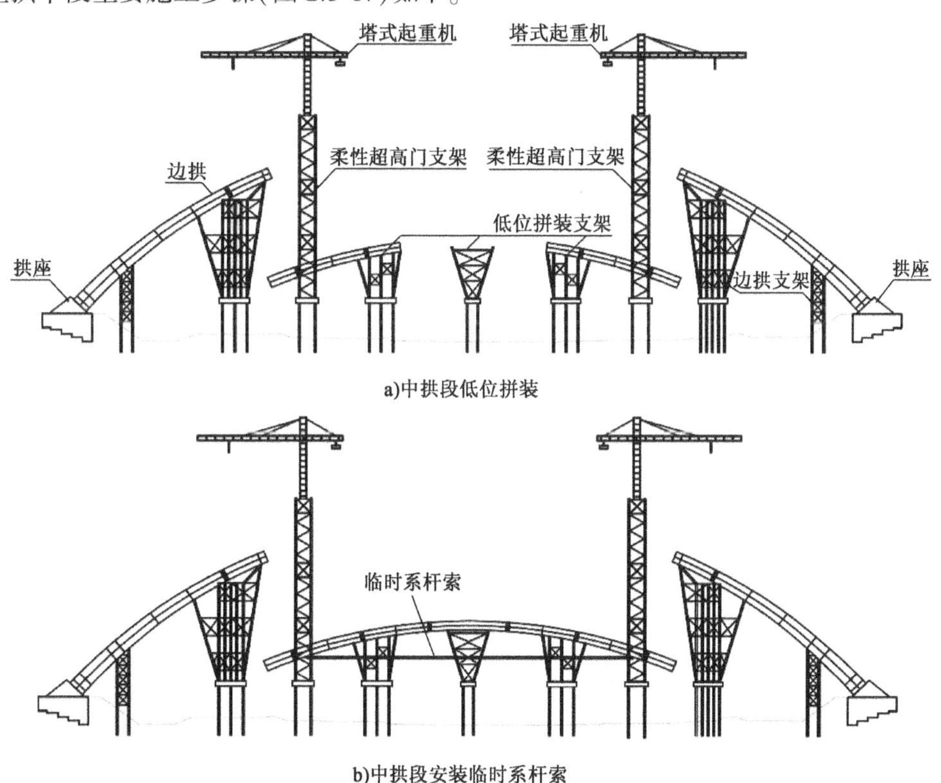

图 2.3-17

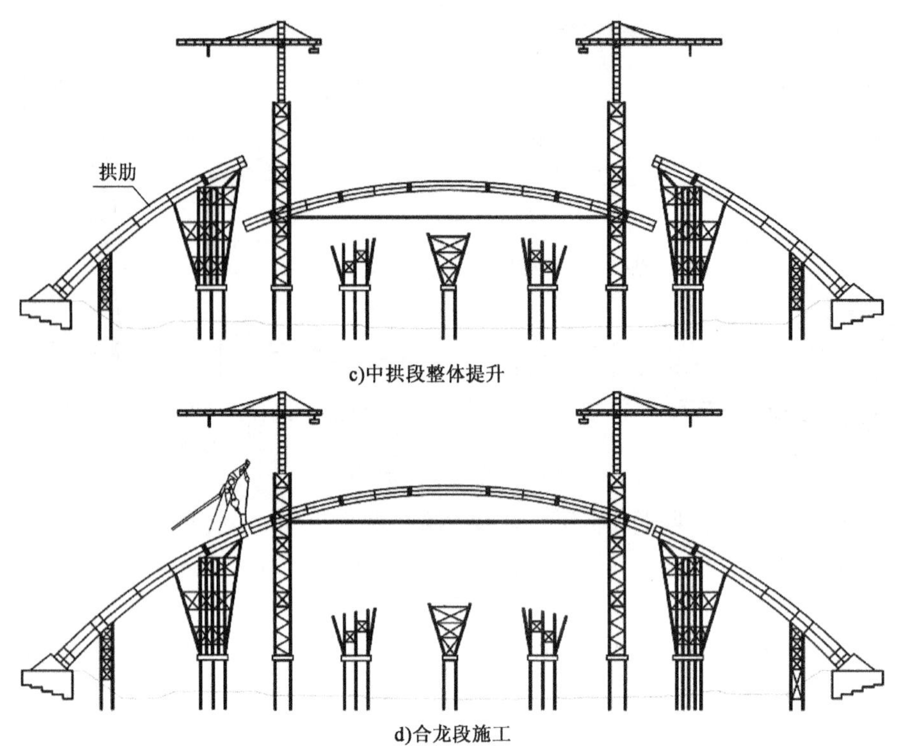

图 2.3-17　主拱中段主要施工步骤示意

(1)采用 660t 浮式起重机在桥位处低位支架上进行分段拼装,完成中拱段整体大节段。

(2)中拱段两端设置水平系索,水平系索总索力为 26920kN,分级张拉到位。

(3)利用专用门式支架提升整体大节段,提升高度约为 68m 至设计位置。

(4)采用浮式起重机将合龙段吊装至导向架及滑槽,合龙段滑移就位,实现全桥主拱合龙。

大桥主要施工过程如图 2.3-18~图 2.3-21 所示。

图 2.3-18　桥位处低位拼装大节段

图 2.3-19　设置水平系索并开始提升

图 2.3-20 大节段整体提升就位

图 2.3-21 主拱合龙,拆除水平系索

主拱肋在低位拼装成大节段再采用提升法架设的施工方法,不仅适用于单跨拱桥,也适用于飞鸟式拱桥、连续梁拱桥等结构形式,既可以用于钢箱梁拱桥,也可以用于钢管混凝土拱桥和钢桁架拱桥。

塔园(Tayan)大桥位于印度尼西亚坤甸市以东约 110km,跨越卡普阿斯(Kapusa)河,全长 1975m,主桥采用跨径布置为 75m+200m+75m 三跨连续钢桁架拱桥,是目前印度尼西亚最大的钢结构拱桥,如图 2.3-22 所示。大桥于 2012 年 10 月 8 日开工,于 2015 年 12 月通过交工验收。

图 2.3-22 印度尼西亚塔园大桥

主桥采用三跨连续钢桁架拱桥,计算矢高为 39.63m,矢跨比为 1/5.047。主桁采用变高度 N 形桁式结构,拱顶处桁高为 6.5m,拱座处桁高为 19.88m。该桥设计为两片主桁结构形式,主桁中心间距为 12.5m,两片主桁之间通过内支撑钢管连接。桥面系采用纵横梁形式,纵向主梁兼作主拱系杆,以承受钢桁架拱产生的巨大水平推力。钢桁架拱下弦杆与系杆之间采用刚性吊杆连接,吊杆最大长度达 28.2m。主桥立面布置如图 2.3-23 所示。

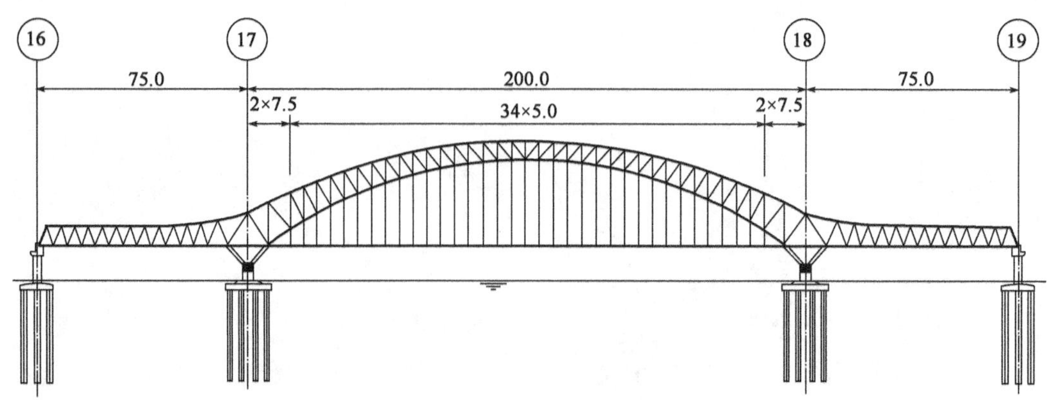

图 2.3-23　大桥立面布置(尺寸单位:m)

主拱钢桁架除内支撑钢管以外,其他全部采用单肢和双肢 H 形焊接型钢截面;主桁联结系 K 形撑和 X 形撑杆件采用圆钢管截面。主桁结构、吊杆及桥道系材质采用 SM490YA。杆件之间除钢管内支撑采用焊接外,主要杆件全部采用 8.8 级 M24 高强度螺栓连接。

主拱钢桁架施工中采用了大节段液压同步提升方法架设,中跨整体提升段长度达 130m,重量约为 600t。主拱钢桁架除靠近拱座两个节间水平长度为 7.5m 外,其他节间长度均为 5m。主跨中间的 26 个节间钢桁架(水平长 130m)采用整节段液压同步提升,主跨两侧自 17 号、18 号墩起各 5 个节间采用浮式起重机直接在支架上拼装,其余两侧各一个节间为合龙段。主拱施工布置如图 2.3-24～图 2.3-27 所示,主要施工顺序如下:

(1)利用浮式起重机起吊单杆件,按照设计线形和预拱度在低位支架上将 26 个钢桁架梁节段拼装成整体提升段。

(2)在整体提升段下弦杆安装双层临时预应力系杆,同时在两端上弦杆节点处安装整体提升段的提升桁。

(3)利用提升塔和液压提升系统,将整体提升段垂直提升到安装位置。

(4)完成主拱合龙,最后完成桥面系和吊杆安装,形成系杆拱受力体系。

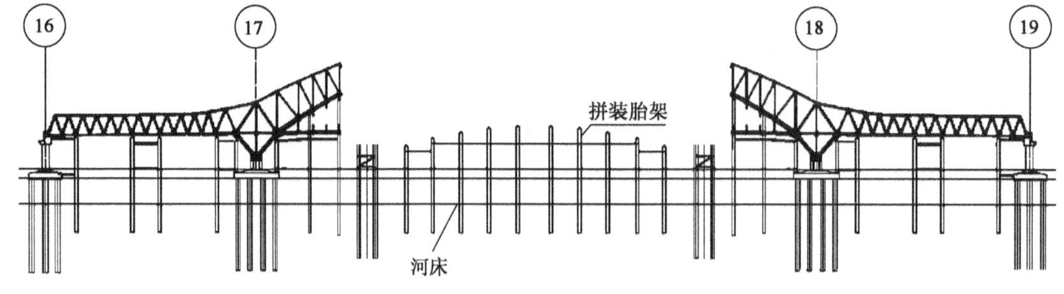

图 2.3-24　中跨整阶段胎架拼装

塔园大桥主拱钢桁架整体提升施工如图 2.3-27 所示,具有现场高空作业量少、劳动效率高、安全和质量风险小、线形容易控制、节省工期等特点。

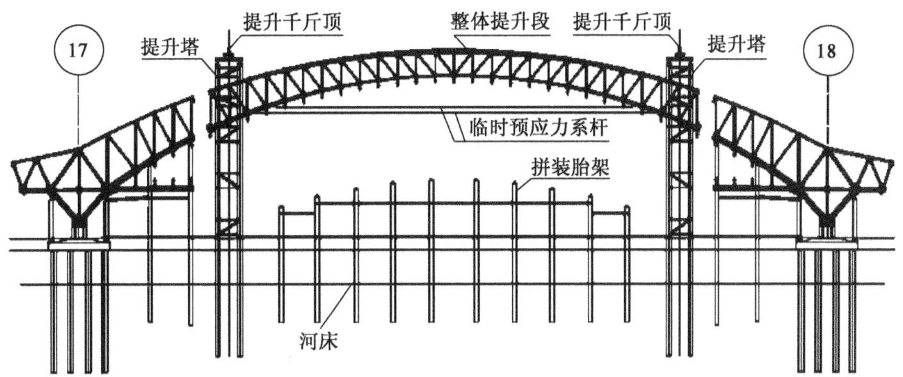

图 2.3-25　张拉临时预应力系杆，整体提升大节段

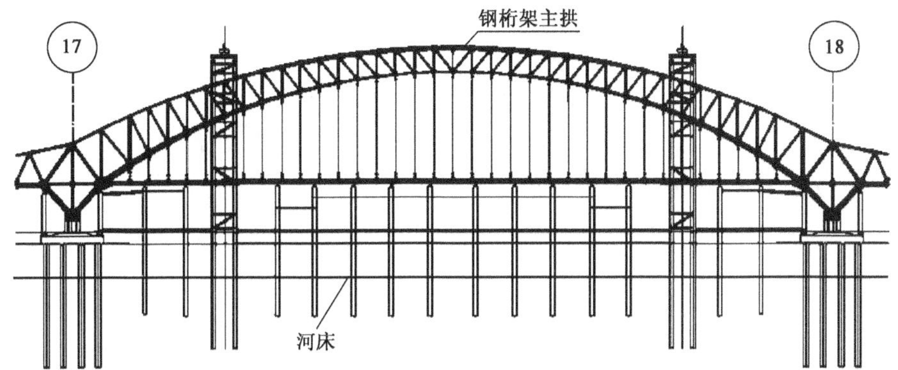

图 2.3-26　主拱合龙，桥面系和吊杆安装

图 2.3-27　主拱整体提升

2.3.4 转体就位提升

一些工程场地环境条件下,拱桥适合采用提升法进行架设,以回避原位高空安装设备要求高、风险较大的问题。在桥位下方低位搭设支架进行拱肋拼装,如仍然存在临时支架较高、规模较大,对拱肋构件起吊高度要求高等问题,可以进一步引入转体施工工艺,将中跨部分采用低位拼装的大节段一分为二,在更低的位置上进行拼装,然后通过转体合龙成大节段,再进行提升架设。这一组合的架设方法也有工程应用。

德溪大桥是贵州省毕节市七星关区倒天河综合治理三期工程之一,是连接德溪新区南北区域的主要干道,大桥长467m、宽34m,双向六车道,为城市Ⅱ级主干道。大桥采用主拱180m的中承式钢管混凝土拱桥,如图2.3-28所示。德溪大桥主拱采用先竖转后整体提升的施工技术。

图2.3-28 毕节德溪大桥

德溪大桥采用2×37m+88m+180m+88m+25m=455m的连续刚架钢管混凝土梁拱组合桥,中间三跨为钢管混凝土系杆拱与预应力混凝土V形刚构组成的飞燕式拱桥。主拱和边拱均采用平行式钢管拱,仅主拱设置三道钢管横撑,拱轴线均为二次抛物线,主拱矢跨比为1/3,两侧边拱矢跨比分别为1/2.29和1/2.66,立面布置如图2.3-29所示。

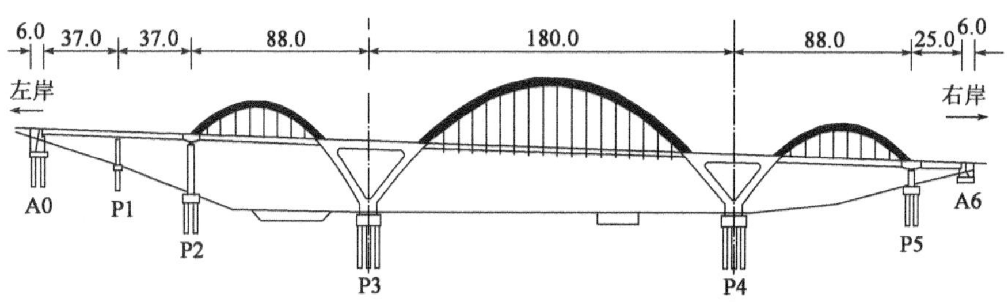

图2.3-29 德溪大桥总体布置(尺寸单位:m)

德溪大桥采用“先拱后梁,两次合龙”的总体施工方案,在主跨桥位处先搭设临时拼装支架和提升支架,在拼装支架上分阶段拼装形成钢管拱转体段,分两段转体到位,通过跨中嵌补段合龙形成整体提升段,采用计算机控制液压同步提升技术,通过8组提升塔架整体提升施工,提升重量达700t,提升高度超过40m,提升到位后通过调整段与拱脚预埋节段连为整体,形成整体受力结构。主拱主要施工步骤如图2.3-30所示,现场施工如图2.3-31所示。

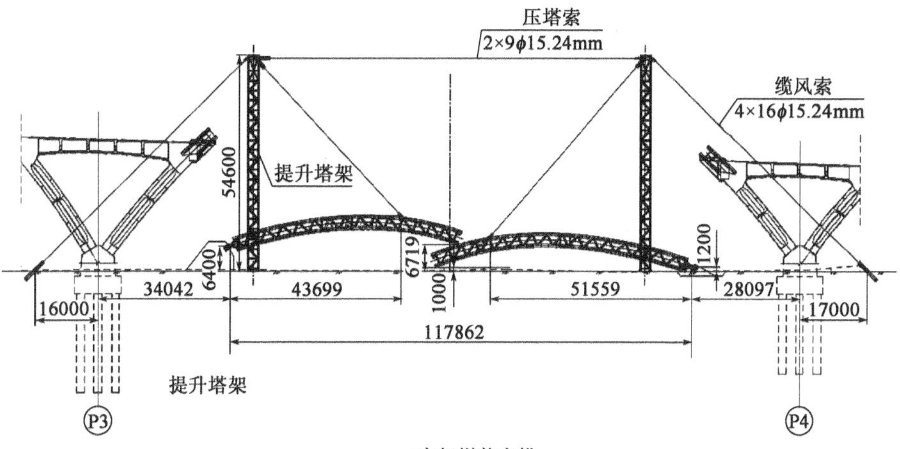

a)支架拼装半拱

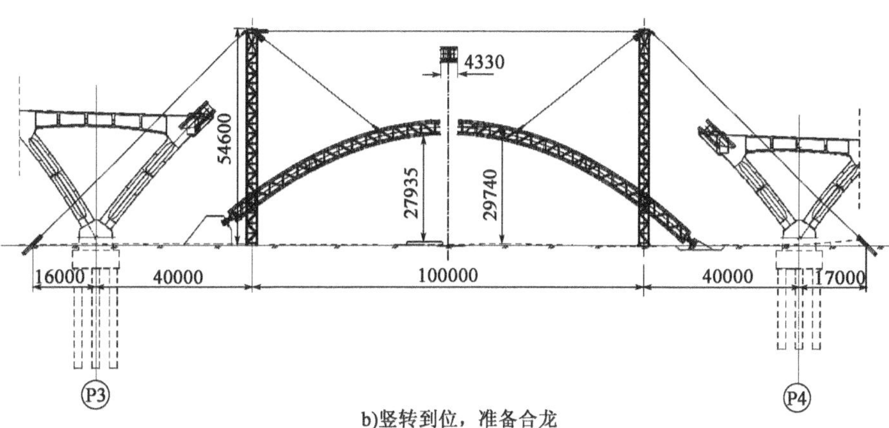

b)竖转到位，准备合龙

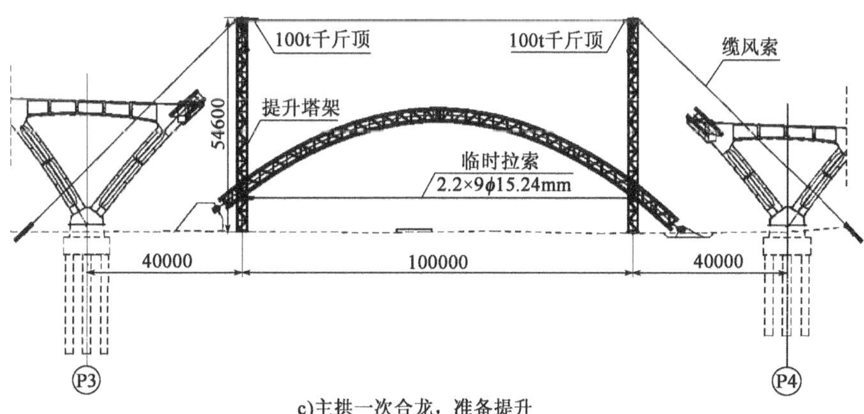

c)主拱一次合龙，准备提升

图 2.3-30

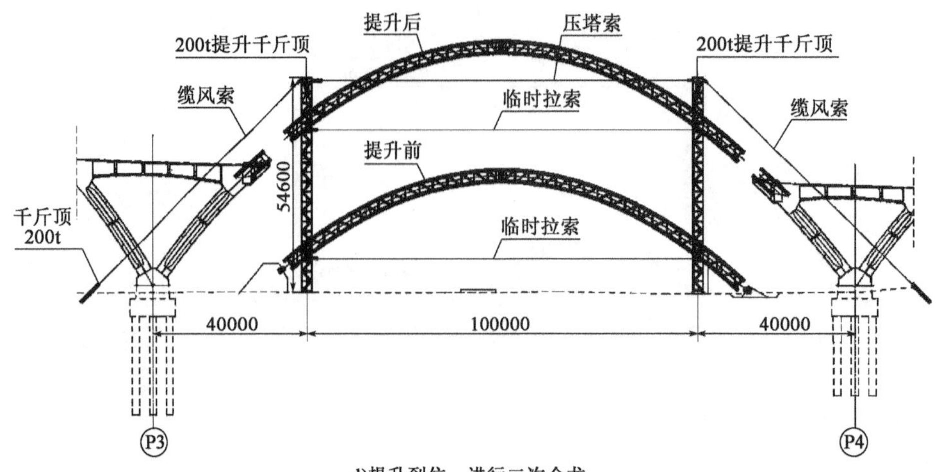

d)提升到位，进行二次合龙

图 2.3-30　主拱主要施工步骤示意(尺寸单位:mm)

图 2.3-31　施工过程实景

第3章 顶 推 法

3.1 技术特点

顶推法是桥梁工程常用的施工方法，最初来源于早期钢桥施工采用的拖拉法、纵向连接拖拉法和导梁拖拉法等。其在国外的发展大致经历了图3.1-1所示的过程。

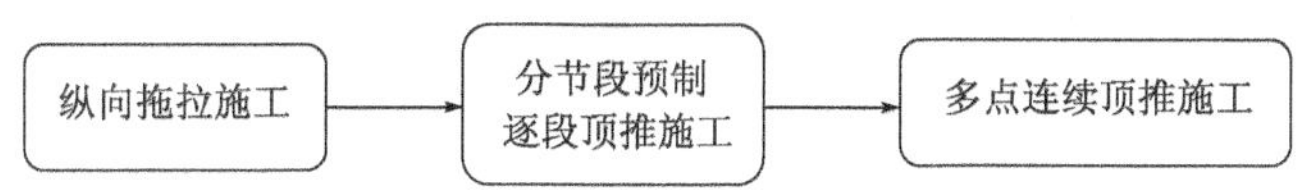

图3.1-1 国外顶推施工发展概况

现代顶推施工技术综合运用千斤顶、板式滑动以及自动控制等技术，结合钢导梁、临时墩等辅助结构，在顶推能力、结构类型、控制精度以及施工效率等方面比早期有了很大提高。

顶推法首次用于预应力混凝土连续梁的架设是出自联邦德国的莱昂哈特博士和包尔教授之手，在1959年修建了奥地利Ager桥，该桥为4跨连续梁桥，全长280m，最大跨径为85m；随后顶推法应用于1962年在委内瑞拉建成的卡罗尼(Caroni)河桥，该桥为6跨连续梁桥，全长500m，最大跨径为96m，如图3.1-2所示。1964年顶推施工得到了进一步改进，采用了分节段预制逐段顶推的工艺。此后，苏联、意大利、联邦德国、法国、奥地利和日本等国相继采用顶推法施工建造了多座预应力混凝土连续梁桥。如意大利跨径布置为10×30m的山谷桥，在150m曲率半径上进行顶推(图3.1-3)；联邦德国的法伊茨赫希海姆美因河桥，全长1132m，采用两边顶推施工，创造了当时世界顶推纪录(图3.1-4)。

图3.1-2 委内瑞拉卡罗尼河桥

顶推施工法常用于梁式桥的施工，其基本过程为：在桥台后设置预制场地或拼装场地，分段预制或拼装梁段，沿顺桥向将梁段连接成整体，通过设置千斤顶、滑道等机械设施和钢导梁、临时墩等辅助结构，将梁段通过顶推或拖拉的方式予以推进，继而在空出的场地台座进行下一梁段的预制或拼装，并反复循环该过程。随着顶推施工技术的不断改进发展，顶推结构体量不断加大，结构类型也向拱桥、斜拉桥、悬索桥等缆索承重结构扩展，使得桥梁的施工在应对复杂场地和环境、机具设备循环利用、施工组织和进度控制等方面得到更好的保障。

图 3.1-3　意大利山谷桥

图 3.1-4　联邦德国法伊茨赫希海姆美因河桥

2004 年建成通车的法国米约大桥成为当时世界上最高的桥梁。该桥施工成功应用楔进式多点连续顶推方法，有效解决了该桥高墩连续顶推施工的不均匀水平力的偏载问题，为顶推施工提供了新思路，成为桥梁顶推施工的又一里程碑。米约大桥顶推施工如图 3.1-5 所示。

图 3.1-5　法国米约大桥顶推施工

随着桥梁施工工艺的发展，顶推施工方法得到了越来越广泛的运用，从最初的预应力混凝土连续梁桥顶推逐步发展到钢连续梁桥、组合梁桥，从梁式桥发展到斜拉桥、拱桥等不同结构形式；从直线桥的顶推发展到曲线桥的顶推，甚至变曲率曲线桥梁的顶推；由单点顶推逐步发展到多点连续顶推。从桥梁顶推施工方法的发展与实践看，顶推法具有以下特点：

(1)采用顶推法施工时，施工主要场地在制梁平台处，施工场地相对集中。有利于生产作业的最佳组织，按照工厂化理念、流水作业方式进行生产。此外，施工场地集中，在施工时对交通影响小，几乎不影响正常的通航、通车要求。

(2)顶推施工只需投入一套施工设备即可完成全桥施工，可明显减少桥梁上部结构施工的安装设备，施工成本并不因为桥梁长度的增加而显著增加，甚至顶推设备还可重复运用于其他桥梁的施工。

(3)顶推施工的制梁平台一般在陆地上，而不是在桥梁原位河流或山谷的支架上；此外，陆地制梁受环境影响较小，恶劣气候带来的安全隐患可降至最低，因此施工作业安全性高。

(4)对于钢结构桥梁，其制造、拼装平台施工条件相对更好，工程质量更有保证；对于混凝土桥梁，节段浇筑的质量更容易得到保障。

对于一些大型吊运机具不能进入的场地或因水深较浅浮式起重机不能进入的河流或地处深谷的桥梁施工，由于顶推施工时顶推力远比梁体自重小，所以顶推设备轻型简便，不需大型吊运机具，维护与运输方便。对于这类条件下施工的桥梁，采用顶推施工具有明显的优势。

当前，国内各类桥梁结构的顶推施工实践，为顶推技术的进一步发展奠定了坚实基础，顶推技术将面临智能化、专业化的发展要求。总体来看，顶推技术的发展需要注重以下几个方面：

(1)对顶推设备及工艺流程等还需要在智能化、专业化方面有所提升。顶推设备应作为一个成套产品，可重复多次使用，而不应仅仅将其当作施工临时设备考虑；目前的传感、通信及控制技术已经很先进，应该引入顶推设备与控制系统中，并辅以有效的反馈控制算法。这对提高顶推过程的安全性、可靠性，降低工程造价具有积极意义。

(2)国内早期顶推施工的桥梁，多为预应力混凝土桥梁，对钢结构桥梁和组合结构钢梁的顶推施工还需要不断加强。钢结构桥梁及组合结构桥梁的钢结构部分多为薄壁结构，其局部刚度较混凝土箱梁和闭口钢箱梁都要小得多，但对变形的适应能力又要强得多，其施工过程控制侧重点不同于混凝土桥梁。顶推过程钢结构的稳定问题，特别是局部稳定问题，是控制重点；顶推过程中的应力状态也远比混凝土桥梁要复杂，依靠杆系理论，无法准确分析，需要有准确的应力分析系统来确保钢桥梁结构的顶推安全与稳定。

(3)在顶推方法及方案设计中，应该深入考虑受顶结构和顶推设备的耦合作用，传统习惯让受顶桥梁结构来适应顶推设备的方法，将会导致为了满足顶推施工过程的受力要求，需要对桥梁结构和临时设施进行加强，这将大大增加工程造价。应该充分考虑顶推设备与结构之间的耦合作用，可以通过改进顶推设备对受顶结构的作用位置及范围，改善桥梁结构受力状态，甚至无须因为顶推而加强结构。总之，需要综合考虑顶推装备和结构受力的关系，力求效益最大化。

拱桥结构形式多样，顶推法在不同形式拱桥中的应用方式和程度各不相同。对于上承式拱桥，拱上主梁多有采用顶推施工的实例，在欧洲等地区的上承式拱桥，特别是采用钢箱梁或组合梁时，常采用顶推施工方法。对于中承式拱桥，顶推法主要用于引桥主梁施工，特殊情况下才会选择搭设临时墩与支架进行中承式拱桥施工，此时主梁可以采用顶推法进行施工。总体而言，上承式拱桥拱上主梁顶推施工以及中承式拱桥主梁的顶推施工，和一般梁式桥的顶推施工并无二致。

顶推施工在拱桥中最有特点的应用，主要在下承式系杆拱桥和连续梁拱桥的施工中。下承式系杆拱桥和连续梁拱桥，常采用顶推与支架相互组合的方法进行施工。通过搭设临时墩(支架)，先完成主梁顶推施工，再进行拱肋节段吊装。主梁采用顶推法施工时，一般不可避免要设置临时墩(支架)，需要考虑主拱跨度、主梁结构形式、河道通航要求以及施工装备要求等多种因素，经工程造价评估后，合理确定临时墩的数量与间距，最终确定施工方案。主拱安装需要考虑拱肋截面刚度、支架设置数量、起吊能力等因素，合理确定节段长度。梁与拱分开施工，并不限于主梁采用顶推施工，大跨度拱桥由于拱肋空间位置过高，将导致吊装难度大、风险高。为此，已经出现拱肋也采用顶推的施工案例，在拱脚分节段拼装拱肋，通过临时支架作为支撑，沿拱轴线向拱顶方向顶推，直至拱顶合龙并完成拱脚连接。还有一些特殊形式的连续梁拱桥，主梁采用预应力混凝土结构，一般先行施工完成主梁，由于其承载能力和刚度较大，可以在预应力混凝土梁上进行拱肋支架拼装。当不便采用原位拼装时,可以在梁上异位拼装拱肋,再顶推就位与主梁连接合龙。

系杆拱桥和连续梁拱桥还可以采用整体顶推的方式施工,其拱、梁拼装在陆地进行,可更好地控制施工质量。在拱、梁拼装完成后,可采用临时支撑等措施将拱、梁形成整体,即主梁和与其协作的主拱一并整体顶推到位。在跨越江河或复杂地形时,或可以减少施工期对通航、河道水文等影响,或可以减少造价高昂的临时结构费用。同时,将现场不利环境的安装施工转移到岸上进行,不仅有利于提高工程质量,而且可以减少施工风险。系杆拱桥整体顶推时,并不限于仅仅在临时墩上实施顶推作业,甚至不设临时墩,在岸边桥轴线位置进行拼装,通过后端顶推使拱桥前端滑移至浮船上,之后前端以驳船作为承托,后端顶推与前端驳船协调前进,沿桥轴线将桥体从岸上顶推穿越河道就位。

3.2 分体顶推

3.2.1 主梁顶推

对于刚性梁柔性拱和刚性梁刚性拱的结构体系,由于梁(桥面结构)具有较大的刚度,在条件合适时,主梁(组合梁通常仅为钢梁部分)可以采用顶推的施工方法。拱桥跨度较大时,可以设置临时墩,以减小顶推梁的跨度,临时墩结构可以和拱肋拼装支架协调考虑,以便主梁顶推到位后进行拱肋拼装。拱桥跨度较小时,可以不设临时墩,主梁顶推到位后,在梁上设置支架安装拱肋。显然,钢梁采用的顶推法和拱肋采用的支架法都是工程中常用的成熟方法,将两种方法组合应用只是根据具体结构形式和施工条件的合理选择。

西班牙的佐渡河高速铁路桥的施工就是采用这一方法。该桥位于佐渡河口国家级自然保护区,主桥采用跨度布置为 3×160m 的连续组合钢箱梁拱桥。组合钢箱梁总宽 15.7m,拱高 29.8m,单片拱肋,拱肋截面为六边形,从拱脚到拱顶变宽。组合钢箱梁中跨辅以柔性拱,成为刚梁柔拱组合体系,其中箱梁刚度是整体刚度的主要部分。通过柔性拱加强,可以降低箱梁高度、提高桥梁刚度、减小接线长度。

该桥的施工利用箱梁较大刚度采用顶推方法,施工时在 3 个 160m 的跨间各设置 2 座临时墩,先进行钢梁的顶推施工,如图 3.2-1 所示。待钢梁全部就位后,在各跨对应临时墩位置拼装临时支架,作为拱肋施工的临时辅助设施,之后进行拱肋的安装。拱肋全部安装完毕后,挂设并张拉吊索,之后进行混凝土桥面板的施工,施工过程如图 3.2-2 所示。

通过这一工程实例不难看出,钢梁先利用顶推法进行施工,在钢梁就位后再安装支架进行拱肋拼装,这一方法不仅适用于桥面结构采用组合钢箱梁的拱桥,同样可以适用于采用钢箱梁、钢桁梁以及组合钢板梁和组合钢桁梁的拱桥。桥面结构不同的钢梁形式,对临时墩及梁上支架的设置要求不同。比如,对于钢桁梁可以采用较少的临时墩或跨度适当时取消临时墩,对于钢板梁则会趋向于采用更多的临时墩。拱肋拼装的临时支撑并不一定与桥下临时墩一一对应,当决定采用较小拱肋节段进行安装时,就需要在钢梁之上设置更多的临时支架,这需要考虑拱肋的结构形式、现场运输起吊能力等,综合比较后做出选择。

图 3.2-1 钢梁顶推施工

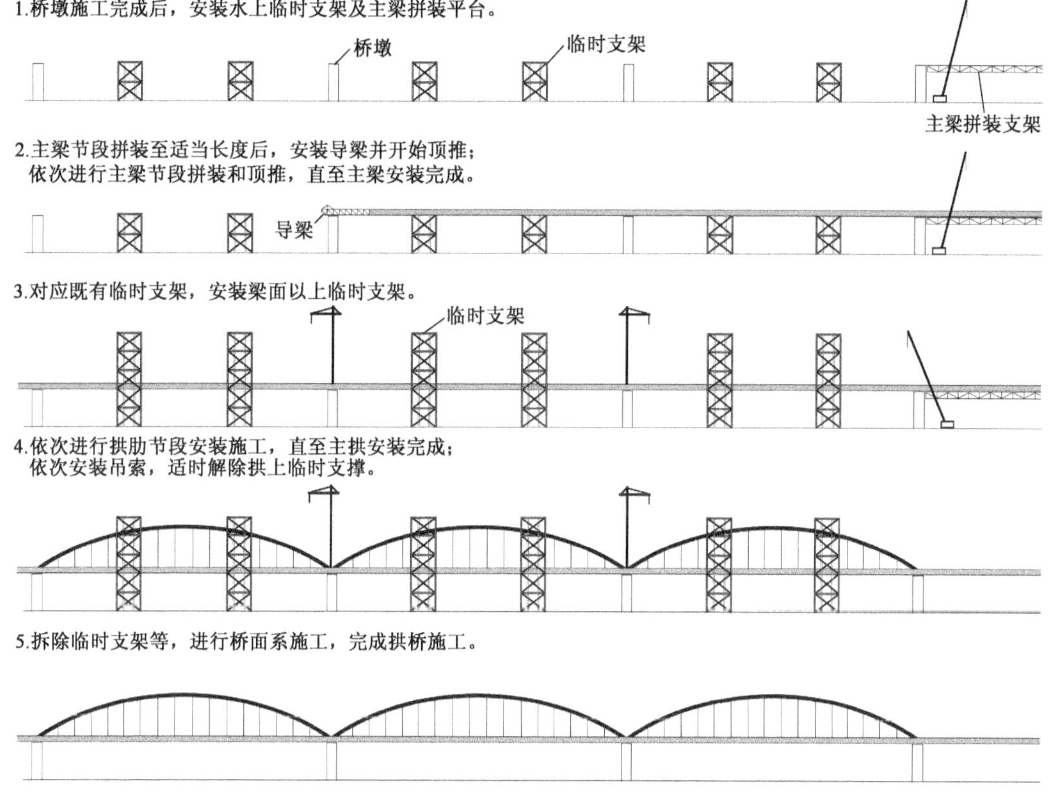

图 3.2-2 拱桥安装施工示意

主梁采用顶推法施工、主拱采用支架法安装，或者主梁和主拱均采用顶推法施工，都可以结合具体的工程条件择优选用。除此之外，主梁采用顶推法，顶推同时搭载拱肋，就位后再利用临时支架进行拱肋安装，也有工程实践经验。当施工条件决定了主梁和主拱需要在现场进行组装，并且主梁采用顶推法施工时，一般情况是主梁顶推到位后，再进行主拱节段的运输与安装，但无论是从水上转运还是从主梁上进行运输，都存在一些具体的技术要求和必要的临时措施，并且从具体施工步骤上看，还需要在主梁顶推到位后才能进行主拱节段的运输。当主梁具备一定结构刚度与强度条件时,将主拱节段附加在主梁之上随主梁顶推而就位,可以省去拱肋节段从拼装场地运输就位的工作,同时有效提高工作效率、加快工程进度。主梁在组装平台进行拼装的同时进行拱肋节段的组装,适时将拱肋节段吊装并临时放置在主梁之上,可以统筹场内运输及吊装设备,甚至通过优化主梁全断面组装顺序,降低对吊装设备性能的要求以及显著减少施工周期。主拱节段随主梁到达桥位现场后,再搭设临时支架进行拱肋安装,这也是常规的安装方法。

图 3.2-3 马切蒂高架桥主桥

意大利的马切蒂高架桥主桥为跨度 250m 的系杆拱桥,如图 3.2-3 所示。大桥采用中心单片拱肋的布置,主梁和拱肋之间设置 26 根吊索,主桥立面布置如图 3.2-4 所示。桥面全宽 41.1m,可提供双向各 14.5m 宽的行车道。主梁(桥面结构)为钢-混凝土组合结构,中心箱梁高 6.85m、宽 6m,混凝土桥面板厚度为 20cm,浇筑在 4mm 厚的钢模板上。拱肋采用梯形箱截面,高度为 3m、顶宽 5.9m、底宽 3.9m。拱桥横断面布置如图 3.2-5 所示。

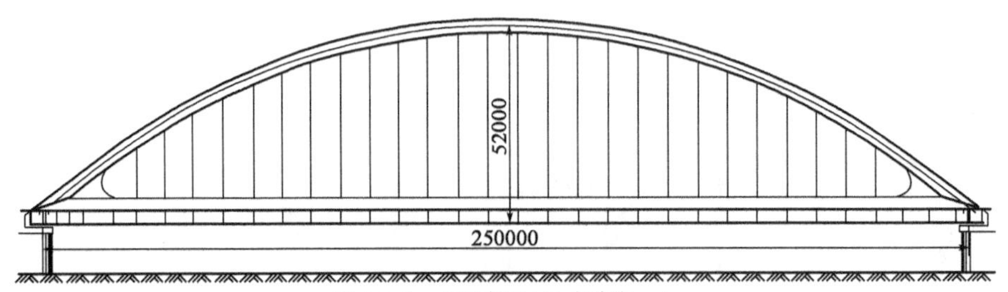

图 3.2-4 立面布置(尺寸单位:m)

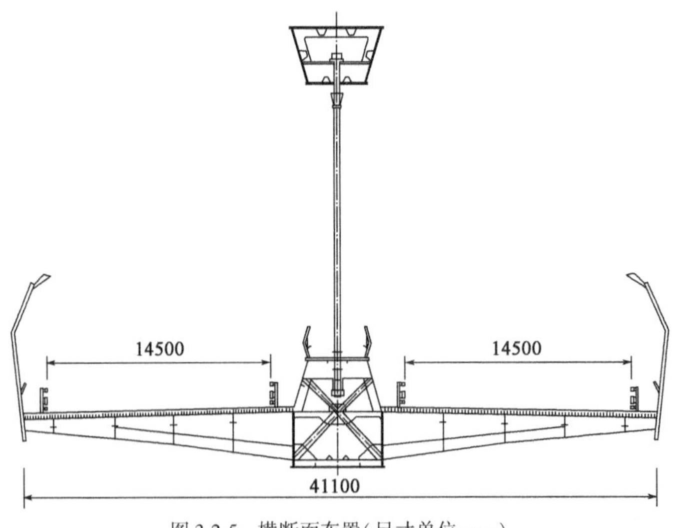

图 3.2-5 横断面布置(尺寸单位:mm)

施工分为以下两个主要部分的工作:一是加劲梁搭载拱肋顶推,拱肋共分为 6 个部分,放在加劲梁顶部。二是在顶推就位后,采用两台大型起重机适时安装 6 个大的拱肋节段。

首先在东桥台后面准备一个大型顶推拼装区(约 160m×35m)。最靠后和边上的位置专门用于主要结构的组拼和焊接,如图 3.2-6 所示。

在拼装区域布置门式起重机,跨越起吊重量达 90t 的结构件,起重机在两条轨道上行走,在拼装区域的所有范围纵向移动,并将构件吊装到正确的位置上。门式起重机布置如图 3.2-7 所示。

前部专门用于拼装带有预拱度的加劲梁,并布置 3 套滑动支承系统用于后续的顶推。在第一个 60m 长的梁段和导梁组装完成后,就可以启动结构的牵拉系统进行顶推施工。在加劲梁顶部适时放置已被划分为 6 个部分的拱肋节段,拱肋节段组装成预定弧形线形。牵引系统的容量为 600t,由 4 根直径为 75mm 的棒材制成。顶推过程如图 3.2-8 所示。

图 3.2-6 拱肋拼装场地

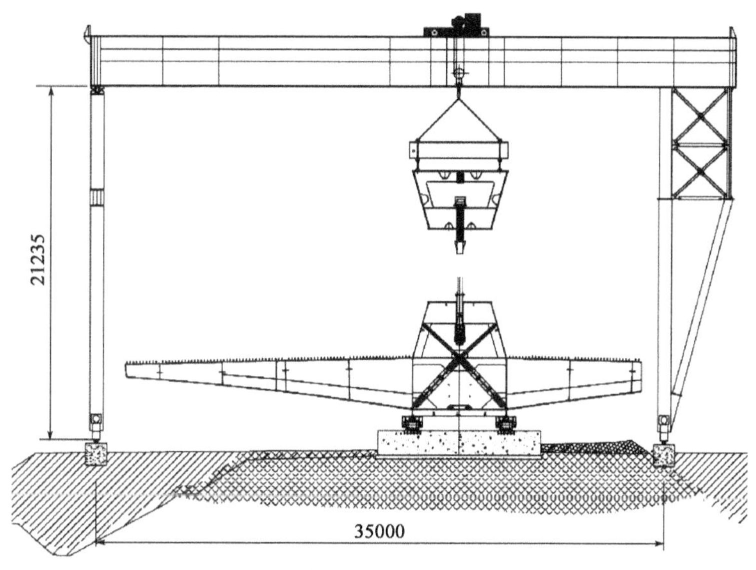

图 3.2-7 门式起重机布置(尺寸单位:mm)

顶推施工时,在两座桥台之间设置了三座临时墩,将加劲梁顶推时的跨度控制在 70m 以内。加劲梁及其上的 6 个拱肋节段顶推就位的状况如图 3.2-9 所示。

顶推结束后,安装 3 座临时支架,最高支架高度达 55m,以便使用两台吊重分别为 600t 和 550t 的大型起重机吊装拱肋。拱肋安装从两侧桥台对称进行,先从西桥台开始安装一侧的拱肋,随后从东桥台开始对称安装另一侧拱肋,最后安装完成关键的中心合龙段。拱各部分之间采用高强度螺栓连接,以避免任何滑动,并在进行全熔透焊接前确保正确的几何尺寸。拱肋吊装施工如图 3.2-10 所示。

在每座临时支架的顶部都布置了一些设施,如液压千斤顶等,以便能够移动调整待拼装结构的位置。为了保证拱的稳定,在支架顶设置了横向约束,如图 3.2-11 所示。

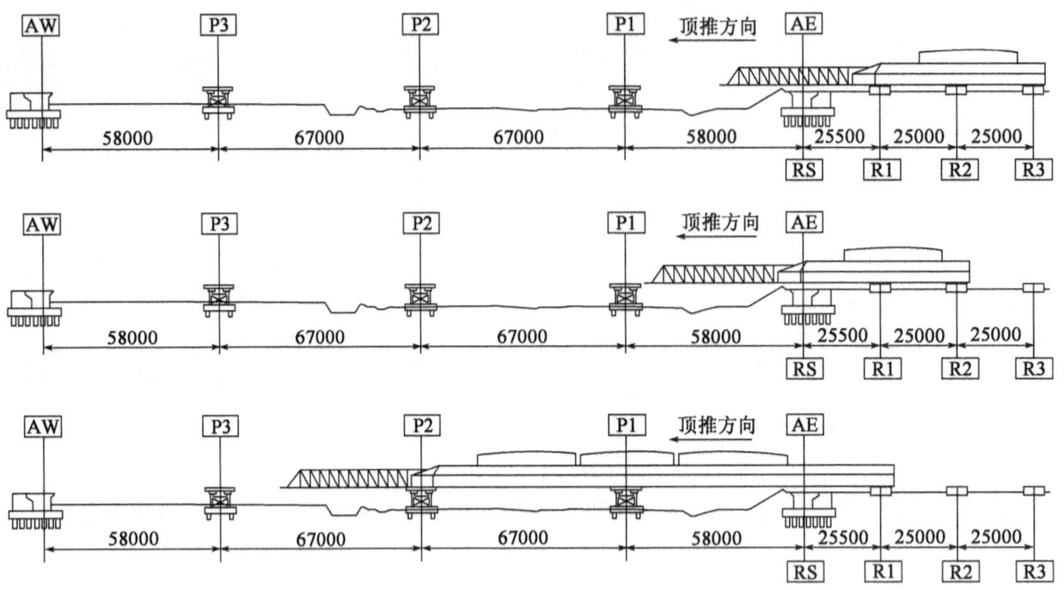

图 3.2-8　顶推施工过程(尺寸单位:mm)

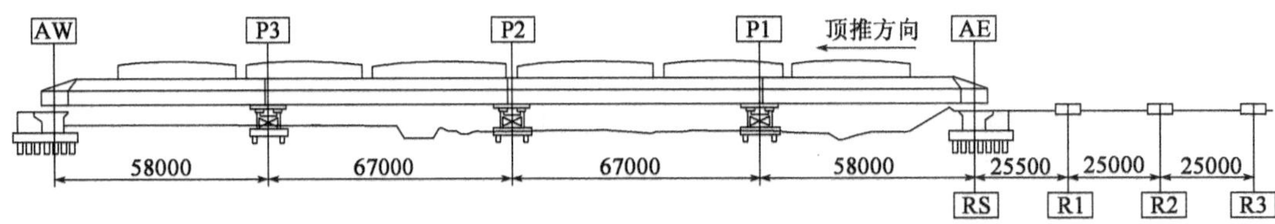

图 3.2-9　加劲梁及拱肋节段顶推就位(尺寸单位:mm)

图 3.2-10　拱肋节段吊装

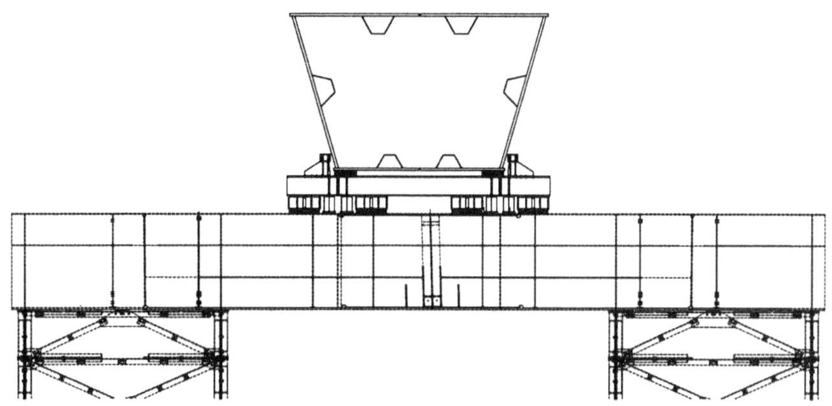

图 3.2-11 支架顶部约束与调整装置布置

由于起重机的最大起重能力非常接近吊重,已经组装好的拱肋和待安装拱肋节段之间的距离非常小,拱肋的最后一个拱顶节段的吊装非常困难,如图 3.2-12 所示。

图 3.2-12 拱顶节段吊装

以上只是一个具体的工程实践,不难想象当条件合适时,随主梁顶推的拱肋,也可按照拱肋选择的最终安装方法,在桥头拼装平台上进行安装成型。比如,可以按照转体法进行拱肋的拼装,随主梁顶推到位后进行拱肋转体施工。显然,和马切蒂高架桥拱肋多节段分开的搭载方式相比,如果拱肋节段采用更大的、甚至半跨的长度,作为一个整体随主梁一起顶推,在顶推过程的拱肋受力及其对主梁受力的影响需要仔细考虑,并采取合理的支承布置,必要时设置支承反力调整等措施加以解决。

3.2.2 拱肋顶推

主梁采用顶推法施工、主拱采用支架法安装并不是唯一的选择,结合具体的工程建设条件,拱肋采用顶推法安装也有工程实例可循。拱肋的安装需要对设备的起吊高度提出要求,当桥梁跨度较大、桥面较宽时,可能面临着无论采用浮式起重机或移动式起重机,安装代价都很高昂的情况,甚至出现浮式起重机等根本不可行的情况,为此拱肋采用顶推的方法将成为合理的选择之一。显然,拱肋采用顶推施工方法,可以显著降低拱肋节段起吊安装的高度要求。施工时沿桥梁纵向拱轴线设置若干临时支架，作为拱肋临时支撑，一跨拱桥分为两个半桥，拼装作业点分别设在两端拱脚处，按照从拱顶节段向拱脚节段的顺序依次进行，直至拱顶及拱脚合龙。为了减少临时支架数量、减小施工过程拱肋受力，可以采用和梁桥顶推相同的办法，在拱肋上端设置导梁。俄罗斯的布格林斯基大桥主桥为大跨度系杆拱桥，主梁和主拱分别采用顶推的施工方法，先进行主梁顶推，就位后在其上搭设支架进行主拱肋顶推，以下重点介绍其主拱顶推施工。

布格林斯基大桥主跨380m，为目前世界最大跨度的系杆拱桥（图3.2-13）。为了缩短拱肋架设的施工周期，并且尽量减少临时措施的工程量，采取了全球首创的竖向圆曲线顶推法。大桥为网状吊杆拱桥，与传统拱桥相比，主要的优点在于减少材料用量，但加工和吊装面临更多的挑战。该桥是在现场拼接和安装的，梁和拱均采用顶推法施工。

图3.2-13　布格林斯基大桥

在岸边搭设拼装平台，进行桥面主梁的拼装施工。同时在河道搭设临时墩，临时墩共有6座，其中中间的4座临时墩用于支承主梁及主梁之上安装拱肋用的支架，两侧的2座临时墩用于支承主梁及主梁之上的拱肋顶推与拼装平台。拱桥范围主梁上的支架及平台待主梁顶推完成后进行搭设。

首先利用岸边平台逐步拼装并完成主桥主梁与5跨引桥主梁的顶推工作。主梁全部安装就位后，在拱桥范围主梁上搭设支架及平台，然后从拱脚处向拱顶逐段安装拱肋节段。施工方法是将拱肋沿半径为290m的竖向圆曲线顶推，顶推过程有三个控制施工的关键因素：首先，拱肋横桥向间距由开始顶推时的3.8m变化为最终合龙前的26m。其次，顶推过程中采用的拱肋临时支墩非常高。第三，顶推轴线与系杆平面成36°倾角。

全长412m的拱肋从两侧拱脚处分别开始拼接顶推，拱肋前端设置36m的导梁，如图3.2-14所示。共分为19个步骤进行连续顶推，最大的悬臂长度达到76m。其中有两个暂停步骤：一是当导梁抵达次支墩时拆除边支墩，二是当最前方拱肋节段抵达中支墩时拆除导梁。最终两侧拱肋在中央合龙，然后将拱肋和系梁连接。

所有的拱肋在两个主墩处搭设的临时平台上拼装与顶推（图3.2-15），平台倾斜以适应拱轴线。每个平台上设置了滑道，横向有限位装置，只能沿拱轴线滑动。每片拱肋的最大顶推力为3900kN，因此每个平台都配备了4台计算机控制的300t千斤顶。每个临时支墩上设置了高度可调的滑道，滑动面摩擦系数为0.07。

图 3.2-14 主拱顶推施工

一旦拱肋顶推到位，拆除临时措施及安装吊杆同时进行。由于临时支墩影响了吊杆安装，将吊杆分为三组安装和张拉：一组是必须要临时支墩才能安装的；另一组是只有中支墩部分拆除才能安装的；第三组是只有中支墩和顶推平台完全拆除后才能安装的。上述制约因素使得施工控制方案更加复杂。图 3.2-16 所示为吊杆安装时的情形。

图 3.2-15 拱肋顶推平台

图 3.2-16 吊杆安装

吊杆体系安装完毕后，开始桥面乳化沥青的摊铺，并进行最终的非线性调索计算，使得结构受力及线形达到设计状态。最终张拉吊杆的同时，安装拱脚处的装饰结构。

3.2.3 梁上顶推

利用已经架设完成的引桥作为跨越公路或河道的主梁的拼装平台，逐段拼装后采用顶推法完成公路或河道上的主梁架设，在既往的梁式桥施工中已经有不少工程实例，这种施工方法在一些特殊的拱桥施工中也是可行的方法。近年来，在国内铁路桥梁的建设中，出现了较多主梁采用预应力混凝土连续梁，主跨采用拱结构辅助的连续梁拱桥形式，这种结构形式一般先采用节段浇筑法完成预应力混凝土主梁施工，然后进行主跨拱肋施工。拱肋的施工可以采用原位拼装方法在梁上搭设支架拼装，当原位拼装施工受到限制或者工期紧张需要平行作业时，可以利用相邻引桥作为拼装平台，完成拱肋拼装，通过顶推的施工方法将拱肋顶推就位，再进行拱肋与主梁的连接，进一步完成全桥的施工。

合福铁路南淝河特大桥位于合肥市包河区，是一座连续梁拱桥。其设计采用 90m+180m+

90m 连续梁拱组合结构，主梁为单箱双室变高度预应力混凝土结构，拱肋为钢管混凝土结构。在避开高速公路的铁路简支梁处，设置钢管拱安装支架，并在梁面设置轨道及纵移台车，采用吊装设备，在支架及纵移台车上安装拱肋，钢管拱两端拱脚安装在台车上，并与台车临时固结。钢管拱拼装焊接完成后，采用钢绞线将拱脚预紧，拆除支架，钢管拱整体落在纵移台车上。采用顶推设备，将钢管拱纵向顶推至设计位置（图 3.2-17），钢管拱拱脚与拱座钢管对位焊接后解除预紧钢绞线、移走轨道车，进行拱肋注浆及吊杆安装。

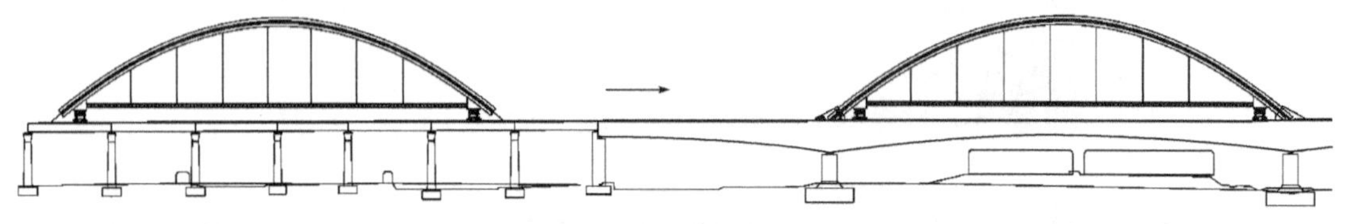

图 3.2-17　拱肋顶推施工示意

钢管拱拼装支架设置在相邻引桥范围，顺桥向在桥梁两侧对称设置 2 行 14 列，共计 28 组支架立柱。拼装支架布置如图 3.2-18 所示。

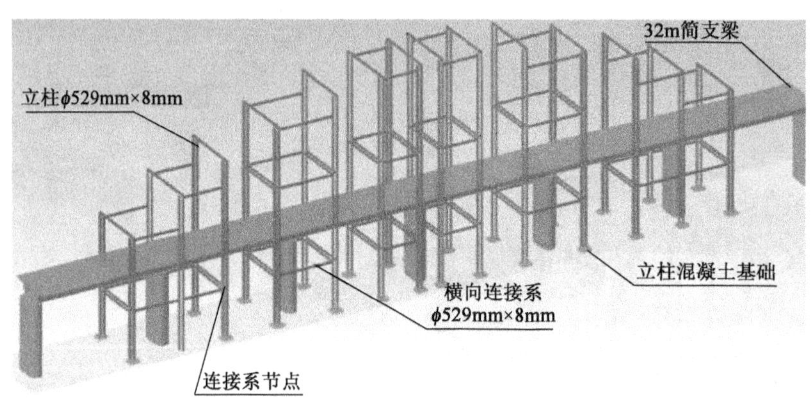

图 3.2-18　拱肋拼装支架示意

纵移台车分为前、后两个台车，分别支撑钢管拱的前后端。每个纵移台车由 4 个部分组成，从上而下依次为：2 个拱座、贝雷梁横梁、支撑及连接系及 4 组走行轮箱，如图 3.2-19 所示。

拱座除作为钢管拱的竖向支撑结构外，还作为钢管拱的横向、纵向连接结构，是重要的受力结构，采用箱形结构。钢管拱安放在拱座的凹槽中，与拱座焊接并采用抱箍连接成为整体。通过钢绞线张拉将每片钢管拱前后拱脚预紧，对钢管拱拱脚施加水平力，调节钢管拱线形。台车上的 2 个拱座通过与横梁的连接将两片钢管拱的拱脚横向连接。

钢管拱通过拱座将重力传递到贝雷梁横梁上。拱座与横梁利用高强度螺栓连接。横梁由 6 片贝雷梁组成，支撑在轮箱上，是拱座与轮箱之间的传力结构，承受拱座的压力及产生的弯矩。

钢管支架拼装完成、纵移台车安装到位后，进行钢管拱节段的吊装。单侧每片拱肋分为 15 个吊装段及 2 个拱脚节段，均在工厂加工完成后运输到现场。采用两台 100t 汽车起重机进行吊装。首先在前后纵移台车上安装钢管拱的前后两端底节拱肋，拱肋的下端放在纵移台车拱座上,上端放在立柱上,将底节拱肋与拱座焊接,并用抱箍将其与拱座连接,焊接长度及抱箍连接均根据计算确定。随后利用汽车起重机将钢管拱节段依次对称吊至拼装支架上临时固定,精确调整其位置后与前一节段拱肋进行焊接。为保证吊装到位后拱肋的稳定性,在不影响其他拱肋节段吊装的前提下及时安装相应的横撑。

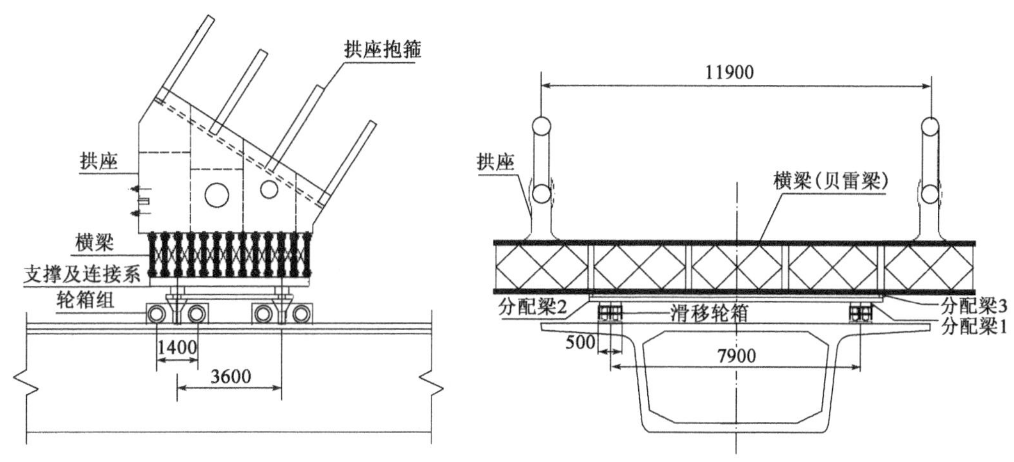

图 3.2-19 纵移台车示意(尺寸单位:mm)

拱顶合龙节段采用临时连接锁定,拱顶合龙节段焊接时间选择气温在 15~20℃时进行。合龙后进行拱肋临时支撑立柱拆除,拆除时需利用钢绞线将钢管拱的前后两端拱脚张拉预紧。每对称拆除一列支架立柱,钢绞线便张拉预紧一次,同时对称卸载支架顶端拼装托盘,使钢管拱与支架脱空。支架立柱拆除完成,钢绞线最后一次张拉预紧到位。

随后进行钢管拱顶推纵移工作。首先解除纵移台车与钢轨间的约束,利用千斤顶顶推使台车纵移。千斤顶设置在前台车的轮箱后端,左右各设置一台,通过顶推前台车轮箱后端来带动钢管拱纵移体系整体前移。钢管拱的顶推前进速度控制在 0.5m/min。钢管拱移动过程中两侧拱肋的相对错位对钢管拱横撑的受力影响较大,相对错位控制在 60mm 以下,并加强监测及时校正。

钢管拱在纵向顶推就位后,调整钢管拱的轴线位置及高程,直至满足设计要求。钢管拱线形、高程等调整到位后,进行底节拱肋与梁上拱座预埋钢管焊接,完成剩余横撑安装,使钢管拱与预应力混凝土连续梁成为整体。放松钢绞线,解除钢管拱与纵移台车拱座间的焊接和抱箍连接,完成钢管拱的体系转换。进行后续拱肋混凝土的灌注及吊杆的安装、张拉,完成钢管拱的施工。

3.3 整体顶推

3.3.1 前端托举顶推

由于系杆拱桥的支承反力仅是竖向的,并且为下承式的结构,适合用整体拼装及临时支承。当在岸上或者沿桥梁轴线有足够的空间来施工时,适合采用将系杆拱桥装配成整体,然后采用顶推、转体或者滑移的方式使整体拱桥就位。

常用的一种方式是将岸上预拼好的整体拱桥，通过滑移使其前缘置于一条驳船上，这样能够穿越河道。由于拱桥的支承和结构形式随着顶推阶段的进行而发生变化，并与桥梁在最终位置时的支承和结构形式不同，而且吊杆仅设计成承受拉力，所以通常需要在拱梁间设置临时支撑。主要施工步骤如图 3.3-1 所示。

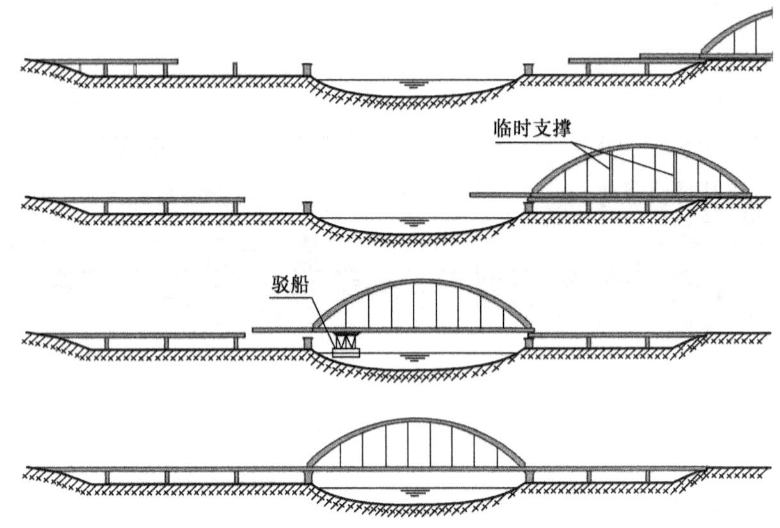

图 3.3-1 用驳船浮托整体顶推施工示意

整体桥梁也可以采用转体施工使之就位于最终位置。桥梁在一侧岸边进行施工，且与岸边平行。桥面和拱都施工完成后，将桥梁以拱座为基点旋转至最终位置。由于与拱桥相关的施工都是在地面上进行，且不需要一些特殊的设备，所以该方法具有良好的经济竞争力。

无论预制拼装场地适合用沿桥轴线进行顶推，还是适合用垂直于桥轴线进行转体，当系杆拱桥在陆地跨越道路等类似环境时，将上述驳船替换为驮运车辆后，同样可以完成整体拱桥的安装施工。

塞尔维亚 Novi Sad 桥（图 3.3-2）是采用这一方法施工的跨度较大的桥梁，桥梁宽度为 31.5m，跨河道两座系杆拱桥跨度分别为 177m 和 219m，桥面结构采用钢-混凝土组合梁。

图 3.3-2 Novi Sad 铁路桥

两座系杆拱桥结构的安装过程主要分为拼装和顶推两大施工阶段,拱桥结构均在岸上拼装,如图 3.3-3 所示。

图 3.3-3 两座系杆拱桥的钢结构拼装

拼装完成后,通过岸上拼装平台和滑道以及水中驳船,顶推至最终设计桥墩位置。图 3.3-4所示为跨度 177m 和跨度 219m 的两座拱桥顶推起步阶段的情况,一座拱桥的前端已经转移到驳船上,另一座拱桥的前端还在临时支架上。

图 3.3-4 两座系杆拱桥顶推

图 3.3-5 所示为跨度 219m 拱桥结构的 9 个主要施工步骤(跨度 177m 拱桥采用相同的施工方法)。

步骤 1:在河岸一侧现场拼装钢结构(包括系杆、横梁及拱肋)。

步骤 2:安装吊杆(吊索)。

步骤 3:安装顶推施工所需的临时支柱。整个结构体系和临时支柱应当在接下来的顶推过程中保持足够的刚度。将结构支承落在永久桥墩处。

步骤 4:将结构支承转移至桥梁中心轴线上的顶推平台和滑道上。

步骤 5:将拱桥结构顶推至靠近永久桥墩位置处。

步骤 6:将结构前端支承在移动驳船上。

步骤 7:将整个结构移动跨过河道直至最终设计位置处。

步骤 8:将结构最终支承在两座永久桥墩之上。

步骤 9:开始拆除顶推时设置的临时支柱。

步骤 10:现场浇筑混凝土桥面板。

步骤 11:安装道砟、铁轨、沥青铺装以及其他桥梁结构附属构件。

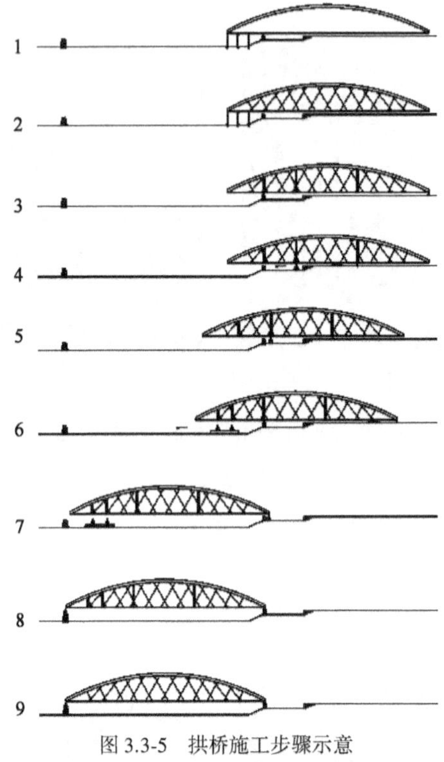

图 3.3-5　拱桥施工步骤示意

前端托举无论采用驳船还是托运车辆,其原理是相同的。Bonpas 高架桥是一座 TGV(法国高速铁路系统)地中海高速铁路线的系杆拱桥,该桥跨越高速公路收费站(图 3.3-6),因此其施工方法颇具特色。结构的设计需满足桥梁一跨跨越整个收费站,施工应尽可能不打扰收费站的运作。

图 3.3-6　A7 高速公路收费站(Avignon 南部)

Bonpas 桥由三联桥组成,最大跨为全长 124m 的系杆拱桥,立面布置如图 3.3-7 所示。系杆拱桥的钢结构部分均是在桥位附近进行整体组装,在钢纵梁下设有临时支撑,钢拱肋下设有临时支架(图 3.3-8)。对于每一个标准节段,先安装主梁的钢纵梁节段就位并焊接,然后安装主梁的钢横梁;再拼装临时支架,安装主拱横撑,然后安装主拱的节段构件并焊接;最后安装吊杆。

组装完成后结构采用多点顶推及托运结合方法安装就位。托运车辆共使用了 112 个车轴,专门用来承载和移动重载。顶推起步阶段如图 3.3-9 所示,从准备阶段到拱桥顶推就位的主要步骤如图 3.3-10 所示。

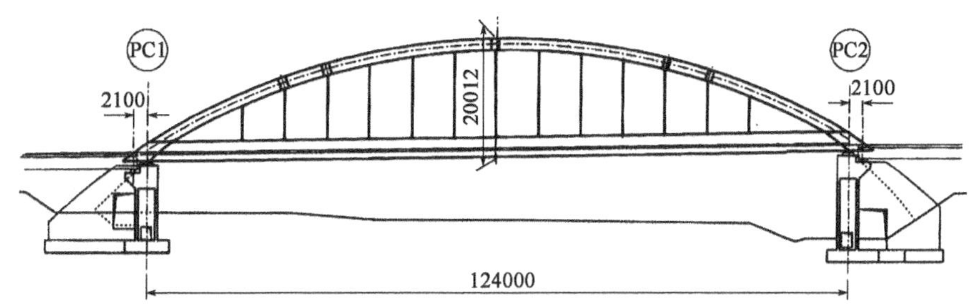

图 3.3-7 Bonpas 桥立面布置图(尺寸单位:mm)

图 3.3-8 拱桥组装

图 3.3-9 顶推施工开始

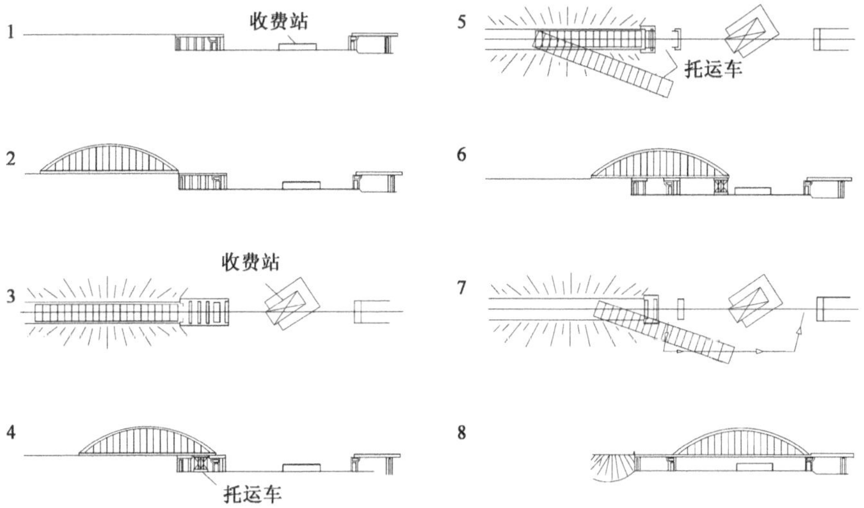

图 3.3-10 顶推施工主要步骤示意

顶推就位过程主要情况如下:

(1)在桥台后方拼装完成后,开始顶推施工,沿桥轴线向前顶推,跨过引桥桥台直至前端拱脚到达主桥墩。

(2)托运车辆进入主桥墩和桥台之间,车上钢构架支撑拱桥前端钢纵梁,相应纵梁与拱肋间也设置临时支撑杆件。

(3)托运车辆支撑拱桥前端向侧向移位以避开障碍,同时拱桥后端顶推设备同步协调沿桥轴线向前顶推(图 3.3-11)。

(4)托运车辆绕开障碍后,随着后端顶推向前移位,直至完全绕开障碍。

(5)前端托运车辆随后端顶推回归桥轴线,之后沿桥轴线向前顶推,直至抵达设计位置(图 3.3-12)。

图 3.3-11　顶推施工过程(沿桥轴线向前)

图 3.3-12　跨收费站顶推施工(前端转动绕行)

(6)测量吊杆力,必要时进行调整,最后浇筑混凝土桥面板(图 3.3-13)。

图 3.3-13　施工完成后的拱桥

该类型系杆拱桥的施工方法十分出色,在解决桥梁跨越障碍物时可显著降低施工时间和造价。除此之外,桥面结构的设计也具有代表性。

3.3.2　滑移顶推

滑移顶推是指桥体在顶推前进过程中,支承点保存不动,桥体通过牵引或顶推在支承上滑移前进。这种顶推方式所需设备简单、造价较低。其特点是在顶推全过程经过支承点的桥体将需要承受支承反力作用(该反力随顶推进程而变化),对于钢结构桥梁,除了满足总体受力外,局部受力及稳定也将成为控制因素。为此,顶推时的支承点需要具有一定的承压面积,特别是常选择在腹板下方的支承,纵向需要保持一定的长度,以便减小顶推时支承处的结构受力。除此之外,还有一些结构必须专门设置局部加劲肋,以满足结构局部稳定要求。在顶推过程中，桥体还将发生上下挠曲变形，为避免造成支承点的应力集中，支承往往还要做成摇头式结构，以适应桥体转角变化，使支承处桥体受力均匀。

当顶推过程支承点对应的桥体为实腹式结构时，保持支承上板与桥体结构腹板对中，并适当加大支承上板的长度，可以满足承载力与稳定性要求，甚至可以不用设置施工专用加劲结构。这需要对加强主体结构和加大支承结构两种情况进行综合比较，以经济性为目标加以合理选择。

当顶推过程支承点对应的桥体为空腹式桁架结构时，桁架的下弦杆件在顶推前进过程中，从杆件前一端的桁架节点到杆件中间，再到杆件后端的桁架节点，都将经历支承反力的作用。对于承受以轴向荷载为主的桁架杆件，当顶推支承点作用在杆件两个节点之间时，需要承受支承反力产生的弯曲作用，通常将控制杆件的受力，这往往需要对杆件进行加强，需要加强的杆件有可能涉及绝大部分钢桁架的下弦杆件，这将影响桁架结构的经济性。因此，桁架结构采用顶推施工以及采用何种形式的顶推设备，需要结合具体的施工条件以及结构本身的承载能力，进行技术经济比较后加以选用。

采用刚性梁柔性拱的连续梁拱桥，钢桁梁不仅可以采用顶推法施工，而且在一定的跨度范围内，可以选择包括拱肋的梁、拱及吊杆安装一体的整体结构，采用无临时墩的顶推方案。

合肥南淝河特大桥是双线铁路桥（图 3.3-14），全长 461m，主桥为 114.75m+229.5m+114.75m=459m 连续钢桁梁柔性拱桥，钢桁梁节间长度为 12.75m，其中边跨 9 个节间，中跨 18 个节间。柔性拱肋采用二次抛物线形，矢跨比为 1/4.5。大桥立面和横截面布置分别如图 3.3-15和图 3.3-16 所示。

图 3.3-14 南淝河特大桥

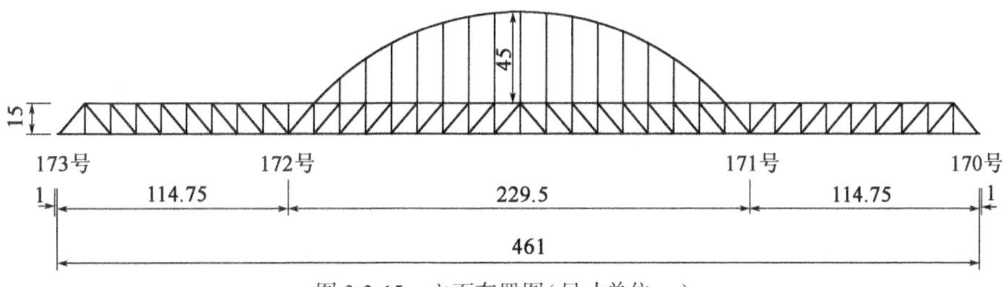

图 3.3-15 立面布置图（尺寸单位：m）

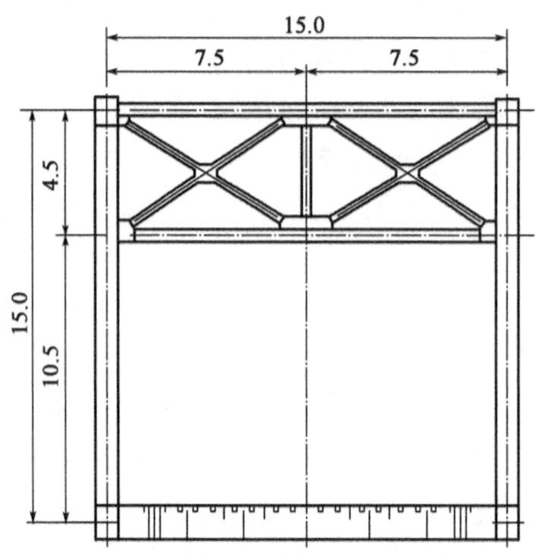

图 3.3-16　横截面布置图(尺寸单位:m)

大桥跨越合宁高速公路(312 国道)高架桥,与线路夹角为 27°,为避免安装施工对高速公路交通的干扰,连续梁拱桥采用多点顶推法施工。在 170 号墩与 171 号墩之间设置拼装台架,安装 60t 跨线门式起重机,利用门式起重机拼装钢导梁和钢桁梁成整体节间,由 170 号墩向 173 号墩方向顶推架设。循环钢桁梁拼装及顶推作业,并适时利用架梁起重机同步架设柔性拱,同步顶推钢桁梁及柔性拱,直至钢梁全部顶推就位。

顶推作业贯穿于整个施工中。一个典型顶推循环包括利用竖向千斤顶将钢梁顶起、倒换滑块以及利用水平千斤顶牵引钢梁前进。起顶时钢梁所承受的荷载重分配,需要控制钢梁承受的应力在允许范围。牵引是将水平千斤顶钢绞线连接到钢梁反力座上,通过千斤顶提供水平拉力,克服滑块与滑道间摩擦力来使钢梁缓慢前行到达预定位置。顶推重量最重时约为 83000kN,千斤顶提供的水平力为 4980kN。滑块与滑道采用高密度 MGE(工程塑料合金)加上润滑剂,整个顶推过程摩擦系数不超过 0.08。

为了控制顶推过程结构的受力,设置了临时钢导梁,钢导梁尽可能减少线密度,增加顶推过程中钢梁的倾覆稳定性。钢导梁线密度为 5.4t/m,钢梁线密度为 23.8t/m,钢导梁线密度远小于钢梁线密度。

主要施工步骤如下:

(1)在 170 号和 171 号墩间,从 170 号墩开始设置连续 6 个节间长 76.5m 的拼装支架及滑道,利用 60t 跨线门式起重机在临时拼装支架滑块上拼装钢导梁和钢桁梁成整体梁段。

(2)在 171 号和 172 号墩间,分别在 171 号墩和 172 号墩旁搭设临时支墩,安装 1 个节间的拼装支架。两拼装支架之间的跨度为 153m。

(3)在 172 号和 173 号墩间,在 173 号墩旁搭设临时支墩,安装 2 个节间的拼装支架。预留 1 个节间的钢导梁拆除平台。

(4)按照由 170 号墩向 173 号墩方向对钢桁梁节间顶推前移,每顶推前进一个轮次(单个节间或者数个节间钢桁梁),在后部支架上继续下一轮次的拼装作业,如此循环直至钢桁梁端节点顶推及 172 号墩旁临时墩。

(5)利用架梁起重机同步架设柔性拱和钢桁梁,柔性拱采用单向退步架设、柔性拱拱脚合龙,同步顶推钢桁梁及柔性拱,直至钢梁全部顶推就位的方案予以完成。

(6)在钢梁主、边跨墩上起顶纵横移调整钢桁梁状态,满足设计要求后安装支座。

3.3.3 步履式顶推

步履式顶推施工的基本方法是利用一套专业顶推系统,先将结构整体托起,再向前推送,然后整体下落于临时支点上,最后设备千斤顶复位,完成一次循环。通过多组装备进行多点式同步顶推施工,重复顶推的循环,实现整体结构的移动,最终到达设计桥位。

顶推施工系统可分为两个系统:顶推临时设施和顶推装置。前者又可细分为导梁、拼装平台和临时墩;后者可进一步分为顶推设备结构支撑系统、接触滑动系统、动力系统和控制系统。顶推施工系统结构如图3.3-17所示。

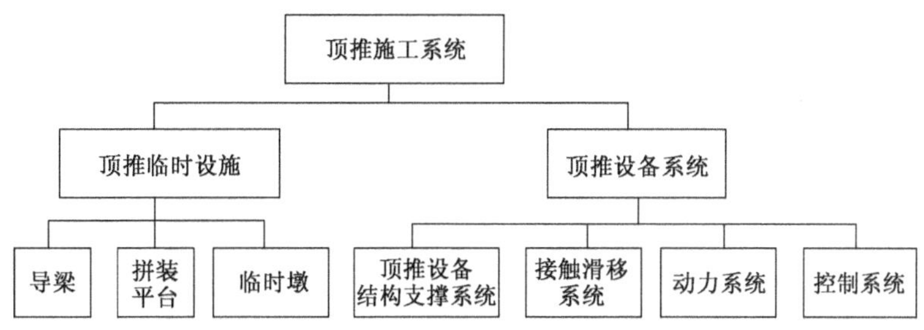

图3.3-17 顶推施工系统结构示意

步履式自动化顶推设备系统包括三大部分:顶推机械系统、顶推液压系统和顶推控制系统。其中顶推机械系统是直接的顶推作用力装置,由上下部结构、三向油缸和滑移面组成。顶推液压系统包括支撑顶升油压系统、顶推平移油压系统和横向调整油压系统。顶推控制系统包括泵站驱动模块和传感器采集模块,以及由分控制器、主控制器组成的反馈系统,通信网络和传感器。

步履式顶推过程中,采用集中控制系统,严格控制各个设备间的同步协调性,一个顶推工作循环如图3.3-18所示。

步履式顶推施工采用循环托举方式将桥梁顶推到预定位置,一个顶推工作循环包括4个步骤,分别如下:

(1)整体托举桥梁结构

顶升——先竖向顶升油缸推进,桥体结构整体被顶起脱离临时支承块,整个顶推系统支撑桥体结构。

(2)桥体向前运送

前进——平推油缸推进,带动桥体结构整体前移。该过程通过顶推设备内置滑移面的滑动来实现梁体前行,运动过程中整个桥体做刚体运动,这一点与拖拉法顶推过程梁体边界一直变化形成鲜明对比。

(3)顶升设备回落

下落——顶升千斤顶回油,桥体结构整体下降,落于顶推设备两侧的临时支承块上,桥体结构与顶推设备实现分离。

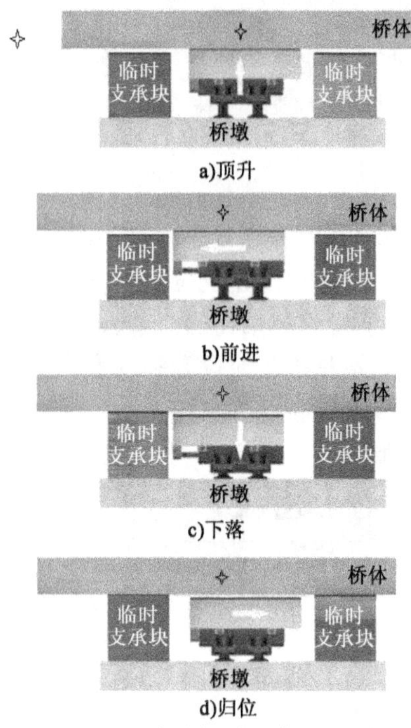

图 3.3-18　步履式顶推工作原理示意

(4)顶推系统回复原位

归位——梁体支撑于临时支承块上,顶推千斤顶回到初始顶推位置上,为下一顶推循环做准备。

"步履式"连续顶推施工依靠整套"步履式"连续顶推设备来实现其功能。步履式连续顶推设备系统在计算机控制下,可以实现顶推梁体的顶升运动、顺桥方向移动,以及横桥方向的调整,以此适应不同桥型、不同方向的线形和坡度要求。顶推设备系统主要包括:

(1)顶推设备结构支撑系统:上支撑架和下支撑架;

(2)接触滑移系统;

(3)动力系统:顶升油缸、水平顶推油缸和横向调整油缸;

(4)控制系统。

设备系统三维模型如图 3.3-19 所示。其中上、下支撑架通过油缸实现顺桥方向的相向运动,该推力为设备自身的内力,顶推时对桥墩几乎不产生水平推力;接触滑移系统分别设置在上支撑架的顶部和底部,是顶推过程梁体的运动界面;顶推动力全由动力系统提供,动力系统整机体积小、重量轻,控制比较平稳,动力保护设备齐全,安全性比较高;控制系统按照机械标准设计,调节精度高,能很好地满足梁体对荷载和变形的控制要求。

步履式顶推施工方法具有如下特点:

(1)由于顶推力和摩擦力全部是顶推设备内力,支墩基本不承受水平荷载。

(2)可有效解决钢梁受力局限性问题,保证施工顺利进行。

(3)顶推装置自带竖向千斤顶,可以较好地适应梁体竖向线形的变化,支反力可以随时调节,保证各支点的受力均匀。

(4)竖向、纵向千斤顶同步性要求高,对同步控制系统的精度和性能要求高。

步履式顶推是一种间歇式的顶推方式,每一循环的顶进过程中,顶推支承点的上、下支承结构类似于支座的上、下摆,"上摆"承托桥体在"下摆"上滑动前进,顶推过程中"上摆"与桥体位置固定,与桥体的接触点是间断的,间隔距离即为步履式顶推设备的额定行程(步长)。这种顶推方式为在一定限制范围内(一个步长)选择桥体支承位置创造了条件,从而可以将顶推支承反力对结构受力的影响降低到最低程度。许多情况下,配合顶推系统的合理设计,甚至可以不必因为顶推而进行结构加强。

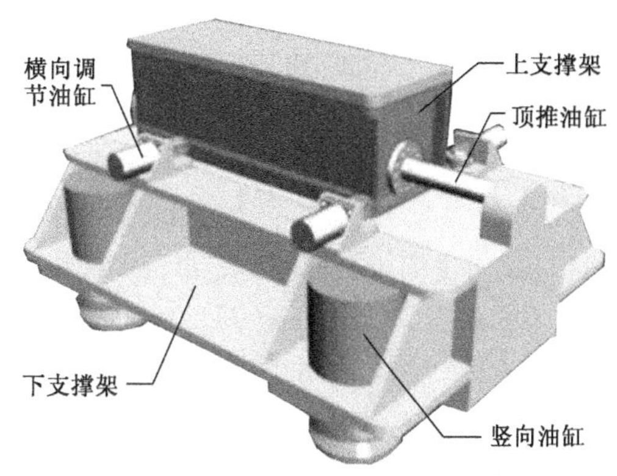

图 3.3-19 步履式顶推设备三维构造图

特别值得一提的是,当顶推过程支承点对应的桥体为空腹式桁架结构时,桁架的下弦杆件在顶推前进过程中,可以回避其长度中央承受支承反力作用,从而显著降低下弦杆件在顶推过程所承受的弯矩作用。比如,当顶推步幅设定为桁架节间长度的 1/2 时,每一循环顶推时的支承点可以布置在下弦杆件距离节点 1/4 的位置。如此可以减小、甚至避免对杆件加强,提高桁架结构顶推施工的经济性。

步履式顶推装置的"上摆"支承桥体,其尺寸等参数选择关乎桥体的受力与稳定,尺寸越大越有利于减小桥体的受力;"下摆"支承在永久桥墩或临时墩上,其尺寸等参数选择关乎顶推施工的效率。同时步履式顶推装置的顶推步长,顶推支点反力及起顶高度等参数还关系到自身的经济性,需要结合工程实际需求,从结构受力、顶推装置性能以及施工工效等多方面,经过多因素综合比选后加以确定。

九堡大桥主桥为 3×210m 连续拱桥(图 3.3-20),桥面结构采用组合梁,拱肋采用钢箱结构。为了实现景观目的主拱肋外倾,副拱肋轴线为空间曲线,使得在桥位现场利用支架进行拼装存在诸多困难和风险,再加上桥位处于钱塘江强涌潮河段,现场支架等临时结构费用高昂,因此确定采用整体顶推的施工方法。

图 3.3-20 九堡大桥

主桥上部结构为 3×210m 三孔组合梁-钢拱组合体系连续梁拱桥，大桥立面布置如图 3.3-21 所示。拱肋由主拱肋、副拱肋、主副拱肋之间的横向连杆以及拱顶横撑等构件组成。主拱肋外倾 12°，立面矢高为 43.784m；副拱肋轴线为空间曲线，立面矢高为 33m。主拱采用矩形截面，宽 2.2m、高 3.2m；副拱采用方形截面，边长为 1.5m，主副拱肋之间的横向连杆采用圆钢管，间距为 8.5m。主梁为等截面钢-混凝土组合梁，全高 4.5m，全宽 37.7m。钢梁材质为 Q345qD，由主纵梁（闭口边箱梁）、中横梁、端横梁、小纵梁组成双主梁梁格体系。其中：两侧钢主纵梁间距为 27.6m，纵梁每 8.5m 一个节段（跨中为 12.75m，拱梁交界段为 12.155m）；每间隔 4.25m 设置一道横梁，钢横梁间距为 4.25m。拱桥吊杆间距为 8.5m，吊杆上端锚固于主拱肋，下端锚固于钢主纵梁。混凝土桥面板厚 26cm，采用 C50 混凝土，桥面宽度为 31.5m，横向由 3 块变厚度预制板组成，内侧中板变厚范围为 0.26～0.3m，支点厚 0.3m，结构中心线处厚 0.26m，外侧边板变厚范围为 0.22～0.3m。

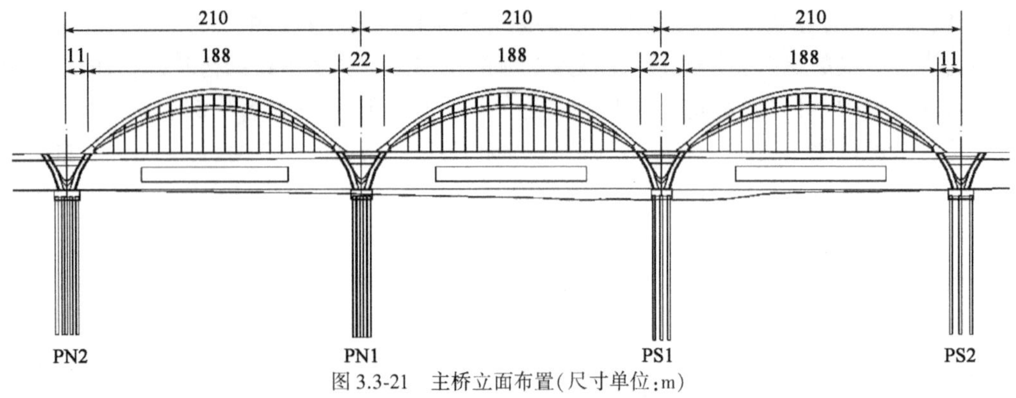

图 3.3-21　主桥立面布置（尺寸单位：m）

九堡大桥主要施工步骤（图 3.3-22）如下：

（1）在下部结构桩基、承台、墩身施工完成后，在桥头场地搭设拼装支架平台，在水上 210m 跨间施工临时墩。

（2）按照先梁后拱的顺序分节段在拼装平台上进行拱桥第一孔拼装；在拱肋与系梁间安装临时支撑；适时安装顶推装置，安装前导梁。

（3）拱桥第一孔拼装完成后，拆除拱肋拼装临时支架，启动顶推系统向前顶推一跨拱桥长度 210m；重复步骤（2）完成第二孔拱桥拼装，前端安装顶推装置。

（4）再次启动顶推系统向前顶推一跨拱桥长度 210m；继续完成拱桥第三孔拼装，前端安装顶推装置。

（5）第三次启动顶推系统向前顶推一跨拱桥长度 210m；安装后导梁；启动顶推系统向前连续顶推直至就位，适时将后端顶推装置转移至前端。

（6）拆除前后端导梁；分批安装张拉吊索，适时拆除拱肋与系梁间临时支撑；拆除 3 个 210m 主跨中间的 3 座临时墩；安装混凝土桥面板，调整吊索索力；完成全部桥面铺装施工。

九堡大桥整体结构顶推施工主要过程如图 3.3-23 所示。

孔李淮河大桥（图 3.3-24）是淮南市联系淮河北部区县的重要城市桥梁，大桥工程全长 10.28km，其中桥长 5.317km，北岸接线长 3.756km，南岸接线长 1.203km。采用双向六车道外侧加行人和非机动车道，设计速度为 80km/h。

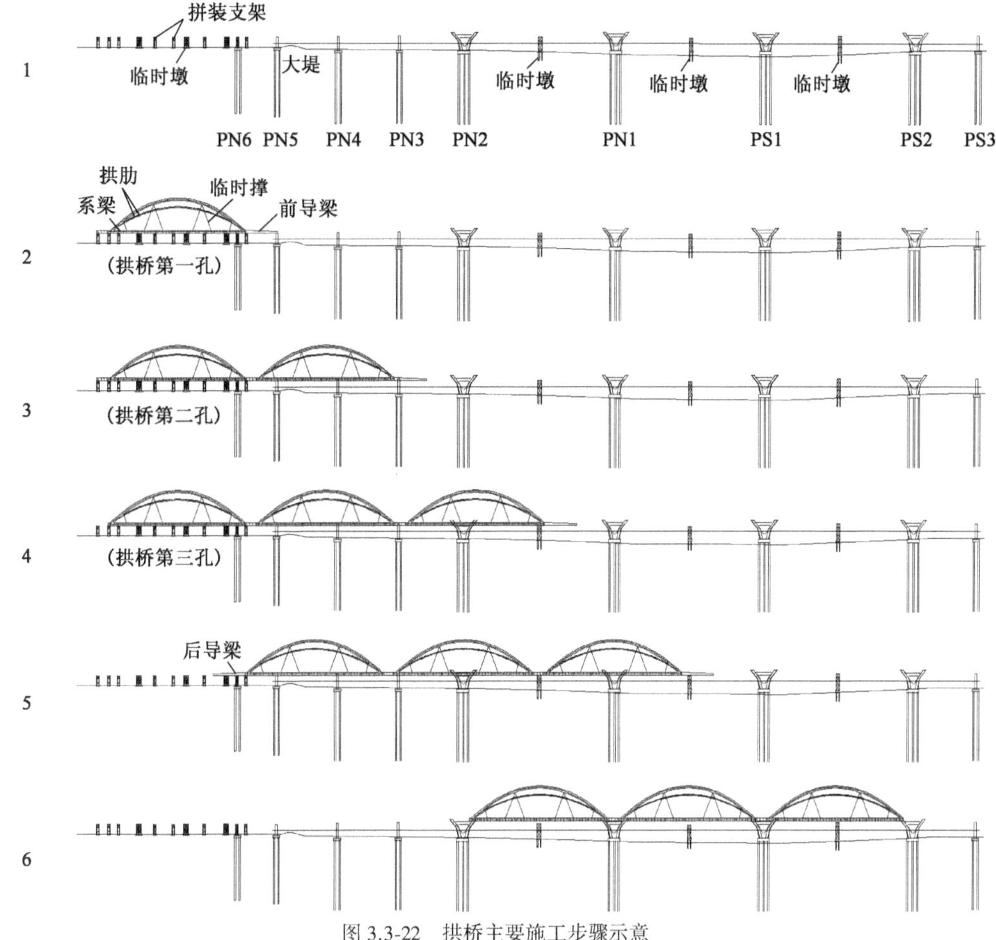

图 3.3-22 拱桥主要施工步骤示意

大桥主航道桥采用 110m+180m+110m 三跨下承式钢箱系杆拱桥,桥面宽度为 42.0m。三跨拱肋均采用平行布置,双片拱肋横桥向间距为 29.5m,两拱肋之间设有风撑连接。主拱拱肋矢高为 44.5m,边拱拱肋矢高为 27m,拱肋采用钢箱截面,主拱钢箱高 3.2m、宽 2.5m,边拱钢箱高 2.2m、宽 2.5m,拱肋均采用 Q345qD 钢材。主梁(桥面结构)由主纵梁、横梁、小纵梁和桥面板组成,桥面板采用钢折板-混凝土组合板。吊杆和系杆索均采用钢绞线。三跨系杆拱桥结构组成如图 3.3-25 所示,主梁标准横截面布置如图 3.3-26 所示。

孔李淮河大桥主航道桥跨越淮河 3 级航道,施工过程中需满足双向 2×65m 的通航孔,主河道内只能设置一个临时支墩,顶推施工最大跨度悬臂达到 90m。大桥采用多点步履式同步顶推施工技术,完成了全长 400m、最大矢高为 44.5m、总重 13000t 的钢箱系杆拱整体平稳安全顶推。

三跨拱桥均在一侧岸上搭设的拼装平台上逐跨拼装、逐跨顶推,最后一跨拼装完成后顶推到位。拼装平台上设有多个顶推支点,拼装平台主要布置如图 3.3-27 所示,工作平台长 196.25m、宽 44m。

全桥共设有 13 个顶推支点,包括拼装平台范围的顶推支点和支撑在两个主墩上的顶推支点。每一支点上下游各设置一个临时墩。临时墩立面布置如图 3.3-28 所示。

图 3.3-23　主要施工过程示意

图 3.3-24　孔李淮河大桥

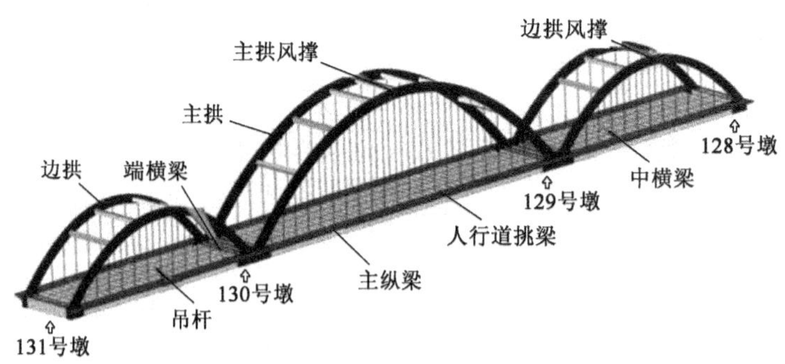

图 3.3-25　主桥结构组成

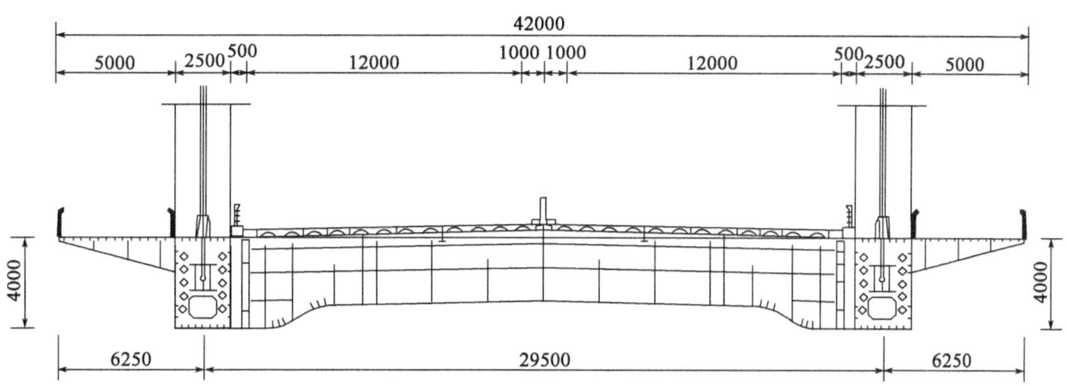

图 3.3-26 主梁标准横截面布置(尺寸单位:mm)

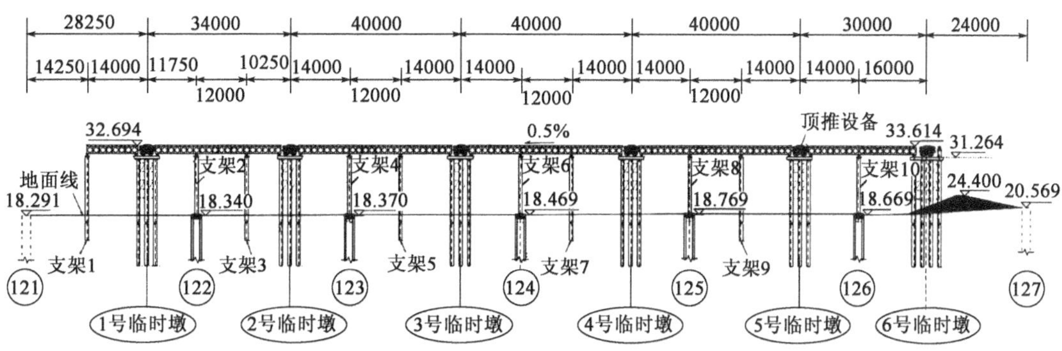

图 3.3-27 拼装平台(尺寸单位:mm,高程单位:m)

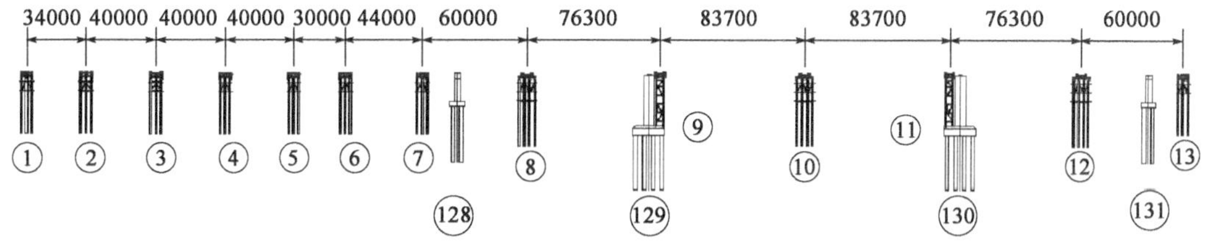

图 3.3-28 临时墩总体布置(尺寸单位:mm)

顶推设有前导梁,采用变高度钢箱梁结构,截面尺寸与主梁的钢纵梁保持一致,钢板壁厚由计算确定。导梁长度关系到顶推过程的安全及效率,按照0.5~0.7倍的最大悬臂长,最终采用45m导梁长度。

主拱(180m)和边拱(110m)每跨共设置6根临时撑杆,考虑到结构施工的方便性、经济性及结构受力明确和均衡,采用钢管作为临时撑杆,如图3.3-29所示。

图 3.3-29 临时撑杆布置

整体顶推工序主要分为6个阶段(图3.3-30),具体情况如下:

(1)安装导梁和第一个边拱110m拱梁主结构及拱梁之间临时支撑,调试完成顶推作业准备。

(2)进行第一跨边拱顶推,顶推前进距离为180m,使拼装平台满足主拱拼装长度。

(3)拼装180m主拱的拱梁主结构,安装拱梁之间临时支撑,完成第二次顶推作业准备。

(4)进行第一跨边拱和第二跨主拱顶推,顶推前进距离为110m,使拼装平台满足最后一跨边拱拼装长度。

(5)拼装最后一跨110m边拱的拱梁主结构,安装拱梁之间临时支撑,完成第三次顶推作业准备。

(6)进行三跨整体顶推,直至到达最终设计位置。

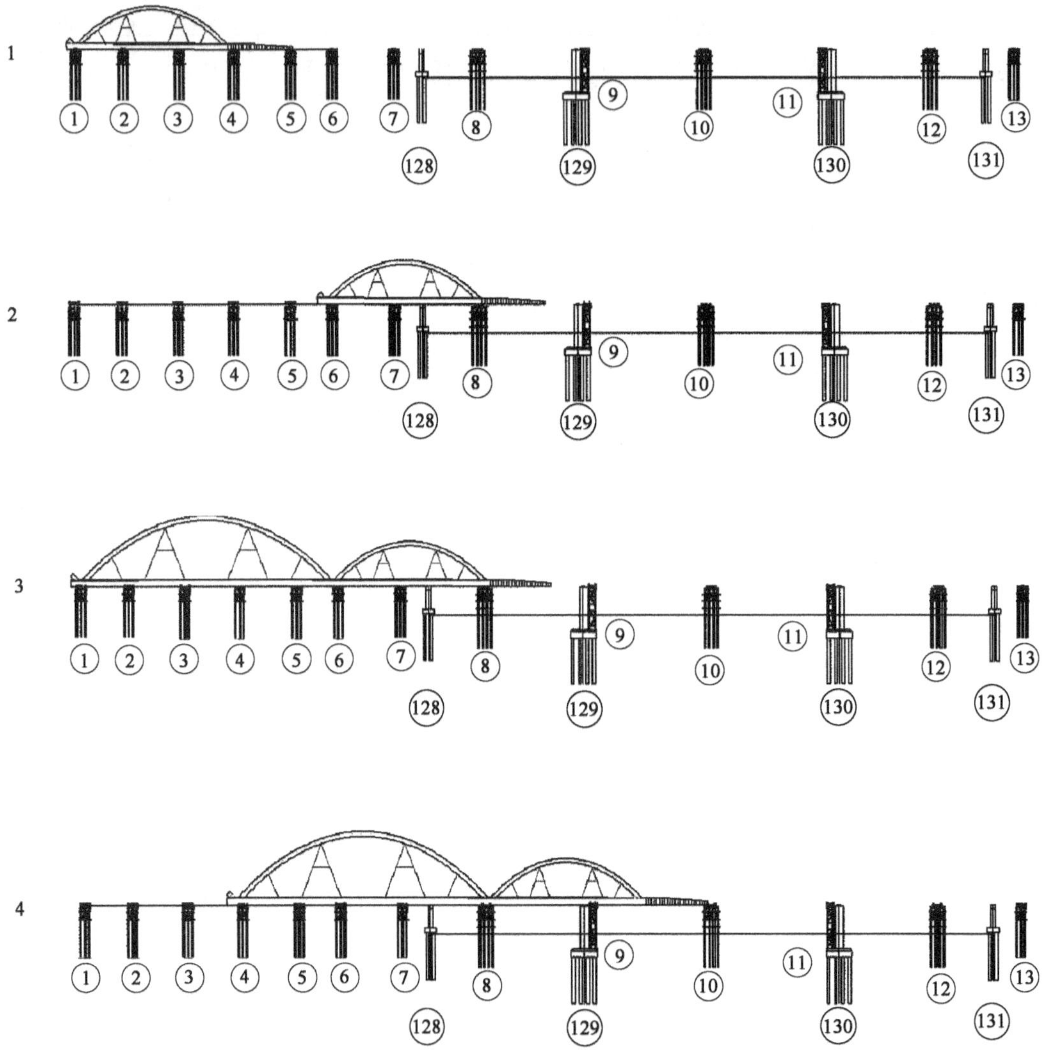

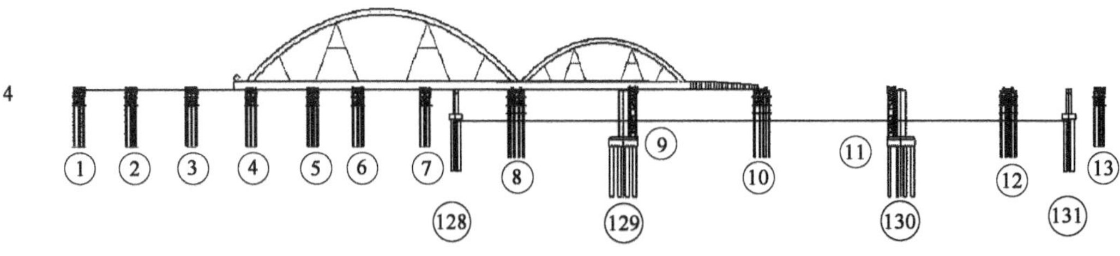

图 3.3-30

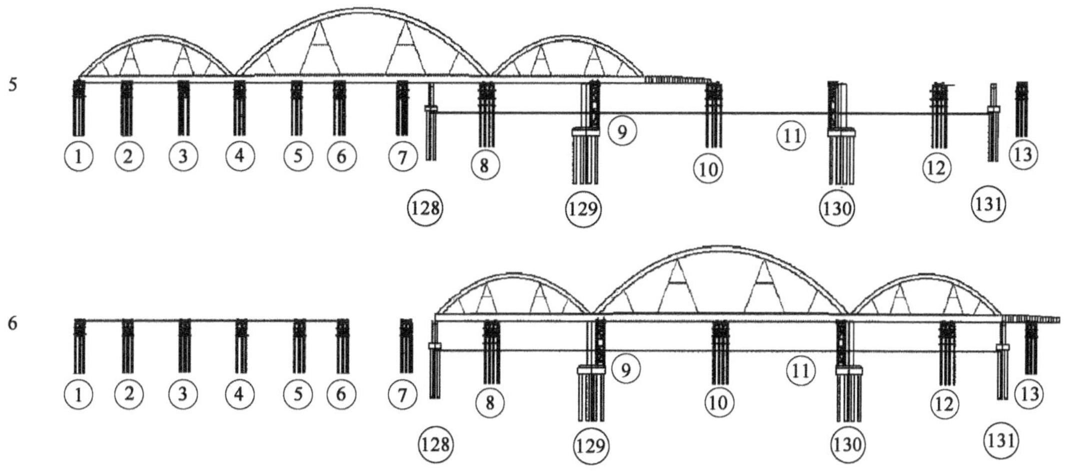

图 3.3-30　主要施工步骤示意

三跨拱桥整体顶推就位后，张拉系杆索、拆除临时撑杆、临时墩，张拉吊杆索力，完成桥面混凝土浇筑等施工。主要施工过程如图 3.3-31～图 3.3-37 所示。

图 3.3-31　主拱跨钢纵梁安装

图 3.3-32　主拱跨钢拱肋安装

图 3.3-33　第一跨边拱顶推

图 3.3-34　第二跨主拱安装

图 3.3-35　第一跨边拱及第二跨主拱顶推

图 3.3-36　三跨拱桥顶推就位

图 3.3-37　桥面板施工及吊索张拉

第4章 浮运架设法

4.1 技术特点

浮运架设法一般将拱桥整体或一部分在异地拼装成整体大节段,利用驳船浮运至桥位附近,采用一台或多台起吊设备,吊起大节段并将其安装至墩顶永久支座上或预定位置上。根据具体的施工环境与条件,也可以采用浮式起重机直接完成浮运与起吊安装。在确定具体架设方案时,要兼顾构件划分情况、浮运与吊装重量以及起吊设备能力大小等多方面的平衡。起吊的构件单元采用大节段后,可以减少吊装环节、提高现场作业效率。

采用浮运吊装架设施工方案,首先需要根据拱桥的结构形式与尺度、运输条件和起重机起吊能力等情况确定起吊单元,制造拼装后进行架设。本章所述浮运架设法,一般指浮运起吊单元为能够自成体系的整体结构。从桥梁的立面布置看,拱桥吊装单元可以按照桥梁的孔跨布置,以一跨长度为单位,拼装成整体后进行运输及起吊安装,如系杆拱桥就是最典型的结构形式。此外,对于中承式拱桥,其梁拱固结点之间的结构,在拼装完成后自成为系杆拱桥的结构体系,可以作为一个大型节段单元,进行拼装、运输及现场吊装;当中承式拱桥的主拱与主梁为非固结体系时,可以考虑临时固结措施。再有,在施工条件合适时,可以选择拱桥跨中的一部分拱肋作为一个大节段,并在节段两侧下端设置临时拉杆索,形成一个临时的柔性系杆拱桥体系。

系杆拱桥的系梁(如为组合梁则仅指钢梁部分)和拱肋及其横撑,在预制场进行分段拼装,在完成钢结构拼装后,即使安装好吊索,起吊时吊点不能设在拱脚位置时,结构受力与就位后有着很大的差别。为此需要在拱肋与钢梁之间设置临时支撑结构,以满足运输与吊装过程的受力需求。在临时支撑结构布置时,应该考虑最大限度地发挥拱和梁的结构承载能力,必要时安装并预设吊索的索力,以调节钢梁和拱肋的受力,优化临时支撑的设置。

中承式拱桥(特别是梁拱固结体系)的中间部分和系杆拱桥类似,可以采用和系杆拱桥相同的方法整体吊装,不同之处在于吊装就位后需要与已经安装的桥面以下拱肋及边跨主梁进行连接。当由浮式起重机进行吊装时,一般设置临时墩,整体结构支承在临时墩上,经过精确调整定位后,再进行连接施工。也有采用浮式起重机吊装施工而不设临时墩的工程实例,这需要巧妙设置合龙引导、临时锁定以及两端主梁和拱肋的调节措施。

采用整体浮运架设方法,首先是在预制场搭设支架进行梁与拱结构拼装,支架的间距和密度等需要考虑节段划分、起吊和运输能力等方面,接着是拼装完成的梁拱整体结构的场内与场外运输,最后是进行起吊安装。如果拼装场地在近桥位处,则可由浮式起重机直接起吊安装。安装就位后依次解除拱梁间临时支撑和吊索安装张拉。吊装施工方法应该尽可能使得结构在施工阶段受力较小,避免因施工过程受力而过度加强。浮运架设施工效率高,现场焊接等工作量小,可大量缩短施工时间。

4.2 系杆拱桥浮运架设

4.2.1 一般方法

浮运吊装的施工方法,适用于跨越水域且水深等条件允许船舶开展相关作业的情况。拱桥经过拼装场组装、水上运输后,采用整体吊装的方法来完成架设。通常系杆拱桥都是以一跨完整的结构为单元,进行运输及起吊安装。对于采用组合结构系梁的系杆拱桥,一般混凝土桥面板先不安装,先吊装仅由桥面钢结构(一般由纵横梁组成)与钢拱肋以及吊索组成的“系杆拱桥”,再现场安装预制桥面板或现浇桥面板。

大型结构在拼装场完成组装,需要有足够大的空间及合适的码头。在拼装场进行各构件及分块节段的组装,拼装完成后,需要将完成的整体结构从拼装场运出。由于运输期间受波浪作用影响,在实际运输过程中为了保持拱肋的形状,并将拱肋的重量传递给临时支撑结构,在甲板上还可能需要设置临时支架。

拼装完成的整体结构一般需要起吊或移位两次,一次是在拼装场移位装船,另一次则是在架设现场安装就位。整体结构吊装的起吊设备需要根据具体的起吊重量、水域环境以及设备情况而定,可以是一台浮式起重机,也可以是两台浮式起重机。对于不适合大型浮式起重机作业的水域,还可以采用驳船运输,至桥位并定位后下落就位。为了满足拱肋、系梁等结构的受力与安全,需要在梁拱之间使用临时支撑进行加强,这些临时支撑需要兼顾从拼装场到现场吊装之需,必要时还可设计制作专门的吊具。图 4.2-1 所示就是采用浮式起重机整体吊装的两个实例,可以看出在拱梁之间均设有临时加强杆件,单船吊装的一例还设置了专用吊具。

图 4.2-1 整体吊装实景

系杆拱桥浮运吊装结合具体水域情况,可以利用潮汐水位变化,在高潮位时就位,在落潮时随水位降低使桥梁就位;也可以在运输船临时支撑顶部设置千斤顶,利用千斤顶进行落梁就位;还可以通过向运输驳船内注水,使船舶下降实现拱桥就位。

4.2.2 潮汐河道架设

浮运吊装利用潮差完成下落安装,适合桥梁位处海域或近海河流上的情况。日本新浜寺桥斜向跨越浜寺运河,浜寺运河为潮汐河道,运河的宽度决定了桥梁的主跨为254m,主梁的高度还必须尽可能低,以减少规划道路的高度。同时要求在施工中,尽量减小对主航道的干扰。按照上述要求,并结合经济性、可操作性和美观等方面的考虑,最终选择了提篮形系杆拱桥,总体布置如图4.2-2所示。

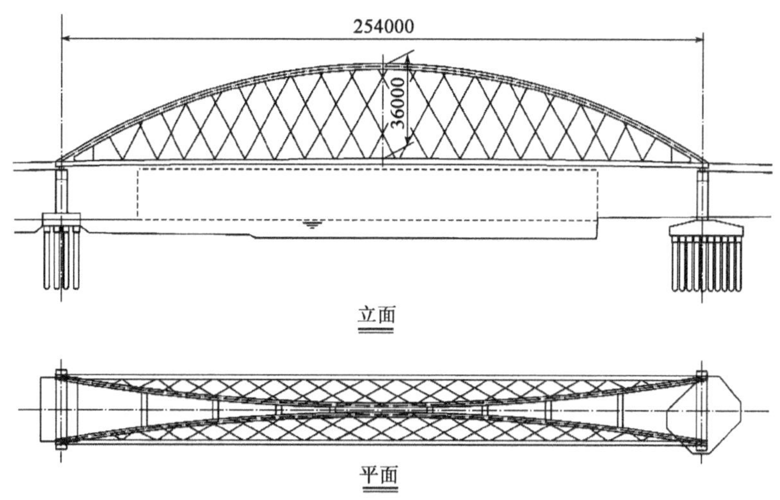

图4.2-2 日本新浜寺桥总体布置(尺寸单位:mm)

大桥以大约48°斜交穿过运河,且桥位处水深在4~5m之间。考虑到该桥的情况,最佳架设方法确定为在近岸码头组拼,水运到位,再用海洋驳船一次浮运架设就位。对载运桥梁时海洋驳船的稳定性和相应的应力状态进行了检算,没有特别的难题。因此,选用装载量为5336t的海洋驳船一步就位的架设方法。在日本首次采用这种方法的是1983年在神户架设跨径为186.4m的滩大桥,装载量为5400t。

施工时考虑了一些特殊荷载作用。其中,驳船摇摆力按照竖向和横向各取桥梁恒载的25%考虑,设计风速按照拱肋和缆索33m/s、加劲梁30m/s考虑,临时支承的高度误差按照15mm考虑,驳船的不均匀沉降按照30mm考虑。

施工时首先是组装加劲梁和钢桥面。钢桥面在码头上焊接好后,用高强螺栓紧固每个拼接处,在钢桥面上安装临时支承立柱和排架,拱肋构件用450t级履带起重机拼装,拱肋完成后,移去临时排架,安装吊索。随后依靠两个3500t级和3600t级的浮式起重机完成桥梁的吊装。桥梁在运输过程中,放在驳船的支承立柱上,驳船为1600t级,宽34m、长120m、自重为3220t。运输到现场后开始架设工作。

主要步骤如图4.2-3所示。桥梁在驳船上,被拖运到2km之外的桥位,在涨潮期直接提升到桥墩上方。在退潮时,桥梁支座与桥墩接触,同时,用水泵往驳船内灌水,保证桥梁荷载传至桥墩上的速度均衡,以保持驳船的吃水深度,待桥的重量全部传到桥墩上后,继续往船内注水使驳船下沉0.27m,然后使驳船离开架设场地,总注水量约达5600t。

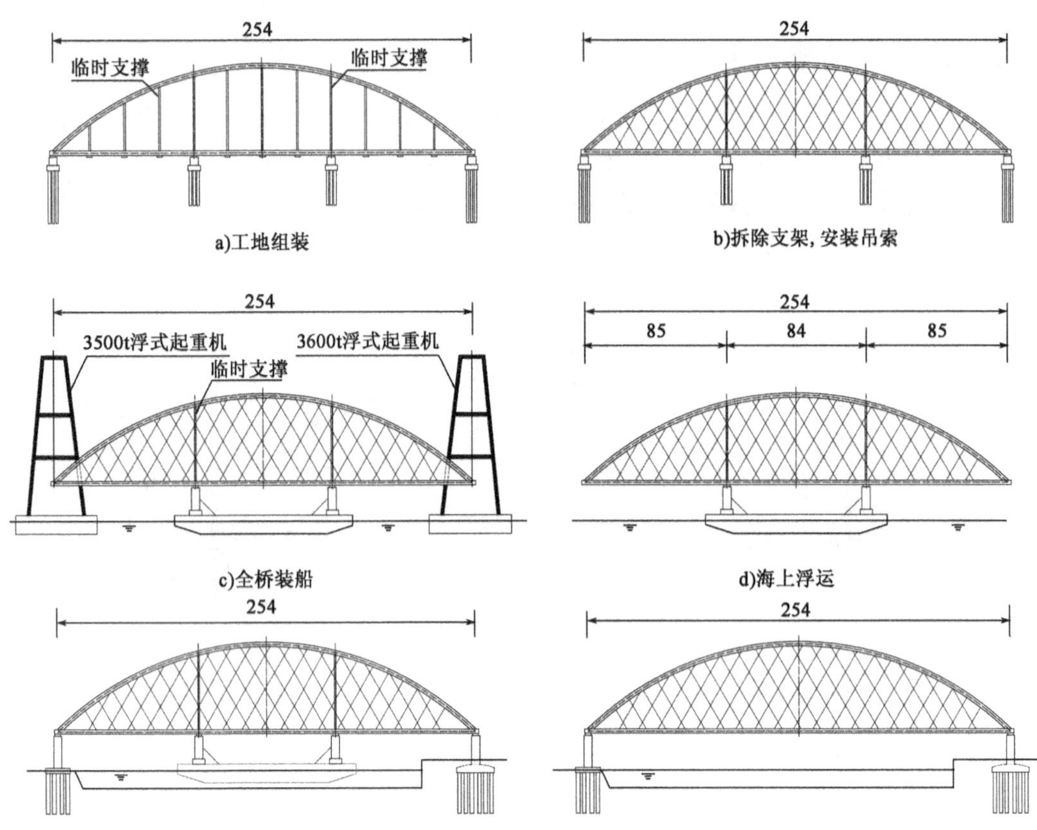

图 4.2-3　主要施工工序(尺寸单位:m)

装船过程用了 12h,分两个步骤:首先起吊桥梁并把它安装到驳船上;然后从驳船就位到支座接触桥墩,用了 4h,驳船离开架设现场,又用了 2h。这一快速施工方法如图 4.2-4 所示。

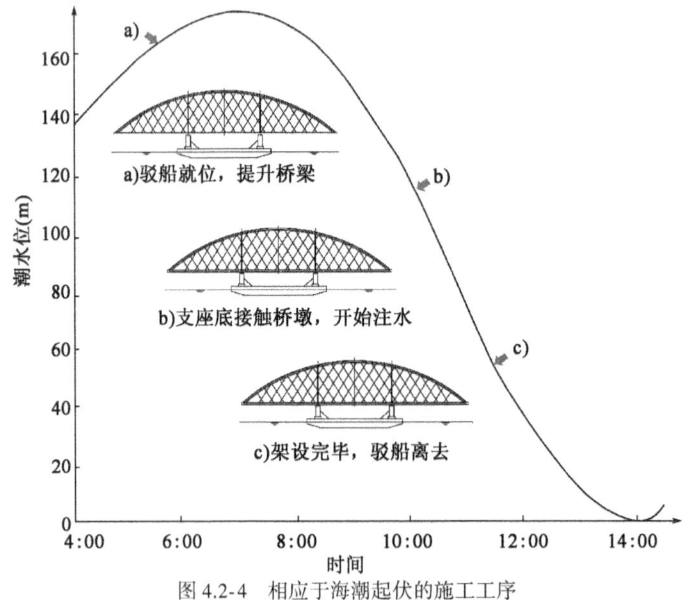

图 4.2-4　相应于海潮起伏的施工工序

在架设完成之后,对吊索力进行了调整,直至其在允许范围内。

4.2.3 无潮汐河道架设

对于远离海域的河道,无法利用潮差进行安装作业,需要采取布设千斤顶及向驳船注水等主动方法进行安装作业,荷兰奈梅亨城市大桥(Nijmegen City Bridge)就采用了主动措施的安装方法。一跨过河或仅有一个主跨的系杆拱桥,受到船舶作业等因素影响,在整体浮运安装时,通常临时支撑位置不在拱脚这一受力最为有利的部位,而是设置在向跨中方向移动一定的距离。这就使得拱肋在运输或吊装过程中的受力成为主要控制步骤,当拱肋相对柔弱时需要采取必要的措施。荷兰奈梅亨城市大桥建成于2013年,是一座横跨瓦尔河的新桥,如图4.2-5所示。主桥为钢结构下承式拱桥,主跨为285m,拱肋矢高为60m,用钢量为6040t。桥梁宽度为27.6~33.9m,桥面设双向四车道,东侧设两条自行车道,西侧设一条1m宽检修道。

图4.2-5 荷兰奈梅亨城市大桥

主桥桥面结构为箱形结构,采用正交异性钢桥面板,横梁间距为3m。钢桥面板上混凝土铺装由150mm厚C40混凝土和90mm厚C50混凝土组成。拱肋截面变高变宽,采用2×30根网状吊索与主纵梁连接。

桥梁主体结构施工在瓦尔河一侧河岸进行,建立一片类似干坞的区域,搭设临时支架完成拱桥结构的拼装,然后使用浮船将拱桥结构从河岸运输到现场桥墩上。主拱的安装施工设置了三道主要临时支架,并配备了两台塔式起重机,如图4.2-6所示。其中,跨中段单拱肋先在低位拼装后,采用提升法安装,提升段拱肋在下端设置临时系杆索以满足施工时的受力要求。提升施工依靠两侧支架上的设备进行,中间临时支架作为辅助。两侧分叉拱肋依据安装分段需要,适当设置支架配合安装工作,两侧分叉拱肋拼装完成后支承在主要临时支架上。

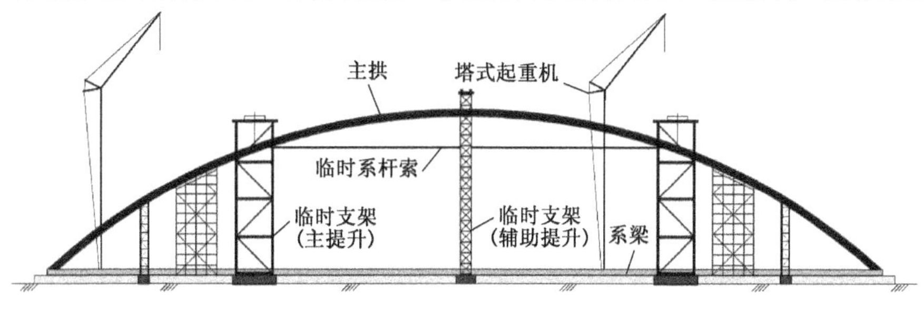

图4.2-6 拼装施工布置

中间段拱肋提升到位后,与两侧拱肋对接合龙。合龙完成后拆除中间临时支架以及两侧临时支架拱肋以上部分,安装吊索,随后转入浮运阶段。

空间位置关系决定了浮船及其支承不能设置在系杆拱桥的两端永久支点上,两端浮船根据尺寸大小向拱桥跨中方向调整,系杆拱桥在运输过程处于不利受力状况。为此,组装时拱肋与主梁之间的临时支架保留,作为结构加强支撑,原中间拱肋提升时所设临时水平拉索也予以保留,两条浮船在两侧的支点(支架)与梁拱之间的支撑对应设置。浮运过程的情况如图 4.2-7所示。

图 4.2-7　浮运过程

浮运到桥位后进行定位,之后利用支架顶部千斤顶下放系杆拱桥,使两端支点落在支座上,浮运就位后的情况如图 4.2-8 所示。

图 4.2-8　浮运就位准备落梁

系杆拱桥完成下放到支座后,撤除浮运船舶,之后拆除拱肋上临时系索以及梁拱之间的临时支撑,完成拱桥的安装施工。

4.3 中承式拱桥浮运架设

4.3.1 一般方法

中承式拱桥大节段单元浮运吊装的安装施工方法,和系杆拱桥相比,同样要经过拼装场组装、水上运输、起吊安装的步骤来完成。不同之处在于,系杆拱桥通常都是以一跨完整的结构为单元,而中承式拱桥通常只是整座桥梁的一部分。较多的实例为中跨自拱梁交叉处之间的部分,当主拱和主梁采用固结体系时,该部分桥体独立出来自成系杆拱桥的结构体系,其制造、运输及吊装和系杆拱桥基本一致,但增加的和两侧边跨拱肋及主梁合龙的工序,使得施工相对更为复杂。一般情况下需要设置临时墩,使得浮运过来的桥体先支承在临时墩上,再经过精确定位调整后与边跨拱肋和主梁合龙。

中承式拱桥采用浮运吊装的桥体单元,并不限于上述拱肋与主梁交叉之间的部分,当受到运输、起吊以及水域情况限制,仅取中跨部分拱肋作为浮运吊装的节段单元时,一般需要在单元两端张拉临时系杆索。当条件合适时,情况也可能相反,浮运吊装的单元还可以超出拱梁交叉长度范围,甚至包括全部主孔或者主孔加边孔的结构。

浮运和吊装这两大工序,是采用同一套船机设备完成,还是不同船机设备完成,需要根据具体的起吊重量、水域环境以及设备情况而定。通常情况下,施工工序和系杆拱桥类似,在海域环境采用大型浮式起重机的可行性更高,一般桥体拼装完成后由驳船运转到现场,再由浮式起重机进行吊装,视具体情况选用一台浮式起重机或两台浮式起重机。大部分的内河不适合大型浮式起重机作业,通常采用浮船运输与架设,也就是桥体的运架采用同一套船机设备完成。

4.3.2 整体架设

中承式拱桥浮运安装以整体单元进行运输架设并不多见,特别是跨度较大、桥面较宽的桥梁,其重量和尺度使得要经济合理地实现整体浮运架设并不容易。但条件合适时,也具有技术与经济上的优势。

德国的三国桥(Tri-Countries Bridge)就采用了整体浮运架设的方法。该桥是一座自行车和人行桥,为跨度 230m 的中承式拱桥,两片拱肋一片竖直布置、一片倾斜布置,采用梁拱固结体系。该桥尽管只是一座轻载桥梁,但由于跨度相对较大、宽度相对较小,是一座非常轻柔的桥梁,如图 4.3-1 所示。

结合具体的建设条件,该桥选择了整体组装及浮运架设的方法,由于是中承式拱桥,浮船及其支墩可以设置在梁拱交叉处,两支点间的结构呈现系杆拱桥的特点,在运输过程中结构处于较为有利的受力状况,无须特别进行临时加强即可满足施工过程的受力要求。浮运过程如图 4.3-2 所示。

由于跨度达到 230m,因此采用两条浮船各承担一个支点的荷载,浮运过程采用一条动力船进行牵引。两条浮船需要在船上设置支架支承待安装拱桥结构,并且需要使待安装拱桥结构高于桥墩,以便运输到桥位后下落就位。从船舶航行性能角度看,运输物体重心越高,越不利于航行稳定,因此该方法多用于水流较为平缓的内河或湖泊环境。

图 4.3-1　德国三国桥

图 4.3-2　浮运过程

4.3.3　中跨桥体有临时墩架设

如前所述,中承式拱桥拱梁交叉间的中跨桥体(该部分有吊索)单独作为一个整体单元后,受力体系如同系杆拱桥,和系杆拱桥的不同就在于吊装就位后,与已安装的边跨拱肋和主梁的连接合龙。连接措施不仅是构件之间制造时的匹配问题,还需要考虑桥体在浮运及吊装落架两种不同受力状态的结构变形问题,需要预留必要的合龙措施。采用临时墩辅助安装是常用的方法,不考虑经济性,仅从技术上看,是比较稳妥可靠的方法。日本的气仙沼大岛大桥是这类施工方法的代表。

图 4.3-3　气仙沼大岛大桥

日本气仙沼大岛大桥为主跨 297m 的中承式推力拱桥(图 4.3-3),立面布置及结构形式分别如图 4.3-4 和图 4.3-5 所示。大桥采用拱梁固结体系,拱梁相交处间距 224m,施工时该 224m 范围梁拱及吊索构成一个完整系杆拱桥体系,作为整体制造安装完成后,采用临时支杆进行吊点加强,利用大型浮式起重机进行浮运式起重机装。该桥其余部分的主梁、下拱肋均在现场安装。

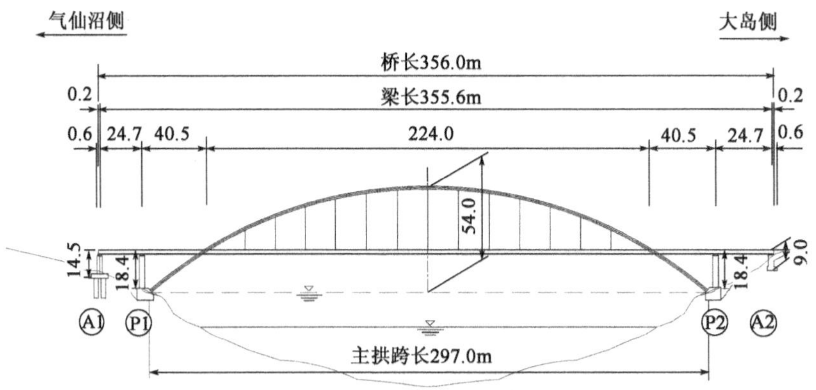

图 4.3-4　气仙沼大岛大桥立面布置(尺寸单位:m)

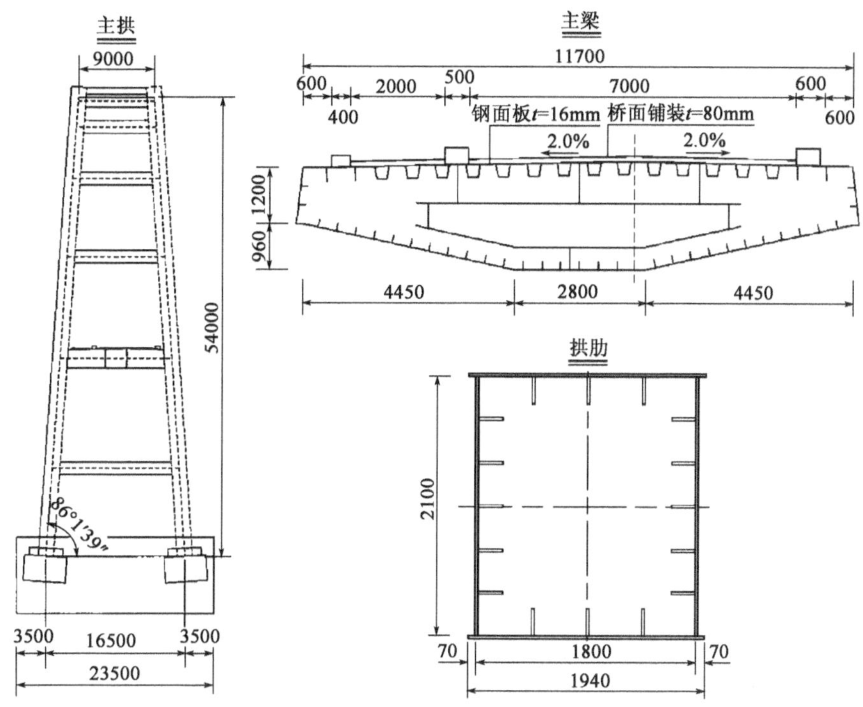

图 4.3-5　气仙沼大岛大桥结构形式(尺寸单位:mm)

桥梁架设地点在大岛海峡,这里水深且岩石陡峭,很难设置大量临时墩。另外,桥位处作为船舶航路,架设工法需要考虑对通航的影响。因此,在临时墩限定为两个的条件下,决定采用浮式起重机进行大吨位起吊安装方法。

桥梁主体的安装方法如图 4.3-6 所示,分为边跨的拱肋和主梁以及中跨部分共 5 个吊装单元,利用浮式起重机进行架设。安装计划按照 A1 侧边跨拱肋和主梁、A2 侧边跨拱肋和主梁的顺序进行,最后架设中跨并实施合龙。另外,考虑到要确保边跨和中跨合龙期间的结构安全性以及中跨架设时的施工便利性,决定采用海上临时墩支承边跨和中跨大型结构。通过将边跨和中跨的合龙接头配设在主梁和拱肋的交差处附近,能够减少海上临时墩的数量,将对航路的影响控制为最小。

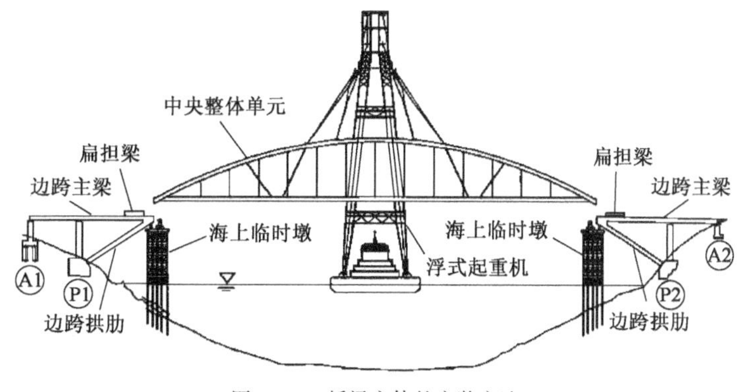

图 4.3-6　桥梁主体的安装方法

边跨的拱肋和主梁计划在三重县津市的桥梁工厂进行基本组装之后，通过驳船海运到朝日码头，然后利用浮式起重机进行架设。

由于道路交通等原因，很难将边跨构件暂放或系留在气仙沼港内。为避免海运时恶劣天气导致的延迟风险，先将其运入岩手县大船渡后再运往朝日码头。

中跨架设计划将工厂制作的构件海运到朝日码头并进行基本组装，在架设边跨之后，利用浮式起重机从朝日码头拖运到架桥地点并进行批量架设。中跨架设完成后，在有海上临时墩支承的状态下进行合龙施工，合龙后拆除海上临时墩。

架设阶段的加固与检算内容如下：

(1)中跨吊装运输时的主体加固设计

在利用浮式起重机吊装中跨的状态下，从朝日码头拖运到架设地点。考虑到中跨吊装重量达到2700t左右以及摆动力的影响，选用了吊装能力为3000t的浮式起重机(富士)。

由于吊装拖运时，结构的受力与架设后支承状态的受力不同，因此安全性的确保至关重要。考虑到钢丝绳的吊环与拆卸的可作业性，吊点位置设在拱肋和钢丝绳交差角度大于40°左右的范围内的拱肋隔板位置，吊装结构在拱肋和主梁之间通过V形支撑连接。具体的吊点位置和V形支撑布置通过了结构计算分析并确定为对主结构受力最为有利的组合(图4.3-7)。另外，由于吊装时吊点部件与拱肋局部应力复杂，采用局部模型进行有限元精细分析，得到吊点附近的应力特性并确认了安全性。

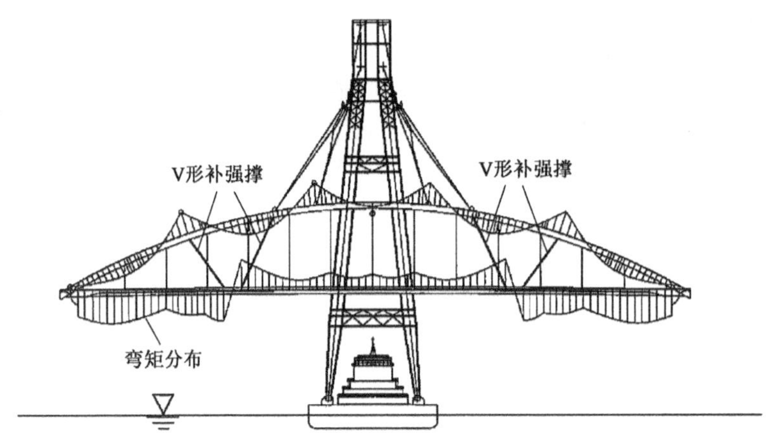

图4.3-7　吊点V形撑加固布置

V形支撑在吊装时只有外侧撑杆承受压力，但在进行基本组装时所有撑杆均受压力作用，因此V形支撑采用箱形截面形状。在边跨和中跨合龙之后撤去V形支撑，由于此时V形支撑为有应力作用状态，在开始拆除作业之前，通过安装中心孔千斤顶消除应力再行切割。

(2)中跨临时支承状态的主体加固设计

由于桥体浮运吊装首先支承在海上临时墩上，因此对临时墩的设计和临时支承状态下的桥梁结构受力进行了验证。

临时墩上支点的位置设在拱肋和主梁交差处的隔板上，除了海上临时墩支点之外，还设置了高度调整和拆除临时墩时千斤顶支点。考虑到刚性纵梁由竖直吊索悬吊于拱肋的受力特性，原则上支点要设在拱肋附近。通过有限元分析计算，比较和探讨了支点反力偏差与支点附近的应力特性等,决定按照图 4.3-8 安排临时支点和千斤顶支点。拱肋和主梁的支点,针对承受的反力,通过加厚隔板和增设加劲肋进行加固。另外,安装在桥梁主体外面的加固部件在临时墩解除后切除。

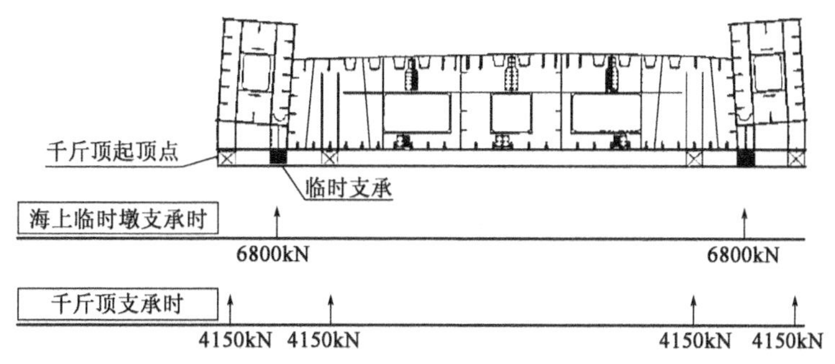

图 4.3-8　临时支点布置

安装完成后的结构体系与临时墩支承下的结构体系不同,因此采用整体模型进行有限元分析,对临时墩支承状态下的桥梁主体受力进行验证,结果表明无须进行加固。

边跨和中跨闭合后拆除临时墩时,需要千斤顶顶起进行支点替换。千斤顶的反力大于闭合前由中跨单独支承的反力,因此通过整体结构模型计算了千斤顶顶起需要的反力,以及临时墩撤除时的桥梁主体应力等,并酌情对桥梁主体进行了加固。

(3)边跨架设设计

中跨与边跨合龙之前,边跨的拱肋由拱基和临时墩支承,边跨的主梁借助于扁担梁受到拱肋支承。通过临时墩上的支点高度升降,确保中跨架设时的间隙和高度可调(图 4.3-9)。在拱肋与基础固结状态下,临时墩支点升降有可能产生过大受力,为此在拱脚安装枢轴支承释放转动约束。在边跨和中跨闭合后到海上临时墩解除期间,浇筑混凝土实现拱肋与基础固定。

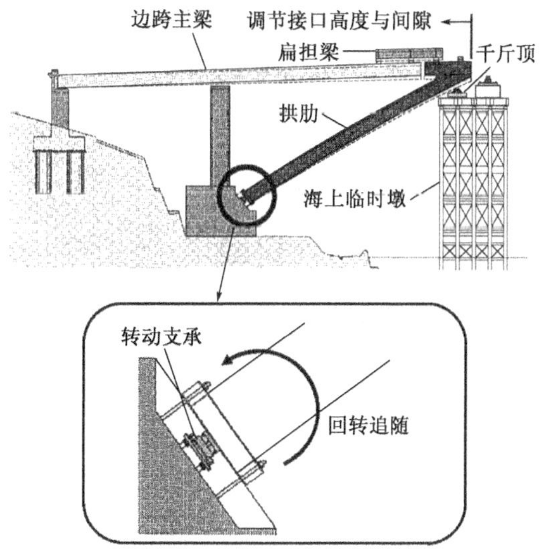

图 4.3-9　中跨架设时的边跨调整机构

(4)海上临时墩设计

在P1墩侧和P2墩侧各设一座海上临时墩,用于支持边跨和中跨的安装与连接。临时墩不仅要能够承受边跨和中跨传递的垂直力,还要能够承受顺桥向和横桥向的水平力作用。

临时墩所在位置海底岩石强度高、岩面陡峭,通过合理布置临时墩避免临时墩打桩时在岩石上滑动。

其次是应对桥轴方向水平位移的措施。在中跨的大节段桥体架设过程中,伴随着吊装就位吊点力的释放,中跨桥体转由临时墩在两端支承,随着受力体系的转换,两端将分别向边跨侧边位移40mm左右,这也通过计算分析得到证实。因此,在临时墩的中跨桥体支点中,采用了沿桥轴纵向可自由水平位移的装置。

钢结构制造与组装情况如下:

(1)工厂制造

桥梁主体的钢构件在前述的三重县津市桥梁工厂制造,工厂有直通伊势湾的码头,将构件直接海运到中跨大节段的基本组装场、边跨节段架设前的系留场所即朝日码头,制作节段划分如图4.3-10所示。考虑到进行基本组装时的制约条件,中跨节段采用拱肋长约30m、主梁宽约6m和长约25m的单元,通过驳船海运到朝日码头。另外,利用浮吊架设的边跨拱肋和主梁,在工厂进行基本组装成型后海运至目的地。

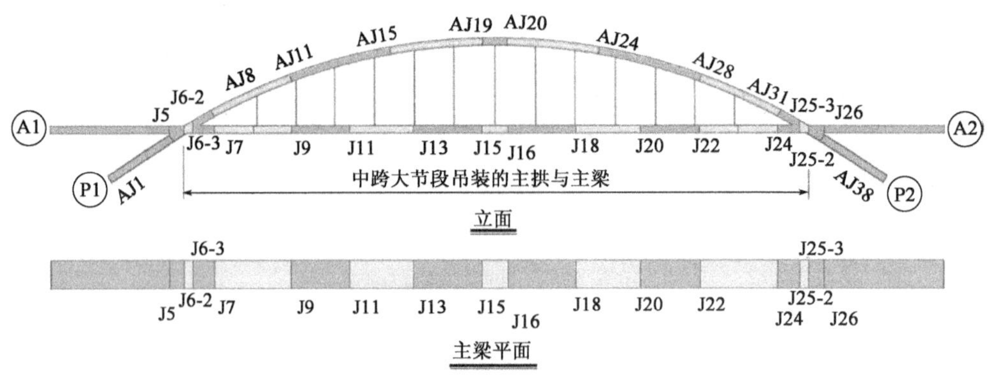

图4.3-10 制作节段划分示意

(2)误差控制

中跨架设采用大节段架设法,需要掌握由于下部结构和边跨制作与施工误差造成的合龙间距误差,并确定中跨大型节段的精确长度。为此,设置了调整余量,通过现场测试获得数据后,反馈到制作过程中消除合龙接头间距的误差。

(3)基本组装

如前所述,在该桥施工中,两侧边跨分为拱肋和主梁各1个节段单元和中跨1个大型节段单元,共计5节段单元,利用浮式起重机进行架设。

中跨节段单元在靠近架设地点的朝日码头,从2016年7月到2017年2月约7个月期间,完成基本组装(图4.3-11)。拱肋与主梁交叉处特殊节段组装如图4.3-12所示。

图 4.3-11 中跨节段单元组装

图 4.3-12 拱肋与主梁交叉节点组装

基本组装主要分为 4 个步骤。首先是主梁的基本组装(图 4.3-13),中跨的主梁分为 22 个节段,从津市工厂海运到位,利用 500t 级履带起重机转运上岸,再用多轴式台车进行基本组装。接着是拱肋的基本组装(图 4.3-14),中跨的拱肋除去位于中央的合龙段之外,共分为 12 个节段,由工厂海运到位,利用 500t 级履带起重机转运上岸,再用多轴式台车进行场内运输,利用 500t 级履带起重机进行基本组装;拱肋的节段组装完成后,组装位于交差处的 2 个特殊块。然后是拱肋合龙段的基本组装(图 4.3-15),合龙段之外的拱肋基本组装完成时,测量合龙口之间的距离,并将其反映到合龙段的制作中。最后进行吊索安装(图 4.3-16),使用卷扬机展开进场上盘的缆索,采用专用吊具防止吊装时缆索和拱肋接触而造成部件损伤。

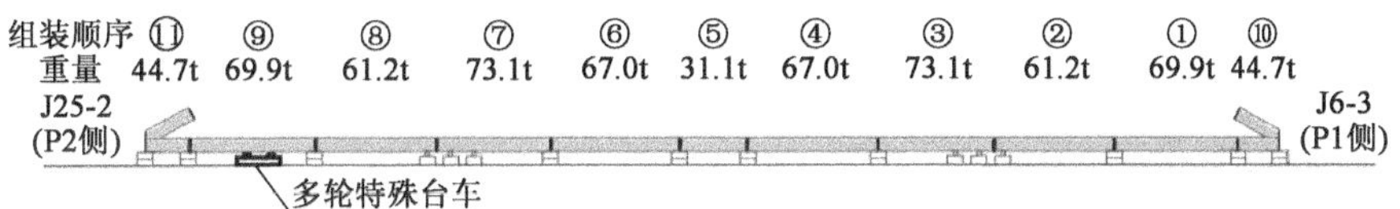

图 4.3-13 主梁组装

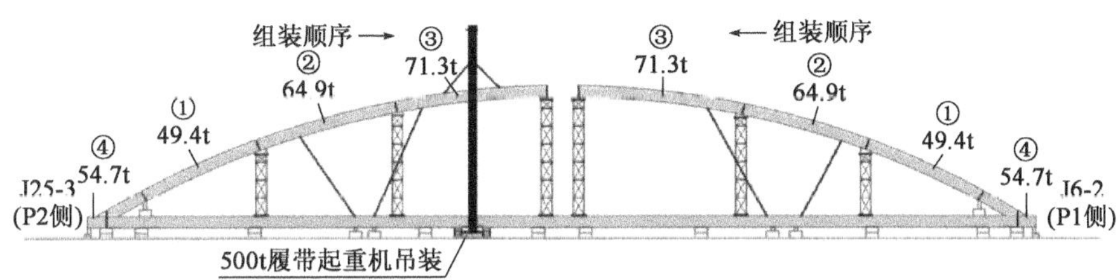

图 4.3-14 拱肋组装

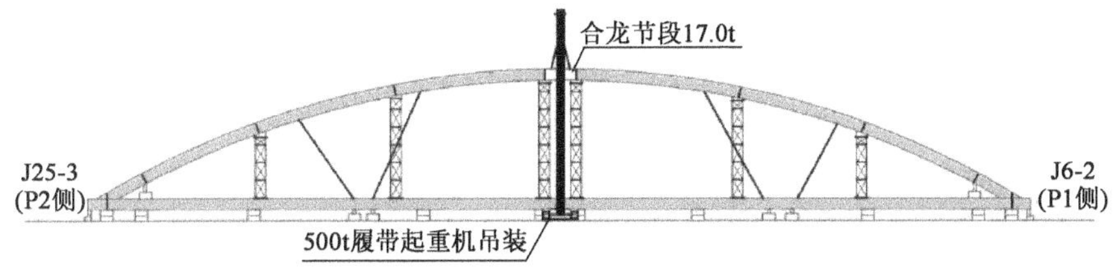

图 4.3-15 拱肋合龙块组装

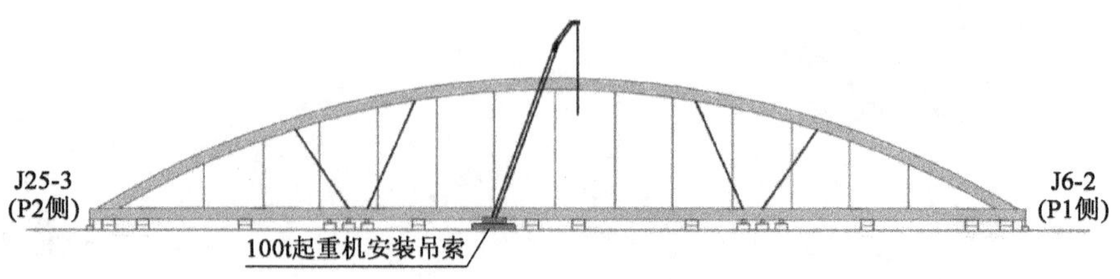

图 4.3-16　吊装缆索架设

浮运吊装情况如下：

桥墩及主拱基础施工完成后，开始浮运吊装工作，按照图 4.3-17 中的步骤，以天为单位架设边跨的拱肋、主梁以及中跨共 5 个节段单元，共计耗时 5d。

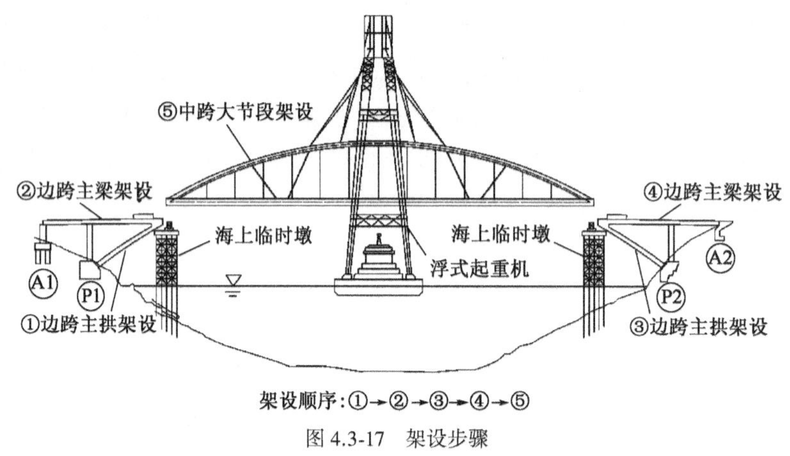

图 4.3-17　架设步骤

(1)边跨构件(拱肋、钢梁)

边跨的钢梁和拱肋分别在工厂进行基本组装后，利用 3000 吨级的驳船运输到朝日码头，按照预定顺序进行架设。钢梁架设状况如图 4.3-18 所示。

图 4.3-18　边跨钢梁架设

(2)中跨大型节段

中跨的大型节段架设过程中，伴随着吊装负荷释放完成，中跨两端的榫销会向边跨两侧出现 40mm 左右的位移。计算结果和中跨榫销间隔测量结果决定了边跨的榫销位置。

中跨的大型节段吊入时，使用手动绞车进行微调，同时利用 PC(预应力混凝土)用钢筋和空心千斤顶作为导入设备，铰接 P2 桥墩侧的主梁和拱肋纵肋。在 P2 桥墩侧铰接完成约 50%时，将吊装负荷释放到临时墩上。伴随吊装负荷的释放，如计算结果所示，中跨的榫销向着 P1 桥墩侧移动约 80mm，此时 P1 桥墩侧边跨和中跨榫销进入可铰接状态。当 P1 桥墩侧和 P2 桥墩侧边跨与中跨铰接完成后，解除吊环，大桥顺利合龙。架设过程状况如图 4.3-19 和图 4.3-20 所示。

图 4.3-19 中跨大型节段运输近桥位

图 4.3-20 中跨大型节段就位准备下落

4.3.4 中跨桥体无临时墩架设

从经济性考虑，或者海域条件不允许设置临时墩，中承式拱桥中跨有吊索支撑的桥体采用浮运吊装时，其运输和起吊都有成熟的方法可以选择，主要问题集中在与已安装的边跨拱肋和主梁的连接合龙上。浮式起重机的稳定性能难以满足合龙口直接进行匹配连接的要求，被吊桥体由于吊船振动，匹配面始终处于空间变化中，常规的临时连接措施难以应对，需要采取特殊的方法。日本的第二音户大桥就是这类的成功案例，该桥通过导引和锁定装置进行临时连接合龙，并能够独立承载以便吊船松钩卸载，然后在稳定状态下实现拱肋和主梁永久构件的连接合龙。

日本第二音户大桥为主跨 280m 的中承式推力拱桥，采用拱梁固结体系，主拱跨中部分采用网状吊杆布置形式，桥式布置如图 4.3-21 所示。拱桥部分长度为 292m，桥面宽度为 26.2m。大桥于 2009 年 10 月 8 日开工，于 2011 年 12 月 15 日完工。

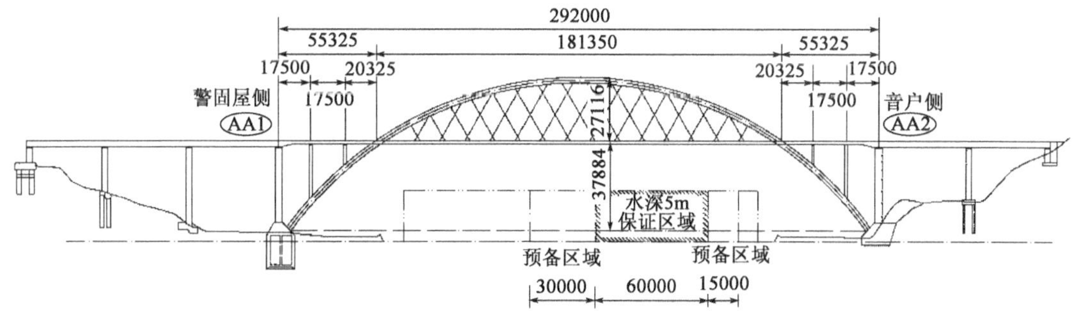

图 4.3-21 第二音户大桥立面布置(尺寸单位：mm)

第二音户大桥通过大节段一次性架设，对海上部分进行了对接施工，实现空中连接。大节段包含拱梁相交处间距 181.35m 的结构，采用网状吊杆布置，施工时该范围梁拱及吊索构成一个完整系杆拱桥体系,作为整体制造安装完成后,进行浮运和吊装。考虑到与就地安装的拱肋和主梁的连接需要,整体吊装部分桥体两端分别从固结点向外延伸一段距离,全长达到192m。为了满足浮运和吊装时梁和拱的受力要求,采用临时支撑进行结构加强,两对临时支撑的设置兼顾了浮运和起吊两种工况下的受力要求。

该桥其余部分的主梁、下拱肋处于陆上,均在现场利用临时支架进行安装。

由图4.3-22可知该桥和气仙沼大岛大桥不同,在桥位处并未在对应整体吊装桥体的两端设置临时支墩,为此专门设置了一套临时连接锁定装置,待浮式起重机吊装就位后,先行完成两端拱肋和主梁的临时连接锁定,再进行拱与梁的合龙施工。

(1)一次性架设要领

第二音户大桥当初计划在海上设置临时墩,将大节段临时支承在临时墩上进行施工。但最终决定不设临时墩,使用将大节段通过接头实现空中对接的施工方法。

这种施工方法,将中承式拱桥分割为陆地部分和海上部分,陆地部分在现场使用支架进行架设,海上部分用一次性大节段与陆地部分进行对接(螺栓连接)。架设时,在浮式起重机吊起3500t大节段的状态下,直接让陆地部分和空中接头对接,如图4.3-22和图4.3-23所示。

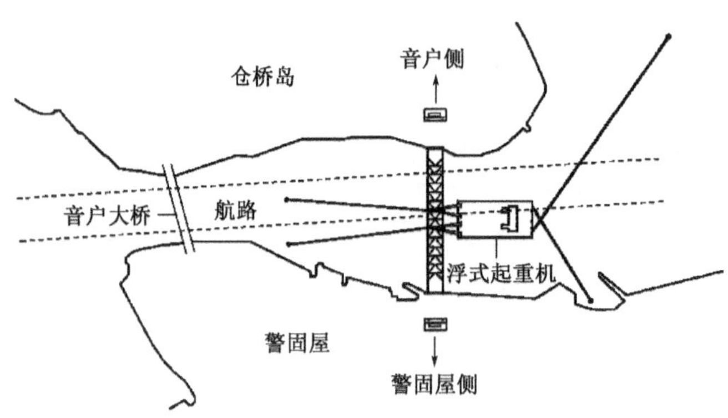

图4.3-22　一次性架设位置

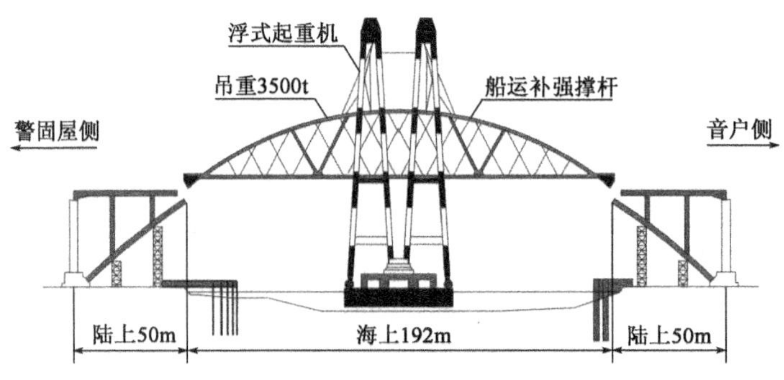

图4.3-23　一次性架设概况

(2)驳船运输的结构受力及加固情况

海上部分大节段在工厂组装,组装后在岸边用浮式起重机吊装后搭载到驳船上进行海上输送。大节段的尺寸约为200m,而驳船的尺寸约为100m,需要设置临时支撑对大节段进行专门加强。海上部分的大节段可自成系杆拱桥体系,可以作为整体进行制造和架设,但系梁本身不具备直接承担大节段恒载产生的弯曲作用能力。因此,在驳船支点位置,设置了V形斜撑,连接拱肋和系梁,使结构满足运输阶段受力要求,如图4.3-24所示。

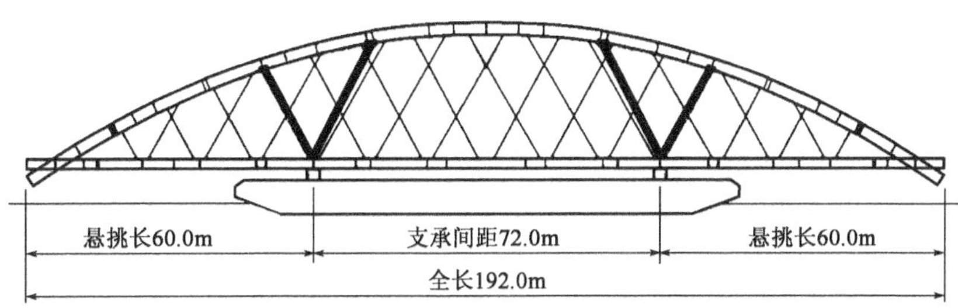

图4.3-24 大节段桥体浮运支承状况

大节段V形撑不仅在驳船运输时加强结构,在浮式起重机起吊时,也希望能够控制大节段端部的变形不要过大。驳船运输状态下,4根支撑全部有效;当浮式起重机起吊作业时,只有外侧的斜撑起作用,内侧的斜撑不起作用。这是由于后述的连接环采用长圆孔,当斜撑出现受轴向拉力趋势时,轴力会因长圆孔的间隙而释放。

此外,由于结构受力体系不同,在成桥状态受拉的倾斜吊索,在施工时一旦出现由拉转压,吊索因为不能受压而失效。通过综合考虑各种情况,计算得出作用于驳船运输加强V形撑的轴力,如图4.3-25所示。

作用于加强V形撑的轴力,根据吊索力不同而相应变动。如果吊索张力符合设计预定值,那么用钢梁、拱肋、吊索以及V形撑的桁架效果来保持结构形状与受力。如果悬挑部位梁拱间吊索的张力发生松弛,悬挑部位的变形会变得过大,V形撑的轴力也会增大。虽然吊索张力在陆地组装时进行了测量,并且确认导入所需的张力,但张力会因运输中的冲击而变动。为此,作为吊索失效保护措施,考虑钢缆张力发生变动情况,对结构受力进行分析并将其作为控制条件。具体计算模型及受力如图4.3-26所示。

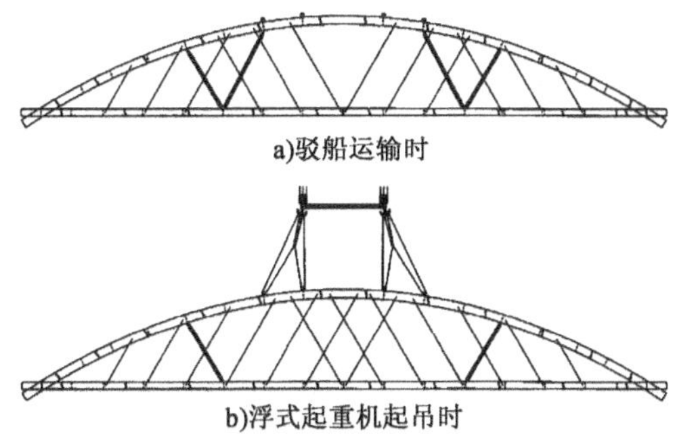

图4.3-25 驳船搭载、吊装时的结构受力体系

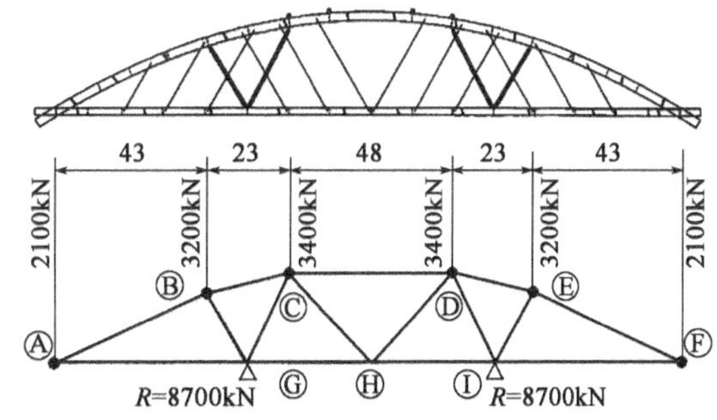

图4.3-26 结构受力的桁架模型(尺寸单位:m)

(3)提升施工性能的方法和措施

驳船运输时的V形撑,期待在运输驳船时以及通过浮式起重机吊装时,作为受压构件使用。在架设完成后,一旦残留轴压力,则很难撤除。为此,通过对不同受力体系的位移变化以及作用于加强V形撑轴力变化的分析,设法在架设完成后加强V形撑不残留轴力。具体措施是,和安装完成的结构坐标计算得出的构件长度相比,设定的驳船运输加强V形撑短了20mm。在具体施工上,对主体安装侧的连接孔设置了20mm的间隙,如图4.3-27所示。

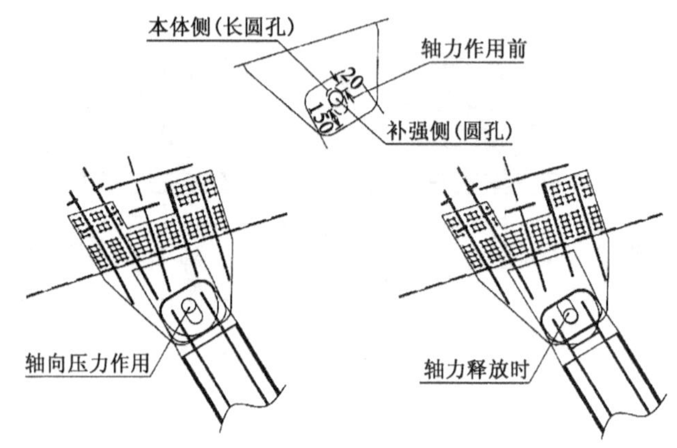

图4.3-27　连接环的长孔结构

①连接部的结构。

为防止产生弯矩作用,加强结构V形撑与拱肋和系梁的连接部位设计成销轴结构,便于拆除、避免焊接及气体切割等作业。

②长度的调整。

在架设完成时,为了不让V形撑残留轴向力,将上端连接环的销孔设置成长孔。这样,由于主体侧是长孔,而V形撑一侧是圆孔,因此在受压作用时,主体侧的长孔上端,轴销呈接触状态,在架设完成后销子向下掉落。正如吊索为非受压构件一样,V形撑杆件则成为非受拉构件。

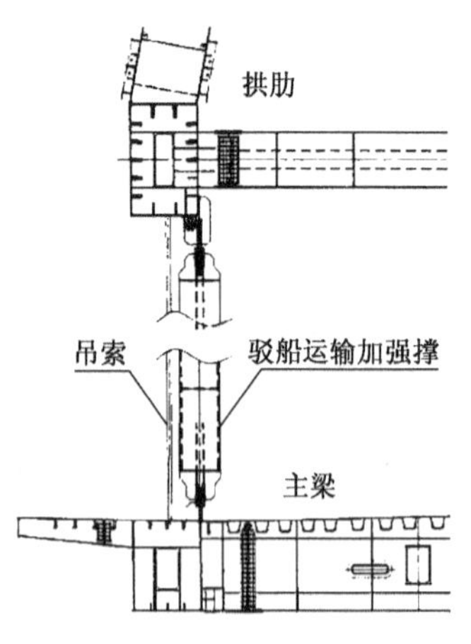

图4.3-28　临时支撑的布置

③配置。

从横截面方向看,加强撑设置在拱肋与纵梁的主结构中心位置,可以消除构件的偏心影响。但是,由于吊索设置在构件中心轴位置,只能在主构造的腹板位置设置加强撑,具体设置在内侧腹板上。理由如下:

如果设置在外侧腹板上,由于在吊索的外侧,在架设完成后不便于拆除。如果外侧和内侧同时设置,则可能只有一侧起作用,考虑到受力不均等因素,加强撑的重量会变大,也会导致吊装重量的增加。然而,仅在内侧腹板上设置加强撑,轴力将集中于单侧的腹板上,需要考虑拱肋横撑及系梁横向产生的弯曲作用。另外,在具体设计时还要考虑临时支撑于吊索之间的干扰,并考虑驳船运输时支承荷载集中在内侧的腹板上,如图4.3-28所示。

④控制措施。

在驳船运输大节段的 V 形撑上端，设置了 20mm 的间隙。如果 20mm 间隙减小，则在一次性架设完成后临时撑难以拆除；如果间隙增加，则在运输时结构受力会增大。此外，由于 20mm 的尺寸也是保持吊索合理受力的控制因素，因此在地面组装并且安装吊索之后，要在准确测量的基础上确定 V 形撑的制作长度，如图 4.3-29～图 4.3-31 所示。

图 4.3-29 吊装状态

图 4.3-30 船运悬臂状态

图 4.3-31 V 形撑地面组装

(4)一次性架设的主要步骤与措施

为了通过空中连接头实施一次性架设，需要解决因制作误差、架设误差所需的间隔调整问题以及在架设的接头位置产生的截面力的传递问题。

对于大节段一次性架设，需要在两侧陆上先行架设梁拱桥构件的基础上，再吊入大节段实施。大节段的结构已经组装完成固化，不能进行尺寸调节作业，如果要调整施工误差，则需要设置调整块。但在采用一次性架设的情况下，计划用两侧陆上拱肋的前端支撑海上大节段的自重，不能在拱肋的开合处设置调整块，如图 4.3-32 所示。因此，需要单独设置调整尺寸的功能。由于海上吊装节段长达 192m，即使事先精确测量大节段的尺寸，在运输及起吊过程中，受结构体系的变化、测量误差、温度的变化等影响，也难以保证顺利架设。为此，通过设置支架实现陆上拱肋的上下活动，进行纵向位置的调节，进而实现中间安装间距的调整，如图 4.3-33 所示。

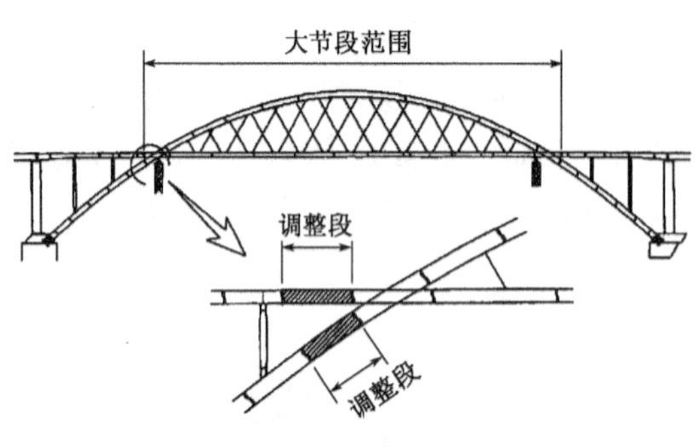

图 4.3-32 使用调整块的设计要求

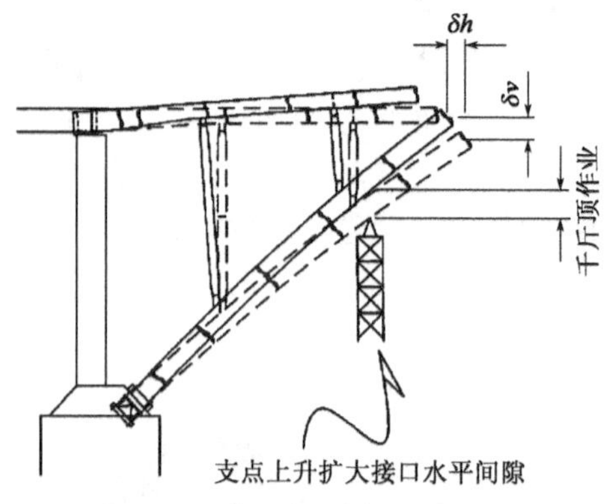

图 4.3-33 使用临时支架的调整要领

作为主要荷载,在一次性架设时,作用于接头的截面力会因海上起重机船的释放荷载,变成作用于拱肋的截面力,包括轴力、面内弯矩、剪力。将接头作为架设铰时,在吊船卸载过程中,需要接头旋转。要么会让架设工程变得繁杂,要么不能完全固定,导致不稳定的情况产生。因此,开合接头部位采用主动施加力矩连接,如图 4.3-34 所示。

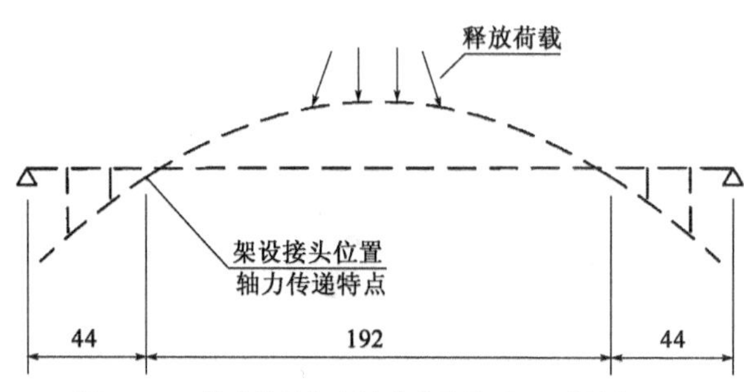

图 4.3-34 接头位置与释放荷载的关系(尺寸单位:m)

另一方面,当弯曲力矩过高时,接头部截面会产生拉应力,传递构造会变得复杂。因此,弯曲力矩也要控制在最小限度。架设接头位置的选取受大节段构件尺寸的制约,需要合理选择海上起重机船的吊装位置,通过将吊装位置放在靠近中央处,缩小作用于接头的弯曲力矩,实现剪切力的减小。

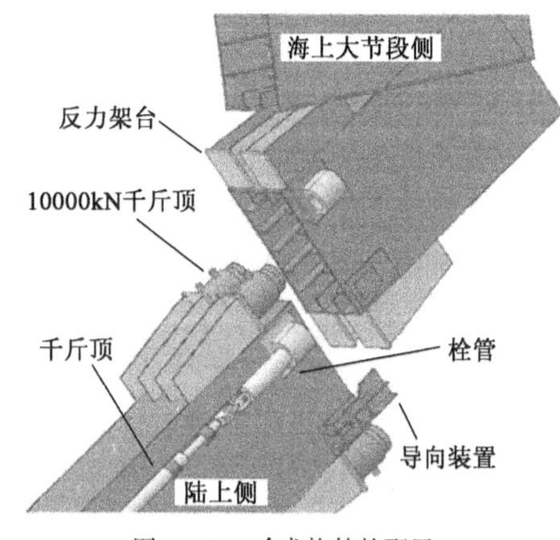

图 4.3-35 合龙构件的配置

通过上述方法,在接头部位截面仅产生压应力,在陆上拱肋的接头 4 个角部设置 10000kN 的千斤顶,通过千斤顶将海上部分拱肋的截面力传递至陆上拱肋。海上部分的大节段重量为 3150t(除去吊具、荷载裕量),接头部位构件对于水平轴的倾斜角度为 32.5°,因此,构件轴力产生 12300kN 的作用力,通过轴力,4 台千斤顶各分担 1/4 的反作用力,为 3100kN。另外,在接头部位产生 520kN · m 的弯曲力矩,上下千斤顶的间距 3m 处,每台千斤顶的反作用力约为±90kN,千斤顶的轴压力不会丧失。关键配置与过程如图 4.3-35 ~ 图 4.3-37 所示。

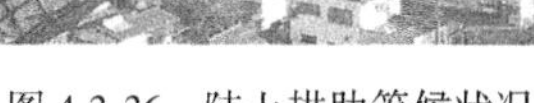

图 4.3-36 陆上拱肋等候状况

图 4.3-37 开合后插入“门闩”

使用千斤顶进行荷载传递，可以方便地测量架设中途的轴力，也可以在浮式起重机的释放作业之前进行细微的位置调整，接头部位的拼接间隙设为 20mm，以解决架设前接头的回转变形以及其他误差。

一次性架设主要过程按照顺序可以分为 8 个主要步骤，具体如下。

步骤 1：浮式起重机初定位。

通过浮式起重机操作可以对大节段进行初步调节定位，调节范围从陆上钢梁的上表面距离大节段钢梁下表面的竖向间距 500mm 以内开始。由于钢梁梁高为 2.5m，从大节段高出 3m 上空到最终位置，都是通过浮式起重机操作调节范围，如图 4.3-38 所示。

步骤 2：牵引绳的安装。

离正确位置 3m，大节段初步定位后，在桥轴方向及垂直方向安装牵引绳。然后精确调整大节段的位置，同时浮式起重机进行下放操作。

陆上一侧作为牵引绳的固定端，安装上开口式喇叭形状的导向装置，当大节段靠近正确位置时，可以矫正和陆上侧的相对误差。下放作业设计为 4 接头同时进行，架设作业中控制大节段的下落移动，以大节段触碰到陆上侧作为目标，如图 4.3-39 所示。

图 4.3-38 通过驾船接近

图 4.3-39 拉引线设置

步骤 3：炮弹形“门闩”的插入。

一旦大节段靠近最终正确位置，经矫正最后实施插入炮弹形“门闩”。插入“门闩”后，对准大节段陆上结构的相对位置，同时让构件垂直轴线方向的剪力能够传递。在这种状态下，浮式起重机的荷载释放并未实施，如图 4.3-40 所示。

步骤4:腹板中央的临时连接板紧固。

在荷载的释放过程中,如果“门闩”产生了偏移,可能会产生意料之外的冲击。考虑到“门闩”的剪力传递冗余度等因素,在腹板中央安装了临时连接板,通过高强度螺栓紧固。

步骤5:千斤顶的行程调整。

完成临时连接板的安装后,启动安装在陆上侧拱肋上的16台千斤顶,使其接触到大节段侧拱肋的反力座上,接着导入500kN的顶力。

步骤6:浮式起重机的荷载释放。

完成接头的固定之后,要释放浮式起重机的荷载。荷载释放分5级,每级20%实施,每级完成后都要确认千斤顶的反作用力。

步骤7:接头纵向加劲板上临时连接板的紧固。

浮式起重机的荷载释放完成之后,在纵向加劲板上设置临时连接板,实施高强度螺栓的主体紧固作业。连接板通常是在架桥完成后,在现场实测制作的,因此在安装正式连接板之前,作为安全对策,先安装带长圆孔的临时连接板。

10000kN千斤顶,在安装正式连接板之前,一直承载轴力,需要持续维持荷载状态。

步骤8:解除挂钩作业。

纵向加劲板的临时连接板能自我承担轴力,因此也作为千斤顶的冗余度。纵向加劲板的主体完成紧固之后,解除浮式起重机的挂钩作业,如图4.3-41所示。

图4.3-40　插入“门闩”

图4.3-41　荷载释放完成

大节段架设时需要禁航,从日出时的上午5点开始禁航7h,架设作业从上午6点开始到下午1点结束。其中,还要对浮式起重机进行拖航和系留,大节段的架设规划用时150min。但在实际作业时,原计划用时45min的浮式起重机吊装搬运延迟了30min,不过由于大节段架设得以顺利实施,成功在船舶禁航时间之内完成了作业。

一次性架桥施工,在15000多名参观者的见证下进行,于2011年4月24日顺利完工。除了细致周到的规划之外,还进行了几次模拟施工,架设当日天气晴好,几乎在没有任何误差的情况下,完成了一次性架设。大节段一次性架设和架设完成后,分别如图4.3-42和图4.3-43所示。

日本木津川新桥为主跨305m的飞鸟式拱桥,为三跨连拱结构形式。和单主跨推力拱桥有所不同,飞鸟式三跨连拱结构在架设时,可以先完成两侧三角区的空腹桁架的架设,再进行中跨大节段单元的架设。采用浮式起重机吊装时,可以将大节段单元通过扁担梁直接支承在三角区悬臂上，无须搭设临时墩。以下介绍木津川新桥施工情况。

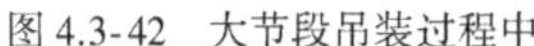
图 4.3-42　大节段吊装过程中

图 4.3-43　拱桥架设完成

(1)结构概况

木津川新桥(图 4.3-44)主桥主跨为 305m，中跨与边跨的跨径比为 3.3 左右。拱肋矢高 $f=57\mathrm{m}$，主拱跨的矢跨比 $f/l=1/5.4$，相应的系杆拱桥部分矢跨比 $f/l=8.2$。大桥立面及横截面布置分别如图 4.3-45 和图 4.3-46 所示。

图 4.3-44　日本木津川新桥

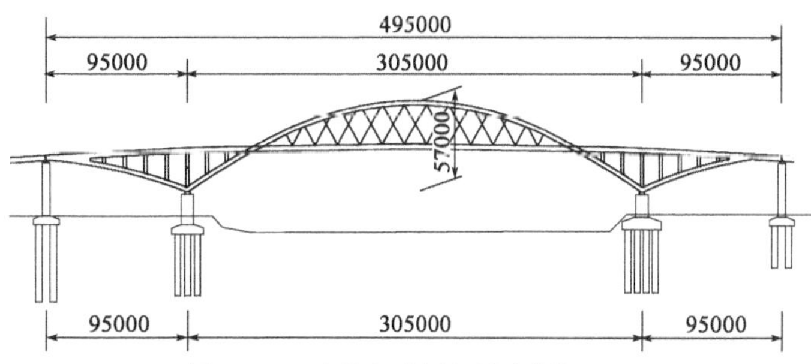

图 4.3-45　大桥立面布置(尺寸单位：mm)

拱顶端的高度离水面约为 80m，采用将主拱肋倾斜 9°44′的提篮式(支承间隔 25m)。主梁采用钢桥面板结构，以减轻结构自重。主梁横截面布置如图 4.3-47 所示。主梁由作为纵梁的左右两个边箱梁、钢横梁及正交异性钢桥面板组成。

拱桥吊索采用 ϕ7mm HiAm 缆索，分为 HiAm55 和 HiAm35 两种。

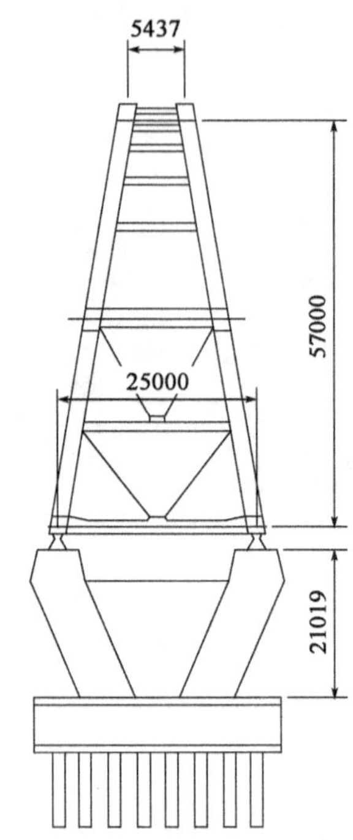

图 4.3-46　主桥横截面布置(尺寸单位:mm)

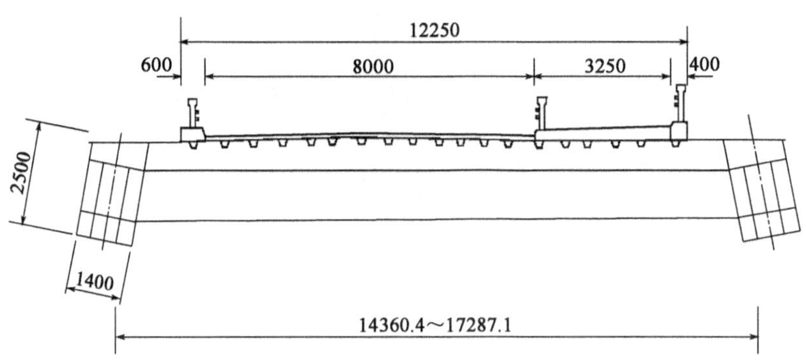

图 4.3-47　主梁横截面布置(尺寸单位:mm)

(2)制造与组装

在架设跨中部的系杆拱体系桥体时,使用定位扁担梁进行合龙,临时支撑及调节装置设置在空腹桁架的悬臂前端。如图 4.3-48 所示,由于支撑点在横桥向,位于拱肋内侧,随着起吊桥体的荷载向支撑点转移,系杆拱体系桥体端部和空腹桁架的悬臂前端主梁的匹配口,分别会向相反的方向扭转变形。在该状态下,为了能够顺利进行高强度螺栓接头的施工,事前需要考虑设置扭转弧形预拱进行制造。为此,通过空间有限元精确分析算出扭转变形量,对两侧的构件分别予以考虑。

空腹桁架部的临时组装分为由钢纵梁、拱肋和立柱组成的主结构和由钢横梁、正交异性板组成的钢桥面板两个部分,将两个部分进行临时组装。由于住之江区侧的悬臂端为悬臂架设,在与边跨先安装单元构件的高强螺栓接头部,通过临时组装时设置的扩大孔打入同直径的销钉,确保接头精度并进行线形控制。

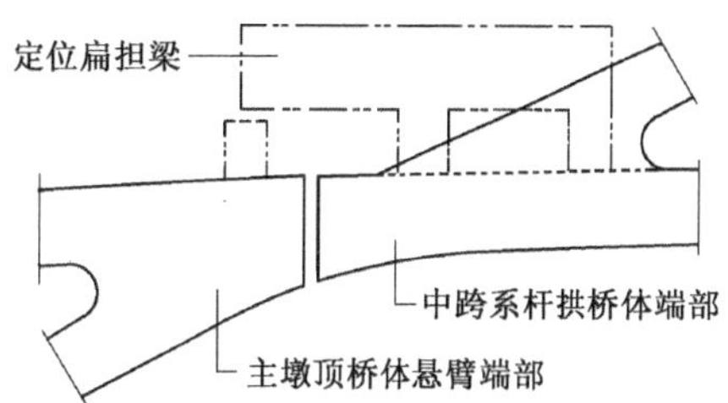

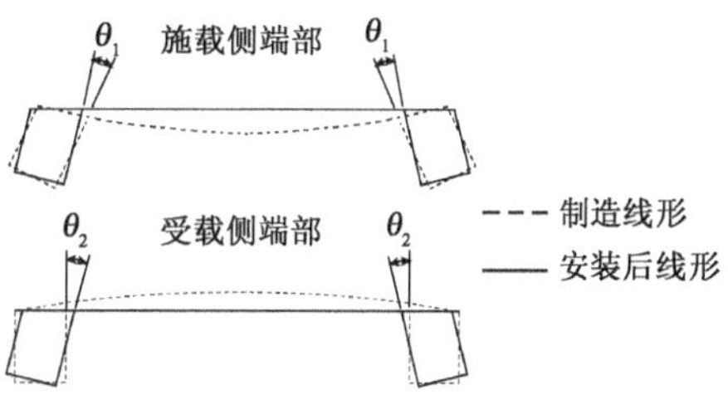

图 4.3-48 合龙口架设过程扭转变形示意

跨中部系杆拱体系桥体在附近岸边进行地面组装。通过安装临时支架,首先进行钢纵梁和钢横梁等构件的组装,然后进行钢桥面板的焊接以及高强度螺栓的紧固;主拱肋也通过临时支架进行组装,其间适时进行横撑结构的组装;最后完成吊索的安装。

系杆拱体系桥体全部组装完成后,拆除架设的临时支架,两侧设置桩基础作为临时支点的基础,使结构反力完全支承在两端临时支点上,并进行了荷载试验。

组装过程中,特别对端部实施三维测量,并注意与边跨悬臂端部的配合精度。随后,在钢主梁上设置临时支承,进行拱肋组装。拱肋从端部向中间组装,最后在拱顶上合龙。组装完成后,拆除全部临时支承,铺设钢人行道板以及定位梁缆索等。在浮式起重机起吊作业时,因主梁会产生变形,人行道板上会产生局部纵向弯曲,因此人行道板和钢主梁的连接在安装就位后进行。

(3)浮运架设

主要架设步骤如图 4.3-49 所示,首先进行住之江区侧及大正区侧的空腹桁架部分架设,然后利用大型浮式起重机,进行跨中部的系杆拱桥体系桥体吊装。

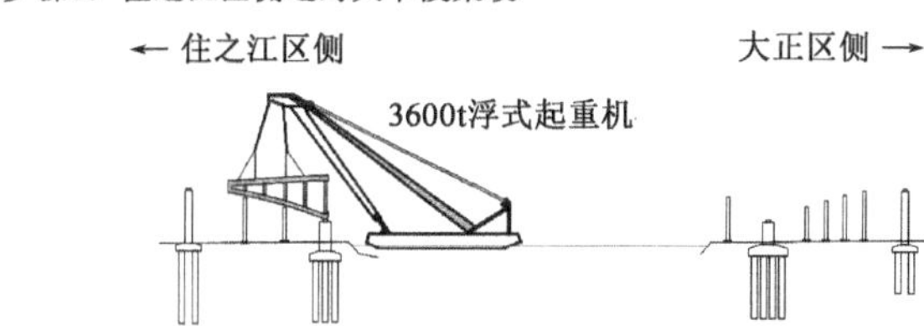

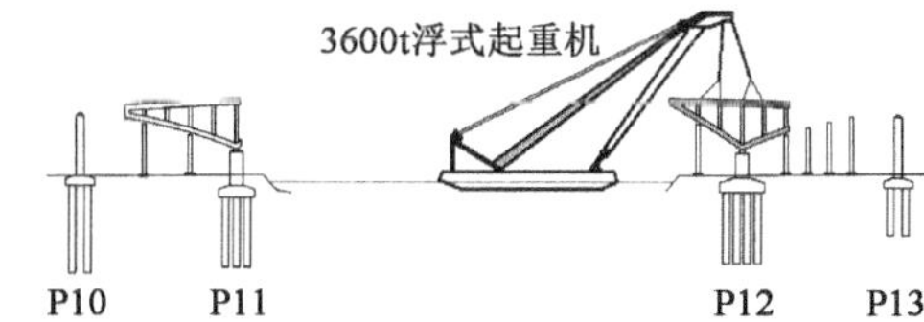

图 4.3-49

步骤4：住之江区侧中跨悬臂节段架设

步骤5：中跨系杆拱桥大节段架设

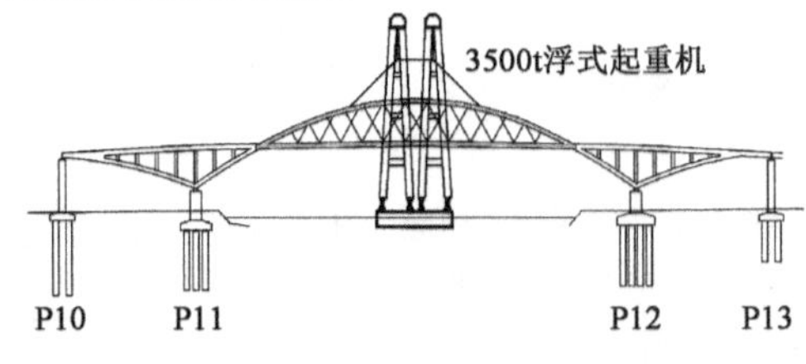

图 4.3-49 主要架设步骤

由于架设地点位于木津川的河口，可以通过浮式起重机统一架设。但大阪港的入口有阪神高速公路岸线的港大桥，因此只能选用在该桥下可以航行的 3600t 以下的浮式起重机。

由于住之江区侧的 P11 桥墩位于水边，受通航航道影响，不能在河流侧设置临时支架。另外，由于水深较浅，根据浮式起重机的吊装能力和伸臂大小，住之江区侧的结构共分为 3 个节段分别采用不同方式架设，主体大节段采用 3600t 浮式起重机架设，边跨尾段构件采用陆上起重机架设，墩顶向跨中悬臂段采用 2200t 浮式起重机架设。

由于 P12 桥墩位于距离护岸约 60m 的位置，同时由于浮式起重机能力的关系，P12 桥墩附近大节段采用 3600t 浮式起重机架设，P13 桥墩附近搭设临时支架采用履带起重机架设。P11 桥墩的纵活动支座由 300t 的浮式起重机架设，P12 桥墩的纵向固定支承通过汽车起重机架设。

住之江区侧的大节段单元长度为 72.4m、总重量为 1080t。地面组装完成后装在 10000t 台船上，在架设前一天运送到海上，如图 4.3-50 所示。

架设时全面封锁航道，通过 3600t 浮式起重机架设在 P11 桥墩上。之后，从陆地用汽车起重机将尾段构件架设到 P10 桥墩上，使 P10 桥墩和 P11 桥墩连为一体。

大正区侧的大节段单元装载在 12000t 台船上，通过临时支架保持多点支撑，进行海上运输（图 4.3-50）。大正区侧大节段单元长度也为 72.4m、总重量为 1180t。同样采用 3600t 的浮式起重机架设到 P12 桥墩上。接着，用 300t 履带起重机将边跨端部构件架设到 P13 桥墩上。

住之江区侧的悬臂节段重 580t，采用 2200t 浮式起重机进行架设。在浮式起重机承重状态下，用高强度螺栓对钢纵梁和拱肋的 4 处进行连接。在 B2 临时支架顶部设有油压千斤顶，可以调整钢纵梁和拱肋的相对角度，以便配合安装。为保证悬臂段的结构受力安全，在完成 1328 根螺栓（约为螺栓总数的 30%）紧固之后，松开浮式起重机的钢丝绳。

系杆拱体系桥体的架设采用浮式起重机进行，由于高压输电线在离架设地点 100m 的下游穿过河流，架设作业在上游一侧进行。

图 4.3-50 两侧空腹桁架大节段运输

作为合龙的准备工作，在 P11 桥墩上设置桥体纵向缩进驱动设备，使边跨的空腹桁架整体向 P10 桥墩方向移动 100mm，并进行临时固定。

如图 4.3-51 所示，将定位扁担梁下落到反力台之前，两个接头上各有 250mm 的富余，随着荷载的转移，主梁发生变形，在荷载完全转移到反力台状态下，通过调整作业，使两端匹配接口的间距均为 50mm。

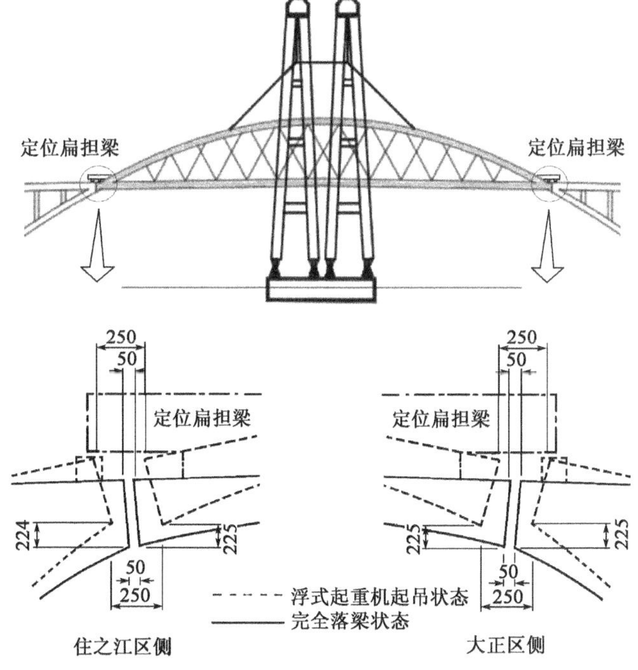

图 4.3-51 匹配端形状的变化(尺寸单位:mm)

图 4.3-52 所示为定位扁担梁的临时支撑设备。它是由垂直方向调整使用的 4 台 500t 千斤顶,横桥向调整使用的 2 台 300t 千斤顶,以及将系杆拱体系桥体牵引向 P12 桥墩方向的 300t 穿孔千斤顶组成。

在架设地点的上游岸边,采用浮式起重机将地面组装的全长 217m、总重量 2450t 的系杆拱体系大节段吊起,使之原地旋转,然后从上游架设到桥位上。图 4.3-53 所示为其架设状况。

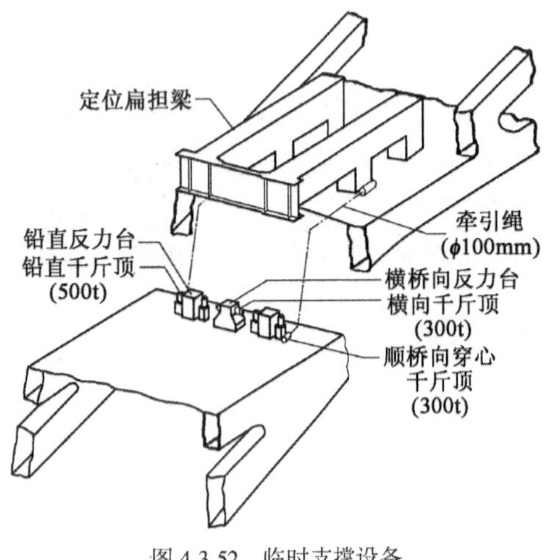

图 4.3-52　临时支撑设备

图 4.3-53　“系杆拱”的架设

一般情况下,地面组装场地远离架桥地点,必须使用台船运送拱桥,通常在拱肋加劲梁之间设置临时支柱。但是,该桥的架设由于省去了台船输送环节,所以没有设置临时支柱,而是在拱肋上面设置吊梁。针对从吊装开始到完成落梁过程,详细计算了结构的变形和吊索力的变化。通过预先设置在缆索固定端的传感器,一边测量吊索张力,一边慢慢地吊起,以确保结构受力安全。对于索力由架设时控制的缆索,测量结果表明,虽然与设计值有少许偏差,但可以确保架设时吊索张力的安全系数为 2.4(3.0/1.25)。

尽管在系杆拱体系大节段安装前,已经对两端拼接匹配面的变形进行了计算分析,并在制造时设置了预拱值,但考虑到制作误差、刚性误差等的影响,匹配端口仍然会存在一定误差,因此在高强度螺栓连接构造及施工方法上采取了措施。边排螺栓孔距离板端的距离加大到 50mm 以上,安装落梁后采取现场开孔的方式,确保可靠连接。

对于误差较大的匹配误差,采用定位梁进行临时支撑,在端支点上下升降梁的端部,并预留了能使空腹桁架部进行刚体位移的装置。在实际的施工中,拱主结构面内的匹配精度良好,无须使梁端部升降以及使空腹桁架部发生刚体位移。

(4)缆索张力的调整

架设完成后,对于有假定刚度和静荷载的误差、制作误差等的吊索力的误差,通过调整加劲梁侧吊索固定端垫板的厚度进行张力调整。

对于吊索张力的误差,按照静载张力的 10%以内或者小于±5tf[1] 进行控制,加劲梁变形误差设定在 100mm 以内。另外,垫板厚度变化对于吊索张力和加劲梁变形的影响值,通过整体

[1] 1tf=9.8kN,下同。

空间分析计算。吊索的张力根据振动法进行测量。

吊索力和加劲梁的变形测量,选择在构件温度偏差小的夜间进行。测量时缆索、拱肋、加劲梁等构件温度均为24℃。由于两端吊索(共4根)的长度较短,调整困难,所以仅对其余52根进行了调整。

调整前的缆索张力误差,52根中的17根正负误差最大达到-12.1tf和13.3tf,超过±5tf的限值,经过一次调整作业,控制在±4tf以内。加劲梁的变形误差,最大从72mm增加到90mm,满足100mm的限值,因此通过一次调整满足了控制要求。

第5章　转　体　法

5.1　技术特点

转体施工法一般适用于各类单孔拱桥或单主孔拱桥的施工，施工时将主孔的拱圈或整个上部结构分为两个半跨，分别在河流或山谷两岸利用地形、简单支架预制装配半拱，拼装完成后利用动力装置将两半跨拱体转动至桥梁设计位置合龙成拱。拱桥采用转体法施工时，结构受力明确并使拱肋设计更加合理，同时节省施工用材、减少安装架设工序。特别是可以将较复杂的、难度高的水上高空作业转化为岸边陆上作业，不仅可以加快施工速度、提高工程质量、降低施工风险，而且可以避免干扰通航、减少施工机具设备、降低施工费用。

对于飞鸟式拱桥，一般多用于地形地貌较为平缓以及跨越河道等建设条件。当采用平面转体施工时，由于边跨的存在，半跨可以作为平衡重以及扣挂系统背索的锚体。当采用竖向转体施工时，一般边跨采用支架法直接按照设计线形架设，中跨半拱在桥轴线下方低位搭设支架安装，然后通过竖向转体就位并进行拱肋合龙。

拱桥转体施工法按照转动方位的不同，一般可分为平面转体、竖向转体和平竖结合转体三种。

平面转体施工需要结合两岸地形等条件选择合适的位置，设置拼装或预制支架，按照拱桥设计高程完成半拱的预制或拼装。半拱预制或拼装完成后，借助于设置在主拱基础处的转动设备和动力装置，在水平面内将其转动至桥位中线，再进行合龙施工成拱。

平面转体施工又可再分为有平衡重转体和无平衡重转体两种方式。有平衡重转体的重心位置通过转盘中心。对于山区单跨推力拱桥，平衡转动体系包括了作为平衡重的桥台背墙、拱肋转体拉杆以及上转盘(拱座)，平衡重大小与转动半拱相互匹配，随着拱桥跨径增加，所需平衡重增加，将影响转体施工的经济性。无平衡重转体施工通过设置锚碇和锚索，使半跨悬臂拱体保持平衡状态，借助拱脚处立柱下端转盘和上端转轴使拱体作平面转动。取消平衡重后可显著降低转动体系重量以及圬工量。无平衡重转体施工适用于地质条件较好、处于V形河谷地貌的大跨度拱桥。

竖向转体施工需要在桥位平面内拼装成半拱，然后绕拱脚转动合龙成拱。根据具体情况，选择在桥台处竖向预制成半拱，或者在桥台前以俯卧状态预制成半拱。半拱的拼装方式一般要结合桥位地形、河道、自然环境等条件加以确定，按照半拱施工方式，竖向转体施工又可以分为卧拼竖转、立拼竖转以及拼装成两半拱运输就位后直接竖转等多种方式。竖向转体施工不仅适用于钢结构拱，也适用于混凝土拱的施工，只是混凝土拱还可以采用逐段现浇的方法，竖向转体施工方法的选择主要根据拱桥跨度、施工条件及经济性等加以确定。

卧拼竖转施工方法需要在桥台前搭设支架,然后拼装半拱并向上转动成拱。一般适用于较为平缓的山谷以及通航与水文条件合适的河道。当为峡谷地貌或通航要求较高、水文环境恶劣时,将导致搭设拼装支架代价过高、甚至无法实施。立拼竖转施工方法先竖直向上分段拼装半拱,然后向下转动成拱。特点是施工无须搭设拼装支架或占用水域、航道以及加快工期等。但由于拱肋为曲线结构,竖向拼装需要充分考虑拱肋稳定问题,预制拱肋节段的起吊也有较高要求。通常会先行施工完成引桥,然后借助引桥进行拱肋竖向拼装,从而提高施工效率和经济性。拼装成两半拱运输就位后直接竖转的施工方法,需要根据拱肋制造、运输及现场作业条件而定。

平竖结合转体施工方法就是通过竖向转体和平面转体的组合来完成拱桥的转体施工。实际工程可能受到地形、地貌、通航以及施工等条件的限制,既不宜在设计高程处预制或拼装半拱,也不宜在桥位下方设置支架预制或拼装半拱。条件合适时,可以将拱体在适当位置进行预制或拼装,完成后再通过平转、竖转使之就位合龙。

5.2 钢管混凝土拱桥

5.2.1 平面转体

钢管混凝土拱桥一般先完成空钢管结构的架设,成拱后再进行管内混凝土灌注,相对而言,结构自重较轻,采用转体法施工时多选择有平衡重的方法。有平衡重平面转体施工方法适用于山区峡谷、两岸地形狭窄的大跨度单孔拱桥。一般的特点是转体重力大、需要配置平衡重以及转动体系的重心基本落在下盘转动磨心球铰上。

为方便地实现转体施工,需要适当加大桥台厚度等措施作为平衡重,也可以利用台背配置压重,使转体重心基本落在下转盘磨心球铰上。转体施工主要包括转动体系制作、转体拼装台架搭设、转体拱肋拼装、转体到位合龙成拱等主要步骤。转动体系主要包括磨心、磨盖、上盘、背墙、半拱以及拉索等。转体拼装台架的设置应充分利用地形,尽可能减小拱体转动角度和支架用量。

有平衡重转体施工随着拱桥跨径增加,平衡重难以利用桥台解决,并且转体难度和风险也会增加。此时采用无平衡重平面转体施工方法,通过设置拱肋扣索和锚索锚于两岸岩体锚碇中,从而避免巨大的平衡重设置问题。根据具体的场地条件,可以采用全宽拼装半跨拱体,一次转体合龙;也可以半跨拱肋分为上、下游两个部件,进行转体合龙。

无平衡重转体施工工艺包含锚固体系、转动体系及位控体系。锚固体系由锚碇、尾索、平撑、横梁及立柱组成。通常两个方向的平撑及尾索形成三角形稳定机构,使上转轴为一确定的固定点。转动体系由上转轴、下转盘、拱箱及扣索组成。上转轴由轴套、转轴和环套组成;扣索的两端分别连接环套和拱箱顶端;下转盘一般设置马蹄形钢环和两个在固定滑道上的走板,两走板上方各设一铰座,拱箱拱脚两侧设铰支承于铰座上,马蹄转盘卡于下转轴外。位控体系用于控制转体施工时的速度与位置。在拱箱顶端设缆风索控制拱箱转体速度与位置。

三峡下牢溪大桥为跨径 160m 的上承式钢管混凝土拱桥,位于三峡库区西陵峡口风景区内,如图 5.2-1 所示。主拱采用 4 片平行的哑铃型钢管混凝土,钢管直径为 100cm,钢管中心线间距为150cm。大桥采用平面转体法施工，钢管拱肋节段在工厂制造，运至工地后分别在两岸组拼成半跨钢管拱，半拱整体平转就位。

图 5.2-1　下牢溪大桥

转体施工的上部结构包括拱肋和立柱空钢管结构、交界墩钢筋混凝土立柱。一个转体单元的重量约为 1600t，采用有平衡重平转法，利用设置在拱座底的球铰及四周的两层环形防倾安全支承完成，如图 5.2-2 所示。

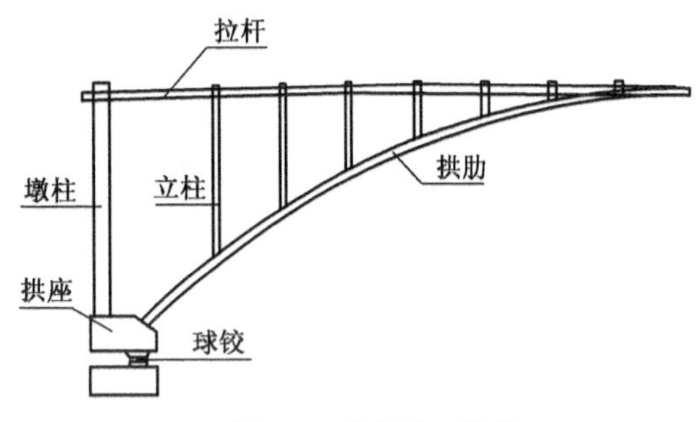

图 5.2-2　转体施工示意

转动球铰是转动体系的核心，兼顾转体、承重及平衡等多种功能，由下盘的球凸和上盘的球盖组成，下盘 ϕ2.2m 的钢球铰承重。

拱座（上盘）上的交界墩墩柱为两个单箱双室截面混凝土结构，墩柱在转动体系中承受拉杆张拉力，需要配置临时预应力。拉杆为 16 根 ϕ32mm 的精轧螺纹钢筋，拉杆的总张拉力为 2×3574kN。通过张拉预应力使拱肋脱架，使整个转动结构的重量落在球铰上。

动力牵引系统采用全液压同步连续牵引系统，由两台特制的串联式千斤顶，通过张拉缠绕在上盘底部圆台上的钢绞线，使整个体系连续平稳转动。

施工采用必要的防倾覆保险措施。首先在上盘 ϕ5.2m 圆周上设置 6 个内圈保险腿，转动时沿下盘滑道滑动；再在下盘 ϕ13m 圆周上设置 10 个向上的外圈固定保险腿；此外，配备 4 台 250t 液压千斤顶，以防倾斜调整之用。

下牢溪大桥两岸同时进行转体施工（图 5.2-3），三斗坪侧转体 180°、宜昌侧转体 125°，用 3 个多小时完成转体。

贵州水柏铁路北盘江大桥横跨 V 形峡谷，桥面距离河床 280m。主桥为跨度 236m 的上承式钢管混凝土提篮拱桥，总体布置如图 5.2-4 所示。

钢管桁架拱肋分单元在工厂制造，再运输到现场进行组装。桥址所在地交通运输极为不便，由工厂至现场运输时，构件的长度受到限制，允许的长度不足 9m，导致现场组装等工作量很大。鉴于此，为了减少高空作业风险、提升拼装质量，结合桥位现场条件，钢管桁架拱的安装选择了平面转体施工方法。

图 5.2-3 下牢溪大桥转体施工

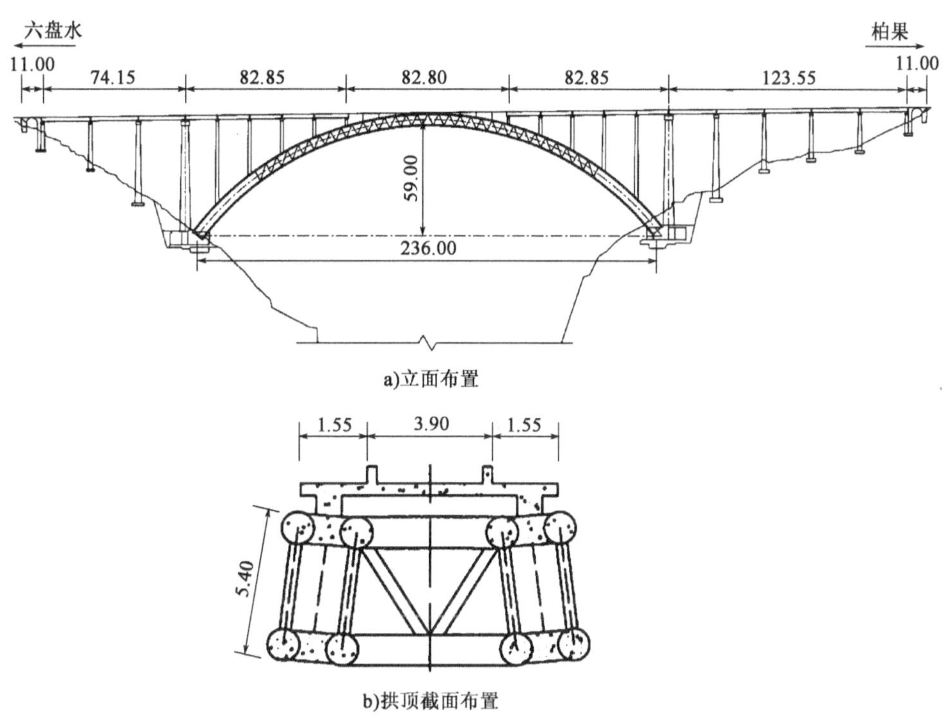

a)立面布置

b)拱顶截面布置

图 5.2-4 北盘江大桥总体布置(尺寸单位:m)

由于施工场地狭窄,拱座靠近悬崖,无法采用大直径环道体系,故采用单点支撑的球铰转动体系。分别在两岸依地形搭建支架,组拼完成两个半拱结构,每半拱转体单位重量达10400t。转体系统由半跨拱、下盘、上转盘、交界墩、球铰、保险撑脚、扣锚体系等组成,如图 5.2-5所示。

该桥拱肋刚度相对较大,采用单排扣索以方便施工,施工时通过张拉扣索可实现拱肋脱架。扣索采用 96 根 ϕ15.24mm 钢绞线,一端固结于拱肋,另一端锚固于交界墩顶。在交界墩顶与上盘后部,设置 42 束 19ϕ15.24mm 钢绞线,以平衡扣索的水平力。拱肋与上转盘设临时转动铰连接,上盘尺寸为纵向 20.03m、横向 26m、高 6m,下盘作为整个系统的基础,埋置于基岩内。平转下盘采用凹铰,以便尽可能减小倾覆力矩。球铰按承受120000kN的压力设计,球半径为8m、球缺底面直径为3.5m。球铰由上、下两块钢质球面板组成,面板均由40mm厚的钢板压制而成,下面板上镶嵌四氟乙烯片,面板间填充黄油四氟粉。球铰中心设ϕ210mm的定位轴,防止上下盘之间发生偏心错位,球铰构造如图5.2-6所示。

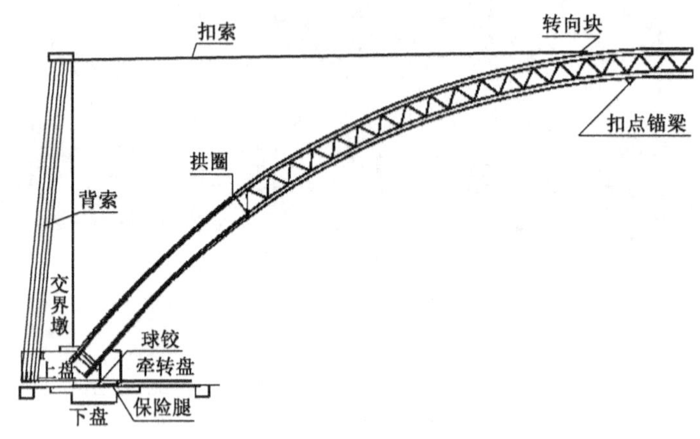

图5.2-5　转体系统

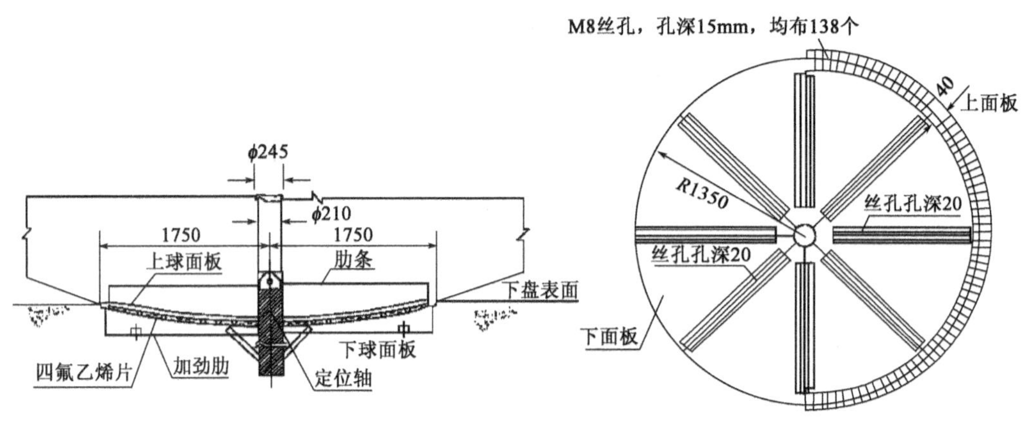

图5.2-6　球铰构造(尺寸单位:mm)

转动体系中的上转盘为预应力混凝土结构,设置了三向预应力。根据上盘球铰位置以及平衡重的配置等情况,确定采用十字形上盘结构,同时在交界墩后设置7000kN以上的配重。

转动体系中的牵转系统设置在球铰上方,通过缠绕在ϕ8.4m的牵转盘上的牵引索进行牵转,牵引索采用两对12ϕ15.24mm钢绞线。牵转的动力依靠4台连续张拉千斤顶形成两对力偶,牵引能力为4000kN,千斤顶反力座设置在下盘上。

为了防止转体倾覆,在距离球铰中心3.5m的圆周上等距离设置6个保险腿撑脚,单个撑脚由两根ϕ1000mm×14mm的钢管混凝土构成。撑脚下端设置走板,相应在下盘表面设环形滑道,走板底面与滑道表面设计预留5mm间隙,实际施工的间隙量达10mm。

为降低转体向前倾的危险,实施时通过加大平衡配重使转体重心后移,转动过程实际为球铰和后支腿共同支承的状态。

拱肋在支架上拼装完成后,扣索分批、分级与背索、上盘预应力束交替张拉;拱肋转体到位合龙后,扣索、背索、上盘预应力等同样分批、分级交替释放。

大桥转体施工的主要步骤如下:

(1)首先浇筑下盘混凝土,安装下球铰,制作保险腿滑道,然后安装上球铰,并开展转动试验。

(2)浇筑球铰上方锥体及牵转盘,埋设牵引索。

(3)施工浇筑上盘,张拉上盘三向预应力(部分纵向预应力先不张拉)。

(4)在上盘上完成交界墩施工,张拉上盘第二批纵向预应力。

(5)在上盘堆放平衡重,安装牵引反力座和连续张拉千斤顶,做好转动准备。

(6)按设计步骤,分批、分级、交替张拉扣索、背索和上盘纵向预应力束,使拱圈脱架。

(7)拆除无关设施,清除转体障碍物,清理球铰,启动连续张拉千斤顶,实施转体。

(8)调整拱肋线形满足合龙口高程,实施拱肋合龙。

(9)连接上下盘间的钢筋,混凝土封闭上下盘间的空隙以及拱脚临时转动铰,拆除扣索、背索和上盘大部分纵向预应力束。

大桥主拱肋于2001年1月20日顺利转体合龙。将桥梁单铰平转质量大幅度提升到一个新的高度。该桥的主要施工过程如图5.2-7所示。

图 5.2-7

图 5.2-7　大桥施工过程

5.2.2　竖向转体

拱桥竖向转体施工常用的方法是将一孔桥梁从跨中一分为二，两个半拱拼装完成后，通过竖向转体到达设计位置，然后合龙成拱。竖向转体又可分为卧拼竖向转体和立拼竖向转体两种方法，适用于地貌较为平缓的河道或河谷环境，钢管混凝土拱桥多采用卧拼竖向转体的施工方法。

施工时半拱拱肋的拼装支架布置在桥轴线上，临时支架的方案根据地形和现场条件确定。对于可利用枯水期的季节性河流、水深较浅的河流以及地貌较为平缓的河谷，常采用搭设简单支架组拼拱肋，常用卧拼竖转的方法施工。无论拱肋节段划分情况如何，和在拱肋设计高程原位拼装相比，由于高度降低将大大降低对起吊设备的要求，甚至因为起吊高度的降低可以采用更大的节段划分，从而减少现场工作量、提高施工效率。

在转动过程中，拱肋内力随竖转角度不断变化，需要适当设置扣索控制其受力。扣索根据竖转质量及牵引设备，可以选用钢丝绳及钢绞线，数量的配置应充分考虑结构冲击、自然环境以及扣索在转向处的弯折影响。对于卧拼竖转施工方法，转体所用索塔高度直接关系竖转过程拱肋的受力状况及扣索的大小，应充分考虑横向风力、偏载等因素，结合索塔的强度、刚度及稳定性，进行合理优化选择。

邳州京杭运河大桥主桥为 57.5m+235m+57.5m 的钢管混凝土飞燕式拱桥，主拱采用提篮式布置，大桥立面布置如图 5.2-8 所示。

拱桥的施工经过比选采用了卧拼竖向转体法。在两主墩之间主跨范围搭设较低高度的拼装支架，主拱肋拼装成两个半拱后，通过竖转系统向上转体到设计位置，空中合龙完成拱肋安装，竖转角度连云港岸和徐州岸分别为 19.9039°和 25.5942°。

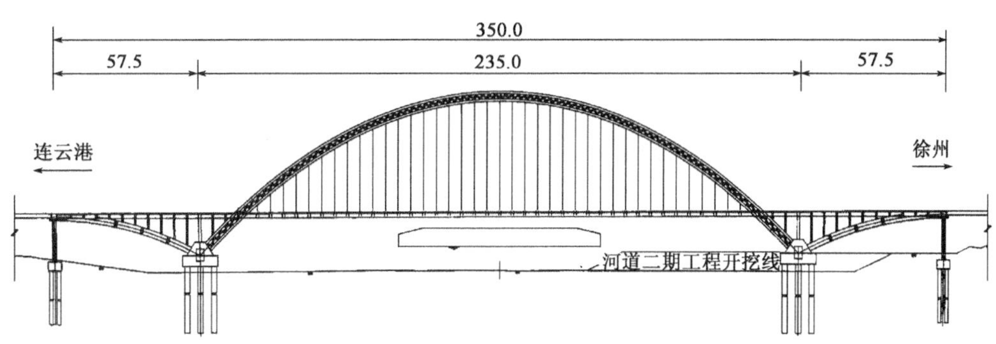

图 5.2-8 大桥立面布置(尺寸单位:m)

竖转体系由前后各半拱、索塔、索鞍、扣索、前后锚点、支撑架及转铰等组成,如图 5.2-9所示。

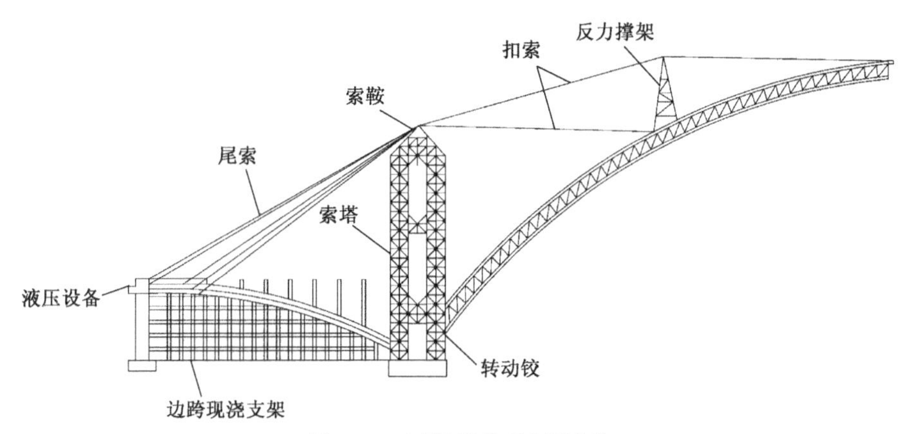

图 5.2-9 大桥竖转体系布置示意

索塔采用万能杆件组拼成空间桁架,高度为 46m,顺桥向两柱中心距为 8m,横桥向塔柱中心距为 26.6m。塔顶索鞍与扣索接触面设置滑轮,以便扣索自由滑动。为减小张拉扣索在竖转过程中的水平夹角,在索鞍与扣索间无竖向位移处设置侧向辊轴。为防止钢绞线横向移位,在滑轮表面设有深 80mm 的弧形槽,每个滑轮内放置 18 根一束的钢绞线。每片拱肋设两组竖转扣索,在塔顶置于同一层面用隔板分开。

竖转索(扣索)分为 2 组,一组扣索前端锚于主拱肋与 A 形撑交界处,另一组扣索前端锚于主拱肋 $L/4$ 附近。扣索的单束规格为 $18\phi^j15.24$mm 钢绞线,两组竖转扣索均采用 2×3 束,采用液压同步千斤顶张拉。扣索前锚点设于上弦钢管和腹杆间的临时反力梁上,后端锚于边拱肋底面的张拉端上。除了为竖转牵引而设置的竖转索外,为平衡索塔及改善边拱受力,还设置了平衡索。

主拱肋在拱脚处设有临时转动铰,转动铰结构包括拱座转动铰预埋件、转动铰底座、转动轴及桁架连接件。转动轴为 ϕ400mm×2500mm 的 45 号钢实心轴,在拱座上设半圆形钢板作铰座。

拱顶预留长 1m 的合龙段,并设置了瞬时合龙构造,瞬时合龙构造设在钢弦管间平联板上,采用花篮螺栓设置,螺杆直径为 297mm。在满足瞬时合龙要求的同时,减少合龙段焊接过程中的温度影响,使拱肋内力和拱轴线形可调。

竖转施工主要步骤如下:

(1)搭设拼装支架,进行半拱拼装。每片主拱肋沿轴线方向划分为10个节段,最大吊装节段重量约为90t;拱肋间共9道横撑,最大吊装重量为28t。施工时先在两主墩之间搭设拱肋拼装支架,水上拱肋节段采用1000kN浮式起重机安装,徐州侧岸上4个节段采用门式起重机安装。

(2)安装竖转系统,完成调试准备。半拱拼装完成后,安装扣索、平衡索和张拉千斤顶以及控制系统,按照起动力的20%~30%进行竖转索的预紧并使扣索受力均匀。

(3)张拉扣索和平衡索,完成拱肋脱架。根据计算脱架张拉力,分为50%、85%、95%三级同步张拉扣索力,每级加载完成持荷20~30min;张拉一组平衡索。实际施工时,扣索张拉至设计值的95%时主拱肋全部脱架。

(4)分级进行竖转提升。分成3~4级进行竖转,每级竖转过程严格控制两拱肋高程及索力误差;竖转至拱肋低于设计高程不少于20cm时停止,留待合龙时进行高程调整。锁定扣索、系好主拱风缆;主拱肋拱脚处临时固结,安装拱顶临时合龙螺杆(松动状态)。

(5)调整拱肋线形,完成瞬时合龙。双拱肋相对偏差在拱顶端对拉调整,中线绝对偏差采用风缆调整,高程误差通过扣索调整。两岸主拱肋均竖转到位后,经过反复松、拉扣索进行微调,待拱顶高程满足要求后,随即固定扣索后锚点,旋转顶紧拱顶花篮螺杆,完成瞬时合龙。

(6)进行最终合龙,完成竖转施工。在接近合龙温度时实测合龙段长度,进行合龙段切割,完成弦管、腹杆、平联板及主管包板焊接。逐步分级放松扣索和平衡束,焊接拱脚嵌补段、浇筑拱脚混凝土,完成主拱肋竖转施工。

该桥钢管拱肋竖转过程如图5.2-10所示。

图5.2-10 钢管拱肋竖转过程

5.2.3 平竖结合转体

对于山区跨越深谷拱桥、两岸陡峻、场地狭窄的桥位,利用两岸地形搭设简单支架,采用平转法施工具有较好的竞争力。当跨越宽阔河流及桥位地形较平坦时,由于平转法难以有效利用地形,可以考虑竖转与平转相结合的方法。采用竖转施工可以将拱肋安装的高空作业变为在低位支架的拼装拱肋,采用平转施工可以规避在桥轴下方施工的多种制约因素并完成障碍物的跨越。竖转与平转相结合的施工方法,扩大了转体施工工艺的应用范围,也使转体施工技术更加成熟。广东广州丫髻沙大桥等采用了竖转与平转相结合的架设方法，为拱桥施工提供了有益的经验。以下从转动体系、竖转施工、平转施工及合龙成拱4个方面介绍广州丫髻沙大桥的转体施工。

广州丫髻沙大桥主桥采用钢管混凝土飞鸟式拱（图5.2-11），大桥全长1048m，主桥立面布置如图5.2-12所示。主拱采用6管式拱肋截面，双拱肋平行布置。

图5.2-11 广州丫髻沙大桥

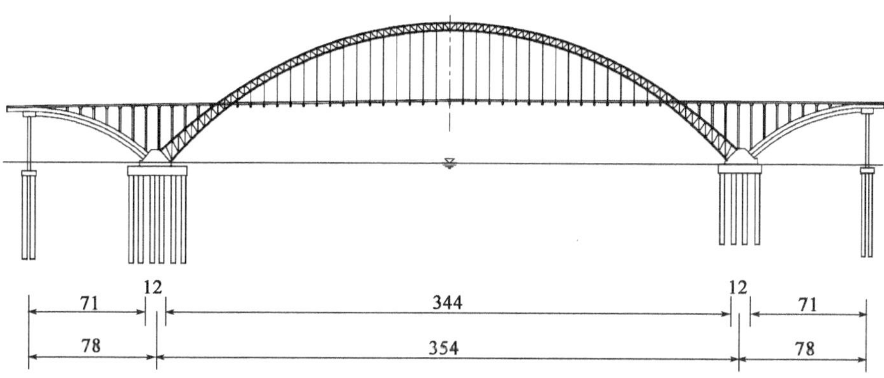

图5.2-12 大桥立面布置（尺寸单位：m）

珠江水上运输繁忙，主航道和副航道均有通航要求，难以采用斜拉悬臂、缆索吊装施工方案，最后采用了竖转加平转的转体施工方案。

（1）转动体系

转体施工将半跨主跨和钢筋混凝土边跨作为一个转动单元，施工时，先竖转钢管拱肋就位，再平转就位，最后完成合龙。飞鸟式拱的平转施工可以利用边拱作为平衡重，使无平衡重转体方案成为可能。该桥的转动体系如图5.2-13所示。

为了适应平转要求，拱座与承台进行了特殊设计，如图5.2-14所示。承台及滑道均能承受136000kN的荷载。为了适应竖转施工，在主拱拱肋与拱座间设置竖转铰（图5.2-15），其中铰座为钢结构，铰轴为钢管混凝土结构，接触面经过机械加工使粗糙度达到Ra12.5μm。

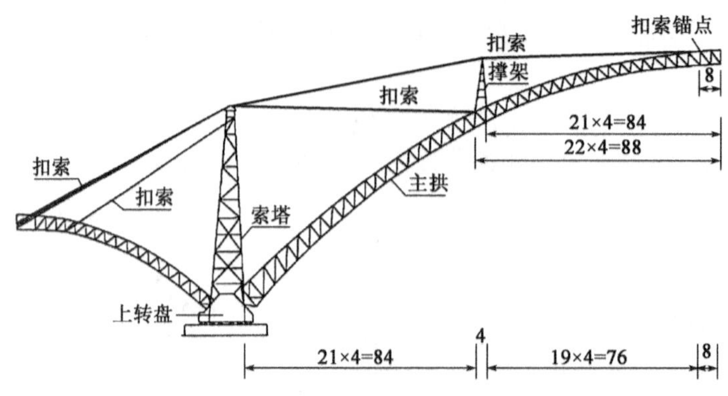

图 5.2-13　大桥转动体系示意(尺寸单位:m)

图 5.2-14　拱座与承台特殊构造

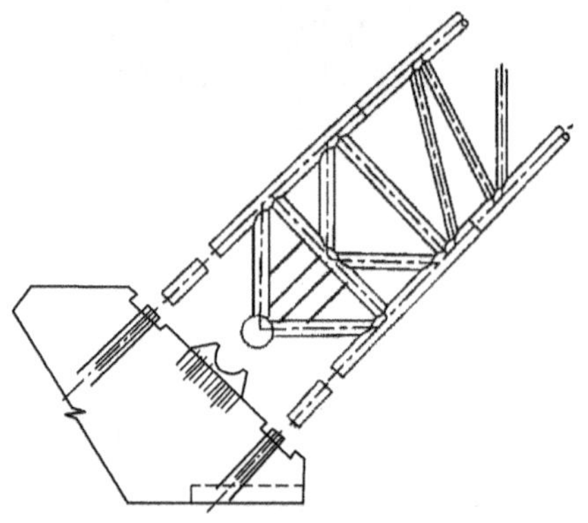

图 5.2-15　竖转铰构造示意

该桥转体施工的主要步骤包括:安装转体环道、拱座及竖转铰,搭设边拱劲性拱架和主拱肋卧拼支架;安装转体塔架、边拱劲性骨架、主拱拱肋;安装边拱端部及其他压重钢筋混凝土;安装转体用扣索、千斤顶及监测设备;两岸主拱拱肋分别进行竖转;两岸转动体系分别平转到桥位。

(2)竖转施工

先在两岸顺河流拼装半跨主拱钢管桁架及边拱劲性骨架,浇筑边拱钢管混凝土和配重混凝土,在拱座上拼装临时索塔,安装扣索和平衡索,在边跨尾部连续张拉扣索,直至主拱脱架,然后连续竖转至设计高程。主拱拱肋竖转结构重 2050t。竖转设备采用液压同步千斤顶系统,竖转角度为 24.701°。竖转体系由前后各半拱、索塔、扣索、撑架和竖转提升控制系统等组成,如图 5.2-16 所示。

索塔为钢管混凝土组成的变截面桁架结构,塔顶设有索鞍,索鞍与扣索接触面设置滑轮,在滑轮表面刻槽以防止钢绞线移位。扣索分束分轮设置,每条拱肋共 10 束竖转扣索,在塔顶布置于同一层面,用隔板隔开。两个索塔上共设 8 个索鞍。

主拱肋处扣索锚固端设在上弦管和腹杆间的临时反力梁上,扣索张拉端均设在边拱肋端部。一个转动体系采用两组连通竖转扣索,第一组扣索经过设于主拱 $L/4$ 处 A 形撑顶部转向后前端锚于主拱肋端部,第二组扣索前端锚于主拱肋 1/4 处,扣索后端均锚于边拱肋端部。两组竖转扣索分别采用 2×6 束和 2×4 束,每束均为 18ϕ15.24mm 钢绞线。此外,还设置了 3 组平衡束,一组锚于边拱肋上、两组锚于索塔前后的拱座上,锚于边拱的平衡束兼有改善边拱受力的作用,实施时张拉端均改在下端。锚于边拱肋的平衡束采用 2×2 束,索塔处平衡束为 2×1 束。

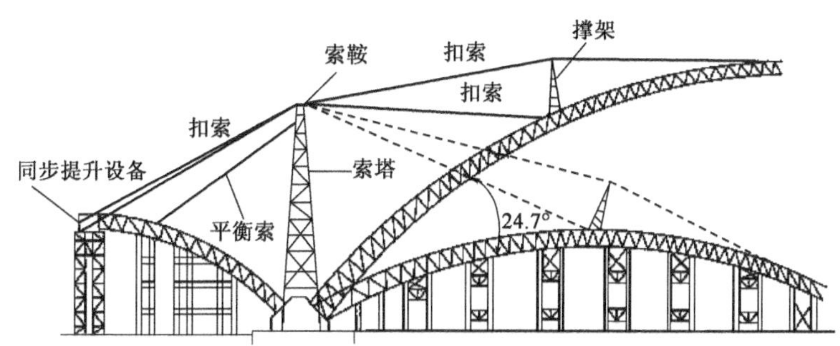

图 5.2-16 竖转体系示意

在拱脚设有 ϕ1500mm 的钢管混凝土转铰,在拱座上设半圆槽形钢板铰座。

同步液压提升控制系统由竖转承重系统、液压动力系统、电气控制系统和传感检测系统等组成。拱肋脱离拱架前分级同步张拉,直至张拉完成脱架。

脱架后的竖转仍然分级进行张拉,逐级对索力以及拱肋相对高差实行双控,实际竖转时基本是连续张拉提升,在低于设计高程不少于 400mm 高度时停止,以便合龙时进行高程调整。每岸竖转时间大约为 12h,竖转施工如图 5.2-16 所示。

竖转到位后,分别调整索力使主、边拱结构及扣索内力基本达到设计状态。在边拱端部配重使结构处于平衡状态后,放松边拱后锚(但未解除)。

在索鞍顶部锁定扣索,在两主拱肋 $L/2$ 和 $L/4$ 处挂临时风缆,安装主拱脚上下弦杆临时连接段,形成无铰结构,以增强平转过程的结构强度及刚度。

(3)平转施工

主桥共两个平转单元。每一平转单元的转动体系由承台上直径为 33m、宽度为 1.1m 的转体环道支撑。每一平转单元的结构总重量为 13600t。平转体系由下转盘、上转盘和牵引系统组成。下转盘主要包括转轴、环道和牵引体系等,下转盘平面布置如图 5.2-17 所示。

为增加转体稳定性、减少下部结构工程数量,设计由环道承担大部分转体重量,中心转轴起定位作用。环道直径为 33m、宽 1100mm,由表面镀铬钢板和环形钢骨架组成。

因环道板平面尺寸太大,精加工费用太高,实施时在镀铬钢板上增设 3mm 厚不锈钢板。环道钢板平面高差控制在±0.5mm,局部平面度小于 0.5mm,钢板接缝相对高差为 0.2mm,转动时前进方向只能为负误差。平转时实际起动静摩擦系数在 0.022~0.042 范围内,远低于预计值 0.07。

中心转轴由上钢板、下钢板、钢板间四氟蘑菇头及中心定位轴构成。上钢板厚 50mm,底面钻孔镶入蘑菇头(外露 10mm)。下钢板厚 50mm,顶面加工达到粗糙度 Ra6.3μm。中间定位轴直径为 300mm、长 800mm。

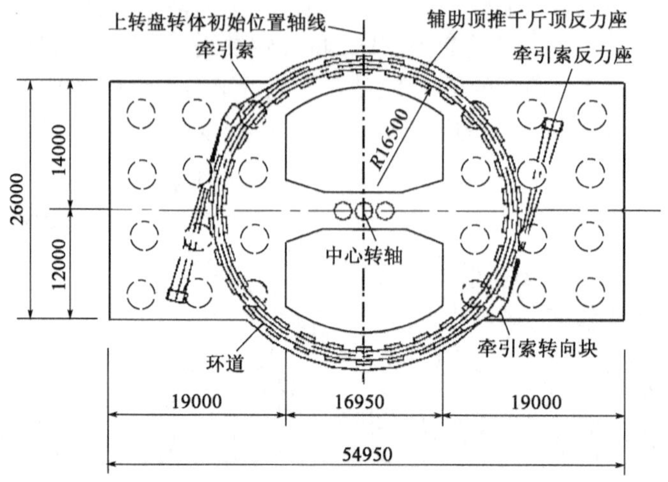

图 5.2-17　下转盘构造示意(尺寸单位:mm)

上转盘由上、下游拱座、拱座间连接横梁、撑脚等组成,上转盘构造如图 5.2-18 所示。每个拱座设置 7 个撑脚,位于两端的加强型撑脚由 3 根 ϕ800mm×14mm 钢管混凝土组成,位于中间的普通型撑脚由 2 根 ϕ800mm×14mm 钢管混凝土组成;与环道接触部分设置厚 50mm 的走板、内嵌四氟蘑菇头。

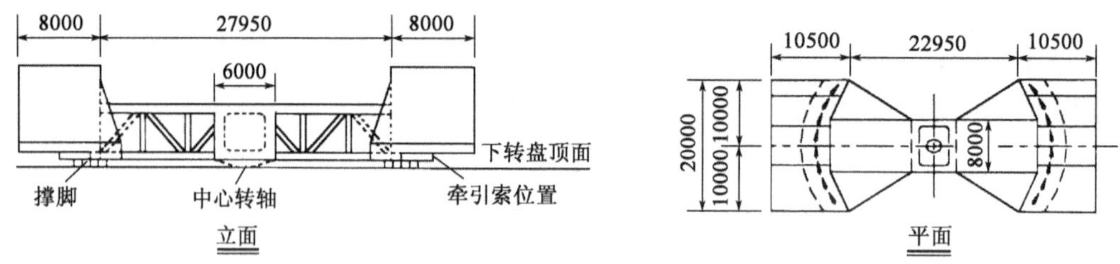

图 5.2-18　上转盘构造(尺寸单位:mm)

平转牵引体系由牵引索、牵引千斤顶、辅助顶推千斤顶等组成。由于平转角度较大,在下转盘上增设转向滑轮组,无须变动千斤顶位置即可完成平转。实际转体时两岸起动牵引力分别为 5600kN 和 4200kN,远低于设计值,动摩擦系数均不超过 0.02,平转用时均不足 8h。

平转施工在主拱竖转到位后进行。首先同步张拉牵引千斤顶,然后助推千斤顶分级加力直至撑脚走板确实产生水平位移。平转起动后,转动体系在同步张拉牵引索牵引下匀速平转。实际操作时设置了反向千斤顶,在沿滑道中心线距终点剩下最后 50~100mm 时,用反向千斤顶顶住撑脚,然后正反两个方向千斤顶协同进行微调,直至轴线达到设计要求,轴线偏差仅为 5mm。

随后安装两边墩墩顶支座、锚固边跨尾端竖向拉杆,恢复边拱支架;收紧两组风缆索;分别焊接上下转盘固结钢管、撑脚走板与滑道钢板及中心转轴上下钢板,焊接上下转盘预埋钢筋并浇筑上下转盘间混凝土。

(4)合龙成拱

拱肋平转到位后,放松主拱风缆索,解除拱脚临时固结,将主拱拱脚转换成铰接后,安装拱顶临时合龙螺栓。通过扣索微调拱顶至设计高程,反复调整主拱肋内力及线形,直至达到理想状态,完成瞬时合龙。按照先下弦管、后腹杆、再上弦管的顺序安装主拱合龙段钢管并进行焊接,完成主拱合龙。拆除撑架、扣索及扣点等,焊接拱脚上下弦管连接钢管,拱脚从铰接状态成为固结状态。按照两岸及上、下游对称和均衡同步的原则,逐步卸除扣索并浇筑拱脚封固混凝土,完成转体施工。

丫髻沙大桥主要施工过程如图5.2-19所示。

图5.2-19 丫髻沙大桥主要施工过程

5.3 钢箱拱桥

5.3.1 应用与特点

如前所述,转体施工法常用于各类单孔拱桥或飞鸟式拱桥的施工,理论上平面转体、竖向转体的等转体施工方法完全适用于钢箱拱桥。同等规模的钢箱拱桥结构自重一般要高于钢管混凝土拱桥灌注混凝土前的空钢管桁架,技术难度和施工费用相对要高,但采用转体法施工,同样可以将高空作业转化为低位作业,可以降低施工风险、加快施工速度以及避免干扰通航等。

钢箱拱桥采用转体法施工,利用地形搭设支架预制装配半拱,在分节段拼装半拱时,其连接构造处理及施工相对于钢管桁架更为复杂,现场施工控制也将面临更高要求。山区桥梁运输条件往往受到限制,钢箱拱肋在工厂制造成较大节段时,运输将会受到限制;若在工厂完成板件制造运输到现场进行节段制造,则难以保证加工制造质量。即使利用两岸地形平转,或者卧拼竖转,变高位拼装为低位拼装,能够降低施工风险,但相对而言,工序较多,跨越山谷或河道时,面临斜拉扣挂法、浮运吊装法、大节段提升法等方法的竞争。

钢箱拱桥若要采用平面转体的施工方法,需要结合两岸地形等条件加以选择。总体来看,有平衡重的方法会因为较大的平衡重而影响其经济性,无平衡重的方法施工复杂,需要合适的地貌等条件。钢箱拱桥采用竖向转体施工法时,可以采用两岸各自完成半跨低位卧拼竖转的方法,还可以采用立拼竖转的方法。先竖直向上分段拼装半拱,特点是施工无须搭设拼装支架或占用水域、航道以及加快工期等。具体施工方案可以结合具体的工程条件,选择将半跨拱进一步划分成更小的单元,通过二次或多次拼装形成完整半拱,再进行竖向转体并合龙。由于拱肋为曲线结构,竖向拼装需要充分考虑拱肋稳定问题,预制拱肋节段的起吊也有较高要求。通常会先行施工完成引桥,然后借助引桥进行拱肋竖向拼装,从而提高施工效率和经济性。拼装成两半拱运输就位后直接竖转的施工方法,需要根据拱肋制造、运输及现场作业条件而定。

钢箱拱桥转体施工尽管在很多工程条件下是可行的方法,但也面临斜拉扣挂悬臂安装法、大节段吊装法等方法的竞争。钢箱拱桥是否采用转体施工方法,关键还是在于施工方案的经济性问题,需要结合桥梁在环境的地质、地形、地貌以及施工运输条件等,与多种安装施工方法充分比较,考虑技术经济合理性择优选用。

除了上述传统的拱桥转体施工方法外,还有一些特殊的转体施工方法。比如,对于系杆拱桥、连续梁拱桥,利用支架法、顶推法等方法完成主梁架设后,在主梁上搭设支架低位卧拼拱肋,然后进行拱肋竖向转体并完成合龙施工。再有系杆拱桥可以在岸上整体拼装成桥,平面滑移后一端支承在设有转盘的桥墩上,另一端支承在浮船上,通过浮船沿圆弧曲线移动就位于永久桥墩上。

5.3.2 竖向转体

在钢箱拱桥的建设中,相对于斜拉扣挂法等施工方法,采用转体施工的方法并不常见,但充分利用环境条件和桥梁总体布置上的特点,仍然可以实现优越的技术经济性。

西班牙跨越阿尔坎塔拉水库的塔霍河大桥(图 5.3-1),是一座主跨 220m 的上承式钢拱桥,施工采用了竖向拼装竖向转体的施工方法。大桥采用分幅布置,拱桥为无铰拱,跨度为

220m，矢高为42.5m，立面布置如图5.3-2所示。主拱为采用横撑连接的钢箱肋拱，上部结构采用跨径26m的连续组合梁，拱上立柱采用钢立柱，岸上立柱与桥墩为钢筋混凝土柱，主梁横截面布置如图5.3-3所示。

图5.3-1 塔霍河大桥

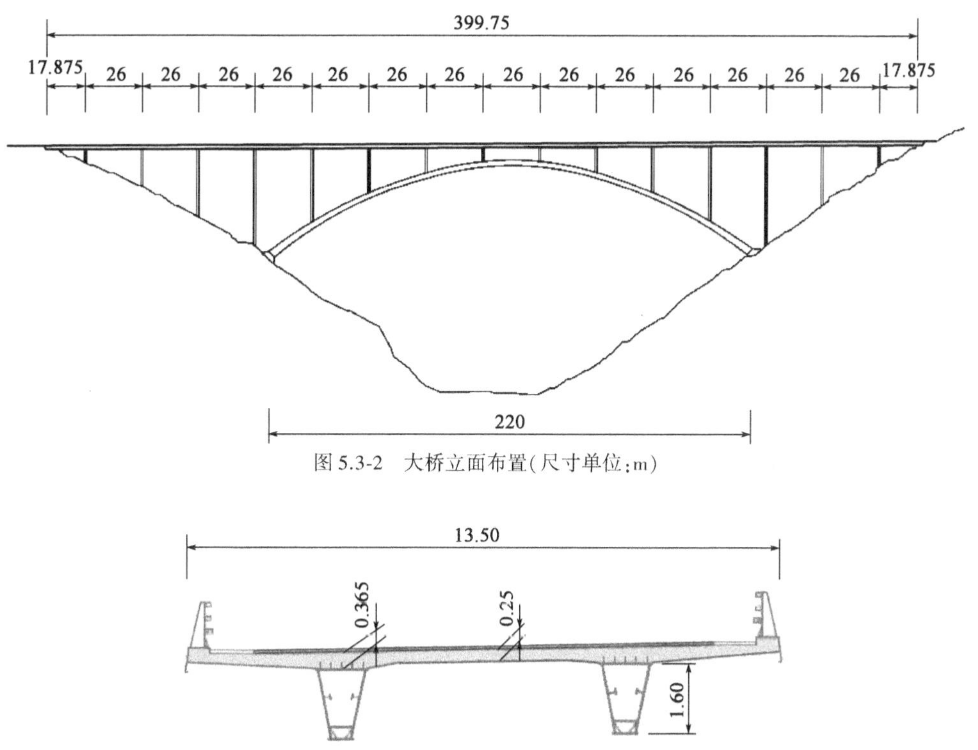

图5.3-2 大桥立面布置(尺寸单位:m)

图5.3-3 拱上主梁横截面(尺寸单位:m)

该桥的施工将拱桥一分为二成两个半拱进行竖向转体施工，每个半拱再一分为二成两个长约60m、重约200t的1/4拱肋节段，采用竖向转体法施工。

拱肋单元拼装完成后，以引桥作为运输通道，先运送下部1/4拱肋节段至交界墩处引桥前沿，利用专门制造的下放起重机及配套设备，下放拱肋节段直至就位。之后，下端完成拱脚临时铰的连接，上端与墩顶临时固定。

施工时拱肋单元滑移向前，前端穿过下放起重机，直至拱肋节段重心接近前沿支承，安装升降吊索，吊索一端连接在拱肋节段重心靠前一定距离位置、另一端安装在下放起重机的液压千斤顶上。继续滑移拱肋节段并协调吊索配合放张，使拱肋逐步由水平卧姿转体为竖立姿态，最终由吊索控制下降就位。

第一个 1/4 拱肋节段就位后，拆除下放起重机，开始运送第二个 1/4 拱肋节段，滑移推送到前端经精确定位后，完成两个节段之间临时铰的连接，采用起重机提升后端使之旋转竖起就位，就位后完成临时铰处的拱肋截面板件焊接。随后安装扣索，进入半拱转体施工节段。

两个半拱竖转下放合龙后，同步进行两岸拱上立柱及桥面系施工，避免拱肋上作用非对称荷载。主拱合龙后，拱肋曾经发生涡振，成桥后沿着拱肋边缘焊接金属导流板解决拱肋涡振问题。

大桥主要施工过程如下：

(1)施工准备，基础、岸上桥墩、拱座基座及基础施工。

(2)施工场地预制上部桥面结构(主梁)。

(3)组合截面主梁整体顶推，直至达到拱跨交界墩处。

(4)拆卸主梁 13m 长的顶推导梁，随后在桥面上进行 1/4 拱肋拼装，拼装完毕后将其滑移至交界墩附近。

(5)将交界墩处拼装好的 1/4 拱肋旋转下放至拱座处，随后在桥面继续拼装下一个 1/4 拱肋节段。

(6)将两次拼装的 1/4 拱肋组装连接(第一次拼装节段已下放至拱脚处)，两者之间采用临时铰连接。

(7)旋转第二部分 1/4 拱肋至半拱指定位置。

(8)旋转整个半拱至竖直位置。

(9)两岸同时旋转下放半拱至合龙位置。

(10)拱肋合龙。

(11)按相同方法施工另一幅桥梁主拱。

(12)另一幅主拱合龙。

(13)、(14)吊装拱上立柱，继续顶推上部桥面结构(主梁)。

(15)桥梁附属设施施工。

塔霍河大桥主要施工过程如图 5.3-4～图 5.3-11 所示。

图 5.3-4　拱肋首节转体下放

图 5.3-5　拱肋第二节就位

图 5.3-6 两半拱待转

图 5.3-7 两半拱转动中

图 5.3-8 拱肋合龙

图 5.3-9 立柱与主梁施工

图 5.3-10 主梁桥面板施工

图 5.3-11 施工完成

5.3.3 平面转体

传统的拱桥转体施工方法已经为工程界所熟知,包括平面转体、竖向转体以及平竖结合转体,经过大量的工程实践,技术上已经十分成熟,对于山区拱桥而言,转体施工应用非常广泛。但是在平原地区以及通航繁忙的河道上,传统的转体施工方法就会受到很多制约,当桥梁所处环境使得其他施工方法都不合时宜时,一些特殊的转体施工方法应运而生。比如系杆拱桥结合具体条件,就发展了多种多样的施工方法,其中一端设置转动支点,另一端设置移动支点进行转体施工的方法,就有不少工程应用。移动支点的一端不仅有使用浮船的实例,也有在陆地上使用行走台车的实例,还有移动端支承在临时托梁上滑移实现转体的实例。图 5.3-12 所示为一座主跨 125m 的高速铁路系杆拱桥转体施工的场景,该桥斜跨高速公路,两端桥墩分别立于高速公路两侧,为了避免施工对公路行车干扰,选择在一侧平行高速路方向拼装完成系杆拱桥,之后利用膺架跨越公路,同时作为系杆拱桥一端的滑道,围绕设于另外一端桥墩的转盘转动,直至转体就位。转体施工方案如图 5.3-13 所示。

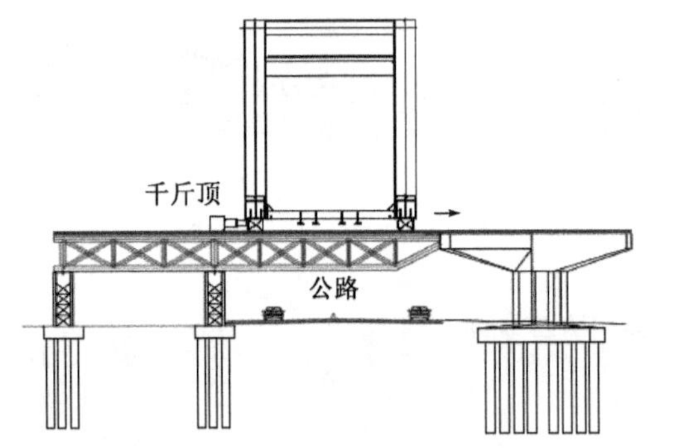

图 5.3-12 系杆拱桥滑移端转体布置

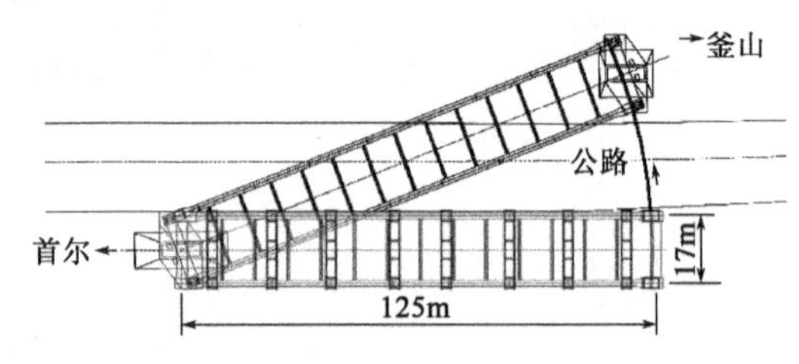

图 5.3-13 转体施工平面布置

这些特殊的转体施工方法,即使表面上显得非常简单,但实际上有许多技术细节值得仔细考量。恰恰是这些适应施工条件变化多样的非常规转体施工技术不可能大量重复,难以走向定型,但对于应对非常规条件下的施工需求具有很好的借鉴意义。以下所要介绍的就是斯洛伐克阿波罗大桥(Apollo Bridge),该系杆拱桥施工时,一端支承在设有临时转动体系的永久桥墩上,另一端支承在浮船上进行平面转动就位。从岸上拼装成桥到安装就位的施工过程中,结构的支承状态由岸上“硬支点”转移到浮船的“软支点”,再从浮船的“软支点”转移到永久桥墩的“硬支点”上,还有其他一些施工细节,都有可供借鉴之处。

阿波罗大桥(图 5.3-14)位于斯洛伐克布拉迪斯拉发,是跨越多瑙河的 5 座桥梁之一,是布拉迪斯拉发最重要的一条交通通道。交通流量、多瑙河水位变化以及很多其他因素共同影响了桥梁结构的功能和安全性。钢结构主桥是一座斜吊杆系杆拱桥(兰格尔体系),主跨为 231m,矢高为 36m。双拱肋采用提篮式布置,拱桥两端桥墩一个在岸上(P11 墩)、另一个在离岸 40m 的水中(P10 墩),拱桥总重 5200t。

图 5.3-14 阿波罗大桥

拱桥的安装采用了特殊的安装方法，其基本的原理是在左侧岸上拼装上部结构，再通过浮船浮托转动到最终位置。一个特殊的转动支承固定在左岸桥墩上，作为桥梁浮托就位期间的旋转中心。这一施工方法能够保持重要的多瑙河国际水道在施工期继续通行。

拱桥在岸上拼装完成后，一端采用驳船支承并实施浮运转动就位，施工过程的主要步骤如图 5.3-15 所示。

图 5.3-15 阿波罗大桥转体施工主要过程

拱桥的施工从拱肋中部开始，主梁固定在中部的临时支撑上，临时支撑承受所有的竖向力。其他支架的布置间距大致在 21～24m，支架上安装滑动不锈钢板和特氟龙层。两台起重机放置在上部结构的一侧。材料运输通道和地下管道的存在使得安装工作变得更加复杂。

拱肋的安装从 2004 年 1 月开始。首先,在已经制造完成的桥面结构上搭建临时支架(图 5.3-16)。临时支架最高达 35m,用于调整拱肋的空间位置。拱肋共被分为 13 个构件,在 7 个月后拼装完成。然后,移除临时支架并安装吊索。

(1)浮运临时结构

浮运过程中,圆形轨道支撑着桥梁。轨道圆心的位置即为 P11 墩处,该处安装了特殊的球面轴承。相邻的支座用滑动轴承代替,滑动轴承在直径为 23.9m 的圆形轨道上滑动。

该轨道由高 2m、宽 1.8m 的箱梁组成。由于极限承载力为 14MN(桥梁重量的 1/4),因此不能重复利用。该轨道仅为此目的而制造。圆形轨道支撑在临时支架上,支架被固定在混凝土基础上,上部安装 4 个 500t 的液压千斤顶。

上部结构在左岸的拼装过程中,活动侧由 790t 的临时墩支撑(对应 P10 墩)。这个复杂的临时墩由钢支架和混凝土墩组成(图 5.3-17)。临时墩的功能可分为两部分,一部分支撑桥梁,另一部分带有两条"滑行轨道",用于桥梁的水平转动。混凝土墩不仅用于支撑一侧支座反力,同时还用于与浮船的连接。

图 5.3-16 左侧岸上拼装

图 5.3-17 P11 墩转动圆形轨道

混凝土墩由 3 个截面尺寸为 2m×2m 的立柱组成,承台尺寸为 13.35m×6.4m×1.5m,下设 66 根长 9m 的微型桩。整个结构刚度很大,可以抵抗水平作用力,如图 5.3-18 所示。

除了岸上拼装用临时墩外,还需要在浮船上设置支墩,并安装桥架。当上部结构组装完成后,桥梁转动侧抬升放置在 4 个滑动轴承上,沿着摩擦轨道滑动。每个滑动轴承安装 4 个液压千斤顶,确保荷载的均匀分布,如图 5.3-19 所示。

图 5.3-18 临时桥墩(对应 P10 墩)

图 5.3-19 滑动轴承

每个滑动轴承的底部覆盖不锈钢,并在具有较低摩擦系数的夹层板上移动。4个带有缆索的液压千斤顶用于拉动和控制上部结构的移动速度,水平总拉力达到2000kN。另外,可以临时将千斤顶的数量增加到6个,提供短时3600kN的拉力。

装配用的桥架是一个水平框架结构,由两片水平的弯曲箱梁(高2250mm、宽1750mm、长54m)构成,并与桁架支撑相连,两片梁之间水平距离为8950mm。摩擦轨道利用已有的箱梁,放置在装配桥架梁的上面。高14.2m、宽44m、长38m的刚性空间结构支撑着整个装配用桥架,浮动的临时结构总重量为2200t,荷载为26200kN,如图5.3-20所示。

图5.3-20 浮船上的支墩与桥架

第二个临时装配结构用于在最后阶段将上部结构转移到P10墩上。P10墩上连接4个临时钢支架,每个支架呈三角形,如图5.3-21所示。支架的上部通过16个直径为36mm的预应力拉杆连接到桥墩上,下部插入到桥墩上预留槽中。当上部结构转向P10墩时,通过200t的液压千斤顶将浮船上的装配结构与桥墩连接。用简单的锁定接头连接两个临时装配结构,8个预应力构件固定。然后,通过滑移轨道和牵引设备将上部结构移动到最终位置。最后,用液压压紧器将上部结构固定在支座上。

图5.3-21 P10墩上的临时装配结构

(2)浮运转体

整个施工过程主要由以下三大步骤组成:左岸上部结构转移到浮船上,浮船漂浮穿越多瑙河,上部结构转移到桥墩上。

浮运的过程如图 5.3-22 所示。整个过程使用了两个装配临时结构。第一个临时装配结构长 55m,支撑在浮船上。第二个临时结构长 27m,放在 4 个托架上(每个托架重 27t)。

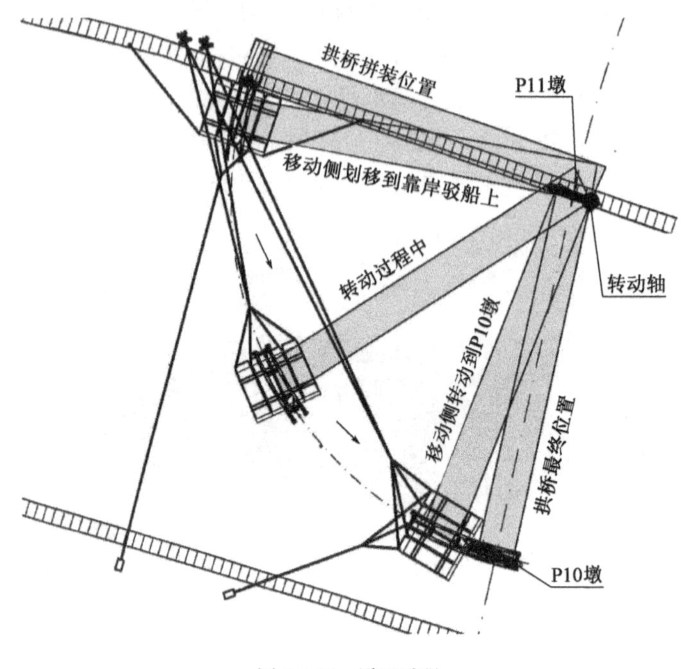

图 5.3-22　浮运过程

步骤 1:上部结构在左岸组装期间,移动侧支撑在临时支架上。当整个上部结构制造完成,将其从支架上抬升,放置在临时装配结构的滑轨上。图 5.3-23 为转移施工方案布置,图 5.3-24 为施工实景。

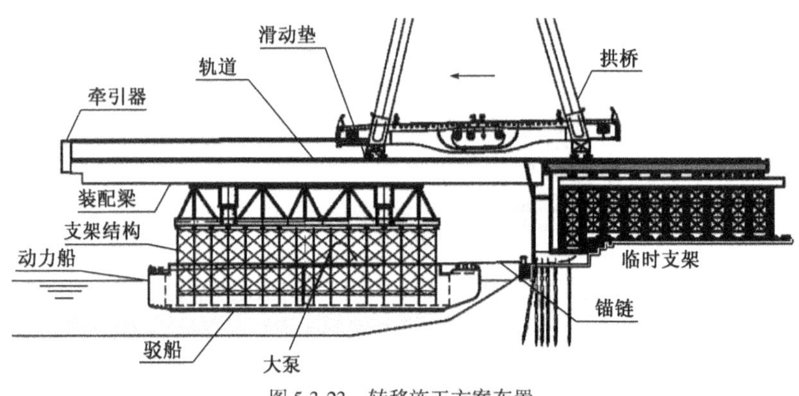

图 5.3-23　转移施工方案布置

转移步长为 300mm,然后测量浮船的偏转并调整浮筒内的水位。

步骤 2:上部结构固定在浮船(图 5.3-25)上,然后浮船与岸上支架断开连接。将上部结构运输到 P10 墩位置时,浮桥的位置由两根缆索直径为 60mm 的制动绞盘制动,绞盘锚固在左岸。由于水流不够强,右岸的水箱回收车辆被用来拉桥。最后阶段,用两艘拖船来微调浮桥位置,以便与桥墩连接。

图 5.3-24 转移施工实景

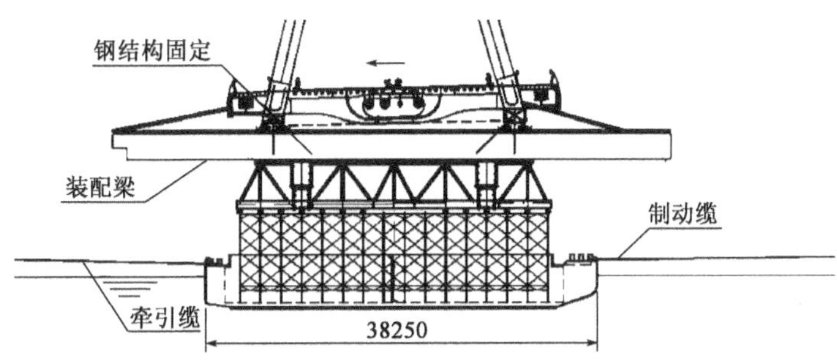

图 5.3-25 浮运穿过多瑙河(尺寸单位:mm)

步骤 3:临时装配桥与桥墩连接后,解除上部结构和浮船的固定,并将桥转移到 P10 墩上,如图 5.3-26 所示。

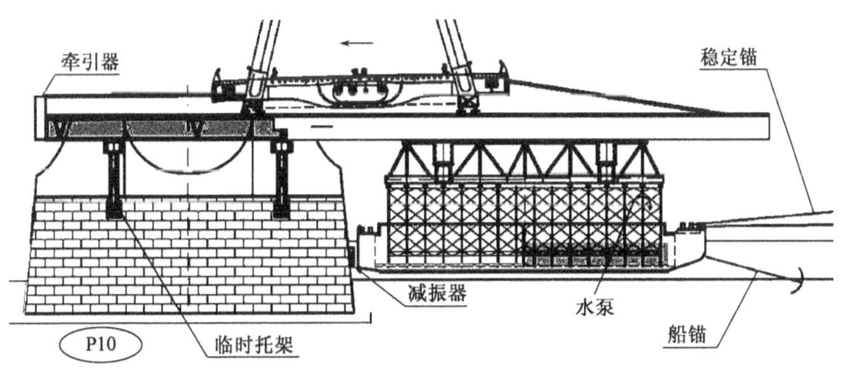

图 5.3-26 移动到最终位置

当桥梁放置在最终位置的千斤顶上时,整个浮运过程结束。结束时,水位开始以 0.2m/h 的速度上升,流速从 0.8m/s 增加到 3.6m/s。因此,必须使用三艘拖船将临时装配浮船托运到码头上。

5.4 混凝土拱桥

5.4.1 应用与特点

转体施工法多用于钢箱拱桥、钢管混凝土拱桥的施工，这些结构形式具有重量较轻、承载能力较大的特点，将主孔的拱圈分为两个半跨分别拼装完成后，相对容易将两半跨拱体转动至桥梁设计位置。混凝土拱桥重量相对较大，结构抗弯能力相对较低，转体法应用于混凝土拱桥时，一般只适用于中小跨度的拱桥。采用转体法施工时，可以节省施工用材、减少安装施工工序。可以将水上或深谷之上的拱肋转移到两岸进行施工，既有利于加快工程速度、提高工程质量，也可以避免干扰通航、降低工程费用等。

混凝土拱桥转体施工法可以分为竖转法和平转法两种方法。

平面转体施工将主拱分为两个半拱，结合两岸地形等条件选择合适的位置，设置预制支架平台，按照顺序完成半拱的预制，两半拱预制完成后，分别在水平面内将其转动至桥位中线，然后合龙成拱。竖向转体施工在条件合适时可以在桥位平面内预制成半拱，然后绕拱脚转动合龙成拱，但这并不适用于跨越深谷或繁忙通航河道的拱桥。混凝土拱桥根据具体情况，可以选择在主拱拱脚处竖向预制成半拱，再绕拱脚转动合龙成拱。半拱的预制方式一般要结合桥位地形、河道、自然环境等条件加以确定。

混凝土拱还可以采用逐段现浇的方法，转体施工方法的选择主要根据拱桥跨度、施工条件及经济性等加以确定。在桥位平面内卧拼竖转施工，一般适用于较为平缓的山谷以及通航与水文条件合适的河道。沿竖向预制半拱竖转施工，施工无须搭设预制支架、占用航道等，一般需要借助于先期施工完成的引桥，进行拱肋竖向逐节段浇筑施工，方便对于拱肋节段姿态控制与调整，也方便施工期间的材料与设备运输，可以提高施工效率和经济性。

5.4.2 竖向转体

钢筋混凝土拱桥采用竖转法并不多见，主要用于小跨度的混凝土拱桥。

德国 Argentobel 大桥(图 5.4-1)主跨为 145m，1987 年建成，是采用竖转施工的最大跨度混凝土拱桥。

主拱分为两个半拱，分别从拱脚向上分节段进行浇筑施工，在完成半拱浇筑后实施竖向转体，其施工过程如图 5.4-2 所示。

日本神源溪谷大桥位于大分县竹田市南部，大野川上游南部地区横跨神原川。桥位处风景优美，屹立着美丽的神源溪谷，考虑到与周边环境协调，采用了一跨过谷的上承式钢筋混凝土拱桥形式。桥梁全长 236m，拱跨为 135m，不对称拱脚布置，两拱脚处矢高分别为 22.5m、34.5m，立面布置如图 5.4-3 所示。

神源溪谷大桥是日本国内采用竖向转体施工的最大跨径混凝土拱桥。竖向转体施工将拱肋在拱顶位置一分为二成两半拱结构，分别在两岸桥台上采用滑模法进行竖向预制，随后以拱脚为铰心，通过扣索调整两个半拱至设计位置合龙。主要施工步骤如图 5.4-4 所示。

图 5.4-1 建成的德国 Argentobel 大桥

图 5.4-2 德国 Argentobel 大桥施工过程

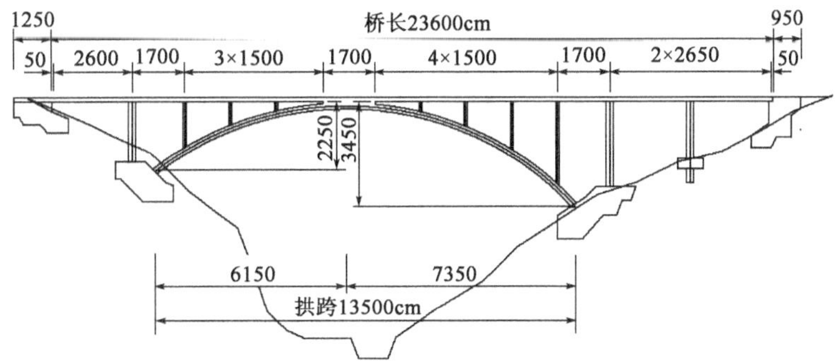

图 5.4-3 神源溪谷大桥总体布置(尺寸单位:cm)

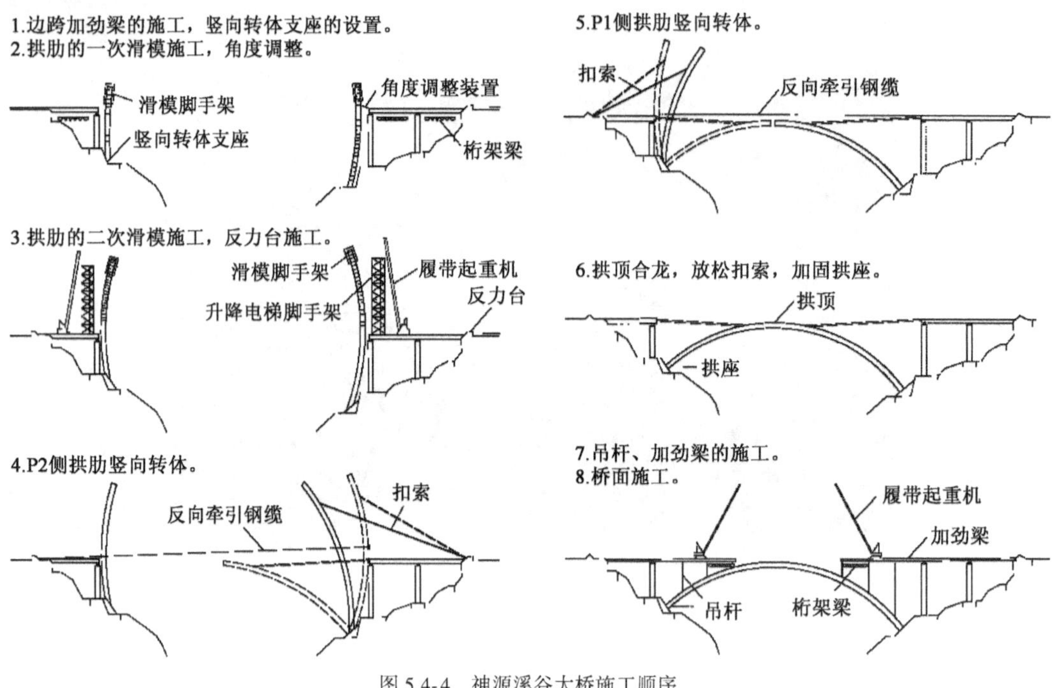

图 5.4-4　神源溪谷大桥施工顺序

5.4.3　平面转体

钢筋混凝土拱桥采用平转法也不多见，主要用于小跨度的混凝土拱桥。

小溪河大桥位于巴东县境内小溪河下游官渡口镇，桥梁全长 218.5m，主桥为净跨 155m 的上承式钢筋混凝土箱形拱桥。主拱圈采用等截面悬链线单箱三室箱形拱，拱轴系数 $m=1.998$，箱宽 7m，箱高 2.7m，净矢跨比为 1/6，净矢高为 25.833m。拱上建筑包括垫梁、立柱、盖梁（系梁）、简支 T 梁。桥面系为 15×11.5m 的现浇简支部分预应力混凝土 T 梁桥，按五孔跨一联；拱上立柱横桥向为 4 根，立柱上盖梁宽 1.6m。主拱圈、拱上 T 梁均采用 C40 混凝土。立面布置如图 5.4-5 所示。

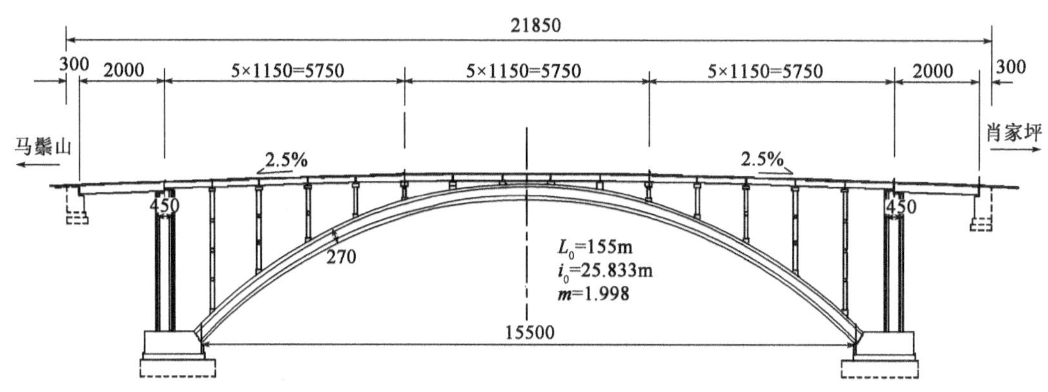

图 5.4-5　立面布置（尺寸单位：cm）

由于受现场地理环境限制，设计采用了转体施工工艺，即在两岸采用支架现浇方式形成半拱，经转体合龙形成拱结构，转体前拱圈为双肋闭口薄壁箱形结构，薄壁厚度为 10cm，转体合龙后再将其腹板、底板及顶板依次加厚至 25cm，最终形成设计断面的主拱圈(图 5.4-6)。该桥半跨转动体系设计重量约为 4760t，其重心基本控制在下转盘磨心圆心处，共 104 根拉杆，总拉力约为 9700kN。

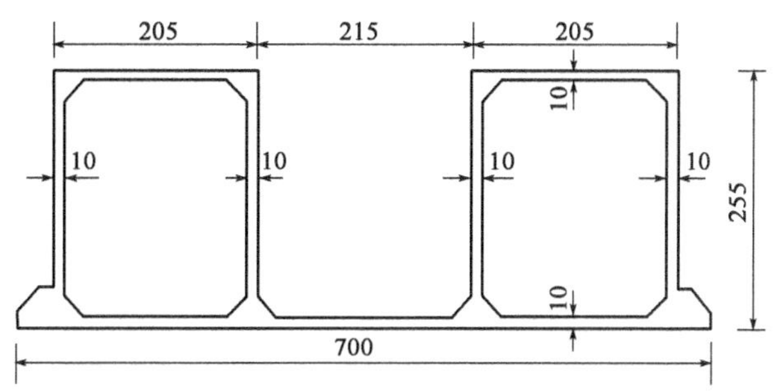

图 5.4-6 转体前主拱横截面(尺寸单位：cm)

大桥主要施工流程如下，施工实景如图 5.4-7 所示。

图 5.4-7 主要施工过程

(1)在小溪河两岸利用地形，开挖出土牛拱胎，搭设支架和模板，在岸边支架上浇筑半跨整体的双肋闭口薄壁箱钢筋混凝土拱圈。

(2)利用磨心、磨盖和上盘,用交界墩背墙的重量平衡拱圈,逐级交替张拉背索、扣索,实现脱架,形成转动体系,实现双肋闭口薄壁箱转体就位。

(3)当两岸转动体系基本到位后即可进行精调中线和高程,临时合龙成拱后,立即连接上、下盘钢筋,浇筑上、下盘间的封盘混凝土,将盘封固,使桥台整体化,然后用片石回填上盘背后超挖的基坑,待封盘混凝土达到设计强度后,进行拱顶钢筋连接,浇筑拱顶接头混凝土,最终实现合龙成拱。

(4)待接头混凝土达到设计强度后且各部位强度足以保证拱上加载时结构稳定后,再分级卸扣,其后按常规施工程序加厚拱箱底板、腹板和顶板并浇筑横隔板,进行拱上建筑及引桥的施工。

第6章 悬臂拼装法

6.1 技术特点

悬臂拼装法是指拱肋自拱脚开始向拱顶进行悬臂拼装架设的施工方法,不借助辅助措施进行悬臂拼装,拱肋将主要承受弯矩作用,因为施工受力状态与成桥受力状态差距巨大而难以实施。实际工程中,多在拱脚设置临时塔架(或借助桥墩),由塔上依次挂设扣索(前索)牵拉拱肋,相应依次挂设锚索(背索)平衡扣索拉力。因此,也称为斜拉扣挂悬臂法、斜拉扣挂悬拼架设法。

拱肋节段的吊装常采用缆索吊装系统,安装时节段单元通过缆索起重机起吊运输就位,从拱脚段向跨中逐段安装,直至跨中合龙。缆索吊装设备特别适用于跨越深峡谷的拱桥安装施工,拱肋节段等运输相对较为方便。在平原地区,特别是深水航运繁忙河道,浮式起重机吊装或支架拼装等方法受到限制或经济性较差时,也采用缆索起重机作为拱桥拼装的运输工具。拱肋安装过程和合龙成拱初期,一般需要设置横向风缆保持结构稳定,在拱肋吊装过程中中心线的调整和控制也可通过横向风缆完成,根据风缆受力大小,可使用单线钢绳,也可选择滑车组。

斜拉扣挂悬拼架设方法,配套采用缆索吊装系统,是钢拱桥常用的施工方法。其中,钢桁拱桥和钢管混凝土拱桥最为常用。对于钢管混凝土拱桥,需要架设的仅为钢管骨架,重量相对较轻,可以适应大跨度拱桥的施工。对于钢桁拱桥,情况与钢管混凝土的钢管骨架类似,从提高工效而言,期望吊装能力允许更大的单元长度。对于实腹式拱肋(钢箱)拱桥,吊装单元节段太小将导致现场连接工作量太大,节段长度加大将对起吊能力提出挑战。

对于大跨度拱桥而言,无论是钢箱拱、钢桁拱,还是钢管混凝土拱,工程中常见的多为双肋拱桥,因此,安装施工过程又有双肋吊装双肋合龙、双肋交错吊装单肋合龙和单肋吊装单肋合龙等方案之分。双肋吊装施工过程横向稳定性好,但吊装重量成倍增加,对吊装设备要求高,实际工程较少采用。单肋吊装单肋合龙方案,虽然吊装重量轻,但施工过程横向稳定问题较大,即使可采用风缆解决横向稳定问题,也因风险较大应用并不多。实际工程应用最多的是双肋交错吊装单肋合龙方案,两根拱肋的节段交错进行吊装,适时安装结构横撑或临时风撑,满足横向稳定之需,双拱肋合龙时先后进行。随着技术的发展,一套缆索起重机系统可以实现横向高效移动来满足两片拱肋的安装之需,这使得双肋交错吊装成为最常用的方法。

拱肋节段长度划分主要根据吊装能力确定,在吊装能力允许范围内,节段长度越大施工相对越简单。当拱桥设有合龙段时,其长度一般根据合龙时结构线形温度变化规律的实际测量结果而定。目前,大跨度拱桥多采用瞬时合龙的方法,钢管混凝土拱桥尤其如此。

为了便于拱肋安装过程和合龙时的线形调整,减少拱肋安装过程各类误差导致过大残余弯矩,可以在拱脚处设置临时铰予以解决,待吊装合龙后再进行固结,使之成为无铰拱。在拱脚处设置临时铰的方法，钢管混凝土拱桥最为常用，钢箱拱和钢桁拱都有应用。大跨度拱桥从结构稳定考虑，可以在悬臂拼装到一定长度后提前对拱脚进行固结，以兼顾线形、内力控制及结构稳定。

拱肋节段悬臂拼装伴随着扣索与锚索的张拉，一般每一吊装节段对应一组扣索。但也并非一定如此，可以根据情况加以确定，比如在拱肋的下段常省略部分斜拉扣挂索。拱肋的合龙是施工的关键工序，合龙之前拱肋处于悬臂状态，结构线形和内力调整相对容易，需要结合结构内力、线形以及温度等监测数据，进行必要的线形和内力调整，选择合适的温度、风速等条件进行合龙施工。主拱合龙后逐级交错对称放松扣索及锚索，使主拱成为双铰拱状态，最终进行拱脚固结施工变主拱为无铰拱。

斜拉扣挂悬臂法广泛用于钢拱桥的施工，包括钢桁拱桥、钢箱拱桥以及钢管混凝土拱桥。既可用于跨越山谷环境的单跨推力拱桥，也可用于跨越平原河道的飞鸟式拱桥以及连续梁拱桥等。例如：美国主跨 518m 的新河谷桥（钢桁拱）、中国上海主跨 550m 的卢浦大桥（钢箱拱）以及中国四川主跨 530m 的合江一桥（钢管混凝土拱）等，这些标志性工程都是采用斜拉扣挂悬臂法架设完成的。我国修建了大量的钢管混凝土拱桥，这其中大量采用斜拉扣挂悬臂拼装架设，代表了我国这一施工方法的发展与技术特点。我国自从 1990 年建成第一座钢管混凝土拱桥，历经近 30 年发展，至今仍保持着高速发展态势，不仅跨度屡创新高，而且应用范围扩大到铁路桥梁领域，已经建成的钢管混凝土拱桥大约 500 座，跨度排在前 10 位的钢管混凝土拱桥见表 6.1-1，其中只有一座采用转体法施工，其余全部采用缆索吊运、斜拉扣挂悬臂法施工。采用悬臂拼装法施工的拱桥跨度超过 400m 的有 4 座，跨度纪录还在不断更新，2020 年通车的平南三桥跨度达到 575m（图 6.1-1），不仅成为最大跨度的钢管混凝土拱桥，也创造了拱桥跨度新的世界纪录。

中国建成的钢管混凝土拱桥一览表（跨径前 10 位） 表 6.1-1

序号	桥　　名	类型	建成年份（年）	跨径（m）	截 面 形 式	施 工 方 法
1	合江长江一桥	中承式	2013	530	四管桁式	缆索吊运、斜拉扣挂
2	合江长江三桥	飞鸟式	2020	507	四管桁式	缆索吊运、斜拉扣挂
3	巫山长江大桥	中承式	2002	460	四管桁式	缆索吊运、斜拉扣挂
4	大小井特大桥	上承式	2018	450	四管桁式	缆索吊运、斜拉扣挂
5	支井河大桥	中承式	2009	430	四管桁式	缆索吊运、斜拉扣挂
6	湘潭莲城大桥	斜拉飞鸟	2007	400	六管桁式	缆索吊运、斜拉扣挂
7	准塑铁路黄河大桥	上承式	2015	380	四管桁式	缆索吊运、斜拉扣挂
8	益阳茅草街大桥	飞鸟式	2005	368	四管桁式	缆索吊运、斜拉扣挂
9	广州丫髻沙大桥	飞鸟式	2000	360	六管桁式	转体施工
10	总溪河特大桥	上承式	2015	360	四管桁式	缆索吊运、斜拉扣挂

1994 年，我国工程界在传统斜拉扣挂法的基础上，开发了钢绞线斜拉扣挂悬拼合龙后松索工法，通过千斤顶收放钢绞线斜拉扣索，实现拱肋安装的高精度控制，施工时拱肋节段逐段扣挂、逐段固结，适合大跨度拱桥的悬拼施工。

图 6.1-1 平南三桥效果图

随着施工工艺的不断完善以及大量的工程实践,斜拉扣挂法悬臂拼装施工方法技术成熟、经济性优越,为我国桥梁建设做出了巨大贡献。

6.2 钢桁拱桥

6.2.1 应用与特点

钢桁拱桥有着悠久的历史,如果从1779年建成的主跨30.48m赛文河铸铁拱桥算起,至今已经有240年。在钢桁拱桥的发展过程中,不仅跨度不断增加,施工方法也不断发展。当今常用的斜拉扣挂悬臂拼装的方法,在19世纪就已经出现,法国工程师古斯塔夫·埃菲尔设计的葡萄牙波尔图跨越杜罗河的玛利亚(Maria Pia)大桥,于1877年建成,主跨160m上承式拱桥采用锻铁新月形双铰铸铁桁式拱(图6.2-1),拱肋节段吊装就位后采用斜拉索扣挂,施工期间两岸各有8根拉索支撑悬臂半拱,在拱肋施工的同时,主梁采用顶推法施工。施工过程如图6.2-2所示。

图 6.2-1 葡萄牙玛利亚大桥

图 6.2-2 施工过程

随后于1885年建成通车的法国加拉比特高架桥(Garabit Viaduct),设计构思和施工方法均与葡萄牙玛利亚大桥类似,主拱跨度为165m,如图6.2-3所示。

20世纪开始,美国成为世界桥梁建设的热点地区,钢桁拱桥也迎来了大发展阶段,施工方法不断走向成熟和完善。1977年建成通车的美国新河谷桥主跨为518m,是当时世界上跨度最大的钢拱桥。新河峡谷大桥拱肋架设采用缆索起重机、斜拉扣挂法悬臂拼装。首先,在岸边

图 6.2-3 法国加拉比特高架桥

拼装了 4 个高 91m 的临时塔架(吊塔),将直径为 76.2mm 的缆索牵引到两岸主塔上。主索非常强大,其重力刚度可以抵抗大风和其他荷载引起的摆动,可使钢结构能运输到峡谷顶面的任何一个地方。施工布置如图 6.2-4 所示。

在架设临时塔架及缆索起重机的同时,为缩短施工时间,开展了填充拱脚基础处的地质空洞、浇筑两个主墩混凝土以及工厂预制钢拱桥构件等工作。

新河峡谷大桥钢构件从工厂运输至峡谷北岸,在此完成构件组拼成拱肋节段并存放,以减小空中作业时间及降低工人在高空作业的危险。缆索系统每个起重机可起吊 100t 重钢节段,同时可横向移动 11m,确保拱肋每个节段均能安装在设计轴线位置。通过缆索起重机将钢结构运输、吊装就位后,采用锚栓临时连接定位,然后再用螺栓永久性连接。拱肋架设过程中,拱肋节段采用扣索临时支撑,扣索一端连接在拱肋节段的悬臂端,另一端则锚固在大桥后方稳定处。大桥施工过程如图 6.2-5 所示。

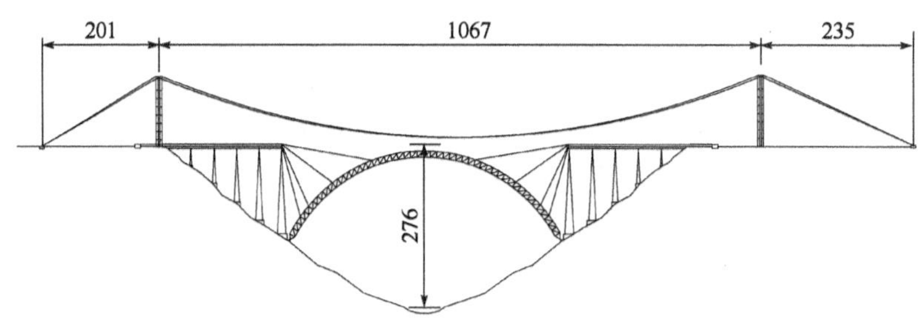

图 6.2-4 主拱施工布置示意(尺寸单位:m)

拱桥施工过程中的合龙段构件安装是难点之一。新河峡谷大桥合龙段安装时,适当抬高两半拱高程,待合龙段构件安装到位后,慢慢降低两侧拱肋高程,直至拱肋与合龙段紧密结合。以往安装钢拱桥经常采用千斤顶顶升法,即当两半拱接近合龙时,将千斤顶设备安装到两半拱间隙中,通过顶升千斤顶使得拱肋应力达到设计值,然后采用钢结构填充空隙并逐步取出千斤顶。新河峡谷大桥是第一座未采用千斤顶顶升法安装拱肋的桥梁,这依赖于钢构件加工制作的精度。主拱拱顶合龙构件安装如图 6.2-6 所示。

主拱合龙后,从跨中向两岸对称施工拱上立柱,最后施工桥面系及桥梁附属结构。

单跨钢桁拱桥多修建在山区,安装施工的运输多采用缆索起重机,缆索起重机的起吊能力与安装单元大小密切相关,桁架结构最小可以拆分成单根构件安装,相应对起吊能力要求较低。要加快工期、提高工效,就必须配备起吊能力高的缆索起重机。

采用缆索起重机作为构件起重设备,采用斜拉扣挂支撑拱肋悬臂拼装,已经成为拱桥架设最为常用的方法。但是结合具体的工程条件、甚至是装备和施工水平,也可以采用不同的方法进行架设,印度正在建造的一座大跨度钢桁拱桥就选用了悬臂桁架法。

图 6.2-5　施工过程

图 6.2-6　主拱合龙

印度的奇纳布大桥全长 1315m，主桥采用主跨 467m 上承式钢桁拱桥（图 6.2-7），桥梁宽度为 13.5m，桥面高度距河面约为 320m。

大桥施工方案采用悬臂桁架法从峡谷两侧向河谷内建造主拱及拱上建筑。

在现场修建了 4 个钢结构加工车间，所有钢材均以板件形式运输至现场，在现场进行制作拼装，可运输的最大节段长度为 12m。现场施工条件十分艰苦简陋，用电为施工现场发电，混凝土拌和用水也是从其他地方运输至现场。

施工主桥时，首先需搭建缆索起重系统，包括两岸塔架、缆索及起吊设备等，缆索起重机最大吊重能力为 40t。首先采用缆索起重机架设拱座处的桁式立柱，接着将钢主梁顶推至该立柱

图 6.2-7　奇纳布大桥效果图

之上,随后在桥面安装 100t 的起重机,利用该起重机将拱肋节段从桥面处吊装至设计位置。随着拱肋悬臂拼装,钢主梁与其保持同步顶推,主梁和钢拱节段最大悬臂长度均为 48m。当拱肋拼装至下一拱上立柱处时,采用临时索连接悬拼拱肋节段,随后进行拱上立柱施工,则主梁可支承在该拱上立柱。临时索斜向布置,下端连接到前一立柱与拱肋交点,上端连接到后一立柱与主梁的交点,如此形成桁架结构受力体系。采用该方法往复循环,直至拱肋、主梁均到达跨中位置,拆除主梁上起重设备,最终拱肋合龙段采用缆索起重机继续吊装架设。大桥主要施工步骤如图 6.2-8 所示。

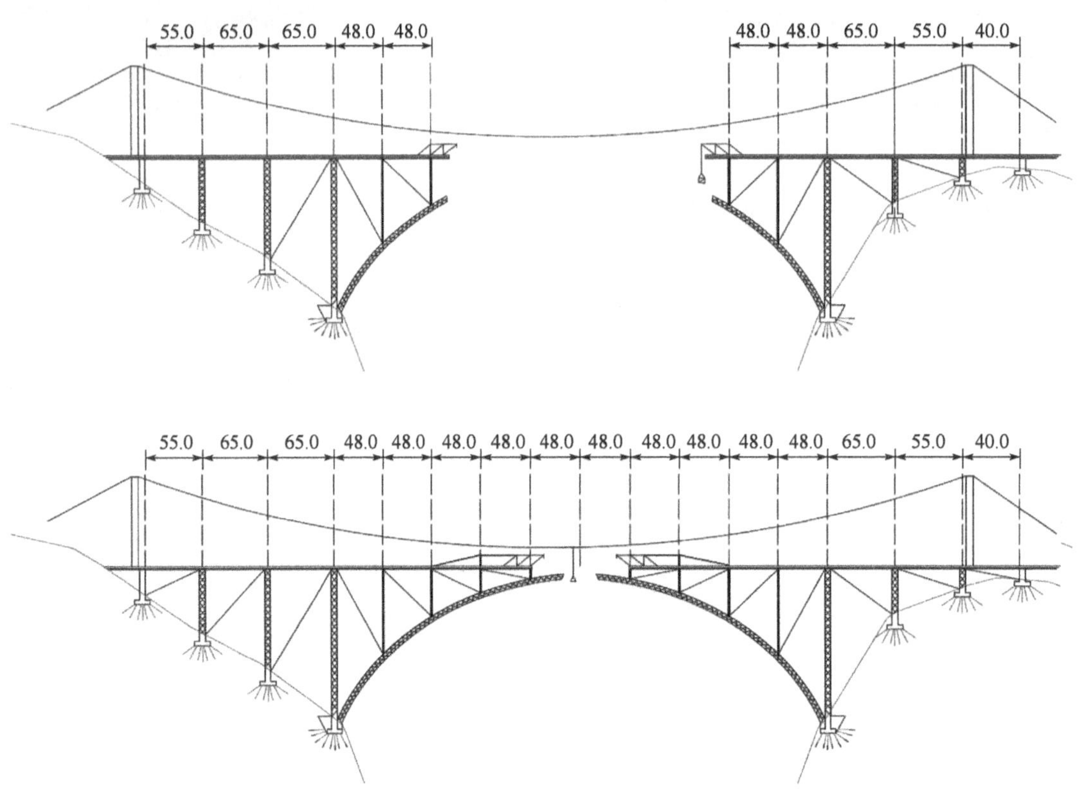

图 6.2-8　大桥施工步骤示意(尺寸单位:m)

当桥梁处于软土地基时,采用连续梁拱桥将成为一种合理的选择,20 世纪中期开始修建了跨度超过 300m 的大跨度钢桁架连续梁拱桥。20 世纪 50 年代末期开始修建、1961 年通车的英国银禧桥(Silver Jubilee Bridge),为主跨 330m 的三跨连续梁拱桥,如图 6.2-9 所示。1959—1962 年建成的巴拿马美洲大桥,为主跨 344m 的钢桁架连续梁拱桥,如图 6.2-10 所示。

图 6.2-9 英国银禧桥

随着中国铁路建设的发展,采用钢桁架的连续梁拱桥得到了大量应用,如 2005 年竣工的万州铁路大桥以及南京大胜关长江大桥等。连续梁拱桥结构形式多样,施工方法也多种多样,结合具体的结构形式和现场条件可以合理选择施工方法。对于典型三跨连续梁拱(桁架拱肋)桥,由于桁架拱肋结构刚度与承载能力大,并不需要对应所有拱肋节点均设置扣索。典型的三跨钢桁架连续梁拱桥立面布置如图 6.2-11 所示,施工时一般先安装边跨桁架梁,然后进行拱肋桁架的悬臂安装。为减小拱圈悬臂受力,通常采用斜拉扣挂措施。拱跨范围的桥面系梁可以在主拱安装时同步安装,也可以待主拱安装完成后再安装。

图 6.2-10 巴拿马美洲大桥

安装施工的一般步骤如下:

(1)在边跨设置临时墩,在主墩墩顶搭设墩旁托架。

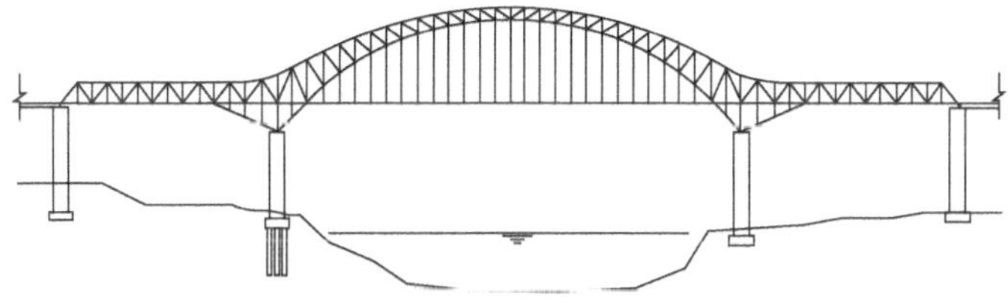

图 6.2-11 立面布置示意

(2)利用浮式起重机进行墩顶钢桁节间及边跨钢桁梁的拼装,根据具体情况,既可以以单根杆件为单元进行安装,也可以先预拼成大节段再进行浮运吊装。

(3)边跨及墩顶节段钢梁安装完毕后,在主墩墩顶钢梁上安装吊索架。

(4)接着从两个主墩处分别进行中跨拱肋桁架的单向悬臂拼装,在拼装拱肋的同时进行吊杆和系梁(如系梁为组合结构,不包含混凝土桥面板)的拼装。

(5)随着中跨钢梁悬臂增加,适时在钢拱肋上安装吊索并牵拉到吊索架上,通过与中跨吊索匹配设置的锚索锚固于边跨梁端。

(6)继续进行拱肋桁架节间安装,匹配安装吊杆和系梁节段,并适时安装吊索以控制拱肋受力与变形,直至中跨合龙。

(7)拆除吊索架及吊索,进行混凝土桥面板施工(仅限组合结构系梁)。

钢梁拼装按照先主桁后桥面系、先平面后立面以及桁架尽快闭合等为原则进行。主要施工步骤如图 6.2-12 所示。

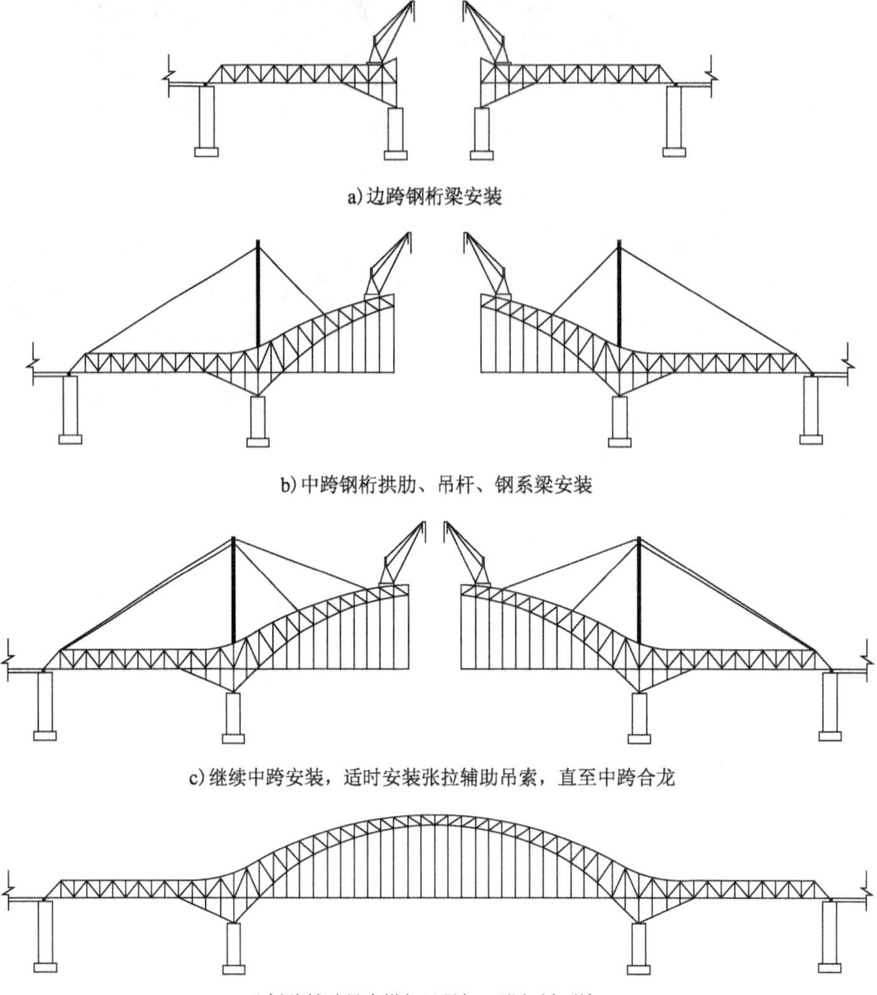

a)边跨钢桁梁安装

b)中跨钢桁拱肋、吊杆、钢系梁安装

c)继续中跨安装,适时安装张拉辅助吊索,直至中跨合龙

d)拆除辅助吊索塔架及吊机,进行桥面施工

图 6.2-12　连续梁拱桥(桁架)安装示意图

武广高铁东平水道桥就是其中的一例,主桥为主跨 242m 的钢桁架连续梁拱结构,采用三片主桁结构,共搭载四线铁路,如图 6.2-13 所示。

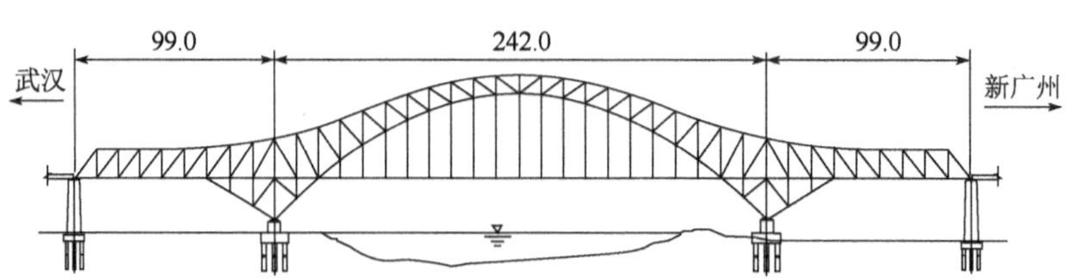

图 6.2-13　大桥立面布置(尺寸单位:m)

采用设置临时墩辅助边跨完成安装后向中跨方向悬臂架设,中跨悬臂架设则利用斜拉扣挂(吊索塔架)。中跨钢梁合龙时,采用边墩顶落钢梁(主墩不起顶)与吊索塔架调索相结合的合龙方法。边跨开始的4个节间由门吊在支架上拼装,然后在钢梁上弦拼装全回转架梁起重机,剩余节间钢梁全部由架梁起重机安装。中跨钢梁悬臂架设至第8节间后,张拉吊索塔架的扣索,之后继续悬臂架设钢梁直至合龙。之所以在拱肋悬臂安装过程中采用数量较少的扣索辅助,其中一个原因在于铁路桥梁成桥后的二期恒载和活荷载较大,在结构所承受的总荷载中恒载所占比重相对公路桥梁较小,因此施工阶段仅有结构自重作用时,结构具有较大的承载余量。

6.2.2 单跨推力拱桥

单跨推力拱桥的钢桁拱肋一般采用缆索吊装系统,安装时拱肋分解为节段单元,通过缆索起重机起吊运输就位,从拱脚段向跨中逐段安装,直至跨中合龙。对于钢桁架拱桥的施工,可以采用单根构件起吊安装方法,也可以采用适当长度的节段单元起吊安装。前者对起吊设备要求较低,但安装效率相对较低;后者对起吊设备要求较高,但安装效率相对也较高。

1)日本空港大桥

日本空港大桥为上承式钢桁拱桥,施工采用斜拉扣挂法、单根构件起吊安装,以下介绍其安装施工情况。

(1)工程概况

空港大桥(图6.2-14)作为广岛临空都市圈的交通主动脉,连接山阳高速公路河内立交及广岛机场和中国横向干线尾道松江线,位于广岛中央飞行路起点侧、跨越沼田川溪谷。其中,上承式钢桁架拱桥主拱跨度为380m,2009竣工时是日本规模第一的拱桥。图6.2-15为主拱合龙前施工场景。

图6.2-14 空港大桥效果图

图6.2-15 拱肋合龙前

该拱桥上部结构最大特点是在内陆架设长大桥,采用日本前所未有规模的缆索吊装斜拉扣挂法施工。另外,架设地点的正下方有JR山阳主线和省高速公路,作为施工过程中的防坠措施,通常在轨道和道路上配备防护设施,但是考虑到该桥防护对象范围长达160m、设备搭建困难、大型坠落物的下落高度达190m且动能极大,有可能穿破防护设备的保护,因此,施工时在桥梁主体下面配备了移动式防护设施。

该桥为上承式钢桁架拱桥,主拱跨度为380m、桥长500m,拱肋采用提篮式、变高度的钢桁结构,主拱矢高为95.0,桥梁宽度为17.5m。桥梁从2004年10月7日开始施工,于2009年3

月 30 日竣工。桥梁总体布置如图 6.2-16 所示。

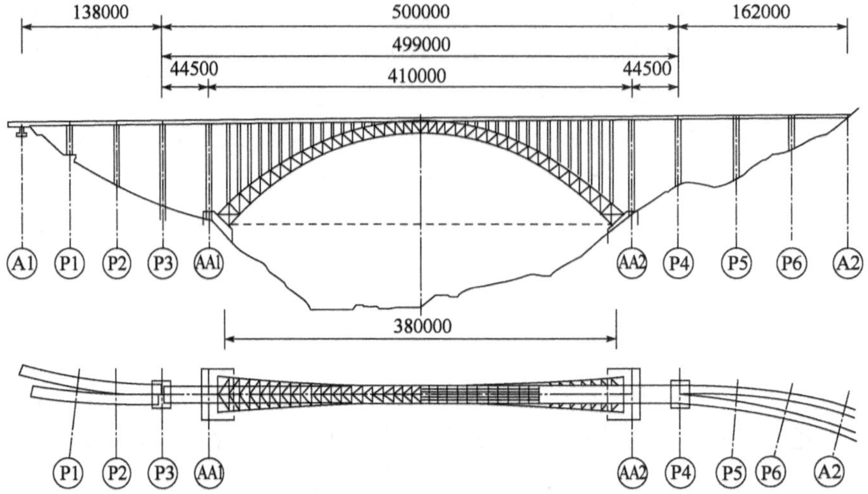

图 6.2-16　总体布置图(尺寸单位:mm)

该桥的施工方法采用的是缆索吊装斜拉扣挂法,为山区拱桥的常规施工方法。但与以往同类工程相比,该工程需要大型施工设备。

(2)缆索起重设备

缆索起重机是施工主要临时设备,缆索跨度基于现状地形等条件,在拱桥边墩 P3 和 P4 墩顶安装临时钢塔,两座临时塔间距为 500m。由于桥梁规模大且拱座上弦杆的单件重量达到 25t,因此吊装能力选择为 30 吨级。缆索布置时考虑到拱为提篮形,在拱座最大弦杆间隔和加劲梁主梁间隔之间,配备 4 个主缆索线系统,在中央配备 1 个 5 吨级辅助缆索系统,共计 5 个系统。各缆索起重机中装有绳索吊架,用于预防缆索跨度过大导致卷扬索和横向索下垂。

由于主拱架设时的卷扬机扬程长达 190m,主缆索的卷扬机绞车为提升架设循环的工作效率,采用德国制带发动机高速液压绞车。由于扬程大,为防止卷扬机钢丝绳出现缠绕现象,卷扬索使用非自转性的钢丝绳。各绞车安装在左岸的狭窄平台上。缆索起重机临时钢塔安装在桥墩上,距离已有的施工平台高度 100m 以上,组装和拆卸时使用塔式起重机。

临时钢塔采用先在桥墩上形成钢框架墩,然后在框架墩上设置钢塔的复杂传力机构。缆索起重设备总体布置如图 6.2-17 所示。

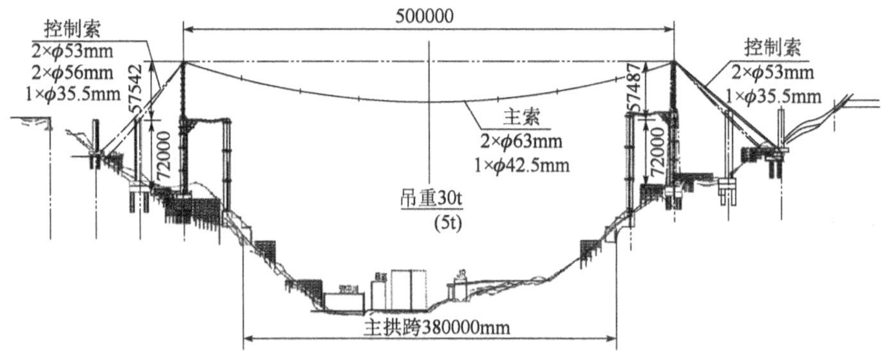

图 6.2-17　缆索起重设备布置示意(尺寸单位:mm)

(3)斜拉扣挂设备

为确保斜拉扣挂设备在主拱安装过程中桥下的交通安全,配备了一套监测系统。拱桥重量达 5500t 的构件使用斜拉扣挂设备吊装,对钢桥而言,作业量无疑非常大,因此斜拉扣挂吊索没有使用一般的钢丝绳,而是采用斜拉桥拉索用的高强度缆索。另外,通常前端只有 1~2 根钢丝绳的斜拉扣挂吊索无法吊装整体式单元节段,决定配备为 7 排的前索和后索,架设时对所有索力随时监测。由于该桥为上承式拱桥,斜拉扣挂设备使用拱座处的混凝土桥墩代替斜拉扣挂临时钢塔,用边墩承台作为后索(背索)锚点。如图 6.2-18 所示,背索的安装角度非常陡峭。因此,背索水平力无法与前索完全平衡,桥墩需要承受墩顶水平力产生的弯矩。

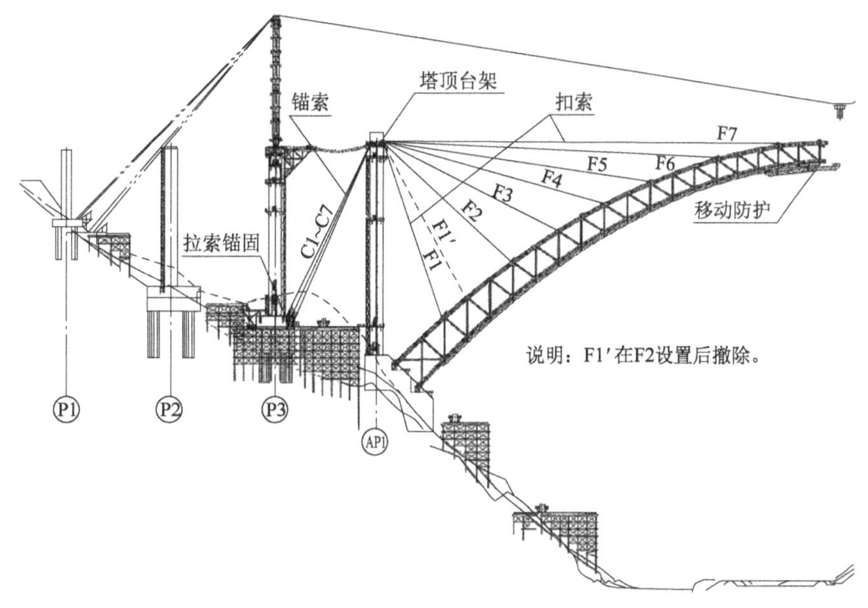

图 6.2-18 斜拉扣挂设备布置(右岸侧)

索力检测中使用液压式测力仪。这是出于现场附近属于雷击频发区,使用电气式应变计易受影响,最坏的情形下功能有可能失效的考虑。液压式测力仪即便由于电气故障而导致压力转换器受到损害,只要更换元件即可修复。拆除计算时,将斜拉扣挂吊索上作用的张力的上限值设为 200t,以尽量避免中途调整斜拉扣挂吊索张力的制约条件。在架设过程中无须调整张力,只需在合龙时进行调整,即可完成拱桥的斜拉扣挂架设。

合龙时的斜拉扣挂吊索张力与倒拆计算中得到的数值基本相同,最大误差在 8%左右。另外,左右两岸悬臂合龙时,上弦杆腹板的相对误差在 20mm 左右。斜拉扣挂施工布置及相关设备分别如图 6.2-18 和图 6.2-19 所示。

为确保斜吊索架设安全系数始终不小于 2.5,背索(锚索)全部使用强度为 500t 的缆索。前索(扣索)使用强度为 500t 和 350t 的两种缆索。强度为 500t 的缆索使用最高级别的预制钢绞线索。前索和背索均为 7 排,每排由每一弦杆 2 根构成,合计(7 排×4 根)×4 处,共计 112 根。

架设过程中的监控管理,除了扣索和锚索张力以外,还有安装平台的桥墩墩底钢筋应力、变形、拱座上弦杆的钢板应力、拱座坐标、风向风速和温度等,以确保设备的安全性。另外,右岸、左岸及现场接通无线 LAN,构建起了无论何时何地均能进行监测的系统。

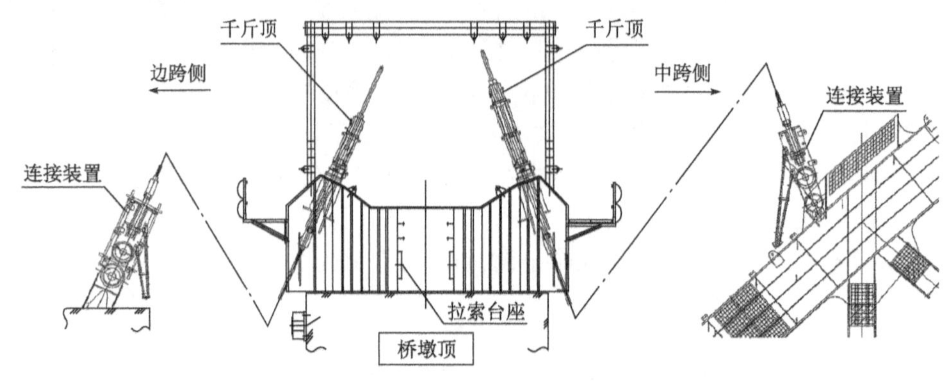

图 6.2-19 斜拉扣挂设备

架设地点的正下方有常规交通 JR 山阳主线、省道 33 号公路通行,配备了移动防护设施。日本国内钢拱桥上部结构施工中,尚无使用移动式防护设施的先例。由于拱桥为提篮形且主要构件间距变化,因此防护设施采用上下分离、中间通过三重防护网连接的结构。

(4)安装施工

安装施工分为 4 个主要阶段。第 1 阶段是架设主要设备,即缆索起重机设备和拱支撑体系的“准备阶段”。接着依次是“拱肋斜拉扣挂架设阶段”“支柱和加劲梁架设阶段”和“临时设备拆除与恢复阶段”。“准备阶段”一年,“拱肋斜吊架设”一年,“支柱和加劲梁架设”一年,“临时设备拆卸与恢复”半年,工程期限共计三年半。

准备作业从 2005 年 8 月开始。首先,组装工程用电力设备及升降设备,接下来组装缆索起重机与拆卸作业用的塔式起重机。选用了较高自立高度、吊装能力强的 700t · m 级塔式起重机,安全高效地完成了组装作业。在组装缆索起重机的临时钢塔之前,均为左右两岸独立作业。领航绳的渡河作业将影响桥下正常交通。JR 上空作业通过“列车信号”实现,在列车通过现场 3min 前到列车通过现场为止的期间中断作业,确保列车的安全通行。在省道上空作业期间,实施时限为 5min 的全面禁行。需要全时段禁止通行的作业,通过调查交通量确认了作业时间段和车辆滞留台数,设定了绕行路线并通过了相关部门审批。

缆索起重机完工后安装斜拉扣挂架台,拱桥支承,完成了准备阶段的作业。

拱肋的斜拉扣挂架设于 2006 年 10 月开始。架设初时弦杆间距达 40m,由于横向联结系变形和主拱提篮式倾斜布置的影响,主体结构定位精度控制困难,由于采用伸入节点板的连接结构,即使打入止漂销钉也会倾斜,导致无法插入螺栓。最终调整了构件的架设顺序完成了架设。

在扣索安装前,所有锚索均先行安装。另外,锚索比扣索提前一个安装节段张拉,使桥墩基础预先产生向岸侧弯矩,避免在吊装挂拉扣索时产生过大的向河侧弯矩。

拱肋由 39 个节间构成,在两岸均架设 3.5 个节间时,安装移动防护设施。循环架设需要的天数为主梁架设 4~5d/节段,斜吊索安装与张拉 4d/段。通过计划和施工调整,拱肋合龙避过台风期完成。施工过程中虽然出现台风接近的状况,但最大瞬间风速在 20m/s 左右,施工未受到直接冲击。

拱肋合龙依据计算得到的线形与索力实施。第7段的前索固定位置距合龙节段相差3个节段，合龙时的形状是在上弦杆上翼缘形成一个“八”字，采用临时连接板方案解决合龙问题。

在拱肋合龙及斜吊索和平台拆除后，支柱和加劲梁的架设于2007年12月开始。由于较高支柱有80m，为防止倾倒，边张拉索边架设，桥面系在平台上组拼横梁和纵梁，并进行架设。支柱和刚性梁的架设循环，以支柱为单位左右交互实施，其间完成了喷涂、拆卸拱脚手架和支柱/刚性梁脚手架，以及撤除移动防护设施。支柱和刚性梁的架设于2008年10月完成。至此，持续两年的主体结构架设顺利完成。

主要施工过程如图6.2-20~图6.2-25所示，拱桥主体结构安装完成后如图6.2-26所示。

图6.2-20 拱脚架设

图6.2-21 斜拉扣挂设备

图6.2-22 移动防护设施安装

图6.2-23 合龙状况

桥梁主体结构架设完成后，开始临时设施拆除作业。使用缆索起重机组装时使用的塔式起重机，拆除缆索起重机的线路，接着拆除临时钢塔、复原斜吊索及缆索起重机组装时施工使用的各种临时设备。至此，工程实施完毕。

钢桁拱肋节段长度划分主要根据吊装能力确定，在吊装能力允许范围内，节段长度越大，施工相对越简单。钢桁拱肋节段拼装随着悬臂延伸，依次张拉扣索与锚索，直至最大悬臂后进行拱肋合龙，过程中必要时需进行拱肋线形和内力调整，主拱合龙后放松扣索及锚索。

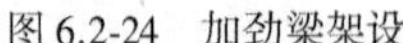

图 6.2-24　加劲梁架设

图 6.2-25　立柱架设

图 6.2-26　拱桥主体结构安装完成

2）秭归长江大桥

我国大跨度钢桁拱桥的发展相对较晚，近年来陆续在山区修建了一些大跨度钢桁拱桥，施工采用国内成熟的斜拉扣挂法，和上述日本的空港大桥不同，国内从设备能力、工程进度等方面考虑，多采用整体节段起吊安装，如 2019 年建成的我国最大跨度的钢桁拱桥——湖北宜昌秭归长江公路大桥（图 6.2-27）。该桥为中承式钢桁架拱桥，拱肋主桁的安装采取节段整体吊装、两岸对称悬拼的方法。大桥两岸地形陡峻，河谷呈相对狭窄的 V 形，大桥立面布置如图 6.2-28 所示。

图 6.2-27　秭归长江大桥

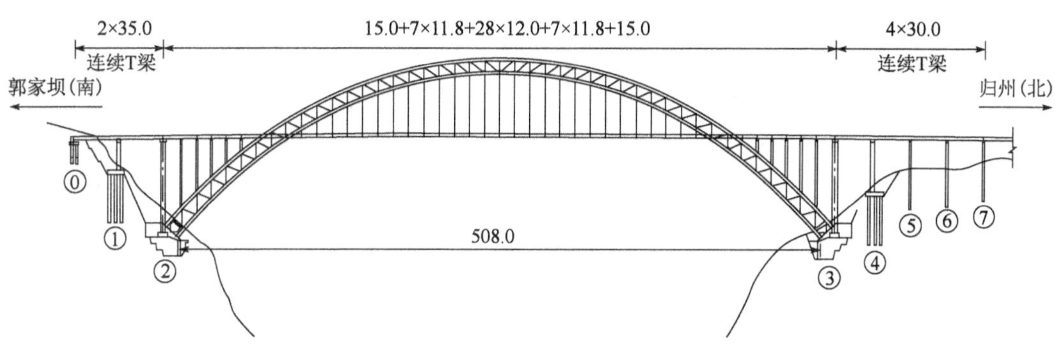

图 6.2-28 大桥立面布置(尺寸单位:m)

拱肋采用空间变截面桁架式结构,主桁下弦杆中心线净跨径为 508m。根据该桥桥位实际情况,施工方法与该桥山区峡谷地形条件相适应,安装便捷、供料方式的选择范围大。主桁上下弦杆、整体节点、腹杆在厂内拼装成整体节段,然后再将整体节段船运至工地吊装拼接。2 个主桁节间组成 1 个整体吊装节段,节段最大吊重约为 270t。每片拱肋主桁共划分为 22 个整体吊装节段(南、北两岸各 11 个整体吊装节段)和 1 个跨中合龙段。南、北岸扣塔设置在引桥 1 号、4 号墩处,并设置永久、临时结合的群桩基础,扣塔顶部设置吊装缆塔。秭归长江大桥施工过程如图 6.2-29 所示。

图 6.2-29 秭归长江大桥施工过程

3) 大宁河大桥

在秭归长江公路大桥之前,我国建成的大宁河大桥为上承式三主桁钢桁拱桥,施工采用斜拉扣挂、节段单元起吊安装的方法，以下介绍其安装施工的详细情况。

(1)工程概况

大宁河大桥(图 6.2-30)地处国家级旅游景区巫山小三峡，是一座上承式拱桥，净跨为 400m，矢跨比为 1/5，立面布置如图 6.2-31 所示。主拱采用三片拱肋钢桁架结构，桁高 10m，相邻两片拱肋间距为 10m。拱肋上下弦杆采用等高箱形截面，高 1.5m、宽 1.0m，采用整体式节点；腹杆、横联及平联均采用工字形焊接杆件。

图 6.2-30　大宁河大桥

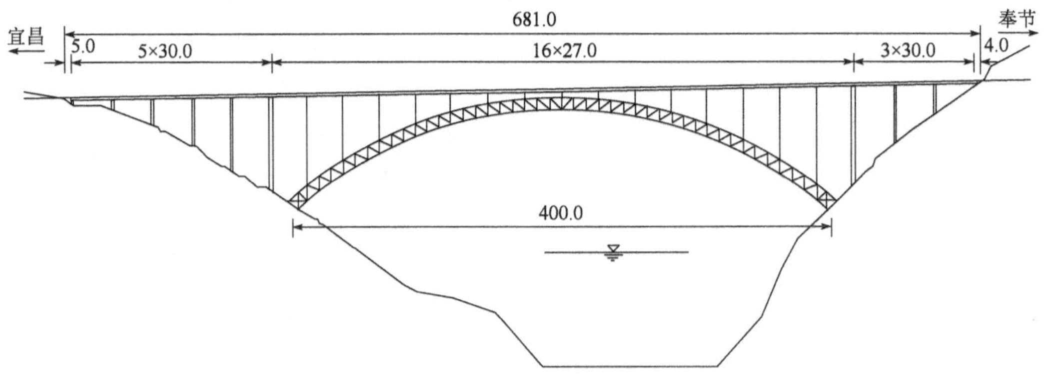

图 6.2-31　大桥立面布置(尺寸单位：m)

主拱安装采用无支架缆索吊装斜拉扣挂法，主拱安装采用一套缆吊系统。两岸设置三柱式门形扣塔和吊塔钢塔架，扣塔由交接墩及其上临时塔架构成，两者临时固结；吊塔下端与扣塔顶部采用铰接方式连接。

(2)缆吊及斜拉扣挂系统

吊装主索系统分为两组，同时主索索鞍可在塔顶横移。拱肋节段安装时，由两组缆索 4 台跑车共同抬吊；拱上立柱和主梁安装时，两组缆索独立工作。吊塔与扣塔合二为一，利用交界墩作为扣塔的基本部分，另设临时塔架予以加高。临时塔架采用万能杆件拼装而成。临时塔架及塔顶缆吊设备如图 6.2-32 所示。

根据现场施工条件，利用 5 号、6 号交界墩及设置于交界墩帽梁上的三柱式门形钢结构塔架作为扣塔。钢塔塔高分别为 33m(5 号墩)和 26m(6 号墩)，上下游塔距中塔柱间距均为 10m。扣塔上设置锚梁和锚箱，用于张拉、扣挂拱肋。

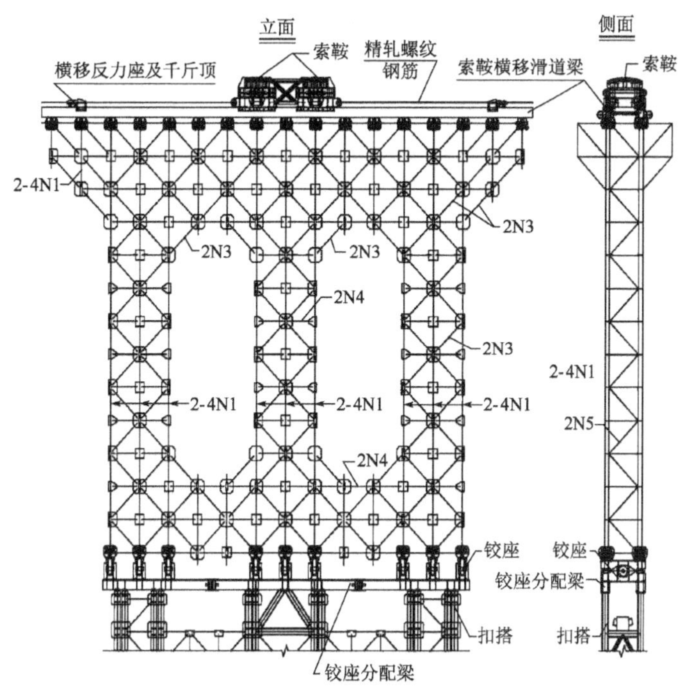

图 6.2-32 临时塔架及塔顶缆吊设备布置

为增强已安装节段的稳定性，在同一位置的三个拱片节段安装完后，需要及时安装拱肋节段间的平联和横联，为此，在吊塔的上下游各布置了一套辅助工作天线，用于起吊平联和横联构件。扣索、锚索采用 ϕ15.24mm 预应力钢绞线，在扣塔上设置张拉端。交接墩上预埋锚箱，扣塔上设置锚梁和锚箱。拱肋安装就位时同时张拉扣索和锚索。拱肋节段安装采用一次扣索张拉法，拱肋节段间用内法兰临时连接，而后用外包钢板焊接成箱形截面。

两侧锚索地锚尽量利用引桥基础结构，锚碇则根据地质情况不同采用重力式锚碇或岩锚，锚碇均增加岩锚锚索以减小锚碇体积。宜昌岸锚碇位置处地质条件较差，采用重力式锚碇，竖向锚索作为主要锚索，斜向锚索作为安全储备。奉节侧锚碇地质条件较好，采用斜向岩锚直接传力，同时设置 6 组竖向锚索作为安全储备。奉节岸扣锚索布置如图 6.2-33 所示。

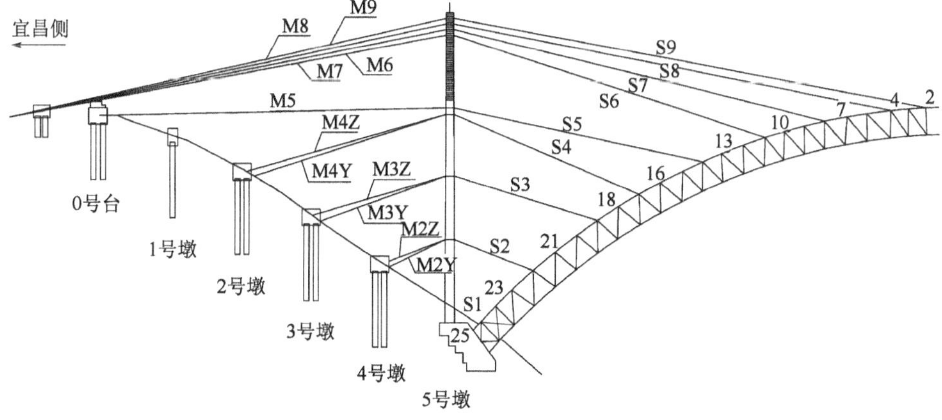

图 6.2-33 奉节岸扣锚索布置(高程单位:m)

两岸扣锚采用两种方式进行拱肋的扣挂施工。宜昌侧的扣索分前扣索和后锚索，在扣塔顶部设置多层对称张拉梁，张拉端均设置在塔顶，直线钢索张拉时受力明确。在塔顶上张拉扣索和锚索，以调整拱肋轴线和高程。奉节侧的扣锚要复杂一些，半跨拱肋设置9组扣索，1号扣索直接锚固在拱座地锚上，2号~5号扣索锚在交界墩上，其对应的锚索锚固在引桥墩承台上。为不影响引桥上部构造施工，将锚索M6~M9及F6~F9布置在桥面以上，在两岸引道路基上设置锚索锚碇。采取扣索与锚索分离的不足之处在于需要两套张拉设备，张拉时间较长。

由于扣索拉力大，在主拱上专门设置了锚座，如图6.2-34所示。

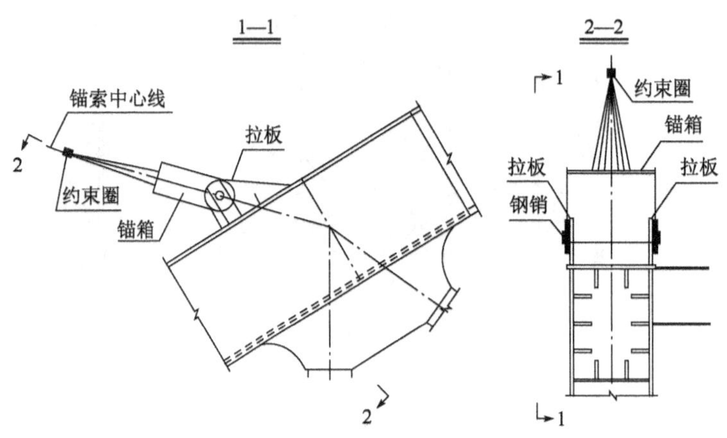

图6.2-34　拱肋上扣点锚座布置示意

(3)主拱安装施工

主拱安装采用无支架缆索吊装斜拉扣挂法，全桥拱肋共划分54个吊装节段，最大节段吊装重量为162t(拱脚段)。主拱安装采用一套缆吊系统逐节段吊装，通过横移主缆适应三片拱肋吊装需要。所有横联、平联杆件均为单个构件方式安装。在两岸拱肋三片拱肋各安装完5个节段后封铰，以增加拱肋安装过程的稳定性。

拱肋节段吊装阶段，每片拱肋节段由主索上的4台跑车共同抬吊，两岸对称同位置拱肋节段安装就位，扣锚稳固后松钩，横移主索至近旁的一片拱肋位置，开始下一片拱肋节段的安装循环，直至完成后续拱肋节段的安装。拱肋合龙后将进入拱上立柱和主梁安装阶段，主索分拆为上、下游两组缆索独立工作。

每片主拱分18个吊装节段和1个合龙段，全桥共54个拱肋节段和3个合龙段。3个拱肋间的上、下平联和横联共340根，平联、横联全部以单个构件为安装单元，并随主拱节段安装进程逐个安装。

施工采用扣索一次张拉法，具有张拉次数少、工艺简单、施工快捷和安全系数高等优点，但对节段线形安装控制要求很高，必须准确计算预测各节段的预抬量，以便松索成拱后满足设计线形要求。大宁河大桥主拱安装过程中未出现反复调索的情况，松索成拱后高程最大误差仅为2.87cm、主拱横向偏位仅为5mm，理论变形和实测变形符合良好。

4)贵州鸭池河特大桥

贵州鸭池河特大桥为成贵铁路跨越鸭池河的一座铁路特大桥梁，全长971m，主桥为主跨436m的中承式拱桥，立面布置如图6.2-35所示。拱肋采用钢桁与混凝土混合的结构形式，拱上立柱采用双柱式钢筋混凝土框架结构，主梁采用单箱三室预应力混凝土梁结构，全宽22m。钢桁拱肋轴线采用悬链线，拱轴系数为3.5，拱肋计算跨径为436m，中心矢高为115m，矢跨比为1/3.8。全桥共两片拱肋，提篮式布置，与铅垂面的夹角均为4.62°。拱顶及拱脚处拱肋中心距分别为15m和33.6m。每片拱肋均由两片中心距为4.2m的钢桁架及其之间的横向联结系组成。上部钢桁拱肋钢结构材质为Q370qE，下部混凝土拱肋外包混凝土采用C60高性能混凝土。混凝土拱肋的劲性骨架上、下弦杆采用H形杆件，钢与混凝土结合部分的上、下弦杆采用箱形截面。全桥共54根吊杆，间距为8m。拱上立柱为钢筋混凝土结构，立柱间的连接系截面均为工字形。

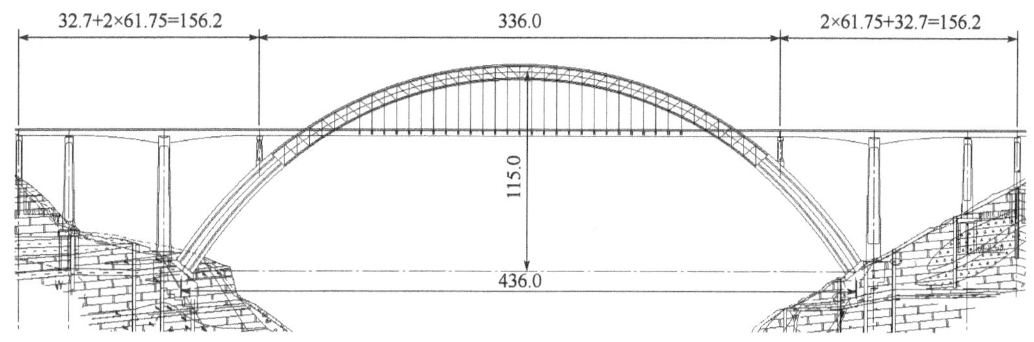

图6.2-35 大桥立面布置(尺寸单位：m)

(1)总体施工方案

鸭池河特大桥所处环境地势险峻，施工临时设施多，施工及线形控制难度大。钢桁架拱肋采用吊重480t、跨度460m的大型缆索起重机，采用斜拉扣挂系统辅助安装拱肋。大桥先进行拱座及基础施工，然后进行钢桁拱肋拼装，待拱肋合龙后再进行拱上混凝土浇筑施工，最后进行主梁混凝土悬臂浇筑施工。鸭池河特大桥主桥总体施工方案如下：

①开挖主拱座基坑后分层浇筑拱座混凝土，采用翻模分节浇筑墩身混凝土。

②主拱肋采用分节段(A0~A28)工厂制造，将单元件运输至岸边预拼场内，在预拼场内组拼成节段。现场利用大型缆索起重机，采用扣挂法悬臂拼装拱肋。

③下部混凝土拱肋的外包混凝土采用"吊挂支架法"施工；上、下弦结合段利用弦杆内横撑下连接钢板(厚16mm)及腹杆钢板形成的半封闭空间作为模板，直接浇筑结合段混凝土。

④拱上立柱采用翻模法现浇施工，盖梁采用支架法现浇。

⑤拱上边跨32m箱梁采用支架现浇施工；拱上吊索段主梁采用吊架悬臂浇筑施工。

⑥调整吊索索力，完成二期恒载铺装工作。

(2)拱脚首节段钢桁架施工

拱肋钢结构采用N形钢桁架，钢桁架的上、下弦采用M36锚栓与拱座及拱脚混凝土锚固。在拱座分层浇筑时进行拱脚定位支架施工，在定位支架上精确测量预埋板位置后安装拱脚预埋板，待复测拱脚预埋板的位置符合设计要求后增加固定装置(确保拱脚混凝土施工时预埋板位置不受影响)。

首节段钢桁拱利用塔式起重机进行散件拼装，杆件散拼顺序为先下后上、先内后外。杆件先进行初步粗定位，再进行精调定位。

利用塔式起重机将首节段吊装至待安装位置，首节段的一端放置在定位支架上的固定位置处，调整塔式起重机的大臂角度，使首节段的另一端对准固定位置，然后放置拱脚首节段，完成初步定位。利用反力座，在首节段周围设置千斤顶。调整千斤顶，使首节段弦杆顶端与下节段连接端的标识点坐标满足规范要求，完成精确定位。

在拱脚首节段钢桁拱线形复测达到设计要求后，抄垫好弦杆和底座，并利用型钢或钢板限位各杆件，浇筑拱脚混凝土，待混凝土达到设计强度后，采用千斤顶和锚栓特制张拉杆逐一张拉锚栓，锚栓张拉后拧紧锚栓螺母，安装锁紧螺母和防水罩。在钢桁拱高程及平面位置满足规范要求后，焊接、栓接钢桁拱，解除定位支架与钢桁拱之间的约束，完成首节段安装施工。拱肋首节段钢桁拱安装如图 6.2-36 所示。

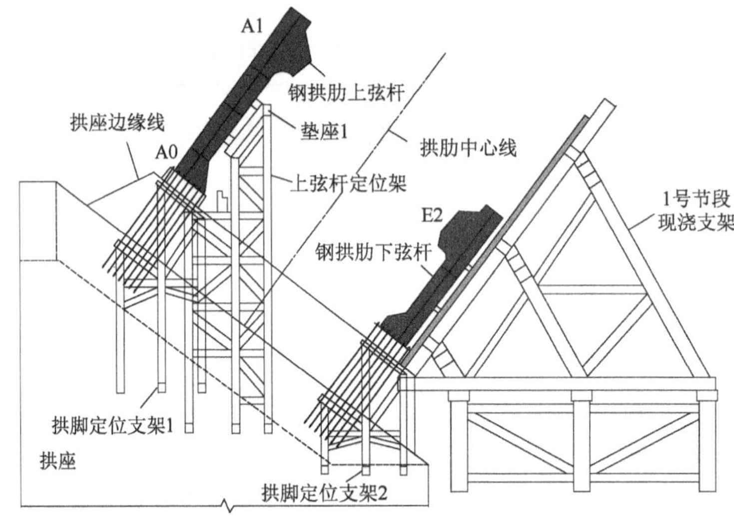

图 6.2-36　拱脚首节段钢桁架施工

(3) 拱肋标准节段(A1～A27)施工

各单元件在弧形胎架上采用“1+1”的方式组拼，2 个节间为 1 个吊装节段，每次拼装 4 个节间，两两节间(第 1 与第 2 节间，第 3 与第 4 节间)在胎架上焊接成型，分 2 个节段进行吊装。各拱肋单元在胎架上定位，经线形检查无误后，先点焊固定，再对称焊接(通过预留变形补偿量及焊接程序控制焊接变形)。在胎架上拼装拱肋节段时，可认为各杆件均处于无应力状态。拱肋节段组拼时，可采用相邻 2 根杆件间夹角与设计制造线形一致的原则控制拱肋线形。根据各杆件的空间几何位置关系，杆件间夹角的控制可转换为其相对高程的控制。计算出各杆件的高程值，通过实测各杆件同一坐标系的高程即可在胎架上完成拱肋节段的组拼。

拱肋标准节段采用吊重 480t、跨度 460m 的大型缆索起重机进行吊装，并利用斜拉扣挂系统进行辅助安装。根据该工程施工特点，在两侧拱座顶面分别设置 1 座扣索塔架(高 140m，塔上设置钢锚梁)。缆索吊缆塔设置在扣塔之上，与扣塔铰接，缆塔高 40m，缆塔与扣塔合一。拱肋标准节段吊装施工步骤如下：

①首先将待架设拱肋节段运输至起吊位置，然后横移缆塔顶鞍座，使缆索起重机主索移至待安装拱肋正上方；利用缆索起重机将拱肋节段纵移到安装位置。通过调整 2 个吊点(设置在拱肋节段上弦的前、后)的拉力，调整拱肋顺桥向空间角度；通过导链调整拱肋横向内倾角，

完成待拼拱肋节段安装角度的调整。

②利用匹配件将待架设拱肋与已安装拱肋节段临时连接,按照设计要求进行线形调整,完成待拼拱肋节段的精确定位施工。

③待线形调整好后,缆索起重机松钩,进行节段间焊缝施工。

④焊缝施工后,挂设并安装扣、锚索,进行扣、锚索张拉。通过控制扣、锚索索力调整拱肋线形,待拱肋线形满足要求后,即完成 1 个拱肋标准节段的施工。拱肋标准节段吊装施工如图 6.2-37所示。

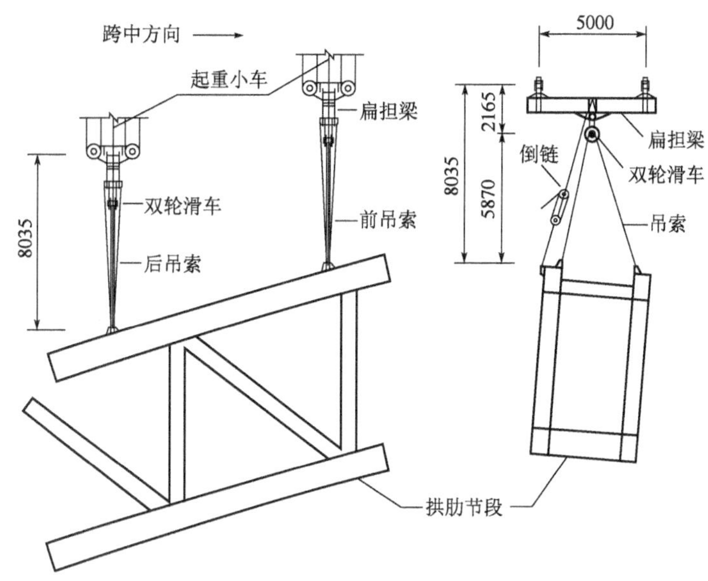

图 6.2-37 拱肋标准节段吊装施工(尺寸单位:mm)

(4)拱肋合龙段施工

拱肋合龙段(A27~A27′)设计长度为 3700mm,考虑到钢拱肋的制造、测量、安装误差及焊接收缩变形等因素的影响,合龙段增加 400mm 的富余长度,作为合龙时的调整余量。

由于在拱肋悬拼过程中,拱脚为固结状态,而在拱肋合龙前,悬臂前端的竖腹杆并非处于竖直状态。因此,该桥采用配切法进行拱肋合龙。拱肋合龙施工主要步骤如下:

①合龙口线形初调。在合龙前实测合龙口状态,根据实测结果,调整扣、锚索索力,使拱肋合龙口两端的相对高差在允许范围以内。

②合龙前的连续观测。拱肋合龙前须进行 48h 连续观测,测量粗调后的合龙口间隙、合龙口两端的相对高差及横向偏位随温度变化的曲线,从而获得拱肋合龙时段内的合龙段长度和合龙口姿态,并以此对已加工的合龙段杆件进行切割修正,精密下料合龙段杆件。

③合龙施工。在气温较低且平稳的 2:00~5:00 进行合龙段施工。利用缆索起重机四点起吊,将拱肋合龙段吊装就位,合龙段就位后进行匹配件的初定位。根据监控指令,通过扣、锚索及千斤顶精调合龙口间隙,最终达到符合设计要求的合龙精度。由于合龙段安装的误差决定着拱肋的最终线形,因此,在合龙过程中,须尽量消除已存在的加工和安装误差,严格按照规定的顺序施工。

(5)拱肋外包混凝土施工

拱肋外包混凝土采用"吊挂支架法"施工,施工顺序为:底板和下倒角→下半侧腹板→上半侧腹板→顶板和上倒角,各节段4个环向间混凝土均间隔1个龄期,每环混凝土纵向再细分成"多工作面"施工。

全桥外包混凝土施工分为A0~A9节段和A9~A28(钢-混凝土结合段)节段两个部分。A0~A9节段外包混凝土施工时,吊篮通过吊挂支撑于上层拱肋的弦杆顶,设置挑梁扁担,在扁担两端设可调节的吊带,在吊带下设施工平台。在吊篮施工平台上进行拱肋外包混凝土施工,混凝土内模采用木模,外模采用钢模。A9~A28节段外包混凝土施工时,利用弦杆内的横撑下连接钢板(厚16mm)及腹杆钢板形成的半封闭空间作为模板直接浇筑混凝土。外包混凝土施工如图6.2-38所示。

拱肋外包混凝土每施工1个节段,即按照要求调整相应节段的扣索索力,以保证拱肋内力状态和线形状态满足要求。

6.2.3 连续梁拱桥

在连续梁拱桥中,钢桁架是常用的结构形式之一,跨度较大或不适合采用支架法施工时,一般采用悬臂拼装的方法进行施工。在主拱悬臂安装过程中,为减小过大悬臂产生的拱肋受力,通常需要采用斜拉扣挂设备。因为钢桁架具有较大的抗弯能力,扣索一般设置较少,在安装过程中也无须频繁调整索力,可以减少调索工序,加快工程进度。

1)南京大胜关长江大桥

京沪高速铁路南京大胜关长江大桥(图6.2-39)主桥为六跨连续钢桁梁拱桥,跨度布置为108m+192m+336m+336m+192m+108m。立面布置如图6.2-40所示。

图6.2-38 外包混凝土施工

图6.2-39 大胜关大桥

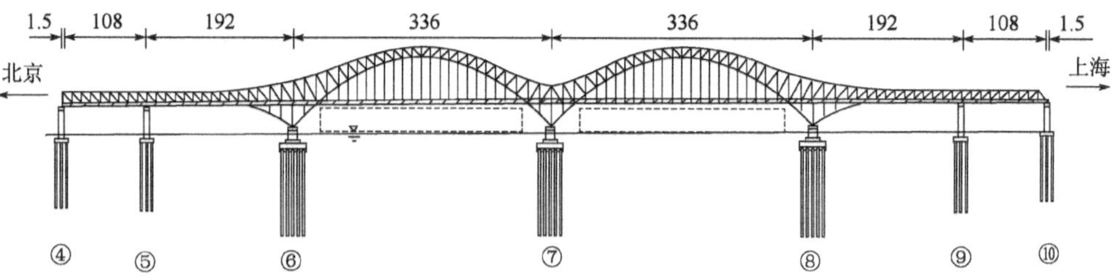

图6.2-40 主桥立面布置(尺寸单位:m)

大胜关大桥主拱钢桁悬臂架设时采用吊索塔架3层斜拉索或平索辅助，控制钢拱应力并调整钢梁合龙口的位移。钢梁架设前将正式支座安装在理论位置上，合龙时通过调索来调整钢梁合龙口位移。

(1)安装方案

六跨连续钢桁拱采用从两侧往跨中架设、跨中合龙的总体方案。北侧从4号墩向6号墩，南侧从10号墩向8号墩方向架设；6号~8号主墩墩顶4个节间在墩旁托架上架设，其余节间钢梁均为双悬臂架设；6号、8号墩各设吊索塔架1座，7号墩设3层平索辅助架梁。六跨连续钢桁拱共设4个合龙口：南北两侧192m边跨各1个，设在该跨的第8节间；两孔336m主跨各1个，均位于跨中。全桥钢梁合龙顺序是先进行两侧192m边跨合龙，之后再进行两孔336m主跨合龙。主要施工步骤如图6.2-41所示。

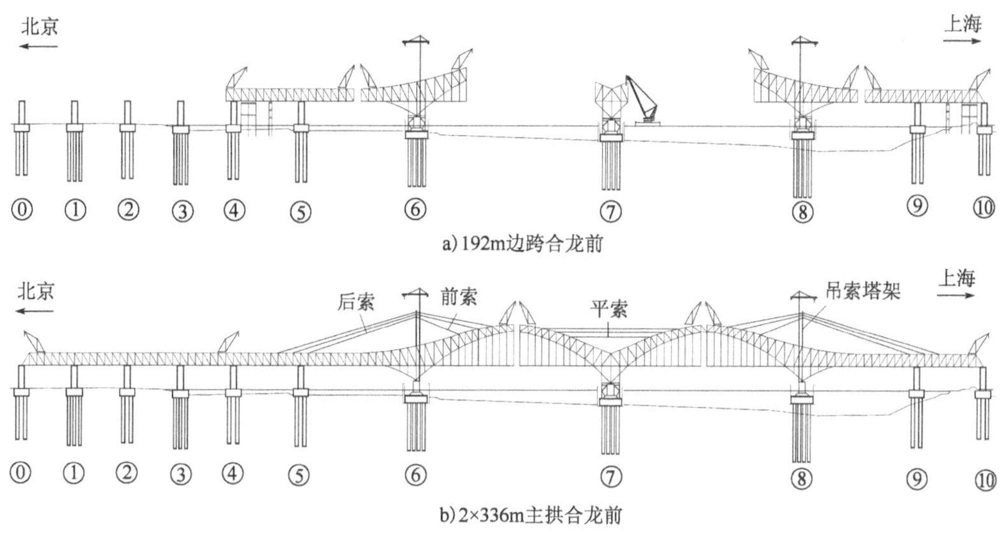

图6.2-41　主桥主要施工步骤

整体桥面板采用分块安装的方案，与主桁同步安装，并完成横向焊缝的焊接。纵向焊缝最多可滞后2个节间焊接；横梁与弦杆、纵肋与纵肋之间的连接高强螺栓最多可滞后2个节间终拧。

6号~8号主墩钢梁均采用双悬臂架设，主墩墩旁托架和钢梁临时固结，6号、8号主墩吊索塔架，7号主墩钢梁临时水平索。

6号~8号墩墩顶4个节间钢梁节间较长、杆件重量大、安装精度要求高。墩顶4个节间是主跨钢梁安装的起始点，其安装精度直接影响主跨钢梁的线形，也直接决定了边跨和中跨的合龙误差。6号~8号墩均采用墩旁托架和钢梁临时固结方案，托架底节为钢管混凝土立柱，支承于承台顶；顶节采用箱形断面杆件和墩顶2个节间钢梁拱脚加劲弦大节点连为一体，在安装阶段共同参与受力。托架顶节和底节之间设置可在三个方向调整其位置的可调式接头，在架设墩顶4个节间钢梁时，可调式接头临时锁定。在架设完墩顶4个节间后，利用可调式接头的竖向、横桥向、纵桥向千斤顶设备对已架设钢梁的高程、中心线等进行调整，使之满足规范要求，之后通过焊接可调式接头使托架顶节和底节固结。

6号、8号墩旁托架立柱最大受压约为18000kN，192m边跨钢梁合龙后，解除可调式接头的固结，拆除6号、8号墩墩旁托架。7号墩立柱最大受压约为25000kN，两孔336m桁拱合龙后，解除可调式接头的固结，拆除托架。7号墩墩旁托架设计时，除钢梁重量外，还考虑了两侧相差1个节间不对称安装以及最不利风荷载产生的倾覆弯矩。墩旁托架布置如图6.2-42所示。

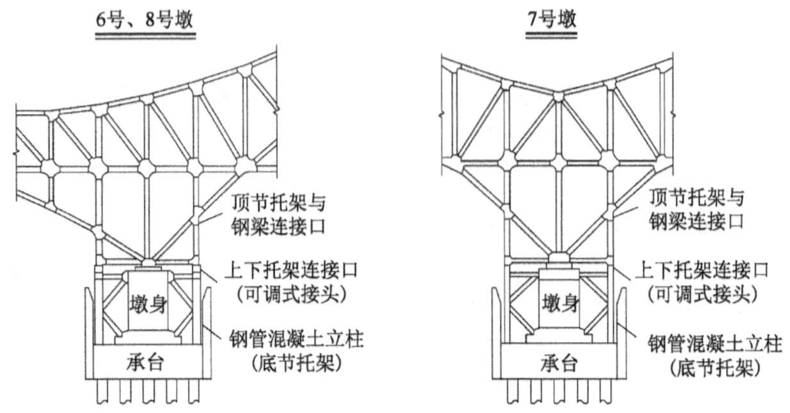

图6.2-42　墩旁托架布置示意

6号、8号墩两侧钢梁架设时各设置1座吊索塔架，以控制主跨钢梁大悬臂架设过程中钢梁杆件应力状态和前端位移，并通过张拉3层前后吊索，使主跨合龙口位移和转角符合设计合龙要求。吊索塔架高70m，3片塔架中心立柱和钢梁3片主桁对应设置；单桁中心立柱受力约为30000kN，每桁设置3层前后吊索。吊索采用高强平行钢丝，外包PE(聚乙烯)保护层。每桁3层吊索自下到上，分别为4根109ϕ7mm、4根127ϕ7mm、4根151ϕ7mm高强度钢丝。塔架立柱底端与钢梁上弦节点预留铰座板铰接，标准节段长8m；192m墩边跨合龙钢梁调整完毕后开始拼装吊索塔架。

7号墩两侧钢梁各悬臂拼装12个节间156m，鉴于两侧钢梁为全对称悬臂安装，取消了吊索塔架，直接采用水平索对拉体系，虽然高强钢丝数量有所增加，但现场安装工程量减少，操作也简单。平索共设置3层，每层由4根151ϕ7mm高强度平行钢丝索组成。

(2)钢桁架安装

4号~6号墩间的钢梁架设，用4号墩处提升站起重机从4号墩开始向5号墩方向在膺架上安装前2个节间(第1个节间靠下游侧的上弦平联暂不安装)，再安装临时连接杆件及3号墩方向1个节间，并在已经架设好的钢梁上拼装1台架梁起重机，之后架梁起重机开始向5号墩方向架梁。4号、5号墩间的钢梁在临时墩上半伸臂安装，架设到达5号墩后全悬臂拼装，直到5号、6号墩间的钢梁合龙口(第8节间)，并与从6号墩方向拼装来的钢梁合龙。

南边跨钢梁的安装从10号墩开始向9号墩方向进行，10号、9号墩间设临时支墩，初始的墩顶2个节间由10号墩提升站起重机吊装架设，之后在已经安装好的钢梁上拼装1台架梁起重机，向9号墩方向半悬臂架设钢梁，10号墩需进行压重。架设到达9号墩后全悬臂拼装，直到9号、8号墩间的钢梁合龙口(第8节间)。

从8(6)号、9(5)号墩分别向192m跨中全悬臂拼装7个节间，跨中(第8节间)合龙。为保持6号、8号墩顶两侧钢梁重量基本平衡，6号、8号墩靠河侧拼装6个节间，靠岸侧拼装7个节间。192m跨钢梁合龙原则是：合龙前，保持6号、8号墩顶钢梁不动，通过顶落梁调整4号、5号(9号、10号)墩上钢梁合龙口位置，达到合龙要求后依次合龙下弦、斜杆和上弦。

6号~8号主墩墩顶4个节间在墩旁托架上架设，正式支座均按设计位置安装。192m边跨合龙后,6号、8号钢梁向7号墩方向纵移约170mm,以便于336m主跨合龙时纵向微调。6号、8号墩各设吊索塔架1座,钢梁悬拼13个节间(168m);7号墩设3层平索,钢梁悬拼12个节间(156m);7号墩两侧第13个节间为主拱合龙口。钢梁系杆与吊杆随本节间桁拱同步架设。

6号、8号墩中跨侧钢梁安装,爬行起重机从第7节间开始,拼装完第8节间后,挂设并张拉第1层吊索;起重机继续向前拼装3个节间后,挂设并张拉第2层吊索;起重机继续向前拼装2个节间后,挂设并张拉第3层吊索。7号墩两侧钢梁拼装完第8节间后,挂设并张拉第1层平索,之后,每拼完2个节间挂设并张拉1层平索,共3层。

两个336m主跨合龙时,通过临时拉索调整合龙口的竖向位移和转角,通过6号、8号墩侧钢梁的纵移来调整合龙口的水平位置。合龙时按照下弦、斜杆和上弦顺序依次进行,先后完成南北主拱合龙后,通过释放索力将系杆合龙口位移调整到位后,依次合龙南北主跨系杆。

南、北主拱合龙后,解除6号、8号墩支座的纵向约束,解除7号墩墩旁托架,准备合龙系杆。6号、8号墩第3层前索力释放8970kN,后索力释放9000kN;7号墩第3层水平索力释放9500kN,此时6号、8号墩顶钢梁将向边跨侧自然纵移,同时配合对顶等强迫合龙措施,使系杆合龙口张开至理论长度,按标准设计杆件安装系杆,完成南、北主跨钢梁系杆合龙。

2)重庆朝天门大桥

重庆朝天门长江大桥(图6.2-43)全长1741m,其中主桥采用三跨钢桁架连续梁拱桥,跨度布置为190m+552m+190m。主桥立面布置如图6.2-44所示。

图6.2-43 朝天门长江大桥

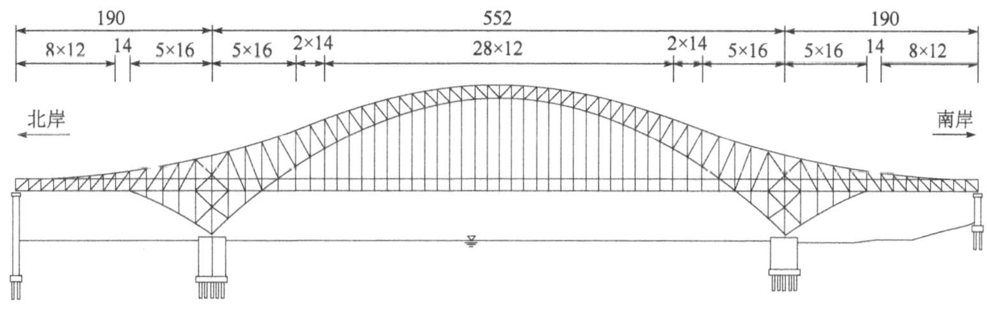

图6.2-44 大桥立面布置(尺寸单位:m)

大桥为双层桥面布置,上层为城市主干道双向六车道以及两侧人行道,下层桥面中间为双线城市轻轨,两侧为宽7m的车行道,主桥横断面如图6.2-45所示。

朝天门长江大桥虽然主跨跨度达到552m,施工仍然是从边跨桁架梁的拼装开始,然后借助于斜拉扣挂系统向跨中方向悬臂拼装主拱桁架,大桥总体施工方案布置如图6.2-46所示,主要施工步骤如下:

(1)钢桁构件按设计无应力长度在工厂加工制造,完成试拼装后,运输至施工现场,将杆件与前端节点板预拼成吊装单元,用拱上爬行架梁起重机安装。

(2)桁拱从两侧边支点向跨中悬臂拼装,为控制结构内力和安装线形,边跨钢桁梁安装时搭设3个临时墩支承,用布置在边墩旁的10000kN·m塔式起重机作为起重设备在膺架上安装1号、2号节间,安装调试拱上爬行架梁起重机,边跨其余节间的构件均用架梁起重机悬臂安装。

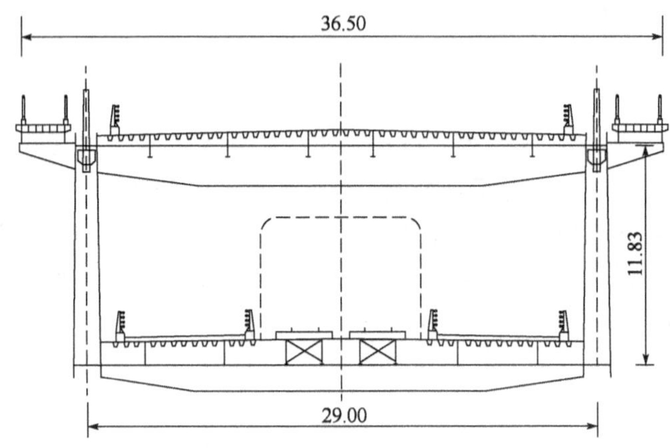

图6.2-45 主桥横断面(尺寸单位:m)

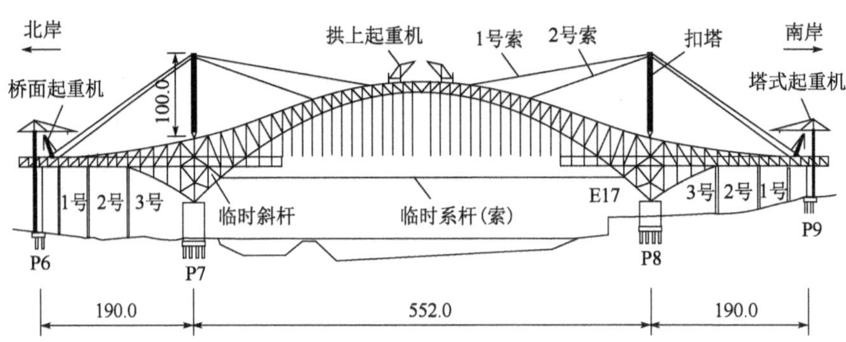

图6.2-46 总体施工方案布置(尺寸单位:m)

(3)中跨钢桁梁分三个阶段安装:第一阶段用架梁起重机悬臂安装7个节间的所有主结构构件,顶升边支点,强制脱空边跨临时墩,形成简支悬臂外伸梁的受力体系;第二阶段用架梁起重机悬臂安装中跨桁拱和吊杆,实现桁拱跨中无应力合龙后,安装临时系杆,形成内部带系杆拱的三跨连续梁受力体系;第三阶段用900t·m桥面起重机安装中跨永久系杆和桥面系梁。

(4)中跨桁架拱悬臂安装过程中在中支座上弦节点处安装扣塔,设两对扣索,控制中跨悬臂安装过程中主结构内力和变形。

(5)借用中跨2个钢系杆节间构件,先安装在边支点外侧,与边跨1号、2号永久节间一起构成压载布置区域,用预制混凝土块压载,平衡悬臂安装倾覆力矩,倾覆稳定系数大于1.3。

(6)桁架拱合龙后,在中跨下弦E17节点处安装临时系杆,形成系杆拱受力体系,安装中跨钢系杆,通过调整临时系杆拉力或者强迫南中支座位移的方式,实现钢系杆跨中无应力合龙。

朝天门长江大桥由于跨度大、桥面宽,导致安装施工悬臂大、结构变形空间效应明显,对钢桁拱的顺利合龙提出了挑战。为此,研究确定利用墩顶布置的千斤顶及其纵、横移装置来对钢梁的纵向、横向位置及高程进行调整,在合龙前尽量做到南岸钢梁不动,仅对江北岸的钢梁进行位移调整,使其主动去迎合南岸钢梁,达到合龙的目的。合龙调整的主要步骤如下:

(1)选择外界气温在20℃左右无阳光偏晒的条件下实测合龙端误差和桁拱梁轴线偏差。

(2)在边支点施加一个横向水平力,让钢梁绕中支点转动,调整轴线偏差。

(3)适当升降P9墩边支点,调整合龙端高差。

(4)利用P8墩水平千斤顶调整合龙端纵向误差,纵向误差调整到体系升温10℃时钢梁伸长量范围以内(70mm)。

(5)用手拉葫芦将合龙端对拉。

钢梁合龙点选择在位于跨中处的北岸第35节间,合龙顺序如图6.2-47所示。当江北岸钢梁悬拼264m,南岸钢梁悬拼276m以后,准备合龙。

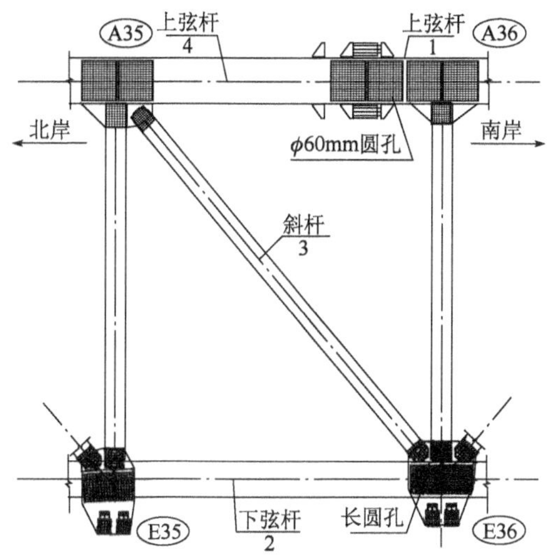

图6.2-47 桁拱跨中合龙顺序

施工时先利用下弦长圆孔和上弦临时铰,利用环境温度变化和在合龙端适当施加外力,实现上下弦杆的快速合龙。解除P8墩活动支座的临时固定后,再合龙其余杆件,施工步骤如下:

(1)吊装下弦杆与北E35节点连接。

(2)吊装斜杆与北A35节点连接。

(3)改变架梁起重机站位,对位下弦节点长圆孔。

(4)等待温度变化,精确对位下弦和斜杆E36节点栓孔。

(5)吊装上弦合龙杆件与北A35节点连接。

(6)安装上弦合龙拉板和张拉千斤顶,改变架梁起重机站位微调高差,千斤顶对拉(张)微调平面误差,安装上弦合龙临时铰。解除P8墩支座临时固定措施,保持支座滑动。

(7)安装平联杆件。

(8)合龙杆件安装时均先打70%的冲钉,上30%的高强度螺栓并拧紧,待所有杆件均安装完成后,再将冲钉置换成高强度螺栓,100%终拧,完成桁拱跨中合龙。

6.3 钢箱拱桥

6.3.1 应用与特点

钢箱拱桥的建造历史虽然不像钢桁拱那样悠久,但也有近百年的历史,早期的钢箱拱桥主要采用临时支架法进行架设,如美国纽约市的亨利·哈德森(Henry Hudson)桥(图 6.3-1),该上承式钢箱拱桥于 1936 年 12 月建成通车。

亨利哈德森桥拱肋施工采用临时支架,从拱脚向跨中进行拼装,合龙前的施工情况如图 6.3-2所示。每个半拱各设置了两座临时支架支撑拱肋,在河道中间范围无临时支撑的拱肋悬臂长度较大,为了控制拱肋悬臂弯矩过大,在拱上设置了临时塔架,前索牵拉拱肋悬臂、背索锚于后部拱肋,可以看作是对部分拱肋采用了国内称为斜拉扣挂的方法。

图 6.3-1 亨利哈德森桥

图 6.3-2 悬臂施工过程

同一时期的钢箱拱多采用支架法进行悬臂架设,1941 年 11 月 1 日正式通车的美国彩虹桥(图 6.3-3),横跨尼亚加拉河,共有 4 条行车线及行人通道,桥梁总长 442m,主拱跨度为 289.5m,采用无铰钢箱肋拱。施工时每片拱肋划分为 23 个节段,每个拱肋节段重 49~75t。所有拱肋节段安装就位后,采用长约 11in[❶] 的合龙段对两岸各 145m 长的半拱结构进行合龙。

21 年后的 1962 年 11 月 1 日,刘易斯顿-昆士顿桥(Lewiston-Queenstown Bridge)正式通车,如图 6.3-4 所示,大桥设计仿效位于上游尼亚加拉瀑布的彩虹桥,跨越尼亚加拉河,全长 488m,主桥为跨度 305m 的钢箱拱,有 5 条潮汐车道。图 6.3-5 为主拱悬臂架设过程中,拱上起重机正在吊装拱肋节段。

1967 年通车的捷克兹达科夫桥,主桥为跨度 330m 的上承式双铰钢箱拱(图 6.3-6)。大桥跨越伏尔塔瓦河,同样是使用临时支架进行悬臂架设。图 6.3-7 为施工过程中的情形。

上述几座桥梁都是跨越河道的桥梁,桥位所在环境地貌相对平缓,在主拱跨间具备设置临时支架的条件。当桥梁跨越深切峡谷无法设置临时支架,或者跨越通航繁忙河道不允许设置临时支架时,只能在拱脚处设置临时支架,采用斜拉索支撑拱肋进行悬臂拼装,也就是采用斜拉扣挂法。

---

❶ 1in=0.0254m,下同。

图 6.3-3 美国彩虹(Rainbow)桥

图 6.3-4 刘易斯顿-昆士顿桥

图 6.3-5 拱肋悬臂拼装

图 6.3-6 捷克兹达科夫桥

图 6.3-7 大桥施工过程

美国冷泉峡谷(Cold Spring Canyon)大桥(图 6.3-8)位于加利福尼亚州,跨越圣巴巴拉北部一个峡谷,采用上承式钢箱拱桥,跨度为 213m,大桥于 1962 年 6 月开始建造,于 1964 年 1 月建成通车。

冷泉峡谷大桥拱肋节段的架设采用缆索起重机起吊运输、斜拉扣挂法悬臂安装,缆塔和吊塔合二为一,利用交界墩作为塔的下半部分,在其上设置临时钢塔架,两岸各设置地锚以便背索锚固。施工布置如图 6.3-9 所示,施工过程如图 6.3-10 所示。

随着技术的发展,利用缆索起重机作为运输工具,采用斜拉扣挂法进行钢箱拱桥安装的工程越来越多,不仅应用在山区峡谷,在平原河道上也可以减少对河道的侵占以及对航运的干扰。

图 6.3-8　冷泉峡谷大桥

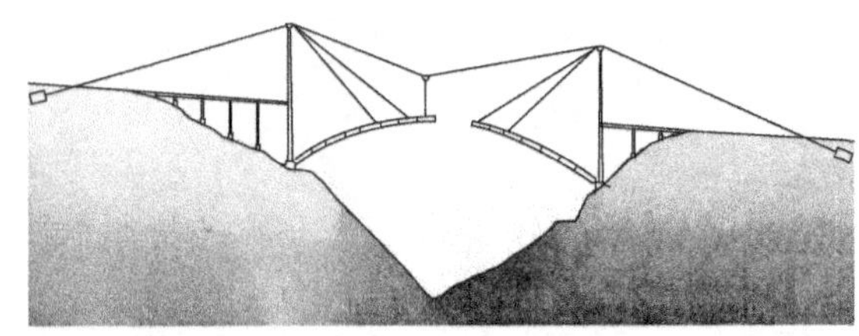

图 6.3-9　大桥施工布置示意

6.3.2　单跨推力拱桥

钢箱拱桥在国内应用相对较少、在国外应用相对较多,采用钢箱结构的中承式推力拱桥多采用斜拉扣挂法悬臂拼装。1990 年建成的美国罗斯福湖桥,为主跨 329m 的中承式钢箱拱桥,罗斯福湖位于亚利桑那州的菲尼克斯城以北。双车道大跨度使罗斯福湖桥显得异常纤细,如图 6.3-11 所示。

图 6.3-10　大桥施工过程

图 6.3-11　罗斯福湖桥

主拱的架设采用斜拉扣挂悬臂法,从两岸向跨中方向悬臂拼装拱肋,最后在跨中拱顶合龙,主要施工步骤如图 6.3-12 所示。

拱肋混凝土基座部分现场浇筑,并考虑临时塔架支承所需。拱肋逐段向跨中悬臂拼装,依靠斜拉扣挂装置进行控制。为了维持施工临时状态下的结构合理受力,两边各有一根拉索随着施工进展而渐次重新定位。在施工条件下,拱座与基础采用铰接约束,这样拱肋上端容易调整校准,实现在中心合龙。当拱肋最终合龙时,拱脚与基础实施固结措施。

罗斯福湖桥这种在施工过程中每半拱只有一根拉索的方法,加上拱脚为铰接,使得结构受力明确,线形控制简单,在施工期间拱肋受力可以满足要求的情况下,施工期间的结构受力与形状控制非常清晰。但是需要随着施工进展不断变化拉索(扣索)的位置,增加了施工工序。总体来看,还是要根据主拱悬臂拼装时主拱的受力情况,合理确定扣索的数量及其在安装过程中的张拉调整方法。

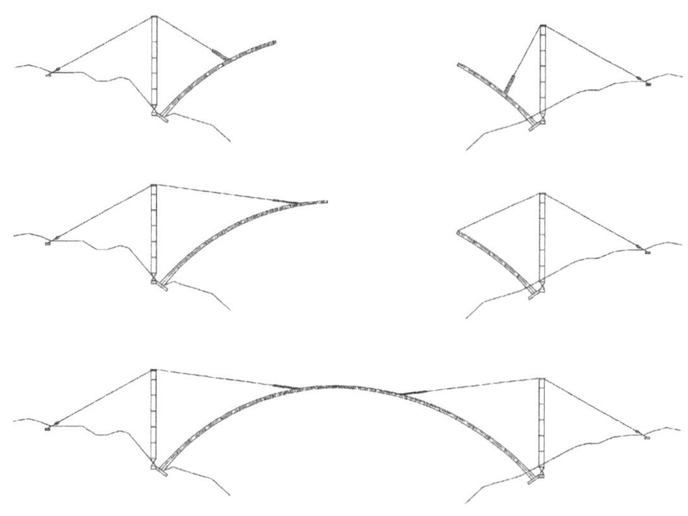

图 6.3-12　主要施工步骤示意

日本熊本天草干线公路天城大桥(图 6.3-13)于2018 年 5 月竣工通车。主拱为跨度 350m 的中承式钢拱桥,总体布置如图 6.3-14 所示。

图 6.3-13　日本天城大桥

大桥车道宽度为 9.5m,主梁宽度为 11.4m,跨径为48.0m+362.0m+53.0m,桥长 463.0m。该桥作为中承式拱桥,两侧边跨采用预应力混凝土 T 形刚构,与钢梁构成混合梁的特殊结构形式。主拱采用缆索吊装斜拉扣挂法,钢加劲梁采用驳船拖曳至正下方吊装法,钢筋混凝土梁采用悬臂浇筑法。

(1)大桥总体架设步骤(图 6.3-15)

步骤 1:下部结构和梁施工。

拱座、锚框架、钢筋混凝土桥墩在临时栈桥上设置起重机进行施工。桥墩施工结束后,再进行预应力混凝土梁施工。

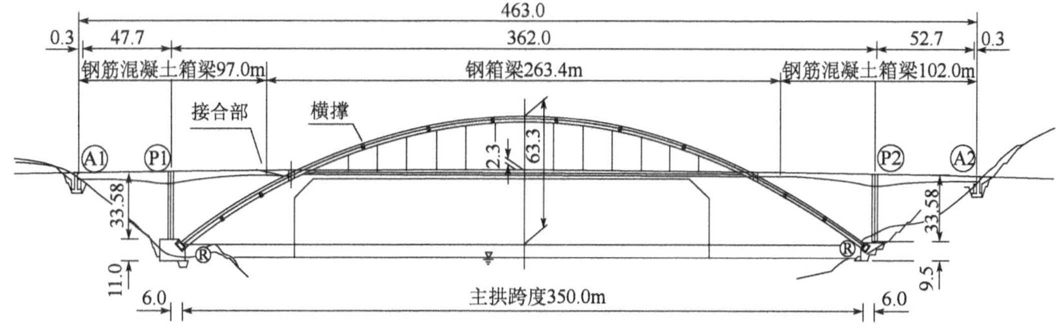

图 6.3-14　立面布置图(尺寸单位:m)

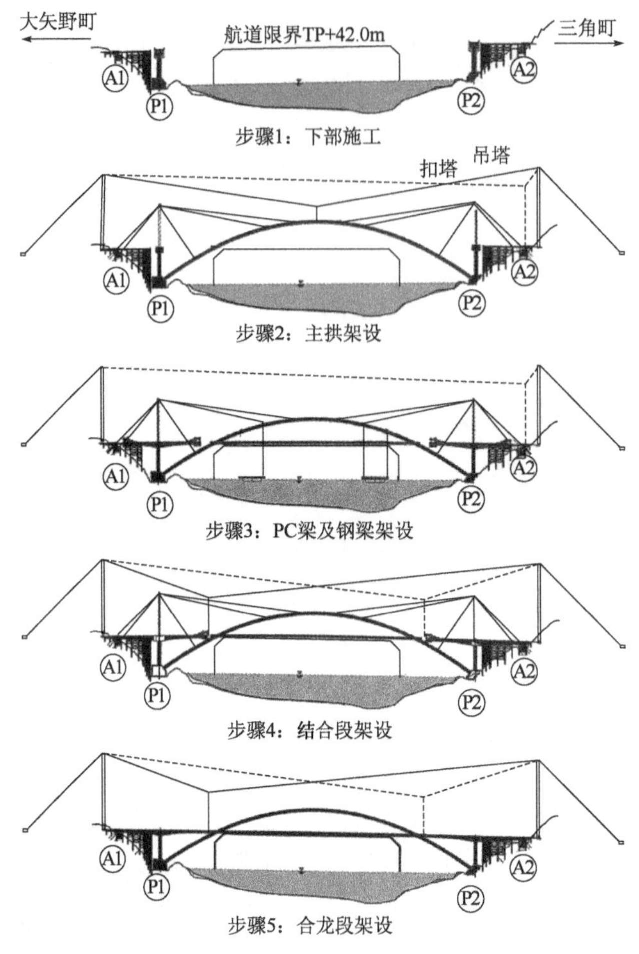

图 6.3-15　总体架设步骤

步骤2：钢拱肋施工。

该桥邻接天门桥和高压电线(高空架线)，现场条件一概不能使用大型起重机进行架设作业，为此采用在拱座上建设临时斜塔、安装缆索起重机，采用缆索吊装斜拉扣挂法进行施工。

步骤3：预应力混凝土梁、钢加劲梁施工。

预应力混凝土梁架设为避免与钢拱肋施工干扰，在钢拱肋合龙后，使用临时栈桥，采用移动挂篮悬臂浇筑施工。

钢加劲梁采用驳船拖曳至正下方采用吊装法进行施工。为减轻航道限制，预先用拖船将工厂地面组装好的大型构件运到拱的正下方，然后通过拱座上设置的双重千斤顶吊起，进行架设。

步骤4：加劲梁结合部施工。

设置在预应力混凝土梁前端的钢构件结合梁，采用缆索起重机运至架设位置后，在移动挂篮上重新浇筑进行施工。

步骤5：合龙部施工。

测量合龙部钢梁和预应力混凝土梁的前端误差，架设实测反映施工误差的调整梁，落下架设最终的合龙梁。

(2)缆索起重设备

该工程需设置缆索起重机,架设拱肋等。缆索起重机示意图如图 6.3-16 所示。

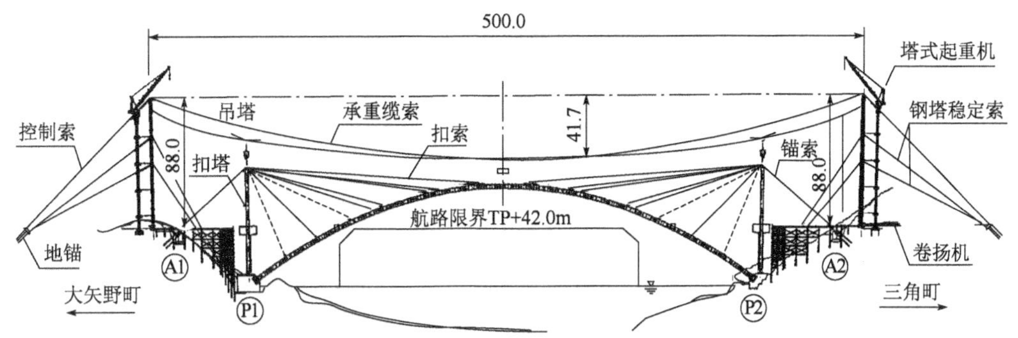

图 6.3-16 缆索起重机示意图(尺寸单位:m)

缆索起重机临时塔的设置位置,从确保作业场地和基础结构的施工性考虑,设置在平坦、地面稳定的桥台背面,跨径为 500m,高 88m。

缆索起重机设备设置为 4 个主起重机(吊装能力 28.5t)系统、1 个副起重机(吊装能力 9.4t)系统,共计 5 个系统。

(3)施工概要

首先是拱座的施工,拱座长 16m、宽 26m、高 12m,如图 6.3-17 所示。

因拱座设置在斜坡上,设置临时栈桥用于施工,分 13 批次浇筑混凝土。由于浇筑时最高有 45m 的垂直下落,需要采取措施保证浇筑混凝土的品质。采用了垂直配管的前端设置防分离装置(内部将设有耐磨钢板的缓冲装置和重新混合装置组合)的“垂直下落浇筑法”。装置外观如图 6.3-18 所示。防分离装置采用耐磨钢板来分担垂直下落的粗集料下落势能,再将分离的材料通过螺旋状重新混合装置进行混合。

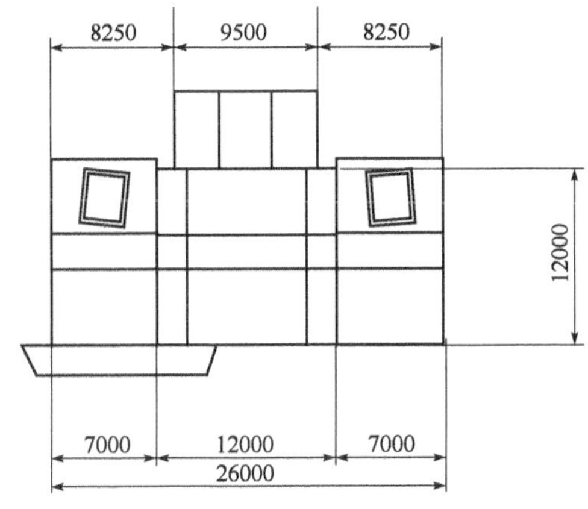

图 6.3-17 拱座(P1)正视图(尺寸单位:mm)

图 6.3-18 防分离装置的外观

为验证浇筑方法的妥当性,在施工前模仿约 20m 的下落高度,实施了两种方法的比较试验施工。表明垂直配管前端设置防分离装置是必要的和可靠的。

拱座混凝土垂直下落浇筑施工如图 6.3-19 所示。

图 6.3-19　拱座混凝土浇筑

拱肋采用缆索吊装法施工。架设步骤如图 6.3-20 所示，架设状况如图 6.3-21～图 6.3-23 所示。

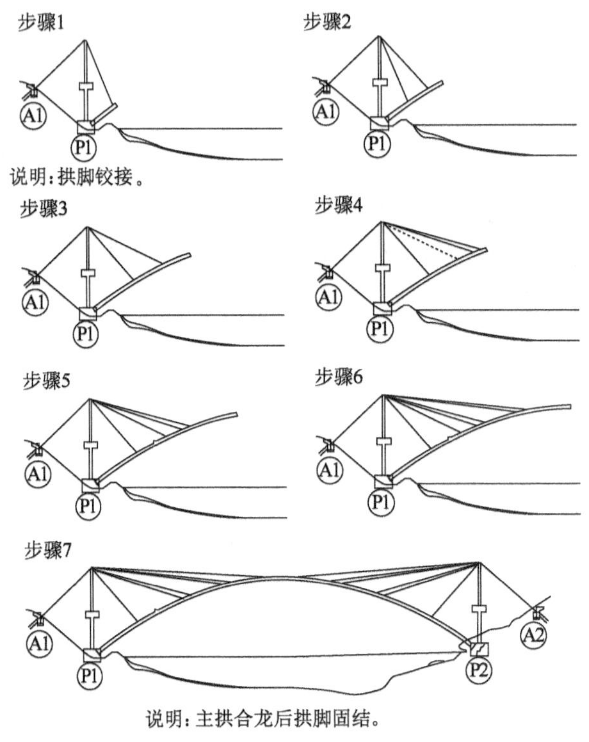

图 6.3-20　拱架设步骤图

架设中使用缆索起重机，拱肋悬臂架设由拱脚向拱顶进行，拱脚与基础临时支撑采用铰接，扣索均从临时塔顶部斜拉拱肋上，并随拱肋悬臂拼装进程适时调配。在主拱合龙时，使用 4 段扣索进行线形调整，以及最终构件的下落架设。主拱合龙后，紧固基础部分的地脚螺栓，将基础部分刚性化。

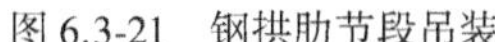

图 6.3-21 钢拱肋节段吊装

图 6.3-22 钢拱肋两半拱悬臂状态

图 6.3-23 钢拱肋合龙段吊装

拱肋间的钢加劲梁采用驳船拖曳至正下方吊装施工。为减少施工对航道限制的天数,将架设预制块分为 5 个部分,然后用拖船运输由工厂制作组装好的各预制块(尺寸约 50m×10m,重 250t 左右)。图 6.3-24 所示为正下方吊装架设预制块的分段。驳船系泊时采用 1 点系泊方式,缩短需要系泊的时间,实现缩短航道限制时间和缩小限制范围。

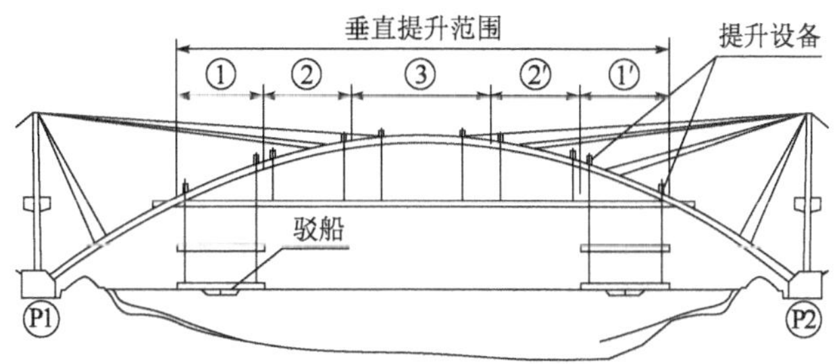

图 6.3-24 正下方吊装架设块划分

在拱肋间设置临时横梁,以设置吊装用千斤顶,作为钢加劲梁的吊装设备。吊装装置如图 6.3-25所示。采用双重千斤顶,大大缩短吊装所需的时间。

大桥跨越航道,边通航边施工,需要研究航行船舶的安全对策。根据施工位置调整可航行的宽度,对每个架设预制块设定航行限制船舶,海事施工航行停泊限制时间设定为 5h,实际作业中可在 3~3.5h 内解除限制。图 6.3-26 和图 6.3-27 所示为施工状况。

预应力混凝土上部结构混凝土浇筑范围如图 6.3-28 所示。

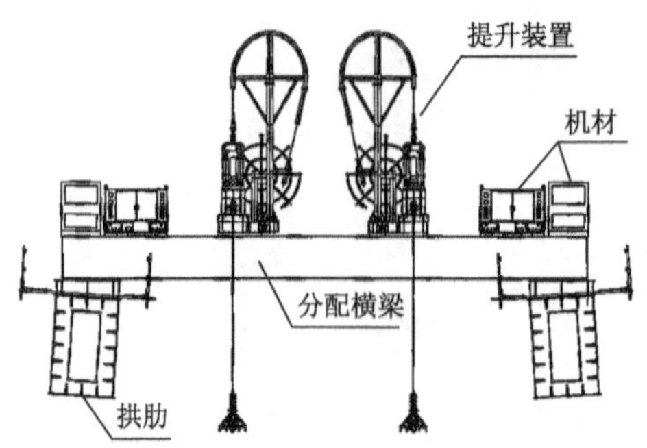

图 6.3-25　吊装设备示意

图 6.3-26　钢加劲梁首节段垂直吊装

图 6.3-27　钢加劲梁中间节段垂直吊装

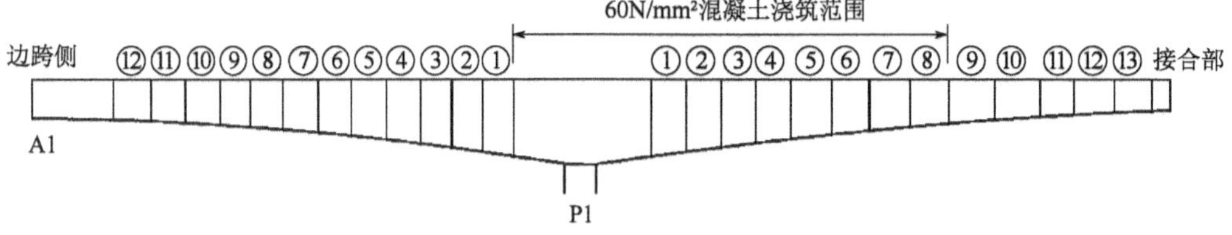

图 6.3-28　混凝土浇筑范围

混凝土浇筑需要临时栈桥上设置泵车进行浇筑。一次浇筑在配比不同的施工段上，首先用 50N/mm^2 的混凝土浇筑到规定位置后，然后再更换泵车，重新浇筑 60N/mm^2 的上层顶板混凝土。施工状况如图 6.3-29 所示。

图 6.3-29　预应力混凝土主梁悬臂浇筑

钢结合段的架设在应力波动较小的侧跨之间合龙后进行。结合段重约 20t，从工厂陆运至施工现场。各箱梁内部配有结合用预应力钢筋及普通钢筋。图 6.3-30 所示为结合梁段。

结合梁架设。采用缆索起重机，将结合梁运至预应力混凝土梁前端的移动作业车上，替换架设在横梁上的吊装装置，并将其临时放置在移动作业车内。再使用吊装装置和杠杆葫芦，对轴向、垂直方向以及高度进行微调并固定。图 6.3-31 所示为结合梁的架设的情况。

图 6.3-30　钢箱梁配筋后的结合梁

图 6.3-31　结合梁段架设

结合梁计划采用高速流动混凝土填充钢箱梁内部和间隙部。混凝土最初设计基准强度为 50N/mm^2,坍落度 60cm,自我填充性 3 级标准,但考虑到配筋密集,变更为自我填充性 1 级。施工前,模仿地板部水平区间和工字梁垂直区间,在大的实物试验体上进行了填充验证试验。图 6.3-32 所示为结合部示意和填充验证试验部位,图 6.3-33 所示为验证试验状况。

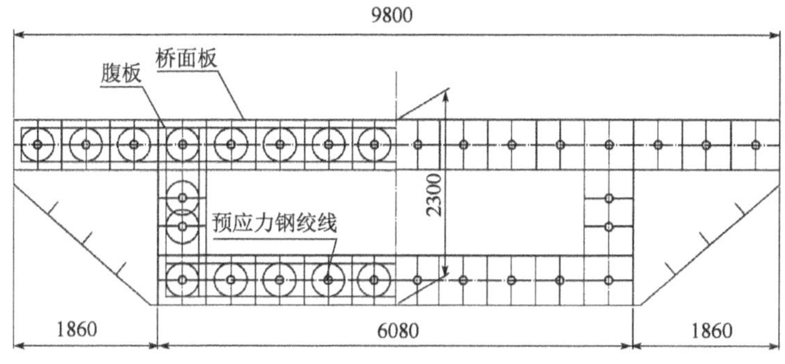

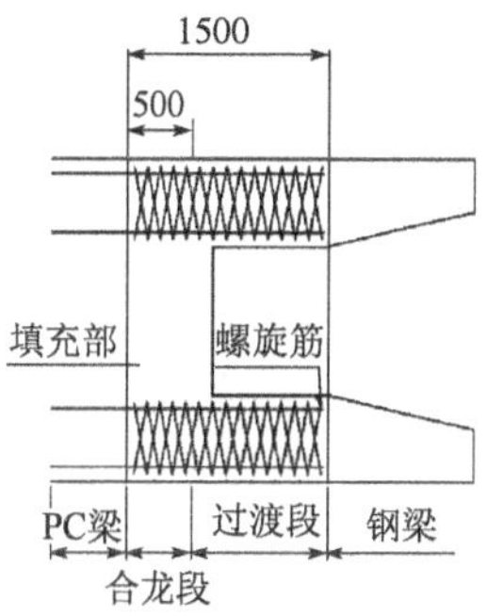

图 6.3-32　结合部示意和填充验证试验部位(尺寸单位:mm)

最初设计为在钢箱梁上面设置开口盖,分批次填充,但实际施工时,根据试验结果,变更为从带有坡度的构件间统一打入混凝土和采用强力真空去除空气残留的填充方法。使用 CCD 照相机拍摄图像来确认填充情况。图 6.3-34 所示为打入高速流动混凝土。

钢箱梁内部填充的高速流动混凝土,为单位水泥量多的富配比,且施工时间到了 8 月暑期,有因水热而发生温度龟裂的危险。因此,需向搅拌车的罐内喷射-196℃的液氮来降低打入混凝土的温度。图 6.3-35 所示为液氮喷射状况。采用液氮喷射可降低高速流动混凝土的打入温度 6~8℃。

钢加劲梁和预应力混凝土梁的合龙部采用缆索起重机架设。合龙部的施工步骤如图 6.3-36所示。

合龙部在钢加劲梁和预应力混凝土梁侧积累了施工误差,因此,作为能实测反映钢加劲梁的结构,在拆下移动作业车后进行测量,然后再进行后加工。另外,为使最终的合龙梁实现下落架设,需将形状处理成倒梯形,以提高施工性。

图 6.3-33　验证试验

图 6.3-34　打入高速流动混凝土

图 6.3-35　喷射液氮

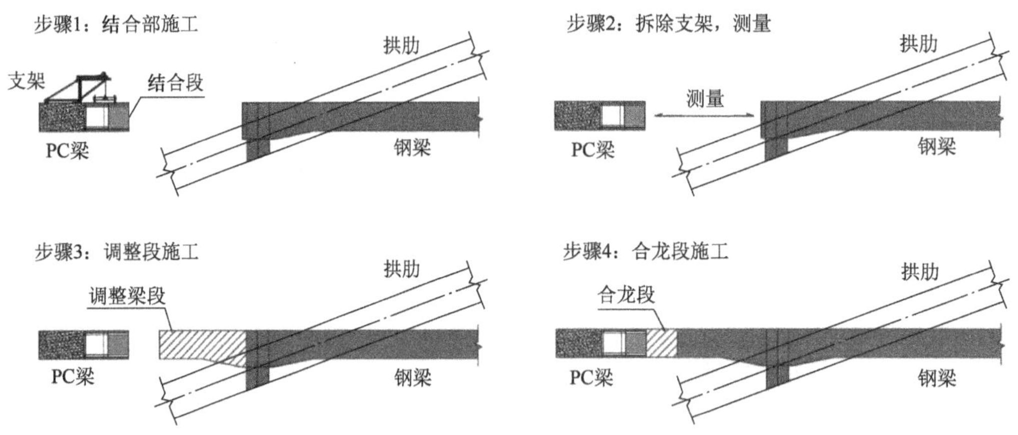

图 6.3-36　钢混凝土合龙部的施工步骤

在架设过程中，因为梁会随着温度变化而变形，因此，如果梁温度上升，则会使构件间隙变窄，造成下落架设困难，应在梁温度低的时间段开始作业。合龙梁的架设状况如图 6.3-37 所示。

6.3.3　飞鸟式拱桥

飞鸟拱由一个主拱和两个半拱组成，一般修建在河道两岸较为平坦的地区以及平原地区，主拱跨越河道，两侧半拱在浅水区或岸上，半拱通常并非为跨越航道所需，一般为通过系杆索实现主拱恒载推力平衡而设置。因此，斜拉扣挂法悬臂架设一般用于主拱跨的安装，两侧半拱通常采用支架法施工。主拱的施工和单孔拱桥并无实质不同，不同之处在于由于边拱的存在，斜拉扣挂系统的背索可以锚固在边跨端，而不是锚固在两侧山体或引桥墩台上。由于飞燕拱的边拱跨度相对较小，通常需要压重或设置竖向锚固，以满足施工时边中跨平衡要求。

1）蓝水二桥

飞鸟式钢箱拱采用斜拉扣挂法施工也有较多的工程实例，图 6.3-38 和图 6.3-39 所示分别为蓝水二桥（Blue Water Bridge）及其施工过程。

图 6.3-37　主梁合龙段安装

图 6.3-38　蓝水二桥

蓝水二桥始建于 1995 年，主跨为 281m。为了和深受喜爱的旧桥景观保持协调，蓝水二桥基本保持跨径不变（主跨稍长 5%，边跨减小 15%），并维持桥面高程相同，桥下通航净空和拱高等参数也均很接近。桥下航道繁忙，因此桥墩均设立于岸上，施工过程中无法利用浮船等水上设备进行施工，最终采用斜拉扣挂悬臂拼装法，临时塔高 48m，设置在主墩处梁面上。边跨设置临时支墩，以便完成边跨的安装。主跨梁拱从两岸同时对称悬臂安装，最终在河中央合龙。

2）重庆菜园坝长江大桥

重庆菜园坝长江大桥主桥采用主跨 420m 的飞鸟式拱桥（图 6.3-40），主梁采用钢桁梁，梁面以下拱肋采用混凝土结构，鉴于钢桁梁较大的刚度，梁面以下拱肋无立柱支承主梁，边拱简化为直线型构件。拱肋采用提篮式布置，桥面以上为钢箱结构。边跨系杆和中跨系杆分开设置，主动控制刚构和主拱内力。大桥立面布置如图 6.3-41 所示。

图 6.3-39　施工过程

图 6.3-40　菜园坝长江大桥

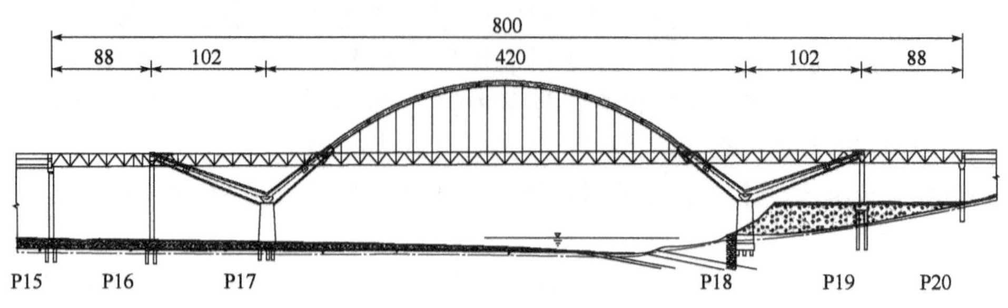

图 6.3-41　大桥立面布置(尺寸单位:m)

拱桥两侧桥面以下的 Y 形结构为预应力刚构混凝土结构,前悬臂长 77m,后悬臂长 109m,由于悬臂长度大、前后悬臂不对称,需采用特殊的施工措施;钢拱肋安装时,需要考虑拱肋内倾的影响。主梁采用钢桁梁整体节段制造、运输及吊装技术,同时实现空中 8 点对接。钢箱提篮拱起拱段与 Y 形刚构前悬臂通过钢-混凝土节点固接,钢箱拱部分的跨度为 320m,矢高为 56.44m,拱肋平面内倾 10.67°,截面尺寸为 2.4m×4.0m,板厚为 24~40mm,两片拱肋间设置 6 道箱形横撑。提篮式钢箱拱肋采用单片安装的方法。

(1)400t 缆索起重机及扣索塔架

扣索塔架系统主要由扣索塔架、扣索、扣索张拉三部分组成。两扣索塔架设在主墩处 Y 形刚构的中横梁上,塔高 133m;主塔采用万能杆件组拼,双立柱门式框架,立柱间设 4 道横联,立柱断面为 4m×6m。扣索塔架与刚构中横梁固结联结。扣索采用钢绞线,背索锚固在悬臂端墩顶上。扣索塔架又是缆索起重机塔架的组成部分。

400t 缆索起重机由主索、主索跑车、起重索、起重滑车组、牵引索、起重及牵引卷扬机、锚碇、塔架、风缆等组成。缆索起重机起重量要求高、跨度大,起吊频率高、对起重走行系统要求高,同时缆索起重机塔架与扣索塔架合用,对塔架的位移要求高。为满足缆索起重机的主要性能要求,根据大桥总体布置、桥址地形条件等,缆索起重机设计跨度为 420m,额定起重量采用 4000kN,缆索起重主塔与扣索塔架之间采用铰接。主索分 4 组,每组主索由 6 根 ϕ60mm 钢芯钢丝绳组成,单根主索最大索力为 713kN,塔顶最大位移为 15cm。

图 6.3-42　Y 形刚构

(2)Y 形混凝土刚构施工

图 6.3-42 所示为 Y 形混凝土刚构,由墩身、中横梁、前后悬臂梁、前后主横梁、前后次横梁及系杆索锚固结构组成。Y 形刚构是一个空间结构,前后悬臂均采用预应力混凝土矩形空心薄壁结构。

在主墩施工完成以后,前后悬臂梁采用支架法悬臂现浇施工。根据 Y 形刚构的预应力布置特点及节段荷载的平衡对称原则,将前后悬臂梁分成长度不等的节段,前悬臂分为 10 个节段,后悬臂分为 8 个节段。前悬臂全部 10 个节段和后悬臂 1 号~5 号节段顶板布置有预应力束,采用分段浇筑、分段张拉的悬臂施工方法。后悬臂 6 号~8 号施工完成后,再拆除施工支架。

(3)钢梁整体节段施工

菜园坝大桥主梁为正交异性板钢桁梁,采用整体节段制造和整体节段吊装的架设方法。

总长 800m 的钢桁梁分为 51 个节段单元,标准节段长 16m,最大节段重 360t。钢梁节段先在工厂完成单元件制造,然后装船运至整体节段拼装场进行节段组拼,节段施工如图 6.3-43 所示。每轮拼装 3 个节段,拼装完成检验合格后从胎位上移出前两个节段,留下后一节段进入下一轮拼装。整体节段通过轨道滑移装船,运至桥位缆索起重机吊点下方,用缆索起重机进行整体节段吊装。为了适应整体节段现场安装速度快的特点,需要考虑足够的节段预存量,在钢梁吊装前预存了 18 个整体节段。

图 6.3-43 钢梁整体节段制造

边、侧跨钢桁梁采用支架法进行安装。沿边、侧孔主桁下方布置支架,支架上设置滑道梁及调整钢梁高程和位置的千斤顶,千斤顶布置满足钢梁三维空间位移调节要求。用缆索起重机起吊整体节段,下放于拼装支架的前端,向桥梁两侧边墩方向拖拉节段直至到达设计位置后,调整高程及平面位置。逐段拖拉、逐段对接,对接时先将 8 根杆件高强度螺栓接头连接到位,再进行桥面横向对接焊缝的连接。

钢桁梁纵移采用千斤顶连续拖拉前进,每次拖拉一个节段。特制一个连接座与钢桁梁下弦节点相连,在 P15 和 P20 墩顶上安装分配梁,两台 50t 的千斤顶对应于主桁杆件中线位置固定在分配梁上,千斤顶通过钢绞线连续均匀地拖拉钢桁梁前进。

边、侧跨钢梁对接安装完成以后,安装边孔系杆索,通过系杆的张拉和顶落梁作业,将已安装钢桁梁部分的承力支点从临时支架上转换到边墩(P16、P19)及交界墩(P15、P20)墩顶的支座和 Y 形刚构前次横梁支点吊索上,实现边、侧跨钢梁结构的体系转换。

中跨钢桁梁节段的吊装(图 6.3-44)在钢箱拱安装合龙后进行。中跨钢桁梁是以吊索作为弹性支承,吊索采用 HDPE(高密度聚乙烯)护套平行钢丝索,上端为冷铸锚头,锚在拱箱内横隔板上,下端桥面锚点为销铰结构,吊索张拉在上端拱箱内进行。

图 6.3-44 中跨钢梁安装

中跨钢桁梁安装从两端对称往跨中实施吊运和安装,在跨中进行合龙。钢桁梁用缆索起重机吊装至安装位置后,先进行主桁杆件 8 个节点的对接,再张拉吊索,然后进行桥面正交异性板横向对接焊缝的焊接。进行主桁杆件安装时,除纵横向设置顶拉措施外,缆索起重机4个起重小车可独立操作,以调整节段高度及纵、横向转角。

对称安装完成22号节段后(除合龙段外,每侧25个钢梁节段),张拉中跨临时系杆索,以减小主墩墩底弯矩。中跨临时系杆索上、下游各一束锚固在边跨系杆锚固键上,位于桥面人行道上方和吊杆索外侧,不影响后续节段和合龙段施工。中跨永久系杆张拉后,拆除临时系杆,补拉边跨系杆至设计状态。

钢梁合龙段施工考虑到主梁刚度大、合龙点多,中跨钢梁为吊索多点弹性支撑,不适合采用顶落梁措施,合龙段不宜采用整体节段安装。因此,采用分散合龙方式,合龙顺序为:先下弦杆,后中上弦杆,在4根弦杆呈铰接的情况下,合龙两侧斜杆,再合龙边上弦杆及下平联,斜吊杆及两个桥面边板块最后安装。具体采用长圆孔加圆孔合龙铰的措施,先调整垂直方向位置,然后调整横桥方向,在长圆孔内穿入铰轴,使垂直方向受到约束,再调顺桥方向距离,在圆孔内穿入铰轴,抽去长圆孔铰轴,使合龙节点保持铰接。上下弦及斜杆合龙处均设顶拉设施,以便进行误差调整。中跨钢梁合龙后,安装并张拉中跨系杆索,拆除扣锚索体系。

(4)钢箱拱安装

钢箱拱肋分段与主梁及吊索相对应,标准节段的水平投影长度为16m。总体施工方案如图6.3-45所示。

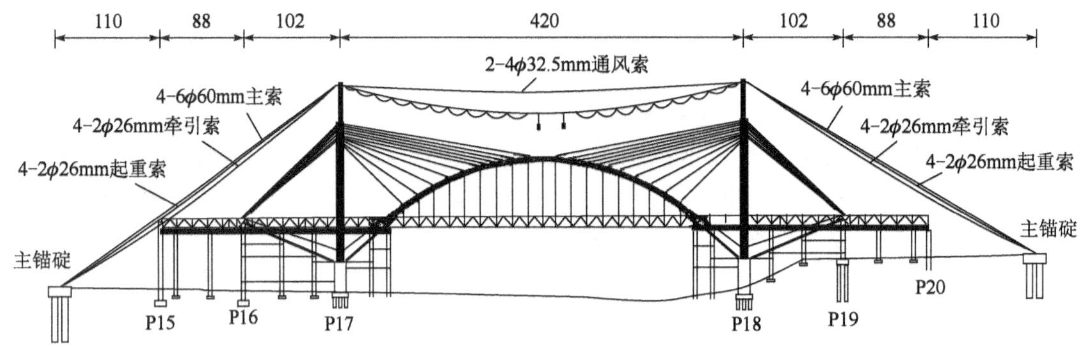

图6.3-45　钢箱拱安装施工方案(尺寸单位:m)

边、侧跨钢梁体系转换完成以后,进行中跨钢箱提篮拱安装。拱肋及横撑在工厂制作完成后进行单片拱肋平面拼装,每次拼装节段不少于4个,拼装完成后从胎位上移出前3个节段,留下后一节段进入下一轮拼装。拱肋杆件及横撑装船运至桥址缆索起重机吊点下方,用缆索起重机起吊单片拱肋进行安装。

钢箱拱安装时,首先进行钢箱拱肋与混凝土结构的连接定位。采用劲性骨架将钢箱拱肋起拱段准确定位,采用临时缆风索进行拱肋节段调节定位,同时设置临时横撑增强施工过程中拱肋横向刚度。然后转入钢箱拱节段的安装工作,用缆索起重机起吊箱拱节段,用扣锚索调整箱拱内力和线形。

起拱段精确定位是控制主拱线形的重要一环,在Y形刚构悬臂上端预埋起拱段钢-混凝土连接钢筋及预应力粗钢筋,同时预埋型钢劲性骨架支撑起拱段。Y形刚构后悬臂完成后和前悬臂最后一个节段施工完成前,精确测量钢-混凝土连接点部位空间坐标,利用劲性骨架将起拱段准确定位后浇筑前悬臂最后一个节段混凝土,完成拱肋钢与混凝土的结合施工。

提篮拱桥采用单片吊装是莱园坝长江大桥施工的一个特点。钢箱拱肋逐段进行安装，在单侧拱肋安装就位后，安装横向临时缆风索，调整拱肋前端水平位置。同一节段两片拱肋对接就位后，用扣索调整拱肋高程，安装临时横撑。临时横撑设计为钢管桁架结构，一端与拱肋前端销接，另一端带长度调节装置，中间设置不同长度的标准节适应拱肋间距变化。针对单片钢箱拱肋节段处于空间倾斜状态、吊装过程中稳定性能差的特点，在拱肋杆件顶、底板上各布置一个锚固点，用长螺杆进行拱肋杆件初步对接定位，同时在杆件顶、底板和两个侧板上各布置两个外法兰，通过在法兰间填塞钢板，打上冲钉，进行精确定位。

钢箱拱肋节段悬拼过程中，逐段扣挂在扣索塔架上。扣索塔架下端与主墩墩顶固接，上端支撑缆索起重机上塔柱，上、下塔柱间铰接连接。扣索下端锚固在钢箱拱肋顶面，在拱肋上焊接两个吊耳，吊耳间设扣索分配梁，分配梁与吊耳采用销铰连接。扣索上端锚固在扣索塔架上部的分配梁上，分配梁另一侧设锚索，锚索下端锚固在Y形刚构后悬臂端部(P16、P19墩顶)。钢箱拱肋安装如图6.3-46所示。

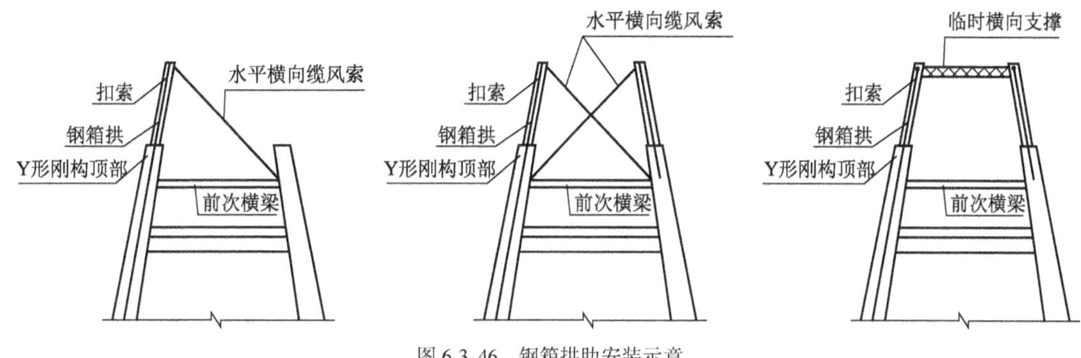

图6.3-46 钢箱拱肋安装示意

(5)钢箱拱合龙

钢箱拱合龙段设计长度为6m，为了确保合龙调节，合龙段杆件制作时加长40cm。事先分析计算温度变化以及扣、锚索索力变化对合龙口空间坐标的影响，拱肋施工至临近合龙段时，连续观测温度变化对拱肋悬臂端部坐标的影响，绘制拱肋端部坐标随温度的变化曲线，并与理论计算值进行比较。准确测量合龙口尺寸，根据理论计算和实测数据选择最佳合龙温度，最终确定合龙段的下料长度。

施工过程中严格控制节段安装精度，避免施工误差累积。选择一天中温度最低时起吊合龙段，合龙段杆件一端与一侧悬臂对接，另一端支撑在对应悬臂的托架上，等待合龙温度合适时，对接处法兰间填塞钢板，打上冲钉，进行临时锁定。然后进行箱内高强度螺栓连接，连接板一头螺栓孔眼根据实测间距在现场钻孔。高强度螺栓施拧完成后，同时焊接合龙段两端的4条连接焊缝。钢箱拱肋吊装如图6.3-47所示。

3)上海卢浦大桥

上海卢浦大桥(图6.3-48)主桥为全钢结构的中承式拱桥，主跨为550m、全长750m。桥型采用适合上海软土地基的飞鸟式拱桥。拱桥两边跨端横梁之间布置强大的水平拉索，以平衡中跨拱肋的水平推力。边跨主梁分别在中跨和边跨的拱梁交汇处与拱肋固结；中跨主梁的两端支承于中跨拱梁交汇处的横梁上，端支承为纵向滑动支座，横向和纵向设置阻尼限位装置。桥梁立面布置如图6.3-49所示。

图 6.3-47 钢箱拱肋安装

图 6.3-48 卢浦大桥

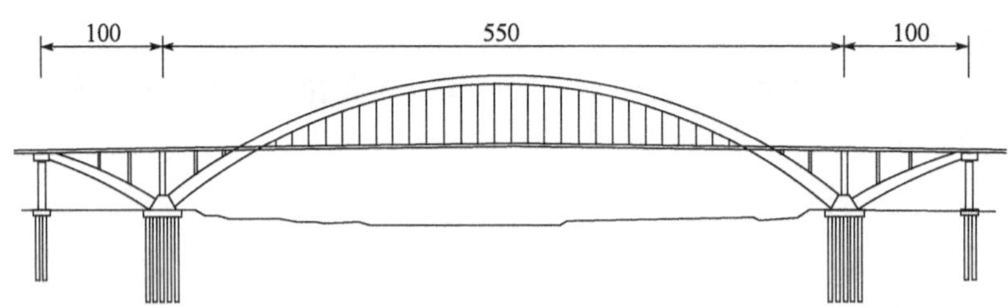

图 6.3-49 大桥立面布置(尺寸单位:m)

(1)施工方案

主桥的施工分为三大部分,三角区、桥面以上拱肋及吊索支撑的中跨主梁。主桥三角区施工如图 6.3-50 所示。三角区结构施工吊装设备各不相同,钢拱座和大立柱采用 300t 履带起重机分段吊装,现场拼装焊接;岸上部分拱肋采用支架法,用 350t 或 300t 履带起重机分段吊装;岸上主梁用两台 300t 履带起重机双机抬吊,并带载行走安装到预设支架上;近岸部分主梁节段用 1000t 浮式起重机吊装并利用滑移小车纵向滑移就位;锚箱及端横梁采用支架法,用 350t 履带起重机分段吊装,现场拼装焊接。水上部分的拱肋采用斜拉扣索法悬臂拼装,用 1000t 浮式起重机大节段吊装,水上主梁则直接用 1000t 浮式起重机吊装到位。

图 6.3-50 拱桥三角刚构区施工

中跨拱肋斜拉扣索法悬臂拼装是施工中最为重要的部分。由于拱肋线形是一个复杂的空间曲线，单段拱肋安装不仅要控制纵向线形，还要控制横向 1∶5 内倾，悬臂拼装中采用上下游拱肋、永久风撑、临时风撑组合成 1 个吊装单元进行施工。但是吊装单元重达 300t 以上，吊装机具悬臂大、安装难度高，采用自锚式拱上起重机进行中跨拱肋节段安装。

中跨拱肋施工的主要临时装备与措施，包括临时索塔、斜拉索及锚箱、临时风撑，以及与拱上起重机相匹配的行走及锚固措施等。中跨拱肋采用斜拉扣挂法施工的部分，是桥面以上 Z8 号拱肋至 Z21 号合龙段拱肋的安装，共 27 个节段，如图 6.3-51 所示。每一节段水平投影长度除合龙段为 6.8m 外，其余均为 13.5m。拱肋是一个箱形变截面并以 1∶5 内倾的提篮式拱，其高度和上下游外侧宽度由 Z8 号的 7.7m 和 32.6m 变化到合龙段的 6m 和 16m。

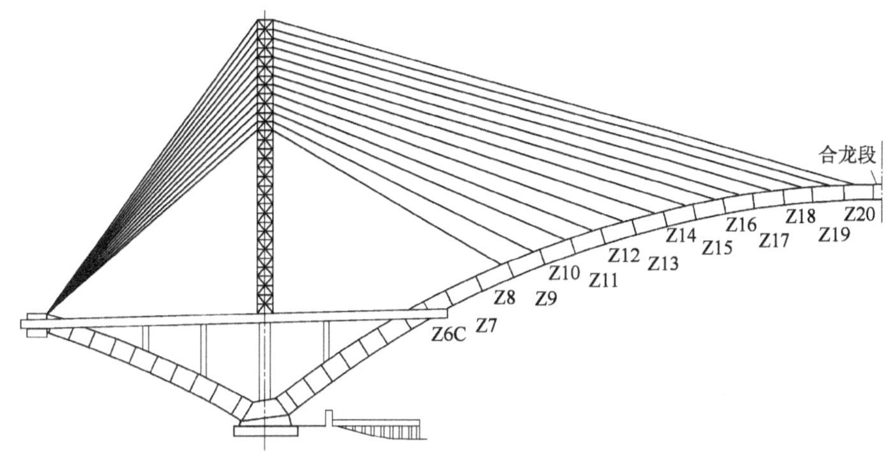

图 6.3-51　拱桥中跨拱肋施工方案及节段划分

(2)拱上起重机与平台

拱上起重机全长 45.8m，悬臂长 28m。每台起重机设置 2 台 ZA415 型千斤顶，单台提升能力为 185t，最大提升速度为 36m/h，平均提升速度为 24m/h。工作状态时，分别安置在上下游拱肋顶面上的 2 台起重机的 4 只千斤顶共同承担 1 段拱肋的吊装。拱上起重机可沿拱肋顶面轨道滑移，在一个节段拱肋安装完成后移至下一工作位置。

悬挂移动平台是中跨拱肋安装的操作平台，利用拱上起重机作为行走动力。平台受力结构采用薄壁钢管材料。平台设 2 道主桁架和 2 道横向桁架。平台与拱上起重机保持相同的纵向倾角。在起重机内外两侧各设置 6 只扒杆，脚手平台用钢丝绳悬挂于扒杆上，与起重机同步行走。扒杆铰点设置于起重机桁架的下弦节点位置，上端用钢丝绳吊挂于上弦节点，并设置侧向钢丝绳平衡侧向力。起重机行走时扒杆可能与临时斜拉索相碰，此时将扒杆拉起，待通过后放下。平台设置前后 2 个工作区。前工作区进行拱肋定位和焊接操作时，后工作区可同时对前一接缝进行打磨、涂漆等工作。

悬挂移动脚手平台在移动过程中，采用调换吊点的方法，即在拱上起重机和平台上设置多个吊点，行走中调换吊点，跨过扣索以及永久和临时风撑等障碍。在行走和工作状态，平台必须保证 4 个吊点悬挂。随着拱肋悬臂长度的延伸，拱肋立面倾斜角度减小，拱上起重机和悬挂平台的角度相应变化，通过调节平台使得脚手始终竖直。前工作区设 1 个滑动平台，进行拱肋定位和拱肋底板、下侧板的焊接操作，并确保不妨碍拱肋的吊装。

(3)主要配套装置

一般一个拱肋安装节段的永久结构包括上下游2段拱肋和1道永久横撑,永久横撑位于拱肋后部,为保证拱肋吊装过程中的整体稳定,需在其前部加设1道临时横撑。临时风撑采用双片槽钢拼接成桁架形式,桁架的宽度和高度各节段不一,主要考虑拱肋构造要求。中跨拱肋合龙后将临时风撑拆除。

拱肋节段安装时,在Z9~Z20拱肋上均设置扣索,扣索锚箱设置在各段拱肋吊杆横隔板位置的顶板内、外侧。拱肋起重机行走轨道由25mm S355N钢板焊接成T形,沿中跨拱肋全长布置,间断焊于拱肋顶板上。轨道在拱肋上安装后一起吊装。拱上起重机依靠螺杆锚固于拱肋箱体内,预先在拱肋顶板的指定位置开孔,在箱体内设置锚箱,锚箱位于拱肋内外侧角点,由钢板焊接而成。

上下游双片拱肋设置4只吊耳,分别安装于拱肋节段前后2道横隔板位置。吊耳与拱上起重机吊钩配套,采用螺栓连接形式,同时拱肋箱体内需作加强结构,吊耳循环使用。

(4)悬臂吊装施工准备

拱肋标准节段安装流程包括:吊前准备、提升就位、焊接和临时索安装。为保证拱肋施工精度,在安装到一定节段后需进行扣索索力和拱肋线形的调整。

首先将起重机纵移千斤顶钢绞线连接于锚固点,逐步顶升纵移千斤顶使拱上起重机移动到拱肋吊装位置,然后进行后锚点螺杆位置定位,并在起重机尾部的轨道上安装限位块,此时可放松纵移千斤顶。

悬挂平台与拱上起重机一同移动,移动前首先拆除平台的临时固定、通道和内侧临时脚手等影响移动的构件。平台的吊索和扒杆在移动过程中采用换索法跨越永久风撑、临时风撑和斜拉索等障碍。移动到位后进行临时固定,搭设通道和内侧临时脚手架。

安装起重机后锚固螺杆,放下前支点千斤顶垫梁,顶升4台前支点千斤顶,使前滑靴履带轮脱离轨道一定高度,并保证各千斤顶受力基本一致。在前支点安装纵向和侧向限位块。

通过模拟吊装工况计算工作状态千斤顶的初始位置,保证提升构件与已安装拱肋不相碰、提升钢绞线在吊装过程中尤其当构件提升到较大高度时基本处于竖直状态、提升千斤顶负荷状态移动距离最小,并确定吊装过程中需移动的距离。拆除吊装过程中影响提升千斤顶纵移的杆件,包括上下平面的联系杆和截面内斜杆。调节两主千斤顶小车的距离,依靠千斤顶小车的纵移和横移装置调整小车的纵向位置和千斤顶的横向位置。

拱肋节段在加工厂预拼装后,由驳船运至施工水域,预先计算节段在起吊时的坐标,驳船根据此坐标定位,定位偏差不得大于20cm。待驳船定位后,拱上起重机放下吊钩并与拱肋节段相连,由于吊耳与拱肋采用栓接,故吊耳可事先带在吊钩上。连接吊耳时将吊耳栓孔与拱肋顶板栓孔对准,拧紧螺栓,再在吊耳靠跨中面及外侧面各焊接2块三角形止推板。调整每根钢绞线的松紧,使受力均匀。检查所有连接件是否安全可靠。

(5)节段提升安装

事先计算拱上起重机工作状态的受力情况,拱上起重机的控制系统在吊装过程中将显示各主提升千斤顶的工作状态,通过与理想工作状态的受力相比较,提高操作的安全性。

4台主提升千斤顶逐步加载,当达到理论重量的70%后,解除构件与驳船胎架上的临时连接;在加载到理论重量的90%时,再次检查吊索具及起吊设备的工作情况,确认正常后继续加载到构件脱离驳船,继续提升构件达到一定高度,驳船移位。

调整前、后千斤顶的提升高度,使得拱肋基本调整到安装角度。继续提升,当拱肋提升至距已装拱肋底板约1m时,从悬挂平台上观察吊装构件的高度以及与已装拱肋端口的间距,继续提升直到吊装节段接近安装高度。

吊装节段接近安装高度时,逐步纵向移动拱上起重机千斤顶滑移小车,同步调整千斤顶横向位置,使千斤顶钢绞线始终保持竖直状态。待装拱肋端口接近已装拱肋端口,调整拱肋至就位所需的高度和角度。同时测量安装节段拱肋的坐标并结合拱肋接缝错边和间隙大小,用千斤顶、龙门锁配合拱上起重机微调。拱肋姿态测量合格后及时进行定位焊接。在大环缝及部分加劲肋焊接完成后,安装张拉扣索,随后拱上起重机卸载转移至下一吊装节段位置。

重复以上步骤直至完成Z20节段的起吊安装。拱肋安装施工过程共经过三轮调索,其中前两轮为过程中为保证拱肋线形与结构受力进行的一般性调索,最后一轮是在Z20节段安装完成后、合龙段安装前进行的全面调索。主拱施工过程如图6.3-52所示。

图6.3-52 中跨主拱施工

(6)主拱合龙段施工

合龙段包括上下游拱肋节段及其永久横撑,其中单段拱肋重约75t(包括临时施工荷载),横撑重约10t。

为减小中跨拱肋悬臂安装产生的空间误差以及两岸拱肋的相对扭转误差,合龙段施工将一个合龙节段的整体单元拆分为上下游及横撑3个吊装单元,使拱肋合龙对接时由同时兼顾4个接口变为上下游各自兼顾2个接口,降低了拱肋合龙时的精度控制要求。合龙段的焊接有别于其他拱肋节段拼装时的焊接,中间节段拼装焊接时,前端为自由端,而合龙段焊接时受两端约束影响,全断面焊接工作量大,最短也要一天时间完成,拱肋将受到昼夜温差、气候变化等影响。如果合龙段4个接口采用栓接形式,实际操作过程中很难做到拱肋大悬臂动态下两端接口的精度在栓接允许的范围内。因此,合龙段的安装采用折中的方法,即采用一端焊接,而另一最终合龙端采用栓接的形式。为确保合龙段施工测量精度,采用伺服仪器自动锁定目标和跟踪测量,以减少人为因素的影响。

中跨拱肋从Z13段起开始对两岸进行交叉控制，以保证拱肋除满足设计的线形外，还将相对位置偏差控制在一定范围内。从Z15段起，每段均需联测，拱肋除了保证拱轴线的偏差外，还需对拱肋的每个角点位置进行测量，如有误差应尽早消除，以保证合龙段的安装精度。在确定合龙长度前，对拱肋进行48h测量，以获得温度、风等环境因素对拱肋间距之间的变化关系。精确测量在Z19段拱肋焊接结束后进行，测量前先在Z19段拱肋上做好标志，分别测量顶板、中板、底板，测量在相应温度、风力下的长度变化情况，从而得到环境对合龙段长度影响的关系曲线。

由于合龙段最终合龙端采用螺栓连接，所以拱肋的制造和预拼装精度必须控制在螺栓连接允许的误差范围内。所有的施工制作误差及温度等所造成的影响均需在两岸Z20节段和Z21(合龙段)三个节段中消除。为此，严格控制Z19与Z20段端口预拼装精度，Z20段安装时控制焊接过程中的变形；Z21段栓接端用套模配钻，控制通孔率为100%，以控制相对位置精度；Z21段焊接端拼装端口间隙要均匀且不大于5mm，以控制焊接收缩量，同时Z21段焊接端预拼装时留100mm余量，以补偿Z20段安装焊接后偏差量；严格控制Z21段与Z20段相对扭转。

合龙温度根据现场情况先确定为20℃。为精确确定合龙段长度，在Z20拱肋安装后，按设计要求进行拱肋高程调整，针对最终的合龙间距进行48h的测量，并根据合龙温度所对应的间距确定合龙段最终长度。其中，上游内外侧分别为6.646m和6.653m，下游内外侧分别为6.645m和6.657m。

合龙段安装先完成上、下游拱肋的安装，永久横撑待拱肋合龙后再安装。如采用两岸4台拱上起重机同步对称吊装需要改造拱上起重机，工作量较大且影响合龙时间，故采用浦东岸的2台拱上起重机不对称吊装，将浦西的2台拱上起重机后退1个节段。但浦东侧拱肋悬臂端在合龙段吊装加载后将比浦西侧的悬臂端出现1m左右的高差，为此在浦西侧Z20节段拱肋端口设置了1个临时吊点，以保证两侧端口的相对高差基本一致。

由于拱肋高度达到6m，吊装时的间隙很小，因此吊装时间选择在早上温度较低时进档，合龙段起吊到位后进行横向内倾的微调，然后先在浦东合龙端用临时抗剪块将栓接端与ZS20装配定位，此时用定位销、临时螺栓在保证螺栓孔完全对位的前提下，将临时抗剪块抗剪销打入，并及时将抗剪块螺栓按照初拧值拧紧。之后等待合适的温度，在浦西焊接端的间隙满足要求后，利用50t千斤顶及拉伸油缸进行焊接端的错边微调，然后装配龙门夹具并进行定位焊后迅速打开抗剪块抗剪销，使栓接端能够沿着抗剪块自由伸缩。这样既保证了合龙段焊缝在焊接过程中不受温度变化而产生约束应力，又保证了栓接端在合龙温度到达时栓孔对位的精确度。

合龙段最后的合龙温度定为19℃，但是焊接结束后气温突然升高，拱肋无法顺利合龙。经现场实测数据、理论分析，确定采用强制措施，利用辅助千斤顶在拱肋顶板、底板将合龙间隙顶开再进行栓接端的合龙，在焊接端完成后的第3天晚上，当温度接近合龙温度时实现了合龙段栓孔的对位，完成了高强螺栓的施工。

合龙段永久横撑两端放有余量，在拱肋合龙后利用拱肋顶面内侧自制的独脚扒杆，用2台5t卷扬机直接从驳船上抬吊错边吊装到位，切割余量后焊接。

(7)中跨主梁及水平拉索施工

中跨主梁和水平拉索的安装施工借鉴了悬索桥的施工工艺，采用辅助猫道法架设超长、超重的水平拉索，并用托架悬挂体系作为施工过程中主梁尚未安装到位时水平拉索的临时支承点。中跨主梁采用改造后的拱上桥面起重机逐段进行吊装直至主梁合龙。在对水平拉索的索力和中跨主梁的安装高程进行全面调整后,通过现场焊接完成中跨主梁节段的连接(图6.3-53)。

图6.3-53 中跨主梁施工

6.4 钢管混凝土拱桥

6.4.1 应用与特点

从1990年我国建成第一座钢管混凝土拱桥——四川旺苍东河大桥,到2013年建成通车的世界跨径最大的钢管混凝土拱桥——主跨530m的合江长江一桥(图6.4-1),钢管混凝土拱桥在中国获得了巨大发展,不断创造钢管混凝土拱桥跨度世界纪录。

图6.4-1 合江长江一桥(波司登大桥)

我国钢管混凝土拱桥目前仍在高速发展,至今跨度纪录和排名还在持续更新中,合江长江三桥(图6.4-2)为跨径507m的飞鸟式钢管混凝土拱桥,平南三桥为跨径575m中承式钢管混凝土拱桥。钢管混凝土拱桥最大跨径增长趋势如图6.4-3所示。

我国桥梁界通过不断实践与创新,发展了斜拉扣挂悬臂施工方法、工艺及装备,在钢管混凝土拱桥制造、拼装、安装合龙以及混凝土配制、灌注工艺等方面不断取得创新成果,完成了系列大跨度钢管混凝土拱桥的悬拼施工。图6.4-4、图6.4-5分别为钢管桁立拼、卧拼两种制作方式,随着系列设计与施工工艺的不断完善,钢管混凝土拱桥建造技术日益成熟、经济性不断提升。

图 6.4-2 合江长江三桥效果图

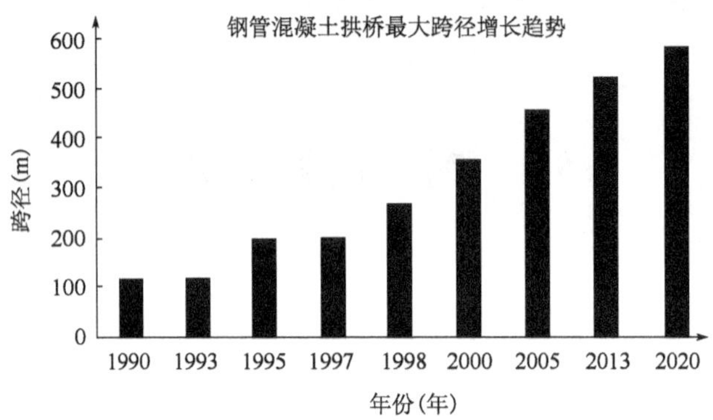

图 6.4-3 钢管混凝土拱桥最大跨径增长趋势图

图 6.4-4 钢管桁吊段立拼耦合校验

图 6.4-5 钢管桁吊段卧拼耦合制作

钢管混凝土拱桥为我国西部山区桥梁建设做出了巨大贡献,在云贵川等西部地区的公路以及特路桥梁建设中,钢管混凝土拱桥有着大量的工程应用。

2015 年建成开通的总溪河特大桥(图 6.4-6)为 G76 杭瑞高速公路毕节到六盘水途中最高的桥之一,为上承式钢管混凝土拱桥,主跨为 360m,采用斜拉扣挂法悬臂拼装施工,如图 6.4-7 所示。

2018 年建成通车的大小井特大桥(图 6.4-8)位于贵州省罗甸县,该桥主跨为 450m,是山区大跨径的上承式钢管混凝土拱桥。全桥共计 58 个吊装阶段,节段最大净吊重达 160t,采用斜拉扣挂法悬臂拼装施工,如图 6.4-9 所示。

图 6.4-6 总溪河大桥

图 6.4-7 总溪河大桥施工过程

图 6.4-8 大小井特大桥

2009 年建成的小河特大桥(图 6.4-10)是沪蓉西高速公路恩(施)利(川)段工程之一,横跨在鄂西高原 V 形深山峡谷之间,为主跨 338m 的上承式钢管混凝土拱桥,采用 6 管桁架拱肋,施工采用斜拉扣挂法悬臂拼装,如图 6.4-11 所示。钢管拱分左右幅各 26 个节段,共 52 个节段。

图 6.4-9　大小井特大桥施工过程

图 6.4-10　小河特大桥

图 6.4-11　小河特大桥施工过程

斜拉扣挂悬拼架设是钢管混凝土拱桥常用的施工方法，常配套采用缆索吊装系统。钢管混凝土拱桥悬臂架设的仅为重量相对较轻的钢管骨架，能够适应大跨度拱桥的施工。工程中常见的钢管混凝土拱桥多为双肋拱桥，实际工程施工应用最多的是双肋交错吊装单肋合龙方案，两根拱肋的节段交错进行吊装，适时安装结构横撑或临时风撑，满足横向稳定之需，双拱肋合龙时先后进行。目前，大跨度钢管混凝土拱桥多采用瞬时合龙的方法。拱肋合龙之前拱肋处于悬臂状态，结构线形和内力调整相对容易，需要结合结构内力、线形以及温度等监测数据，进行必要的线形和内力调整，选择合适的温度、风速等条件进行合龙施工。主拱合龙后逐级交错对称放松扣索及锚索，使主拱成为双铰拱状态，最终进行拱脚固结施工变主拱为无铰拱。

6.4.2 上承式拱桥

上承式钢管混凝土拱桥在山区应用广泛，通常采用斜拉扣挂法施工。湖北恩施支井河大桥是一座大跨度钢管混凝土拱桥，钢管拱肋采用立拼工艺，以下详细介绍支井河大桥的施工情况。

(1)工程概况

支井河特大桥(图6.4-12)横跨支井河峡谷，谷深755m，桥面至河底高差近300m。大桥两岸桥头与隧道紧密相接，运输条件恶劣、施工场地狭窄。主桥为430m上承式钢管混凝土拱桥，主拱肋为钢管混凝土主弦杆和箱形钢腹杆组成的空间桁架结构，拱脚和拱顶截面高度分别为13m和6.5m，两道平行布置拱肋的肋宽为4m、肋间距为13m，每道肋由上下各2根1200mm的钢管弦杆组成，设有20道米字横撑。

图6.4-12 支井河大桥

受到施工空间及运输条件限制，拱肋共分成30个吊装节段(长26.226~14.046m)和1节较短的合龙段(长80cm)，节段最大吊重达280t(双肋)，节段连接采用先栓后焊的方式。大桥立面布置及横截面布置如图6.4-13所示。

大桥地处复杂山区，既无水运条件，也无整节段陆运条件，无法采用传统工艺安装风缆，桥位处也无合适拼装场地。为此，采用场内卧拼后解体成散件运至现场，在引桥上重新进行立体组拼，利用栓焊结合的连接方式解决运输和拼装困难。因为无法设置风缆，采用双肋整体安装，研制了大跨度、大吨位无塔缆索起重机以及因地制宜的斜拉扣挂系统，历时14个月实现大吨位钢管拱肋安装。

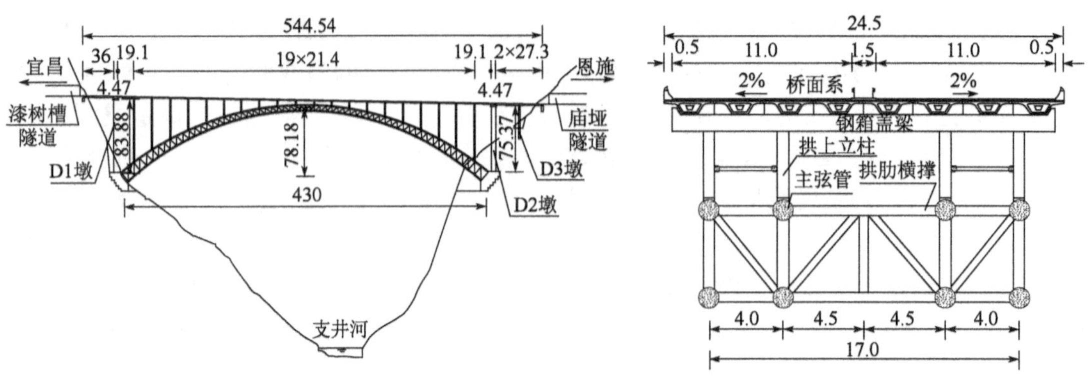

图 6.4-13　大桥立面及横断面布置(尺寸单位:m)

(2)施工方案

根据现场地形条件,充分利用上承式钢管混凝土拱桥的结构特点,钢管拱肋安装利用缆索吊装系统,采用斜拉扣挂法施工。吊装的最大单节重量为280t(双肋),是当时钢管拱肋单节吊重最大的桥梁。由于无法进行整节段运输,采取在工厂预制拱肋杆件,在桥位处现场组拼的方法。为了确保吊装拼接精度,首先在工厂进行"5+1"单肋片组焊、弦管接头法兰组焊、节段组装,完成厂内预拼(图 6.4-14),再拆成散件运抵桥位,实施大段吊装前的"1+1"拼装(图 6.4-15)。为此,拱肋中所有杆件均设计为可反复拆卸构件,节点设计放弃了传统的相贯线连接方式,采用节点板焊接与杆件栓接相结合的方法,以降低节点二次应力、提高抗疲劳性能,同时保证拱肋节段多次组拼的实施。

图 6.4-14　拼装厂内组拼

图 6.4-15　引桥桥面完成"1+1"拼装

(3)缆吊与斜拉扣挂系统

缆索吊装采用无塔缆索起重机,缆索起重机额定起重量为3000kN,使用跨度为604.8m,起升高度为100m。主索采用ϕ62.5mm的钢丝绳20根,单跨双索制。缆索起重机总体布置如图 6.4-16 所示。

钢管拱肋斜拉扣挂系统设计考虑结构和地形特点,利用两岸交界墩作为支点,以墩顶锚梁、桥台身作为刚性传力梁,通过扣索、平衡索、预应力锚索、引桥箱梁,形成力的转换与平衡体系,主要包括扣索、扣墩及锚梁、平衡索及锚碇等。总体布置如图 6.4-17 所示。

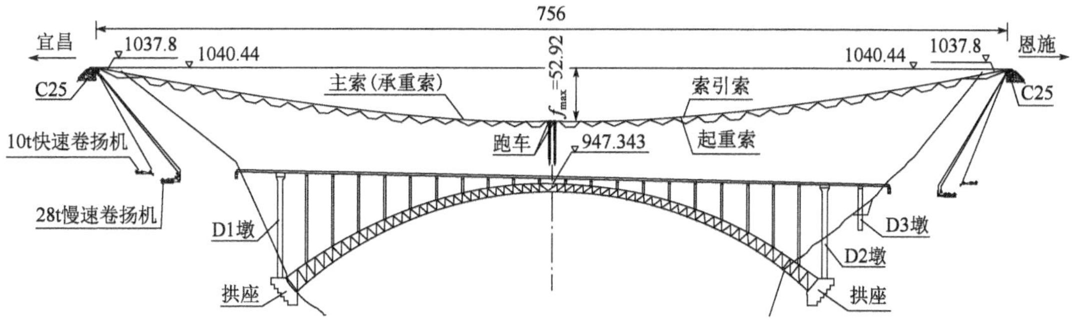

图 6.4-16 缆索起重机总体布置(尺寸和高程单位:m)

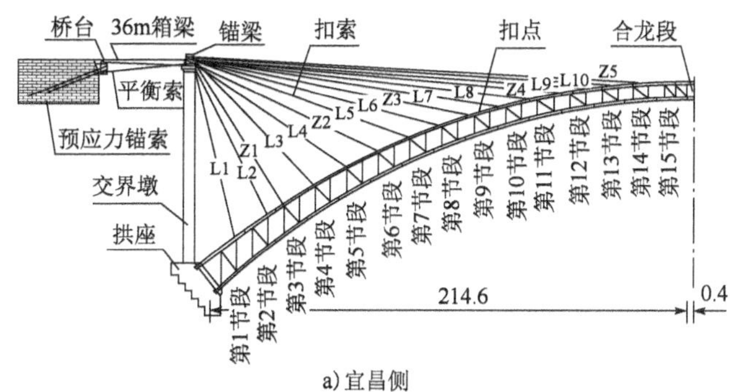

a)宜昌侧

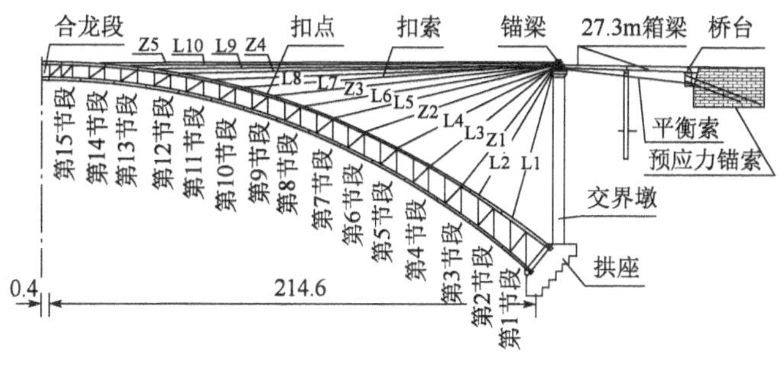

b)恩施侧

图 6.4-17 扣锚系统布置(尺寸单位:m)

半跨拱肋共分 15 吊装节段,各吊装节段均设扣索,每组扣索 4 束,对称布置于拱肋的内侧或外侧。扣索采用规格 3ϕ15.24mm 到 18ϕ15.24mm 不等的 1860MPa 钢绞线,采用单端张拉,张拉端设于交界墩锚梁上。由于 L1 ~ L4 索力较小,为使结构受力比较明确,在 Z1、Z2 扣好后,拆除对应 L1 ~ L4 扣索,其余扣索待主拱肋合龙后拆除。

利用交界墩墩身较高的特点,将其作为悬臂安装的扣墩,并在墩顶设置钢筋混凝土锚梁。每侧设置 6 组、每组 4 束的平衡索用以平衡扣索水平力,其一端连接于交界墩顶锚梁,另一端连接于桥台。桥台设有预应力锚索锚固于山体岩石上。

交界墩锚梁的支撑系统通过引桥桥台台后岩面建立,使锚梁可以先承受较大的向岸侧的平衡索水平力。平衡索先期导入向岸侧的水平力,可以提高每一次张拉的扣索水平力,方便施工及其施工控制。

(4)拱肋节段组拼与悬臂安装

钢管拱肋在工厂加工并进行单肋卧拼后,运至现场进行双肋"1+1"立体组拼,通过缆索吊装系统安装。

双拱肋组拼时,有横撑节段双肋间靠横撑联结,无横撑节段双肋间临时联结,临时联结系间隔一个节段拆除。

双肋立体组拼采用门式起重机,吊装单元节段的组拼由下而上进行。首先,组装单元节段的下弦管及其间的横联和下横撑;接着组装单元节段的腹杆并临时固定,安装单元节段斜撑;最后安装单元节段的上弦管及其横联(事先组拼一体)。一个吊装单元节段组拼完成后,按照同样顺序进行下一节段的组拼循环,并依次定位安装中间斜撑、上横撑和M撑等。拆开两个单元节段接头,前一单元节段起吊进行悬臂安装,后一个单元节段前移作为下一个单元节段的基准。重复以上步骤直至15个钢管拱肋节段拼装完成。在立体组拼时,跨两个单元节段的斜腹杆安装在下一个节段上,并采取临时固定措施。

钢管拱肋节段安装工艺流程如图6.4-18所示。两侧采取对称安装的施工顺序,原则上相差不超过2个节段。

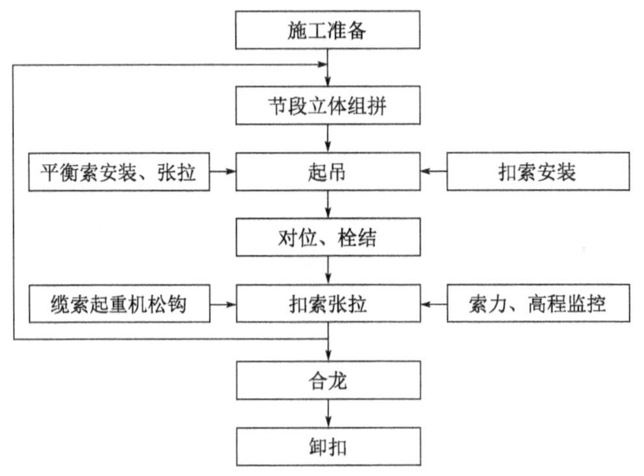

图6.4-18　钢管拱肋节段安装工艺流程

平衡索在吊装前一次安装到位,规格及索力与扣索对应设置,每一节段吊装就位后进行扣索安装。拱肋节段的吊装采用四点抬吊,拱肋节段初步就位后,横桥向水平位置由吊点确定,顺桥向水平位置由运行小车移动调整,竖直位置由吊钩起落调整。第一节段与预埋钢管座采用套接方式,在第三节段安装完成前保持铰接状态。预埋钢管座内径比主弦钢管外径大6cm,施工时先精确定位预埋下弦4根管座,上弦4根管座粗定位并可进行调节。其余各节段间均以高强螺栓联结,依靠吊钩的起落及倒链调整位置,待主弦管对位后进行螺栓连接。钢管接头及现场节段吊装如图6.4-19和图6.4-20所示。

节段吊装前先张拉平衡索,吊装基本就位后张拉扣索。平衡索每次的张拉力可平衡1~2个节段的扣索力。扣索张拉力水平分力总值须保持小于平衡索水平分力总值。平衡索上下游对称张拉到位后不再调整,节段就位后通过扣索对高程进行调整。张拉端设在交界墩顶锚梁上,扣索张拉分级对称进行,前8个吊装单元节段的扣索一次张拉到位,之后的单元节段的扣索张拉分 2~3 个等级进行。节段间的焊接可以在节段继续安装过程中滞后 4 个节段进行，不占用关键工序时间。

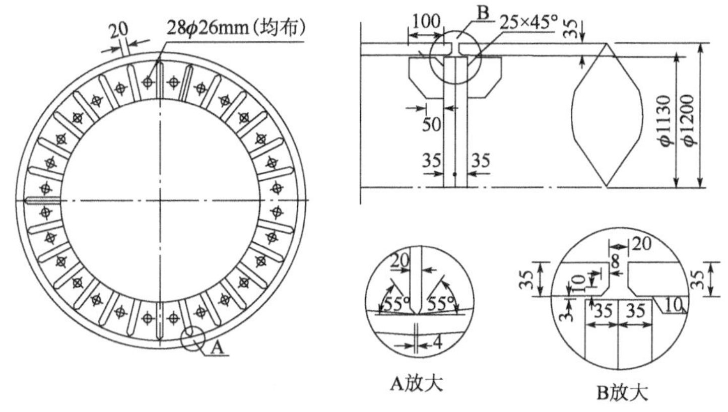

图 6.4-19 钢管接头构造(尺寸单位:mm)

拱肋第 15 个节段安装完成后实施合龙，合龙前通过扣索进行线形调整，根据需要进行温度修正，合龙选择温度稳定时段进行。在拱顶中部预留节段合龙缺口，根据实测线形及温度变化情况，确定合龙节段最终匹配尺寸并进行配切。空钢管拱肋合龙、各节段接头周圈焊接完成并形成无铰拱后，逐级松扣使空钢管拱肋呈无铰拱状态，之后进行管内混凝土灌注。拱肋吊装过程中，对拱肋杆件内力、拱轴线高程、轴线偏位、扣索索力、扣墩偏移以及缆索起重机的主要结构等进行全过程的施工跟踪监测和控制。

6.4.3 中承式拱桥

中承式有推力钢管混凝土拱桥和上承式有推力钢管混凝土拱桥一样，大多采用斜拉扣挂法悬臂拼装施工，两种形式的钢管混凝土拱桥只是桥面位置的差别，主体结构钢管混凝土拱肋的结构以及施工方法一脉相承，也是我国西部山区大跨度桥梁建设的重要组成部分。

重庆巫山长江大桥(图 6.4-21)是一座具有代表性的大跨度中承式钢管混凝土拱桥，以下为其施工的详细情况。

图 6.4-20 桁架节段现场安装

图 6.4-21 重庆巫山长江大桥

(1)工程概况

巫山长江大桥主桥为净跨径460m的中承式钢管混凝土拱桥,两片拱肋均为钢管混凝土组成的桁架结构,拱顶截面高7.0m,拱脚截面高14.0m,拱肋宽度为4.14m,双拱肋中心间距为19.7m。大桥立面布置和横截面布置分别如图6.4-22和图6.4-23所示。

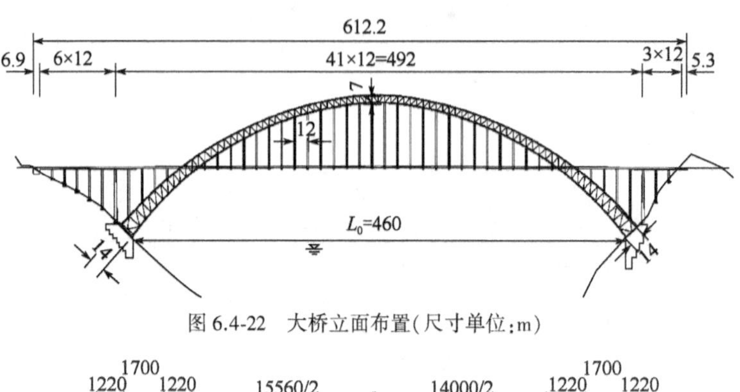

图6.4-22　大桥立面布置(尺寸单位:m)

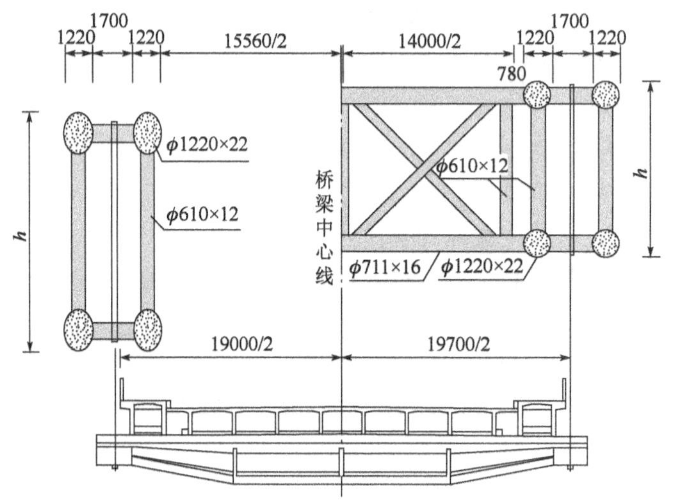

图6.4-23　大桥横截面布置(尺寸单位:mm)

(2)缆吊与斜拉扣挂系统

该桥钢管拱肋采用缆索吊装系统、斜拉扣挂法悬臂架设。桥位处于巫峡峡口,两岸地势陡峭,施工场地狭窄,阵风可达7级。缆索吊装系统索跨为576m,设计吊装重量为128t,扣塔与吊塔二塔合一,吊、扣塔之间采用铰接形式连接,全桥分为64个吊装单元。

缆索吊装架设系统由缆索起重机、斜拉扣挂系统和拱肋平衡稳定系统三部分组成,如图6.4-24所示,图中未示出拱肋抗风缆、巫山岸临时扣索和扣塔平衡索。其中,起吊安装缆索起重机由主承重索、吊塔、吊塔纵向风缆、吊锚以及起吊牵引动力机械等部分组成。拱肋斜拉扣挂系统由拱肋上锚固点、钢绞线扣索、扣塔、扣塔前后平衡索、扣锚(含扣索张拉端)等部分组成。拱肋平衡稳定系统由拱肋上锚固点、钢丝绳风缆、地锚等部分组成。

采用吊扣塔共体的承重塔,扣塔为钢管支架格构柱,钢管内浇筑C60混凝土;索塔设置成双柱门式结构,柱中心距为20m,塔顶横梁长30m,索塔顶离地面的高度南岸为150.22m,北岸为125.72m。受两岸地形条件限制,在塔顶上无法设置纵向抗风索和横向抗风缆,采用加设4根φ47.5mm钢丝绳稳定索的措施,稳定索贯穿两座索塔顶部,锚于两岸地锚并施加320kN张力。

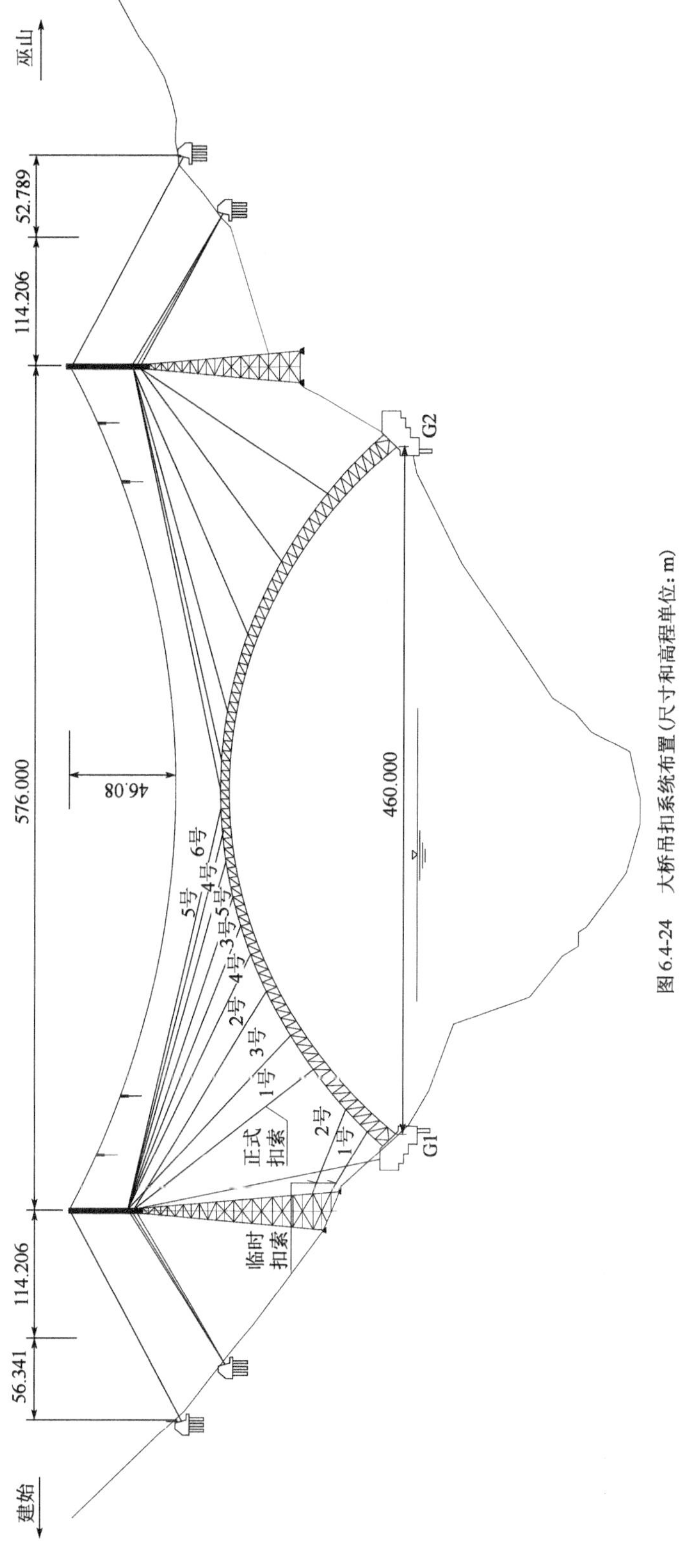

图 6.4-24　大桥吊扣系统布置(尺寸和高程单位:m)

吊锚上、下游分开设置,锚碇受力各为9000kN。鉴于锚碇处地面倾角大于45°,采用了桩式锚碇,并在锚碇后方的岩体内加设岩锚作为安全储备。

该桥的钢管拱肋节段吊装重量为128t,采用两组主索同时吊装的方法。两条拱肋各设两组间距为6m的4ϕ6mm主索,两主索中距为19.7m。两组主索之间设置了横向受力均匀分配体系。鉴于该桥索跨与吊装重量大,采用主动式承索器。主索纵向设置间距为18m的双吊点跑车,用于拱肋节段吊装。桥梁上部结构的其他构件安装时,拆除一组主索。

扣索的锚固端采用P型锚与专用锚具,设于拱肋钢管桁架上,在其锚点处设置扣点及转点。

(3)主拱安装

拱肋节段安装采用两岸对称悬拼,每半跨拱肋分11个吊段,共设6组扣索。拱肋节段采用单肋安装,先安装上下游相同节段,再安装横撑,如此完成一个双肋节段的安装。随后进行横撑接头施焊,焊接完成后进入下一节段安装循环。每个主弦管接头在同一工况下焊接完成。

主拱肋斜拉扣挂架设主要步骤为:运输船运送拱肋吊装节段至缆索起重机正下方并定位→起吊就位→进行接头螺栓连接→安装张拉扣索(配合放松吊索以及索力和线形测量)→收取吊索→安装横向调控风缆并施力(配合测量轴线偏位)→安装拱肋接头嵌填管并焊接拱肋接头。

拱肋安装施工在两岸交替进行,吊装顺序为:巫山岸1号节段上游桁片→巫山岸1号节段下游桁片→建始岸1号节段上游桁片→建始岸1号节段下游桁片→交替循环进行,对称悬拼。

同一岸拱肋安装又分为上下游侧交替进行,吊装顺序为:1号节段上游桁片→1号节段下游桁片→2号节段上游桁片→2号节段下游桁片→2号节段横撑→电焊横撑接头→瞬时合龙→正式合龙。

为加快吊装速度,尽快合龙主拱肋,各横撑上的斜撑在拱肋合龙后安装。在空钢管拱肋合龙、各节段接头焊接完成形成无铰拱后,扣索逐级松扣,使空钢管拱肋呈自重作用下的无铰拱状态。松扣时保留2号、3号扣索,待拱肋钢管内混凝土浇筑时,张拉至300~1000kN,钢管内混凝土达到设计强度后,再彻底放松拆除。

合江长江一桥(波司登大桥)创造了钢管混凝土桥梁跨度纪录,是一座具有标志性的大跨度中承式钢管混凝土拱桥,以下为其施工的详细情况。

(1)工程概况

合江长江大桥(图6.4-25)位于四川省泸州市合江县境内,大桥全长841m,宽28m。主桥跨径为530m,主拱拱肋净矢跨比为1/4.5,拱轴线为拱轴系数1.45的悬链线,拱肋截面等宽、变高,拱顶和拱脚截面径向高度分别为8.0m和16.0m,肋宽为4.0m。桥面结构采用格子梁体系的组合结构,吊杆间距为14.3m。桥型布置如图6.4-26所示。

图6.4-25 合江长江一桥

(2)缆索吊装系统

合江长江一桥缆索吊装系统是主桥上部结构施工的关键设施。根据桥宽、节段长度及重量、拱肋安装高度、地形、气象、施工进度等条件，设计了缆索吊装系统，如图 6.4-27 所示。

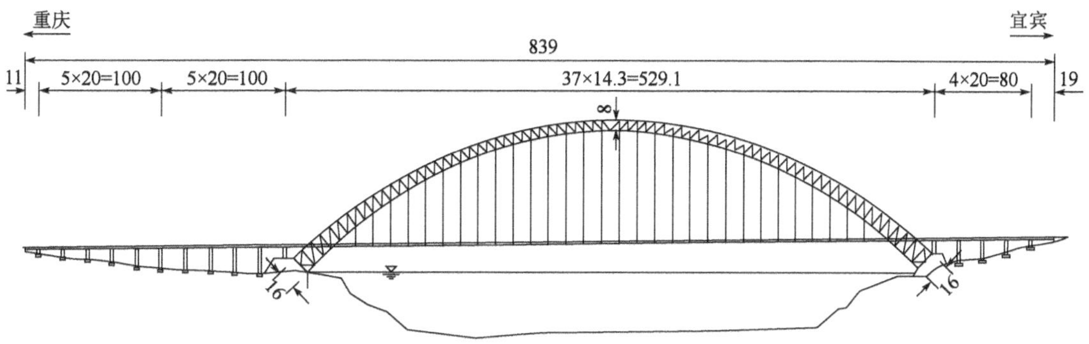

图 6.4-26 大桥立面布置图(尺寸单位:m)

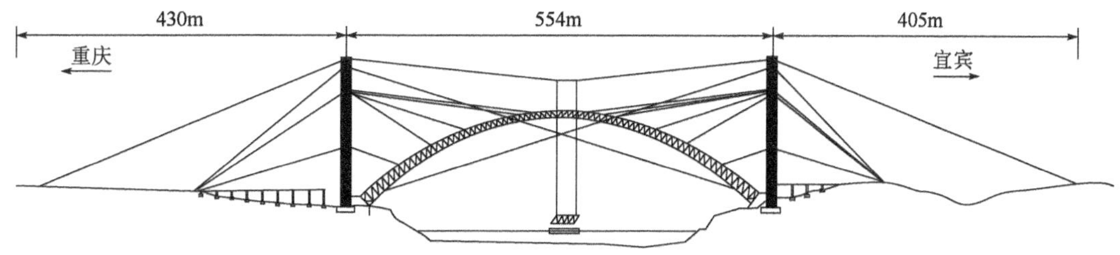

图 6.4-27 缆索吊装系统总体布置

承载索主跨为 554m，吊装能力为 2×1000kN，主索可通过索鞍横移系统移动到构件安装位置。承载索由 2×8 根 ϕ50mm 密封钢丝绳组成。起重动力采用 10t 卷扬机，牵引动力采用 20t 卷扬机。塔架系统采用吊扣塔合一的方式，吊塔高 29.6m，采用加强万能杆件搭设。缆索重庆岸地锚采用钢筋混凝土桩式地锚，桩基共有 6 根，直径为 1.5m、间距为 2m，桩长 7m。宜宾岸地锚采用重力式地锚。缆索吊装系统采用集中控制和视频监控系统进行统一操作、控制，具有实时监测、超载超限自动停机功能，实现了大型缆索吊装信息化施工，为安全施工提供了可靠的技术和设备保证。

(3)钢管拱肋节段立式拼装

在该桥之前，钢管混凝土拱桥的拱肋制作都采用卧式制作工艺。按设计形状、尺寸加工单根杆件，然后在胎架上按“$N+1$”节段卧式拼装的方法放样，将杆件拼装并焊接完弦管、腹管等形成大的节段。节段之间留下法兰盘连接空隙，法兰盘盘面板成对制作，将成对法兰盘焊接到节段弦管上。松开法兰盘螺栓打散成节段后，进行运输与安装。

该桥采用了全新的立式制作拱肋理念和工艺，在法兰盘安装阶段进行了改进创新。节段制造时不在卧式时安装法兰盘，而是将拱肋节段翻身 90°，同样采用多段“$N+1$”，但均为立式状态，调整好轴线、高程后，安装法兰盘，如图 6.4-28 所示。之后再打散，运输出场。这一工艺在节段制作同时完成一次立式预拼，节段状态与安装时状态一致，降低了焊接及结构受力方向变化等产生的影响，保证了安装质量。作为超大跨径钢管混凝土拱桥拱肋首次进行立式制作，投入了 2 台大型门式起重机，收到了非常好的效果，拱肋合龙后高程全部满足监控要求，跨中轴线偏位仅 1mm，且拱肋节段间未加任何垫片，全桥拱肋法兰盘共有 1024 颗安装允许间隙 2mm 的连接螺栓，全部顺利安装，无一需要扩孔。

(4)大节段拱肋安装

节段长度最长达40m,最重达197t,起吊、安装难度大,按常规工艺,须将船横水流方向抛锚定位再起吊拱肋,但长江川江航段江面窄、水流急、潮来潮去落差大,不允许大船横向抛锚定位。为此,采用吊点扁担梁和2000kN的旋转吊钩,并使用定位船配合进行拱肋安装。吊点扁担梁挂在2组主索的吊点下面,扁担梁上再安装2000kN旋转吊钩。拱肋安装前,将定位船固定。

拱肋安装时,将运输船开到定位船旁边,靠在定位船上抛锚固定。启动主索跑车到运输船上方,放下旋转吊钩,将拱肋吊起并旋转90°,使拱肋成顺桥轴线方向,然后将其放到定位船上临时存放。而后拆除2000kN旋转吊钩,用前后2个吊点将拱肋重新垂直吊起,运输到位安装。如此,运输船到达桥位后,不需横水流方向停船即可安装拱肋。此外,还设置横向缆风索确保安全高效地进行拱肋安装。拱肋安装从2011年9月1日正式开始,到2012年12月24日顺利完成,除去15d系统调试、49d天气等影响,实际用时58d完成36个节段及全部横联共6200t的拱肋安装。大桥拱肋节段安装施工如图6.4-29所示。

图6.4-28　拱肋桁段立式制作

图6.4-29　大桥拱肋安装施工

(5)管内混凝土施工

大桥拱圈矢高达近120m,每根钢管内混凝土为800m^3,每岸要浇筑400m^3,根据现场拌和站保守估计30m^3/h的生产能力,浇筑完成最少需14h。

通过混凝土配合比设计,选用、储备优质碎石和中粗砂,采用聚羧酸高效减水剂和一级粉煤灰,添加硅粉、膨胀剂,使混凝土在20h内保持较好的工作性能,坍落度保持在20~22cm范围内,扩展度保持在58~60cm范围内。

采用三级连续接力方式灌注管内混凝土,减少施工风险,保证施工质量和安全。在拱脚、1/3高度、2/3高度处设置三个混凝土灌注、排浆点。先从底部用第一级泵管向上灌注,当混凝土面超过1/3高度时,立即将灌注点从拱脚更换到1/3高度处;接着采用第二级泵管继续灌注,待混凝土面超过2/3高度时,又将灌注点更换到2/3高度处;继续采用第三级泵管灌注,直至拱顶出浆完成灌注。每级灌注交替时都打开该处排浆管,将上一级灌注产生的浮浆等排出。

为提高管内混凝土灌注的密实性,排除管内空气、水蒸气,减少混凝土脱空程度,采用了真空辅助灌注管内混凝土技术。在灌注施工过程中用拱顶抽真空泵将管内气压抽到-0.8MPa,并保持这一负压直到整根管灌注完成。通过该措施可以将管内空气中水分和混凝土中产生气泡抽走，特别是拱顶附近节段拱管顶面处聚集的气泡，大大减少了钢管混凝土脱空现象，如图 6.4-30所示。

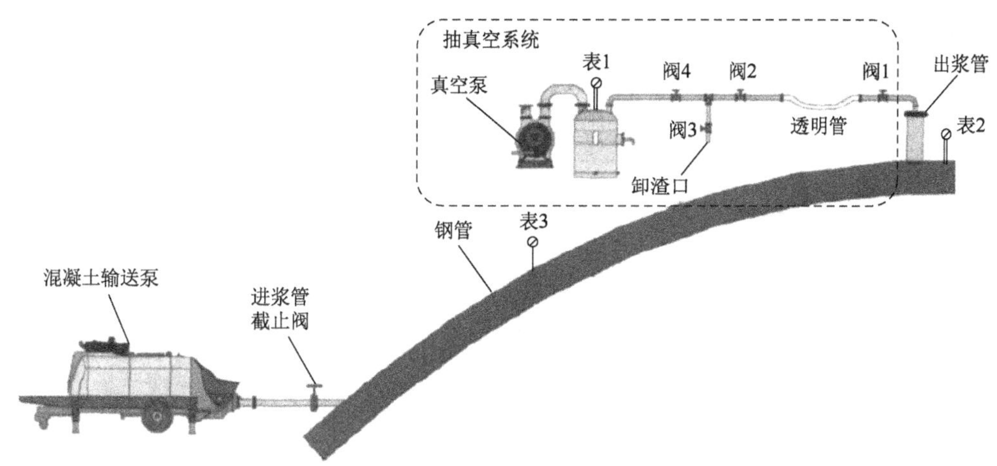

图 6.4-30　真空辅助灌浆施工示意

钢管混凝土拱桥在日本并不多见，数十年前开始在日本应用于立柱结构，但在桥梁上部结构中的案例极少，拱桥除沢川桥（铁路桥）、上轮桥（道路桥抗震加固）之外，新西海桥主桥是第三个案例。新西海桥作为规划的 1h 连接长崎市和佐世保市的区域性高标准道路的一部分，是日本国内新建道路桥中首次采用拱肋填充混凝土（钢管混凝土）的中承式拱桥。另外，日本建设者认为虽然中国有诸多此类桥梁，但是相关抗震设计标准有所不同。此外，因为相关经验不多，在新西海桥的设计施工方面进行了一些研究，其工程实践可以作为借鉴。

（1）工程概况

新西海桥主桥（图 6.4-31）建设地点在日本三大急潮之一的针尾海湾，由于该地春潮时能够欣赏到壮丽漩潮和美丽樱花，因此两岸被指定为县立公园。桥梁选型时，因其与西海桥平行，从景观和技术层面考虑，为确保新旧协调性、对比性与经济性，最终采用了钢管混凝土桁架拱桥。另外，从两岸公园通行便利角度考虑，在梁下配设悬挂式人行天桥。

图 6.4-31　新西海桥主桥全景

新西海桥为主跨 230m 的中承式推力拱桥，矢高为 48m，桥梁宽度为 20.2m，拱肋采用钢管混凝土结构，主梁采用组合结构。主桥立面布置如图 6.4-32 所示，横断面如图 6.4-33 所示。

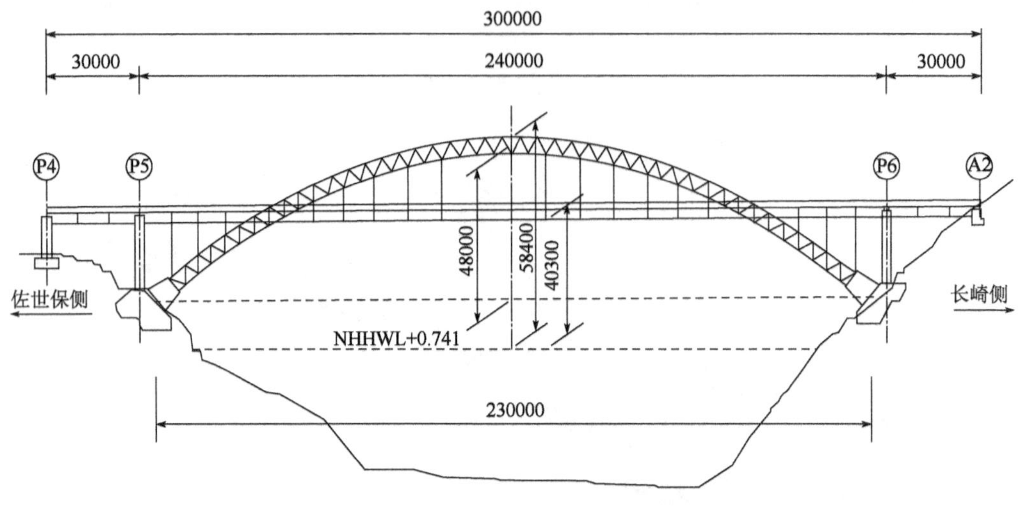

图 6.4-32 大桥立面布置(尺寸单位:mm)

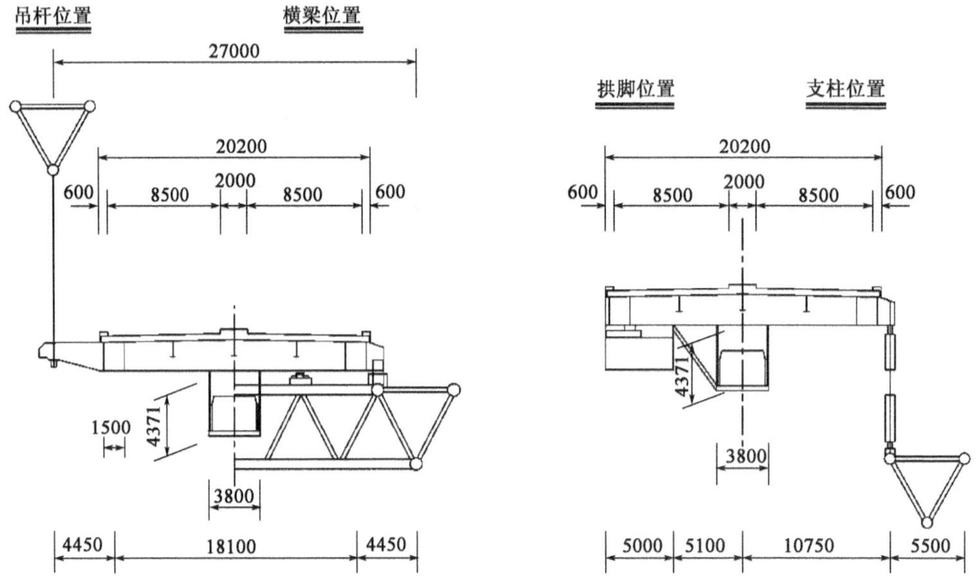

图 6.4-33 主桥横断面图(尺寸单位:mm)

拱肋由 3 根 ϕ812.8mm 钢管为弦杆组成钢管桁架结构,在弦杆中填充混凝土。左右弦杆通过钢管桁架结构的横梁连接,出于景观要求而未在桥面上左右拱肋之间设置横向联结。

(2)拱肋制造

拱肋弦杆采用高频感应加热进行弯折加工。在决定弯折加工半径时,考虑到弦杆通过摩擦连接(栓接)以及内部填充高流动性混凝土,为确保连接处的摩擦力和水密性,不对连接处进行弯折加工而保持直管状态,仅对普通部位进行弯折加工。为确保整体形状,固定连接板的坐标,确定弯折半径。连接部位保持直管状态,钢管在长约 10m 范围的高低差最大为 11mm,从外观上几乎看不出来。

把弯折加工后的弦杆运入工厂,开孔、安装环形加劲、抓环、栓钉等内部结构。连接板和母材一起开孔,以确保开孔精度。腹杆在端板、十字加劲安装之后,利用预紧螺栓固定连接部位,并调整全长和加工开口。

节段组拼时,在厂内专用胎架上完成预拼装,确保连接处的精度(图6.4-34)。

组拼的节段在室外进行预装,确认整体线形。另外,拱桥跨度为230m,因此拱肋的预装分3次进行,而拱横梁的预拼单独进行,组拼施工如图6.4-35所示。

图6.4-34 拱肋节段组拼状况

图6.4-35 拱肋预拼

加劲梁、附属天桥也分别在工厂分段预拼,并确认线形(图6.4-36、图6.4-37)。此外,附属天桥的吊索及支撑钢管的安装部件,通过加劲梁的预拼装信息反馈决定安装位置。

图6.4-36 加劲梁组拼状况

图6.4-37 附属天桥预装状况

(3)试验研究

由于日本拱桥钢管内填充混凝土的实绩不多,出于确认高流动性混凝土的填充性、未填充处的检测方法以及修复方法的适用性等目的,使用实际大小的模型进行了混凝土填充试验(图6.4-38)。

根据试验结果,得到以下结论:

①除预先设定的缺陷部位外,其他部位浇筑状况良好。

②利用仪表短路的浇筑传感器,能够确认混凝土是否到位。

③可以通过敲击声音确认混凝土的浇筑状况与缺陷有无。

④万一出现浇筑缺陷,能够通过灌注砂浆进行修补。

⑤基于测试结果的分析表明,混凝土初凝阶段未出现受拉现象得到确认。

图 6.4-38　混凝土填充实施

拱肋合龙原定于 2004 年 6 月末,由于近年来九州地区观测到 6 月以前会有台风靠近,因此对架设时的拱肋实施了风荷载验证。试验结果表明,即使只实施局部加强,拱肋的应力也不会由于风速大于 50m/s 而超出容许应力。2004 年,九州地区台风不断靠近并登陆该地区,尤其 23 号佐世保市受到超出历史最大风速的飓风(49.3m/s)袭击,拱肋和架设装置均未受损。

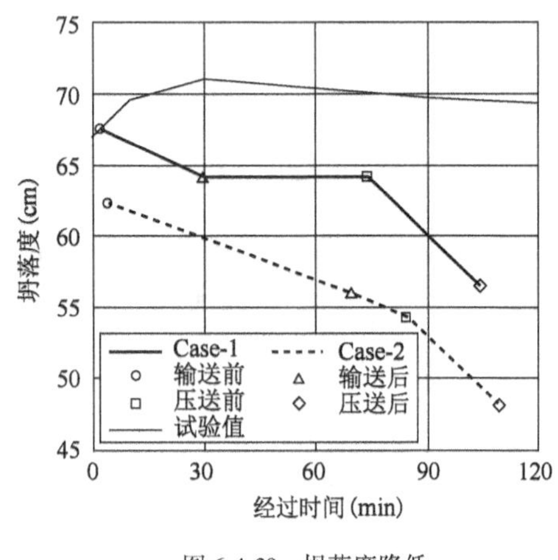

图 6.4-39　坍落度降低

在进行混凝土浇筑作业之前,为梳理实际施工时的问题点、掌握运输及泵送相伴的自浇筑性和材料分离阻力的变化,在现场开展了泵送试验。管道从 A2 背面到 P6 拱台上,泵送至 P6 拱台的混凝土使用料桶承接,再由缆索起重机运送到 A2 背面。测试结果如图 6.4-39 所示,运输及泵送过程中,坍落度变小。另外,单位水量极小差异对坍落度影响却很大。因此,将坍落度标准值设为规定(65cm±10cm)上限值即 70cm 左右的同时,还需对包括表面水在内的工厂水量进行严格管理。

(4)架设

该桥采用缆索吊装斜拉扣挂施工法架设。主拱架设施工布置如图 6.4-40 所示。架设过程中使用的缆索起重钢塔,高度为 77.5m(P5 侧)和 64.5m(P6 侧)、跨度为 355m,为日本国内规模最大。起重机设备为 4 个 30 吨级吊装系统、1 个 15 吨级吊装系统。

斜拉扣挂设备沿着 P5 和 P6 桥墩安装,拱脚桥墩作为缆索起重塔的一部分,以削减设备费用。

该桥的架设地点潮汐流速快、涨落潮时通行船舶集中,无法进行海上运输和装卸作业,故而全部采用陆地运输。拱肋在预拼后,全部分解为单体运输。

拱肋架设前,运输部件在现场的组拼场地再次组拼成节段单元。基于工厂制作信息,制作安装了专用胎架(图 6.4-41)。节段单元组装后使用自行式台车运输到装卸场。架设时左右节段同时进行。拱肋合龙后,通过浇筑混凝土将铰接的拱脚固结。

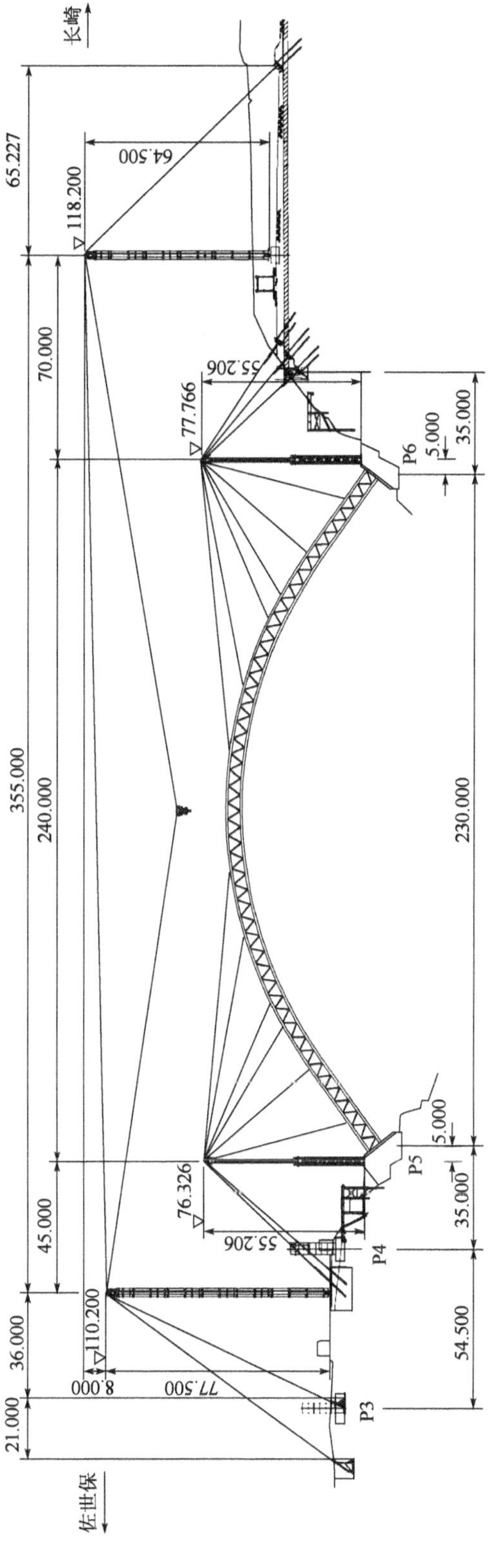

图6.4-40　主拱架设布置(尺寸和高程单位: m)

图 6.4-41　组拼状况

钢管内混凝土浇筑将 6 根拱肋弦杆分别划分为 4 部分、共计 24 部分，并以 4 部分逐一共计 6 次实施（图 6.4-42）。为使 P5 侧车辆能够进入到拱脚平台，把混凝土泵车停在拱台上浇筑混凝土。另一方面，P6 侧车辆无法进入拱脚平台，最初计划从 A2 桥台背面进行浇筑。然而，在此情况下，泵送压力需达到 12MPa 以上，混凝土泵车的调配困难。为此，决定使用缆索起重机把泵安放到 P6 拱台上，通过两级泵进行浇筑（图 6.4-43）。

混凝土浇筑在酷寒条件下进行，所有区格的浇筑作业均未发生连接部漏水、泵送管道堵塞等重大问题，施工得以顺利实施。另外，在浇筑时，钢管内部安装压力计和热电偶等仪表，对浇筑状况、温度变化引起的硬化反应等进行了确认。伴随混凝土浇筑的实施，压力的增加值与理论值基本一致，浇筑完成后钢管内部的温度缓慢升降，浇筑作业顺利实施在数据上也得到了印证。

在钢管内混凝土浇筑前后，开始主梁与附属天桥的架设。附属天桥位于主梁下面、支撑在主梁的横梁上，架设按照主梁的钢纵梁、钢横梁以及附属天桥的顺序实施，但主梁的小纵梁最后安装。主梁的钢横梁贯穿横向全桥宽度，附属天桥先暂放在横梁上后，再横向平移到目标位。

大桥从构件制造到桥梁架设长达 4 年，于 2006 年 3 月 5 日顺利开通。

6.4.4　飞鸟式拱桥

钢管混凝土在中国应用广泛，斜拉扣挂法施工有着大量的工程实例。飞鸟式拱由一个主拱和两个半拱组成，斜拉扣挂法悬臂架设一般用于主拱跨的安装。茅草街大桥就是一座大跨度飞鸟式钢管混凝土拱桥，以下介绍施工的主要情况。

（1）工程概况

茅草街大桥主桥为 80m+368m+80m 三跨中承式钢管混凝土拱桥（图 6.4-44）。主拱轴线采用悬链线，计算跨径为 356m，矢跨比为 1/5，拱轴系数为 1.543，计算矢高为 71.2m。主拱拱肋为双肋悬链线无铰拱，每片拱肋由 4 根钢管组成，内灌 C50 混凝土；上、下弦之间用钢管作为腹杆形成桁式拱肋。每条拱肋沿跨度方向分 23 节预制，加上 14 道横撑，全桥拱肋共分 60 个预制段，最大吊重为 65t。

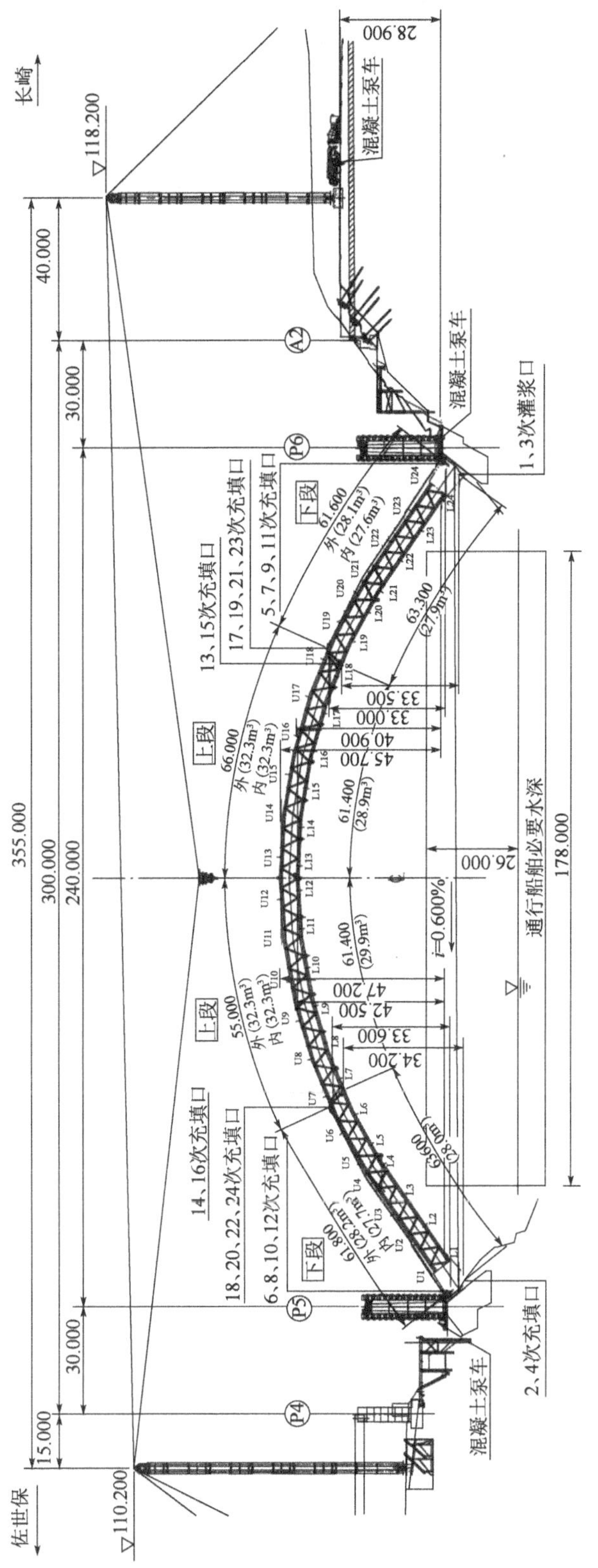

图6.4-42　混凝土浇筑顺序(尺寸和高程单位:m)

图 6.4-43　P6 拱台上的浇筑作业

图 6.4-44　茅草街大桥

拱肋节段安装采用两岸对称悬拼，每半跨拱肋 11 个节段，共设 6 个正式扣段和 5 个临时扣段。第一扣段含 3 个节段（其中 2 个为临时扣段），第二、三、四扣段各含 2 个节段（其中各含 1 个临时扣段），第五、六扣段为 2 个永久扣段，待节段就位接头张拉正式扣索后，拆去前面临时扣索，并对临时扣段进行焊接。节段为单肋安装，单肋节段安装就位后拉缆风索，确保横向稳定。待上下游同一节段吊装就位后，安装相应连接横撑。

（2）缆索吊装系统

该桥缆索吊装施工现场由起吊安装系统、拱肋扣索系统和稳定系统组成。起吊安装系统由吊塔、吊锚及吊装缆等构成，其中吊塔锚索锚固在两岸地锚上；扣索系统由扣塔、扣锚及扣索等部分组成，扣锚锚固在边拱两侧端部；扣塔与吊塔合二为一。稳定系统由平衡索、缆风索等构成。采用上下游 4 套（2 组主索）吊装系统进行安装，现场总体布置如图 6.4-45 所示。

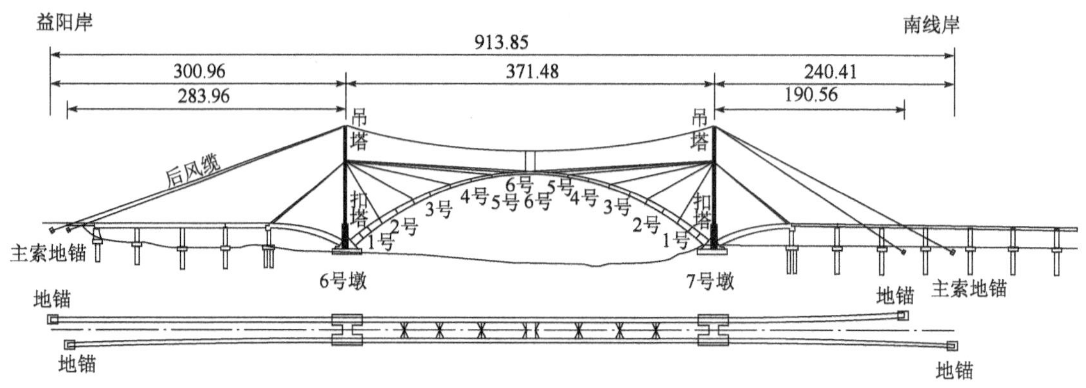

图 6.4-45　缆索吊装系统总体布置图（尺寸单位：m）

吊装索塔在扣塔塔顶以上部分采用万能杆件双柱门式结构，高度约为 20m，吊塔纵向 4m、横向 28m，与扣塔顶部采用铰接的连接形式，吊塔顶部设索鞍平台，如图 6.4-46 所示。

全桥对应上、下游拱肋各 2 套，共设 4 套主索吊装系统。上游由 2 组 9ϕ39mm 钢丝绳组成，下游由 2 套 6ϕ47.5mm 钢丝绳组成。钢丝绳抗拉强度为 1700MPa，主索张力安全系数为 3.5。

每套主索上布置 2 个吊点，上下游主索各有 4 个吊点，每个吊点采用 ϕ22mm 的钢丝绳走 8 线，每一拱肋节段用每组主索系统上的 4 个吊点抬吊，横撑节段用上、下游内侧的 2 套主索上的其中 2 个吊点进行抬吊。

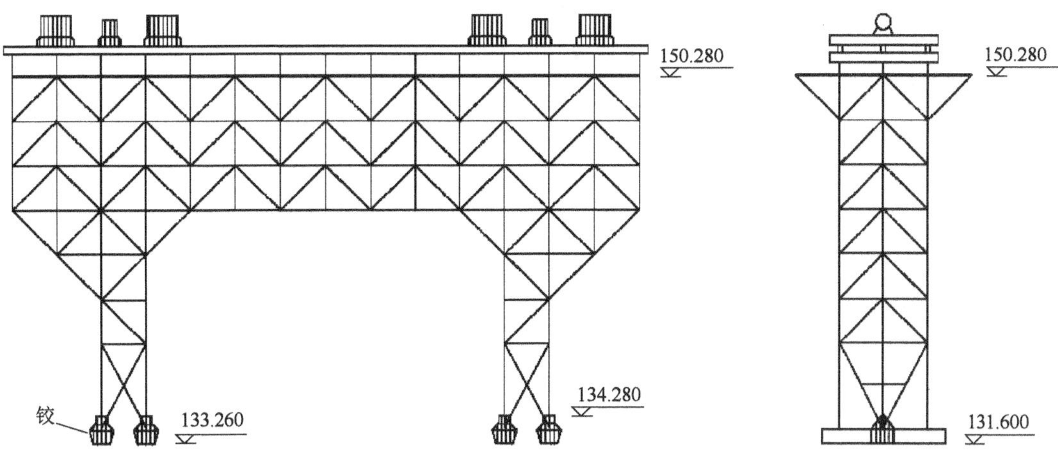

图 6.4-46　吊装索塔布置图(高程单位:m)

为保证施工过程中缆索吊装系统的稳定性,设置横向抗风索,采用 ϕ28mm 钢丝绳,在吊装索塔的上、下游两侧各布置 2 组(每组 2ϕ28mm 钢丝绳)。一端系于塔顶,另一端与缆风锚碇连接。抗风索单根 ϕ28mm 钢丝绳的初张力为 80kN。

(3)拱肋吊装施工

拱肋缆索吊装施工工艺:工厂预制拱肋节段船运至桥位→节段起吊、纵移、就位螺栓连接→节段扣索挂设与调整、吊点松钩→完成同岸侧上下游同号节段安装→拱肋间横撑安装(完成一个双肋节段吊装单元)→调整扣索索力及拱肋节段高程→焊接临时扣索接头→依次完成全桥拱肋节段及横撑安装→两岸对称安装上游 6 号节段→上游拱肋合龙→两岸对称安装下游 6 号节段→下游拱肋合龙→精确调整后固定合龙装置、接头焊接形成无铰拱→逐级松扣。

拱肋吊装施工采用上下游分段吊装、两岸对称悬拼至跨中合龙的总体施工方案。安装过程大致可以分为拱脚节段安装、中间节段安装、合龙段安装以及扣索的解除等主要步骤。

拱脚第一节段拱肋分为三个吊段,吊装的施工方法和主要工艺如下:

首先,先用上游 4 个吊点吊运上游第一吊段,调整吊段拱脚端铰轴钢管位置,使其与预埋铰座接触密贴,安装并张拉临时扣索。用横向调位缆风索调整轴线位置,用临时扣(缆)索调整高程。

接着,同法吊装同岸下游第一吊段,对称吊装另一岸上、下游第一吊段;随后对称吊装完成第二吊段、第三吊段。第二吊段安装张拉临时扣索,第三吊段安装张拉 1 号正式扣索。

最后,在第二吊段同岸上、下游双肋节段全部安装就位后,吊装拱肋间横撑。横撑采用内撑管和插销定位安装,在线形调整符合要求后及时焊接;按同法安装完成三吊段间横撑,完成拱肋第一节段的安装。

中间节段拱肋吊装流程按照第一节段的方法进行,依次完成拱肋 2 号~6 号节段的安装工作。每一编号的正式扣索挂好后,均须对之前的扣索进行调索作业。每一编号扣索调索分级对称进行张拉,同时进行索力测试。每一扣段均进行一次拱肋轴线、拱肋高程调整,避免误差累积。

(4)拱肋合龙施工

拱肋 6 号节段安装完成后,进入拱肋合龙施工阶段。合龙前通过扣索、抗风索,对拱肋进行线形、高程的调整，并根据需要进行温度修正，选择温度稳定时段、确定临时合龙构造，实施瞬时合龙。设计合龙温度在15℃左右，不超过20℃。临时合龙构造设在两主弦管间，全桥共4个，通过法兰螺栓旋转对拱圈两侧施力达到弦杆内力调整及定位的目的。合龙施工时4个临时合龙构件同步完成作业，通过扣索和拱顶合龙装置进行精调，调整合格后固定合龙装置，进行各扣段间连接的焊接工作，完成后拆除临时合龙装置。

空钢管拱肋合龙、各节段接头焊接完成后，封固拱脚，由两铰拱转换成无铰拱后，通过逐级松扣，将扣索拉力转换为拱的推力。松扣从跨中6号扣索开始，两岸对称分级（扣索力分5级，每级1/5）依次（从6号到1号）放松，每级完成后暂停15~20min，对拱肋钢管应力与线形进行监测，确认合格再进行下一级放松循环，最后一级保留5%左右的扣索力暂不放松。对拱肋进行全面测试，确定是否需要采取修正措施。最后，灌注完成拱肋钢管内混凝土，彻底放松扣索并予以拆除。

第7章　悬臂浇筑法

7.1　技术特点

采用钢拱架现浇施工是混凝土拱桥早期采用的施工方法。19世纪以前拱桥均采用辅助支架施工,该方法简单,施工难度小,至今仍在中小跨径拱桥中应用。但对于大跨度拱桥,搭设临时拱架工程造价可能比拱肋自身材料造价还高,使得拱架施工变得不再经济,这也是混凝土拱桥建造一度停滞不前的原因,直到其他施工方法开始流行。

具有悠久历史的拱桥,被不断赋予新的活力。在崇山峻岭之中,大跨径钢筋混凝土拱桥能较好地适应地形地貌条件,充分利用山区岩石地基承载力高的特点。挂篮悬臂浇筑法施工从20世纪60年代由联邦德国首先使用以来,发展至今,已成为修建大中跨径桥梁的一种有效施工手段。对于大跨度混凝土拱桥,悬臂浇筑施工方法已经成为最常用的施工方法,从拱脚处开始对称同时悬臂浇筑施工两半跨拱,直至拱肋合龙。绝大多数情况下,施工过程中随着悬臂加大,完全无额外辅助措施条件下,半跨拱本身难以承受自重与模板产生的弯矩作用,一般需要临时拉索或临时支撑等措施,满足拱肋悬臂施工受力要求,直至两半跨拱合龙成拱。混凝土拱桥悬臂浇筑施工最常用工法包括:①悬臂扣挂法;②临时中间支撑法;③悬臂桁架法。此外,对于多室箱、分离式肋的拱结构,还可以考虑横向的分阶段施工。

2007年,我国将挂篮悬臂浇筑法用于主跨150m的钢筋混凝土拱桥施工,成功建成了西昌—攀枝花高速公路上的白沙沟大桥,填补了国内的一项空白。随着我国交通事业的发展,桥梁结构不断向大跨度、高强度混凝土方向发展。当钢筋混凝土拱桥施工现场周边没有预制场地或预制件运输困难时,悬臂浇筑施工拱圈较为经济,且具有施工方便、结构整体性好、后期维护少、维修简便的独特优势。特别在一些山区,多数道路需穿越高山、深谷,大跨度钢筋混凝土拱桥在技术、经济上与其他桥型相比具有较明显的优势。

钢筋混凝土拱桥典型的悬臂浇筑施工步骤如下:

(1)在两岸分别设置扣锚系统,包括扣塔、锚碇及扣索等。

(2)在两岸拱脚处搭设支架,浇筑第1段拱圈。

(3)安装第1对扣索,分别在第1段拱圈上拼装挂篮。

(4)安装钢筋、模板,悬臂浇筑拱圈。

(5)安装第2对扣索,移动挂篮就位。

(6)安装钢筋、模板,悬臂浇筑拱圈,如此循环完成全部现浇节段。

(7)安装劲性骨架,完成拱圈结构合龙,采用吊架浇筑合龙段混凝土。

混凝土拱桥悬臂扣挂浇筑施工需要在两岸设置扣锚系统,包括扣索、锚索以及扣塔、锚碇等。扣塔常利用拱脚处的桥墩,高度不足时在墩顶加设临时钢构件。此外,拱桥悬浇挂篮不同于常规预应力混凝土梁的挂篮,需要充分考虑拱圈大坡度、变弧线的特点。一个节段混凝土拱圈浇筑时,通常一次连续对称浇筑成型,一般依次浇筑底板、中腹板、两侧边腹板、顶板。浇筑过程需要对扣索索力等进行监测,以确保几何线形和结构受力满足要求。一般情况下合龙段内设置劲性骨架,设置专门吊架用于拱圈合龙混凝土施工。

7.2 无支架悬臂浇筑

7.2.1 斜拉扣挂法

1966 年建成的希贝尼克大桥(Šibenik Bridge)如图 7.2-1 所示,跨径为 246m,是世界上首座完全采用自由悬臂法进行施工的桥梁。1968 年建成的帕格大桥(Pag Bridge),如图 7.2-2 所示,跨径为 193m,与希贝尼克大桥的设计和外形十分相似。主拱采用了三室箱形结构,起拱点到拱顶的拱肋高度逐步增加。两座大桥均采用了挂篮悬臂施工法,希贝尼克大桥是将临时斜拉索和拉杆锚固在上部结构的桥台处;而帕格大桥则是直接锚固在岩石内。两座桥梁均着重处理施工方法问题(混凝土保护层非常薄),因此导致了耐久性问题。

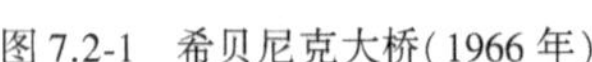

图 7.2-1 希贝尼克大桥(1966 年)

图 7.2-2 帕格大桥(1968 年)

继希贝尼克大桥和帕格大桥之后,这种施工方法在悬臂浇筑混凝土拱桥中得到了广泛应用。

1997 年 4 月 7 日通车的马斯列尼卡公路大桥(Maslenica Highway Bridge)(图 7.2-3)桥面高度在海平面以上约 90m。海平面处海峡宽度约为 175m,主拱跨径为 200m,主拱矢跨比采用 1/3.08,矢高为 65m,钢筋混凝土无铰拱,立面布置如图 7.2-4 所示。

图 7.2-3 马斯列尼卡海峡钢筋混凝土拱桥

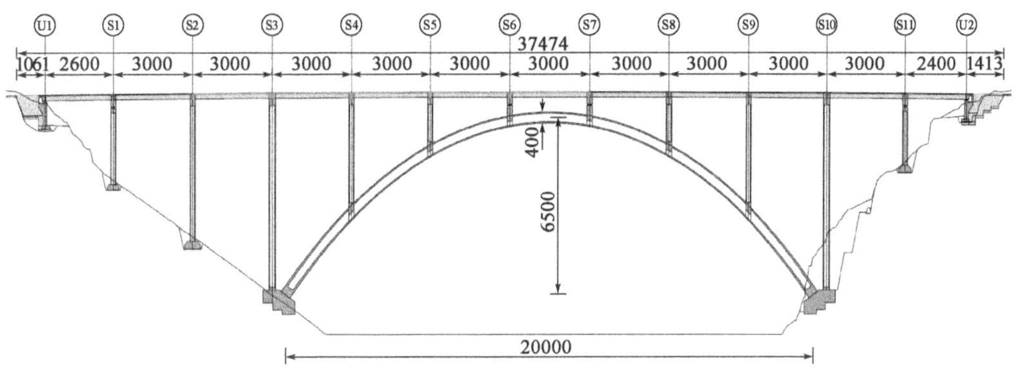

图 7.2-4　桥梁立面布置(尺寸单位:cm)

拱肋采用单室双箱钢筋混凝土截面,拱肋宽度为 9.0m,高度为 4.0m,拱肋尺寸沿拱轴线保持不变。拱肋顶、底板厚度为 45cm,线性渐变至拱上立柱位置处的 80cm。桥梁横向宽度为 20.4m(不含护栏宽度),主梁由 8 片 T 梁组成,采用 12 跨连续结构布置。横断面布置如图 7.2-5所示。

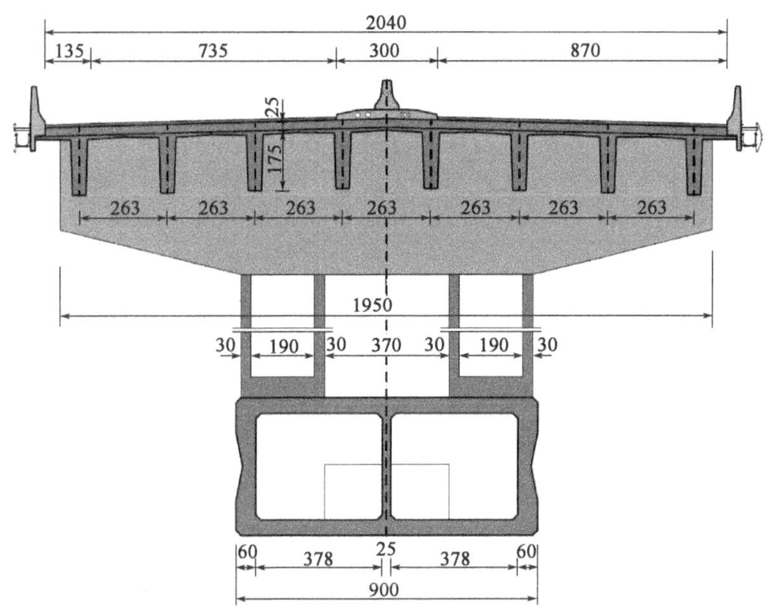

图 7.2-5　桥梁横断面布置(尺寸单位:cm)

大桥施工前期准备工作在 1993 年 3 月开始。为防止桥梁被炮弹击中,首先修建了碉堡保证安全。随后修建了通往桥位及桥梁基础的施工便道,长达 15km,包括 35000m^3 的岩石开挖。主要施工步骤如下:

(1)进行所有桥墩基础施工。

(2)修建临时拉索的岩石锚(拱肋悬臂施工所需),一共 74 个岩石锚,约 25m 长。

(3)现场安装跨度 500m、吊装能力 6t 的缆索起重机。

(4)岸上立柱施工,采用爬模施工,每次可施工 5.0m 节段。拱上两侧立柱基本保持平行施工,两者仅有 24h 间隔。

(5)分两阶段进行立柱顶部盖梁施工。前一阶段先施工盖梁底部部分,随后架设预制先张预应力T梁;后一阶段再施工盖梁顶部部分,与上部结构T梁接头一起浇筑,形成整体结构。

(6)进行拱肋悬臂浇筑施工。这是最为重要的施工过程,采用55t移动模架作为模板,每次浇筑5.26m长节段,从两岸拱脚向跨中对称施工。悬臂施工的斜拉扣挂系统利用了拱脚处交界墩,并采用23.0m高的临时钢塔架进行加高,以确保拱肋悬臂施工直至拱顶也能有效设置扣索。拱肋悬臂浇筑期间设置了三组拉索(扣索),其中两组设于交界墩上、一组设于临时钢塔架上,扣索通过锚固在桥墩和临时钢塔架的背索进行平衡,水平分力直接传递至岩石地基上。

(7)拱肋合龙时,通过千斤顶进行内力和位移调整,该方法也在其他克罗地亚拱桥中采用过。拱肋施工拱轴线在设计拱轴线基础上预抛高(拱顶处约高13.7cm),以考虑后续拱肋收缩徐变变形影响。

(8)拱肋施工期间,在桥位附近场地进行先张预应力T梁的上部结构预制,随后采用架梁机进行安装。在拱肋合龙后,拱上立柱采用岸上立柱相同方法进行施工。拱上的7跨上部结构随后进行架设,同样也是严格按照指定施工顺序,保证拱肋均匀对称受力。最后浇筑上部结构混凝土层及盖梁顶部部分,施工顺序同样关于拱顶对称进行。

经过合理计划,在保证24h不间断施工的基础上,大桥拱肋施工仅仅用了11个月,其中还包括因为风速过大的2个月停工期。施工期间,就在拱肋合龙前夕,桥梁还经历了一次强震,所幸未对结构造成影响。

主拱主要施工过程如图7.2-6所示,施工实景如图7.2-7所示。

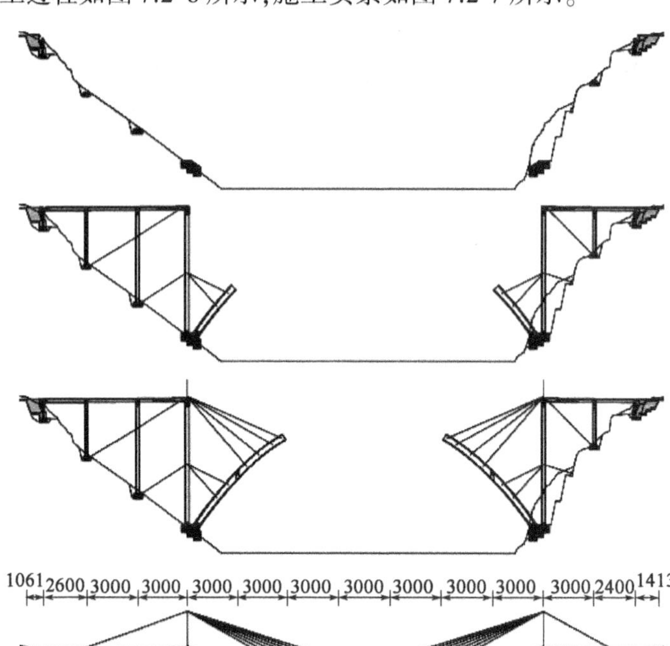

图7.2-6 主要施工步骤(尺寸单位:cm)

图 7.2-7 施工实景

2007 年 6 月建成通车的克罗地亚 Cetina 大桥，跨越特里利镇附近的塞提纳河，为主跨 140m 的上承式钢筋混凝土拱桥，矢高为 21.5m，矢跨比为 1/6.5，桥梁宽度为 10.5m，大桥立面布置如图 7.2-8 所示。

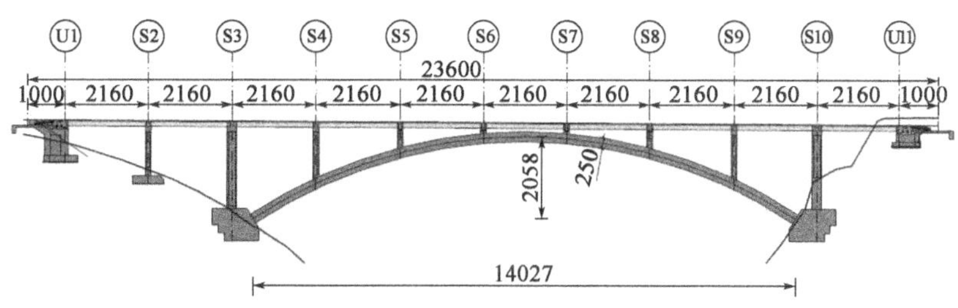

图 7.2-8 大桥立面布置(尺寸单位：cm)

主拱圈采用单箱单室截面(图 7.2-9)，无铰拱，拱圈尺寸为 2.5m(高度)×8.0m(宽度)，沿拱轴线保持等宽等高。拱圈顶、底板厚度为 40～60cm，腹板厚度均为 50cm。

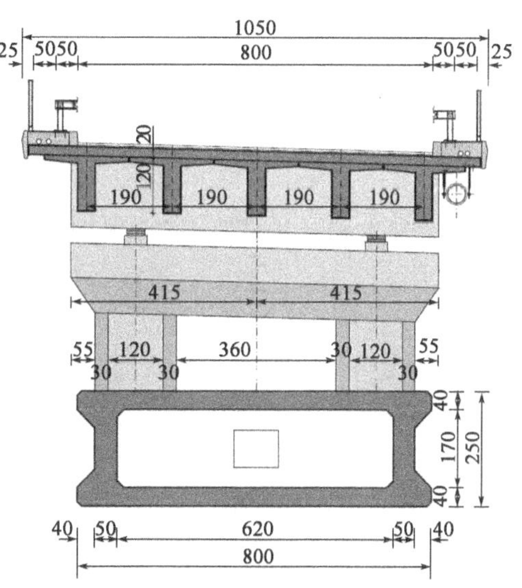

图 7.2-9 大桥横断面布置(尺寸单位：cm)

桥位地质为石灰岩，桥台、桥墩均采用扩大基础。除拱座基础上墩柱外，其余各墩墩柱尺寸为 1.5m×1.8m 矩形空心截面，壁厚 30cm。两根墩柱在顶部设置 8.3m 长盖梁。

大桥主要施工步骤如下：

(1)所有桥墩基础施工，包括拱座基础。

(2)进行岸上引桥桥墩施工，采用爬模法 5m 一节段施工。

(3)岸上引桥上部结构施工，现场采用 300t 汽车起重机进行预制 T 梁吊装，就位后浇筑混凝土桥面板及横梁。

(4)岸上引桥上部结构施工的同时,采用斜拉扣挂法悬臂浇筑拱肋,从两岸拱脚向跨中对称施工,采用移动挂篮法现浇,5.01m 一个节段。施工过程中,拱肋采用斜拉扣挂保持稳定,通过锚固在拱脚处桥墩上的背索,直接将荷载传递至岩石地基上;随着拱肋施工的进行,在拱脚处桥墩上设置 18.5m 高的临时钢塔架,从钢塔架顶伸出斜拉索(扣索)继续施工中跨范围拱肋。

(5)拱肋合龙后进行拱上立柱和桥面系施工,逐步拆除临时斜拉扣挂系统。

(6)最后进行桥梁附属工程施工,包括桥面防水、桥面铺装、防撞栏杆等。

主拱主要施工过程如图 7.2-10 所示,施工实景如图 7.2-11 所示。

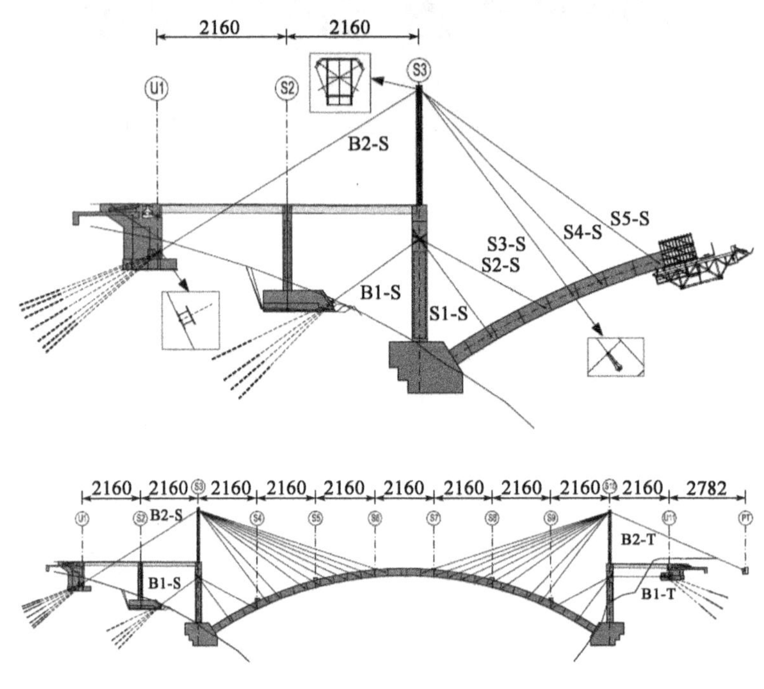

图 7.2-10 主要施工过程示意(尺寸单位:cm)

克罗地亚克尔克桥为上承式钢筋混凝土无铰拱,跨径为 204m,矢跨比为 1/5,桥宽 20.4m,如图 7.2-12 所示。主拱圈采用单箱双室截面,拱肋高度为 3.0m,拱肋宽度为 10.0m,顶底板厚 40cm,边腹板厚 50~60cm,中腹板厚 30cm。除拱顶附近的两根立柱采用实心截面外,其余拱上立柱均采用空心薄壁箱形结构。桥面系采用钢-混凝土组合结构。克尔克桥于 2003 年开工,两年后于 2015 年建成通车。

大桥立面布置、横截面布置分别如图 7.2-13 和图 7.2-14 所示。

大桥施工主要情况如下:

(1)首先是所有下部结构(包括拱座桥台)现浇施工,随后施工河岸上立柱,采用爬模施工,5m 一个节段,接着进行两岸桥台施工。之后,转入主拱施工阶段。

图 7.2-11　施工实景

图 7.2-12　克罗地亚克尔克桥

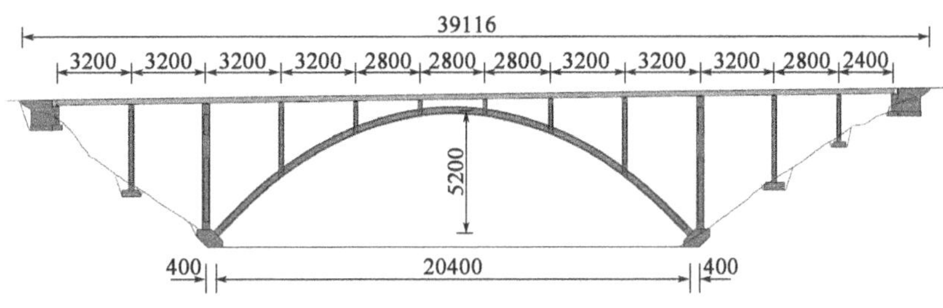

图 7.2-13　大桥立面布置(尺寸单位:cm)

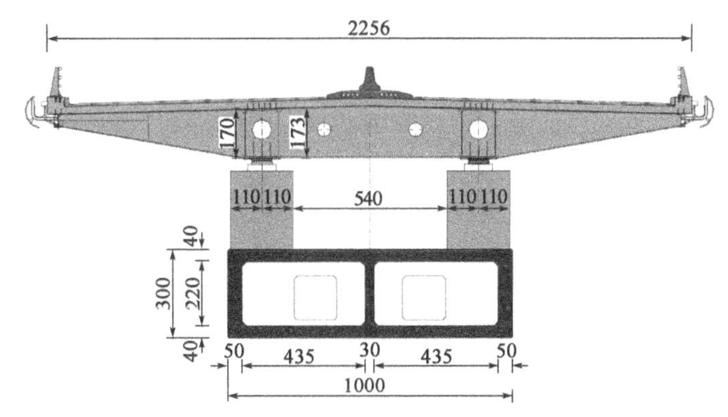

图 7.2-14　大桥墩顶横断面布置(尺寸单位:cm)

(2)主拱采用悬臂法施工,采用移动挂篮现浇,每节段长 5.25m,两半拱从拱脚向拱顶同时对称施工。施工阶段拱肋由拱座上桥墩伸出的斜拉索(扣索)支承,扣索水平分力经锚固在桥墩的背索直接传递至岩石地基;随着拱肋悬臂浇筑施工的持续,拱座处桥墩需要采用临时钢塔架进行加高,如图 7.2-15 所示。临时拉索(扣索)采用德国地伟达预应力体系,采用 0.62in 索股,索体采用 St1570/1770 级,单根拉索 12~22 根索股。

(3)在进行拱肋前 12 个节段施工的同时,同步施工拱座基础至桥台处的上部结构钢梁,钢梁各部件通过陆路运至现场,通过现场焊接形成钢梁节段。在拱肋剩余节段悬臂浇筑之前,需先完成拱座基础至桥台处的上部结构钢梁架设,为后续张拉钢塔架临时拉索提供设备转运通道。钢梁架设采用纵向顶推法施工，在桥墩墩顶设置特殊滑动装置，同时在钢结构前端安装导梁以减少主体结构施工应力。钢梁顶推到位后落座在永久支座上。随后施工混凝土桥面板，预制混凝土桥面板厚25cm，主纵梁间预制板尺寸为6.44m×3.44m，悬臂端预制板尺寸为6.4m×3.7m。预制板通过主纵梁、横梁上剪力钉及湿接缝连接为整体，形成组合断面，完成上部结构施工。

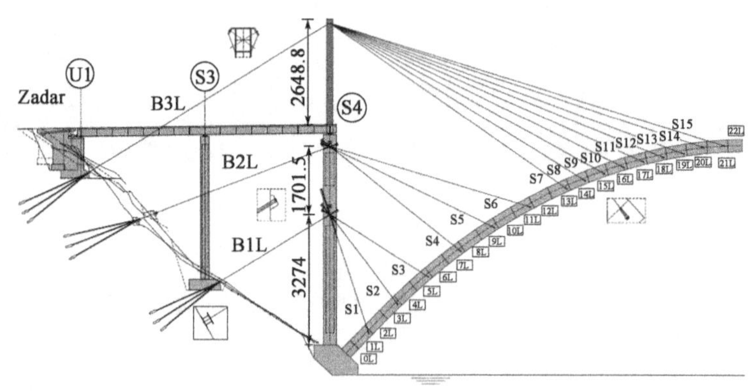

图7.2-15　克尔克桥施工过程示意(尺寸单位:cm)

(4)接着在拱座立柱上架设临时钢塔架，以方便后续第三批临时拉索(扣索)张拉、拱肋继续施工。钢塔架高度为26.25m，包括连接横梁。后续拱肋施工期间，临时钢塔架、已施工上部结构沿桥轴方向均保持固定约束。

拱顶合龙段长2m，于2004年4月施工完毕。施工期间，安装了500m跨度和6t容量的缆索起重机，用于现场运输。

(5)主拱合龙后，逐步拆除临时拉索和背索，按照顺序浇筑拱上立柱。随后进行钢结构顶推施工，从西岸往东岸施工，顶推就位后落架到永久支座上。混凝土板施工同前。

(6)最后，进行桥梁附属工程施工，包括防水、铺装、管道、安全屏障和照明安装等。

德国Wilde Gera大桥为主跨252m的上承式钢筋混凝土拱桥(图7.2-16)，上部结构全长552m，跨径布置为30m+36m+10×42m+36m+30m，立面布置如图7.2-17所示。桥梁宽度为28.0m，主梁采用组合钢箱梁，其钢梁采用顶推法施工。

图7.2-16　德国Wilde Gera大桥

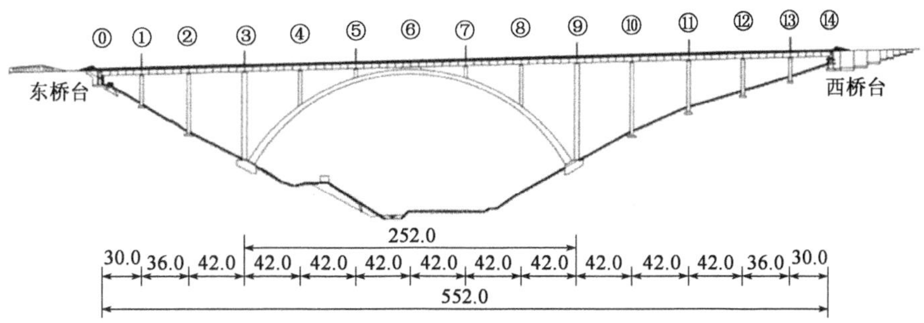

图 7.2-17 大桥立面布置(尺寸单位:m)

主拱圈采用单箱双室截面,拱轴线近似为二次抛物线,截面宽度为 10.3m,截面高度由拱脚处 5.5m 渐变至拱顶处 3.3m。拱肋顶、底板厚度为 35cm,外腹板厚度为 40cm,内腹板厚度为 30cm。所有拱上立柱均采用空心矩形截面,标准断面尺寸为 2.5m×9.0m,壁厚 30cm,墩顶尺寸满足上部结构顶推施工时放置千斤顶需求。

拱圈采用悬臂施工法,从两岸向跨中对称施工。每半侧拱肋从拱脚到跨中划分为 24 个施工节段,最终通过第 25 个节段将拱肋合龙。为了方便安装爬模,起拱节段长 7m,其余拱肋节段均为 6m,每个拱肋节段均按照直线施工,避免按照曲线浇筑带来的麻烦。主拱施工过程主要步骤如图 7.2-18 所示。

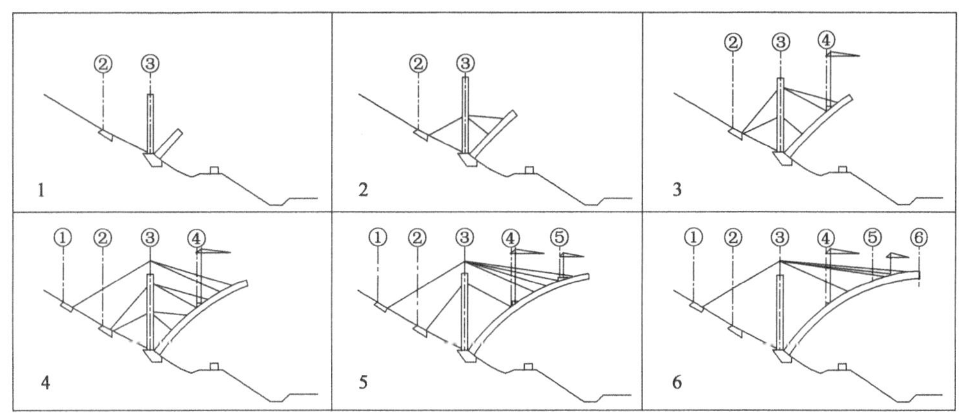

图 7.2-18 大桥主拱施工步骤示意

拱肋节段采用挂篮现浇施工。每个拱肋节段施工时,挂篮模板后端支承在已浇筑拱肋节段上,前端通过斜拉索扣挂,施工荷载通过拉索及背索传递至岩石基础。施工第 13 拱肋节段时,在拱座基础之上的桥墩顶安装临时钢塔架(图 7.2-19),保证有足够角度对拱肋顶部节段进行扣挂。

在两岸桥墩 1、桥墩 2、桥墩 10 和桥墩 11 处基础设置岩石锚杆对背索进行锚固。在每个桥墩基础处,锚杆和背索相互交叉锚固保证传力,如图 7.2-20 所示。在两侧悬臂施工 24 个拱肋节段完毕后、现浇第 25 个拱肋节段前,在两侧半拱安装受压钢梁,随后适当放松挂索确保受压钢梁产生足够压力,以保证最后现浇的混凝土节段在硬化过程中不受温度作用影响。最后,拆除大部分挂索,只保留后续顶推上部结构施工需要的部分挂索。图 7.2-21 为主拱合龙前的施工实景。

图 7.2-19　临时锚固钢塔架

图 7.2-20　背索基础锚固

图 7.2-21　拱肋合龙施工

瑞士塔米纳(Tamina)峡谷大桥(图 7.2-22)位于圣加伦行政区南部,自 2005 年开始,当地决定修建跨越塔米纳山谷的桥梁。需要桥梁长度约为 400m,深度约为 200m。为了使塔米纳山谷桥更好地融入自然环境,如何处理好大桥与周边及当地环境敏感要素是最重要的。此外,根据当地的规划,该河谷是栖息地保护区,桥下区域属于岩羚羊活动范围,因此,要求施工阶段的技术对自然资源影响尽可能最小。

图 7.2-22　瑞士塔米纳大桥

为此，当地举行了国际设计竞赛邀请，竞赛方案必须符合技术可行、外观出众、经济实用的标准。最后斜拱+拱上斜立柱方案，以其结构通透、简洁、高雅、经济、施工方法简便获得方案竞赛第一名。

这座桥跨越200m高的塔米纳峡谷，桥梁全长475.4m（包括桥台），上部结构总长414m，最大主跨长259m。桥面距谷底200m，桥宽9.5m，该桥作为欧洲最高的拱桥，也是瑞士唯一一座超过200m高的桥梁。混凝土主拱拱跨为260m，由于两半拱的拱脚不在同一高程，为了保证两个半拱在拱顶水平推力相等，两个半拱采用不同的跨度和矢跨比。

拱圈施工选择了悬臂浇筑法，采用临时塔和斜拉索，即斜拉扣挂法。大桥拱圈划分为55个混凝土节段，一侧为32个节段，另一侧为23个节段。拱圈首节段设计为箱形截面，两侧最后的10～12个节段为实心截面。混凝土节段采用斜拉扣挂系统通过临时塔锚固在两岸河谷岸壁上，临时塔高100m；靠近桥台处的2个节段采用一组斜拉扣索，其后的5～7个节段采用一组斜拉扣索；在塔的后方，斜拉锚索锚固到临时基础，临时基础通过岩锚传递荷载到地面。

拱肋一侧的扣索索股采用PE外套，最大为24索股，塔后索则主要采用19股的拉索。拱肋侧锚固采用BBR内锚技术，由于腹板高度较小，22～24索股的扣索分成两半来锚固，采用12股的BBR内锚，然后通过Y形管合并成单索锚固到临时塔。两侧扣索和锚索需要同时进行索力调整，以保证塔的受力均衡；这需要每个塔同时在锚固侧采用10个大型千斤顶（3500kN）、拱肋侧采用2个千斤顶（7000kN）。应力调整期间，塔姿态受控于几何形态，记录塔毫米级变形，调整索力后确保临时塔竖直。

2013年进入桥台施工，2014年开始施工主拱，拱肋逐步按照5m一节延伸，2015年春季实现合龙。合龙后拆除临时塔，接着进行上部结构施工，最终大桥在2017年实现通车。

大桥主要施工步骤（图7.2-23）如下：

（1）依次完成两岸桥台、拱脚主墩基础以及拱脚斜立柱施工。

（2）分别在两岸的桥塔与拱脚立柱之间搭设支架，完成两岸边跨主梁浇筑施工。

（3）从两岸开始分节段进行拱圈混凝土浇筑施工，搭设斜拉扣挂临时塔架，伴随拱肋悬臂伸出适时进行斜拉扣挂。

（4）两岸继续悬臂浇筑拱圈混凝土直至合龙前，其间适时接高临时塔架并进行斜拉扣挂。

（5）通过扣索对两侧悬臂拱圈受力与变形进行适当调整，完成主拱合龙段浇筑施工。

（6）浇筑拱顶梁拱一体段主梁部分的结构混凝土，拆除斜拉扣挂系统及临时塔架。

（7）依次浇筑拱上斜立柱以及主梁。

（8）完成主梁施工以及桥面系施工。

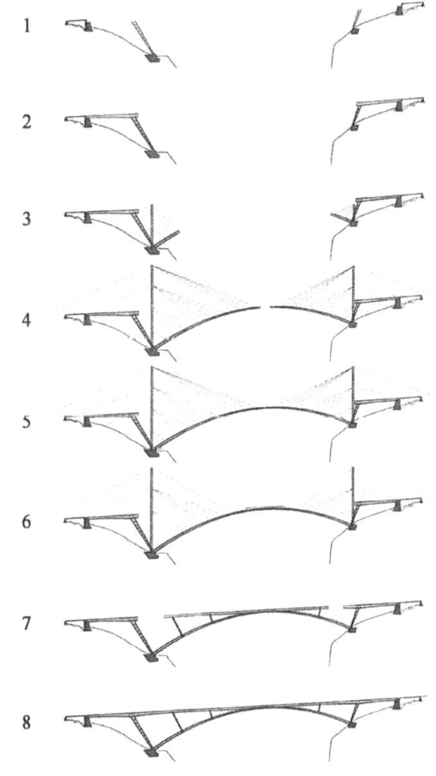

图7.2-23 大桥施工主要步骤示意

施工过程如图7.2-24所示,施工完成后如图7.2-25所示。

图7.2-24　大桥施工过程

图7.2-25　大桥施工完成

美国麦克奥·卡拉汉-帕特·蒂尔曼纪念大桥(图7.2-26),是横跨亚利桑那州和内华达州之间科罗拉多河的一座上承式混凝土拱桥,大桥位于拉斯维加斯东南约48km的米德湖国家游乐区内,为美国93号公路跨越科罗拉多河关键工程。大桥于2010年建成通车,是胡佛水坝绕道项目重要组成部分。

图7.2-26　美国麦克奥·卡拉汉-帕特·蒂尔曼纪念大桥

大桥是美国建造的第一座钢-混凝土组合结构拱桥,同时也是西半球最宽的混凝土拱桥,位于科罗拉多河上方270m处,全长579m,拱跨为320m,提供双向四车道交通。大桥拱肋和拱上立柱采用钢筋混凝土结构,桥面结构采用钢-混凝土组合梁,以保证施工进度和成本控制,同时在景观美学上与周边胡佛水坝相融合。大桥同时提供行人通道,以便游客欣赏到附近大坝和河流不同景观。

为了方便拱肋悬臂斜拉扣挂施工,首先需要在科罗拉多河上方270m处架设长700m、重45t的缆索起重机,2006年9月因大风导致缆索起重机失效,工期又延迟两年。主拱拱肋由106个节段(每半拱各53个)、绝大多数长7.3m的现浇混凝土节段组成。主拱采用临时塔架斜拉索扣挂法,从内华达、亚利桑那两侧同时向跨中施工,两个半拱悬臂浇筑完毕后,中间9.5mm采用现浇混凝土完成主拱合龙。合龙后开始拆除临时拉索支撑,完成结构体系装换,使主拱自行承重。随后完成拱上立柱施工,接着进行组合梁的钢梁安装,全桥共计36组钢梁。所有钢梁全部安装就位后,浇筑混凝土桥面板。大桥施工过程如图7.2-27所示。

阿尔坎塔拉水库桥(图7.2-28)位于西班牙马德里-埃斯特雷马杜拉高速铁路线上,跨越塔霍河(Tajo River)的桥梁,全长1488m,上部结构跨径布置为45m+9×60m+57m+324m+57m+7×60m+45m,主桥采用跨径324m的上承式钢筋混凝土拱桥,超过孔特雷拉斯水库桥成为当时欧洲最大跨度铁路拱桥。大桥立面布置如图7.2-29所示。

主梁采用单箱单室预应力混凝土箱梁,截面高度为4.0m,底板宽度为5.0m,顶板宽度为14.0m,横截面布置如图7.2-30所示。上部结构采用架桥机逐跨现浇施工。

主拱拱轴线采用圆弧曲线,是根据恒载作用下主拱弯曲应力尽可能小所得到的优化结果。主拱高度采用变高度,由拱脚处4.0m渐变至拱顶处3.5m,主拱宽度亦采用变宽,由拱脚处12.0m渐变至拱顶处6.0m。主拱圈采用HA-70混凝土。拱上立柱高度变化范围为9.6～71.5m,采用矩形空心箱截面,顺桥向为3.5m,横桥向采用变宽度。主拱肋布置如图7.2-31所示。

主拱采用临时塔架悬臂斜拉扣挂法施工。临时塔架设置在拱脚处桥墩之上,拱肋采用滑动模板现浇,通过扣索、锚索保持平衡,直至拱肋跨中合龙。主拱肋悬臂浇筑施工布置如图7.2-32所示。

主拱从拱脚开始分节段悬臂现浇至第1对扣索挂设状态以及边跨桥墩承台锚扣点设置情况如图7.2-33所示。两侧拱肋大悬臂浇筑施工及拱顶合龙施工分别如图7.2-34和图7.2-35所示。

图 7.2-27　大桥施工过程

图 7.2-28 西班牙阿尔坎塔拉水库桥

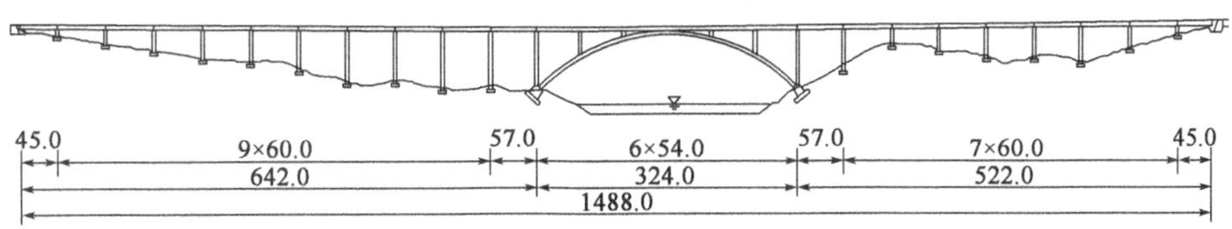

图 7.2-29 立面布置图(尺寸单位:m)

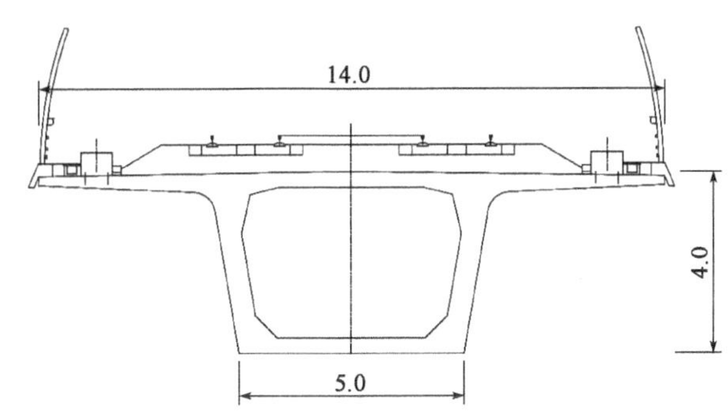

图 7.2-30 主梁横截面布置(尺寸单位:m)

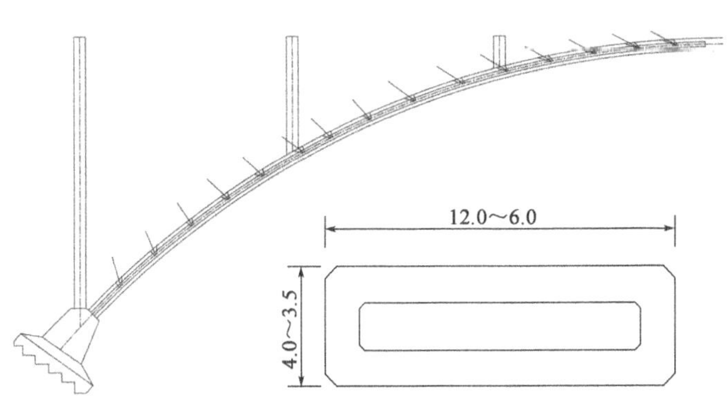

图 7.2-31 主拱肋布置示意(尺寸单位:m)

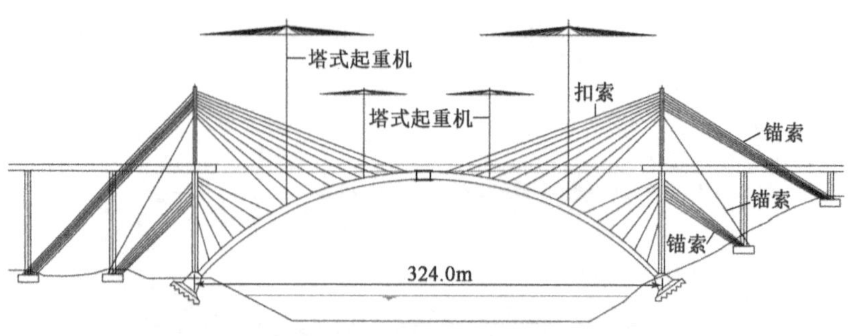

图 7.2-32　主拱施工布置示意

图 7.2-33　拱肋滑模施工、基础锚扣点

图 7.2-34　拱肋悬臂施工

西班牙阿尔蒙特高架桥(图 7.2-36)全长 996m,搭载高速列车穿越阿尔蒙特河,到达马德里西南约 340km 的卡塞雷斯的阿尔卡塔拉水库,384m 的拱跨使其成为世界上最长的混凝土

拱桥之一。建成之时该桥以384m的跨度，在高速铁路桥梁中成为世界最大跨度混凝土拱桥，也是有史以来第三大跨度混凝土拱桥。

图7.2-35 拱肋合龙施工

图7.2-36 西班牙阿尔蒙特高架桥

大桥跨径布置受河流影响，主拱拱跨为384m，矢跨比为1/5.7，主拱矢高为67.5m。拱上桥面系跨径布置为45m+7×42m+45m，桥面最高处距离水面84m，拱上桥面系为超静定结构，采用预应力混凝土箱梁截面，梁高3.1m，桥面宽度为14m。

南北侧接线引桥长分别为261m和351m，采用后张预应力混凝土连续梁，采用可移动式架桥机逐孔现浇。

大桥立面布置如图7.2-37所示。

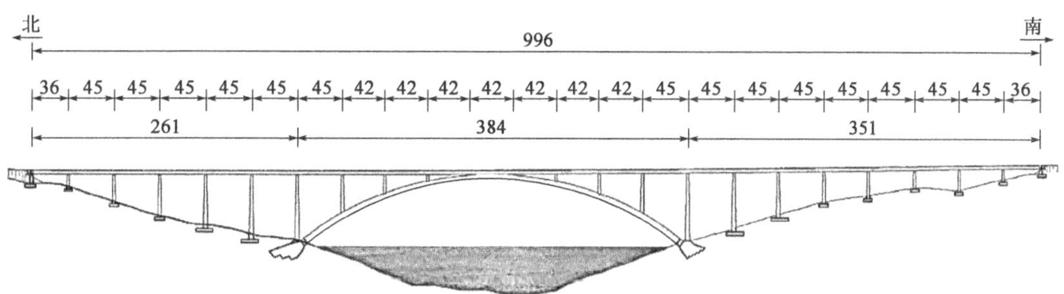

图7.2-37 大桥立面布置(尺寸单位:m)

主拱采用横向分离式拱肋截面，在拱脚支撑处为两肢六边形空心截面，拱脚处单拱截面尺寸为6.9m×3.7m(高×宽)，单拱截面高度逐渐变化，直至合并为八边形截面；八边形截面尺寸由合并处的6.09m×8.37m(高×宽)逐渐变化至拱顶处的4.8m×6.0m(高×宽)。拱肋采用高性能自密实混凝土，拱上立柱采用混凝土箱形截面。拱肋横截面布置如图7.2-38所示。

拱肋采用斜拉扣挂悬臂浇筑法进行施工，临时塔架设置在交界墩处，斜扣索采用抗拉强度1860MPa、150mm^{2}的钢绞线束，设计需要20~53束，承受能力分别为570~1500t，移动式模板每次可浇筑6.4m长节段，每半拱共计32个浇筑阶段，直至拱肋合龙。

拱肋合龙施工在2015年8月进行，待拱肋合龙后，与两侧接线桥墩一样，采用移动模板施工拱上立柱。

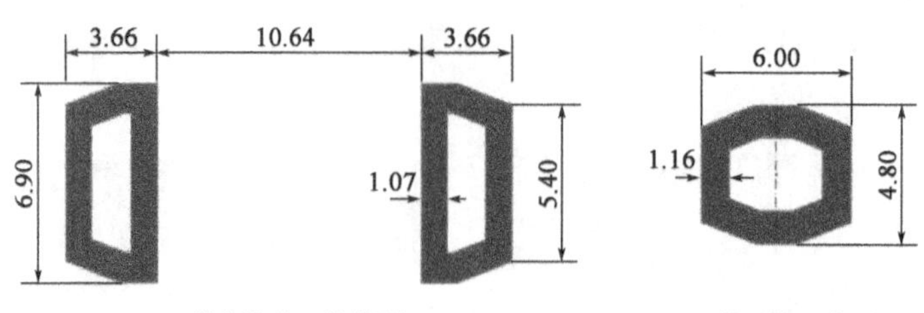

拱脚分体双箱截面　　拱顶箱形截面

图 7.2-38　拱肋横截面布置(尺寸单位:m)

最后施工拱上主梁,采用移动式龙门架整孔吊装,为了避免拱肋承受不对称荷载,施工从两岸向跨中对称施工,最后跨中一孔采用满堂支架浇筑,模板直接支撑于拱顶。主要施工过程如图 7.2-39 所示。

a)两半拱悬臂浇筑施工

b)两半拱合龙

c)拱上立柱及主梁施工

图　7.2-39

d)成桥荷载试验

图 7.2-39　大桥主要施工过程

瑞典的 Svinesund Bridge 为 E6 高速公路上的一座中承式混凝土拱桥(图 7.2-40)。这座单片拱肋的拱桥主跨为 247.3m,主梁采用分体式正交异性板钢箱梁,在主拱范围和引桥范围的主梁采用连续布置,大桥立面布置如图 7.2-41 所示。

图 7.2-40　Svinesund Bridge

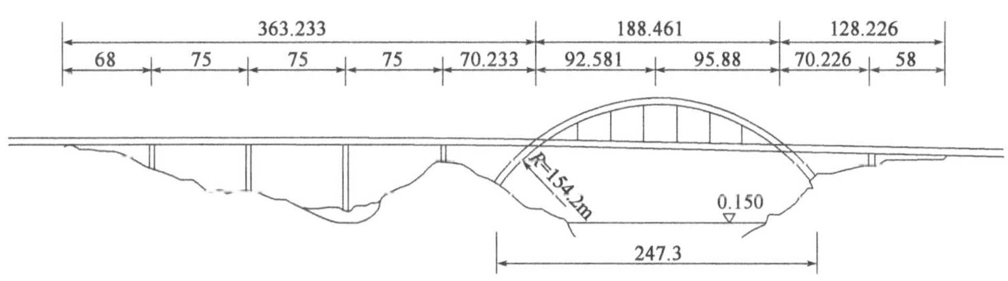

图 7.2-41　立面布置图(尺寸单位:m)

钢筋混凝土拱采用悬臂浇筑法施工,在拱脚处搭设支撑塔架,采用斜拉扣挂法支撑拱肋从拱脚向跨中拱顶逐段进行挂篮现浇施工,直至拱肋在顶部合龙。混凝土拱肋的施工分为两个半拱逐节段进行,每个半拱又分为 1 个起始段和 24 个斜拉扣挂节段,直到第 51 拱顶段完成拱肋施工。每个长 5.5m 的节段施工周期从 5d 到 10d 不等,拱的分段施工在 7 个月内完成。施工情况如图 7.2-42 所示。

图 7.2-42 主拱悬臂施工

该桥于 2002 年 7 月授予设计和建造合同，混凝土拱于 2004 年 2 月完工，钢桥面于同年 8 月完工。皇家开通仪式于 2005 年 6 月举行。

原计划的施工方法为：主拱采用斜拉扣挂法从两侧用爬模悬臂浇筑，材料运输采用轮式缆索起重机。引桥的钢箱梁采用预制节段在现场拼装，由浮式起重机从峡湾提升到两边拱脚上方的辅助平台上，然后在陆地上顶推到两侧桥台，这是为了减小对陆上自然环境的影响。拱跨悬吊的钢箱梁将通过浮式起重机从海上逐段起吊安装。引桥桥墩采用塔式起重机进行爬模法现浇施工，利用临时通道进行材料与设备运输。

最终的施工方法较原计划有所不同，主梁的施工采用了顶推和大节段吊装组合的方法。其中，两侧钢箱梁采用顶推法施工，主跨吊挂部分中 128m、重 1400t 的钢箱梁则采用提升法施工。为了减小主跨钢梁吊装节段的重量，两侧顶推施工的钢箱梁均伸入拱肋范围一段长度。

施工时先修建陆上临时桥墩，在瑞典侧从桥墩到桥台修建宽通道，用多轮台车运输预制钢梁节段，在桥台处进行组装和现场焊接，最后向主拱方向顶推。挪威侧的钢箱梁节段在现有道路和桥梁上运输，用大型移动式起重机在临时支架上吊装就位。拱桥悬吊部分的钢箱梁先逐节段拼装成整体，拼装在桥位附近的哈尔登镇的陆地上进行，然后装船运输到桥位现场，使用重型起重钢绞线千斤顶，以一个整体单元进行提升，并通过拱顶的临时钢横梁设置吊挂支撑。

图 7.2-43 主梁大节段提升

钢箱梁在德国的 Neu-Isenburg 预制，典型节段尺寸为 28m×5.5m，重 80t。拱跨悬吊钢箱梁长 128m 梁段，现场实际的起重过程大约在 12h 内完成。全桥钢箱梁的合龙缝设置在挪威一侧，在已经安装完成的引桥钢箱梁和拱跨钢箱梁之间预留了 300mm 的公差间隙，相应的合龙段进行匹配切割到一定尺寸，就地焊接完成钢箱梁的施工。主梁大节段提升施工情况如图 7.2-43所示。

7.2.2 悬臂桁架法

克罗地亚克尔克桥(图7.2-44)于1980年建成通车。连接St.Marco岛和Krk岛与大陆,由两座主跨分别为390m、244m的上承式钢筋混凝土拱桥组成,两座拱桥拱圈均采用单箱三室钢筋混凝土截面,1号桥拱圈宽高尺寸为13.0m×6.0m,2号桥拱圈宽高尺寸为8.0m×4.0m。

图7.2-44 克罗地亚克尔克桥

大桥施工创新采用了一种悬臂桁架拼装法,如图7.2-45所示,由预制拱肋、拱上立柱、临时钢拉索上弦、临时钢拉索组成临时桁架结构,施工分为两个阶段:首先采用悬臂桁架法架设拱肋截面中室部分,中室顶、底板及两内腹板在工厂预制完成;待拱肋中心千斤顶激活后,预制拱肋部分完成合龙,开始拆除临时钢拉索,以跨中部分为支承,现场浇筑截面外侧两室的顶、底板及外腹板。

图7.2-45 克尔克1号桥施工过程

日本外津大桥位于佐贺县西部70km,跨越外律海湾。桥址处海深20m、宽160m,结构采用跨径170m的钢筋混凝土拱桥,采用悬臂桁架法施工。拱肋矢高为26.5,矢高比为1/6.42,拱轴线采用四次抛物线,立面布置如图7.2-46所示。

拱肋采用单箱双室截面,变高变宽截面,截面尺寸由拱脚处3m(高度)×16m(宽度)渐变至拱顶处2.4m(高度)×8m(宽度)。拱肋在中距15m的拱上立柱下均设置横隔板。横断面布置如图7.2-47所示。

拱上立柱采用实心等截面,所有拱上立柱下端均设置钢制摆动支承,避免桥面系纵向变位在立柱和主拱上产生次内力。立柱间设有横系梁以减少其挠屈长度。为减少自重,桥面系采用空心连续板。

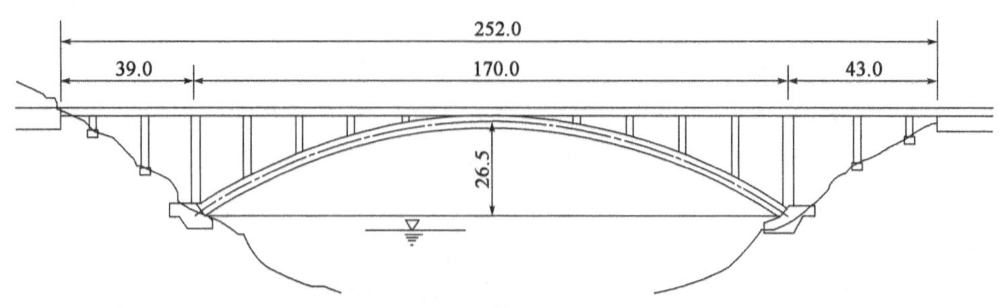

图 7.2-46　立面布置(尺寸单位:m)

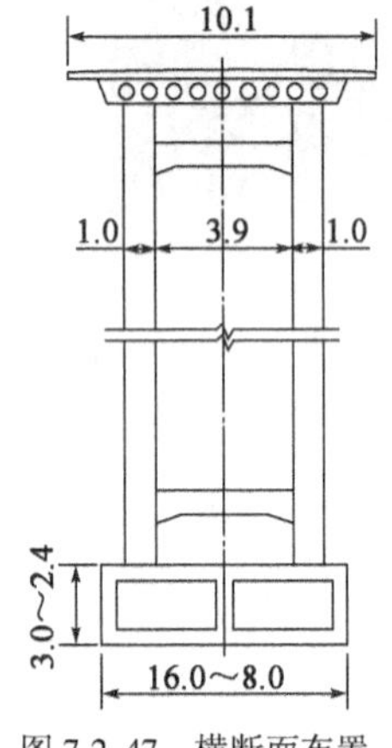

图 7.2-47　横断面布置(尺寸单位:m)

主要施工过程如下:

所有桥台、岸墩施工,岸上上部结构桥面板施工。拱座基础施工、钢拱座安装完毕后,拱的第一段在用斜拉杆扣吊的钢支架上浇筑,支架和斜杆施工中产生的下挠,必须通过预拱度方式调整。为减轻斜拉杆受温度变化影响,杆外包裹了一层聚苯乙烯外衣。拱端段以外的跨中段拱跨长 140m,分为 40 个现浇段,每个现浇段混凝土长度约为 3.5m,为此专门设计制作了活动模板和施工平台。由拱两端向拱顶同时对称悬臂浇筑。由于拱肋最大斜度达 35°,而拱顶处则接近于 0°,在吊篮钢架上设置了两个油压千斤顶调整吊篮角度。一个悬臂段施工约需 10 个工作日,悬臂浇筑工作于 1973 年 7 月开始,6 个月后主拱合龙。施工过程主要步骤如图 7.2-48所示。

日本天子川桥位于松山公路小松至川内区间,采用孔跨 116m 的上承式刚性梁柔性拱(倒朗格尔拱)体系,矢高为 22.01m,矢高比为 1/5.27。桥梁全长 176m,桥梁宽度为 9.0m。大桥立面布置如图 7.2-49 所示。

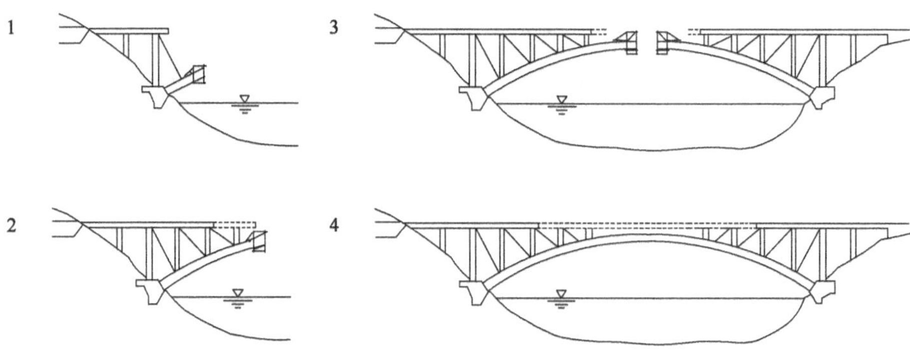

图 7.2-48　主要施工步骤示意

加劲梁采用单箱单室的预应力混凝土箱梁,梁高 2.3m,等高截面。顶板厚度为 30cm,底板厚度为 21cm,腹板厚度为 35cm。拱顶处加劲梁与拱肋连成整体,组成高度 2.89m 的箱形截面。加劲梁标准截面和拱顶截面分别如图 7.2-50 和图 7.2-51 所示。

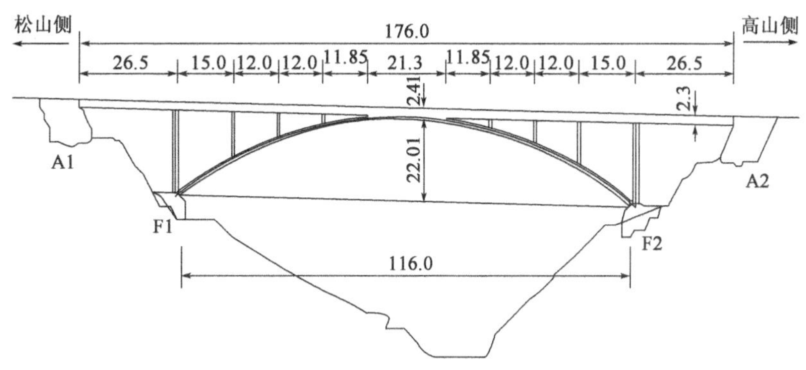

图 7.2-49 天子川桥立面布置(尺寸单位:m)

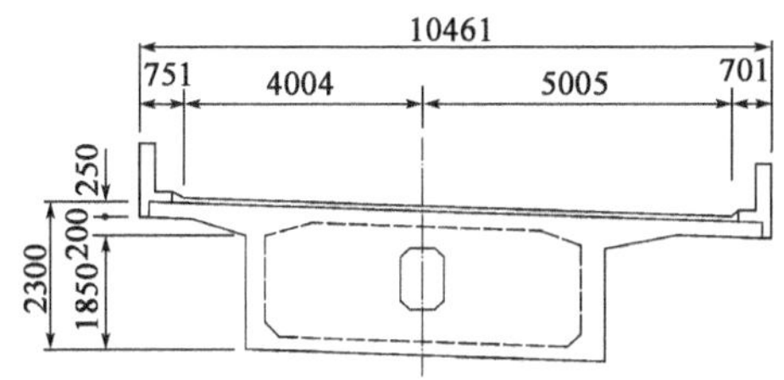

图 7.2-50 标准截面(尺寸单位:mm)

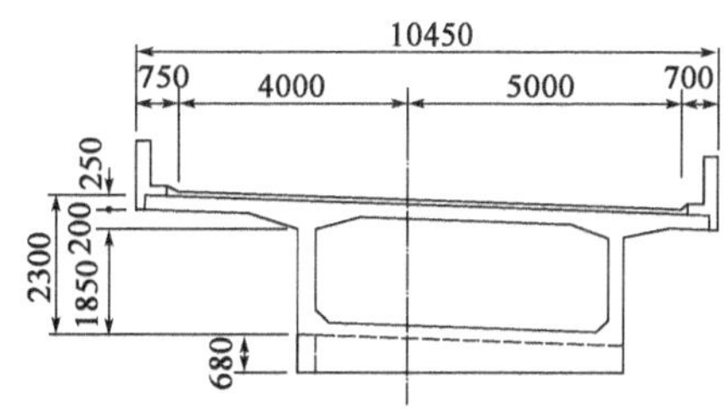

图 7.2-51 拱顶截面(尺寸单位:mm)

倒朗格尔拱体系的构造形式决定了其拱肋结构特点,也即必须使其自重在施工全过程中都尽量减轻。为此,天子川桥拱肋宽度为 6.0m,厚度为 0.8m。同时出于美观需要,拱肋转折点下部均设置了承托,保证拱轴线形柔和流畅。同样,为了最大限度地减轻立柱自重,拱上立柱宽度仅为 1.5m,厚度为 0.6m,结构十分纤细。

该桥边跨采用支架法,中跨则采用台车式挂篮和自行式拱肋支架两种架设作业车,分别施工加劲梁、拱肋及立柱,用斜吊索锚固在四边形框架对角上,形成悬臂桁架架设的施工方法。

日本早先的三座倒朗格尔拱桥也采用悬臂桁架施工,其中加劲梁、拱肋的施工全部由大型架设作业车实现,采用预应力粗钢筋作为临时斜吊杆。天子川桥在此基础上做了些改进,一方面对挂篮台车进行了若干改进,只专用于加劲梁施工,而拱肋和拱上立柱则另采用自行式支架施工;另一方面将斜吊杆采用的预应力粗钢筋改用了钢绞线,如图 7.2-52 和图 7.2-53所示。

原工法中,拱肋施工重量由挂篮台车直接传递至刚性梁,导致了支点处负弯矩较大,因此悬臂预应力筋用量也多。改进工法后,拱肋和立柱的施工荷载直接由斜吊索传至加劲梁的框架节点,悬臂预应力筋用量显著减低。从施工周期来讲,原工法中加劲梁和拱肋施工轮流共用一台挂篮台车,而新工法中加劲梁和拱肋自成体系,分离施工,整个施工周期随之缩短。新旧工法对比情况如图 7.2-54 所示。

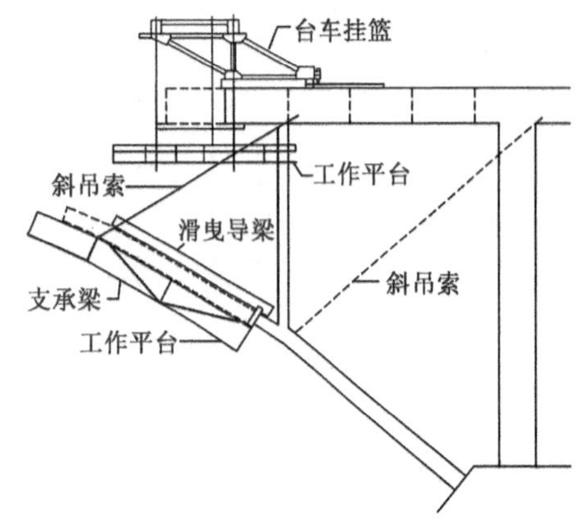

图 7.2-52　新工法施工概念

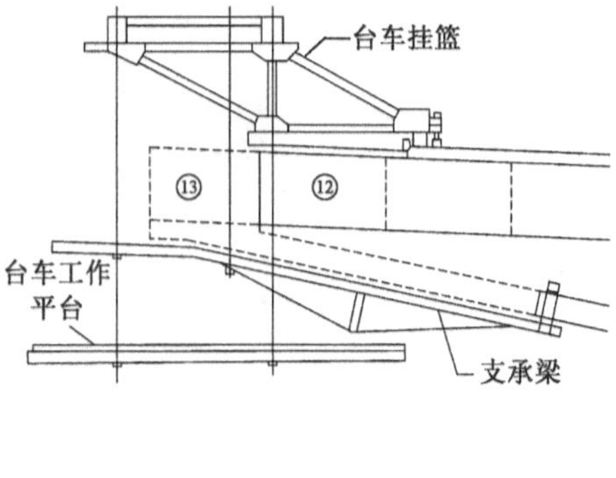

图 7.2-53　拱肋与加劲梁结合段施工

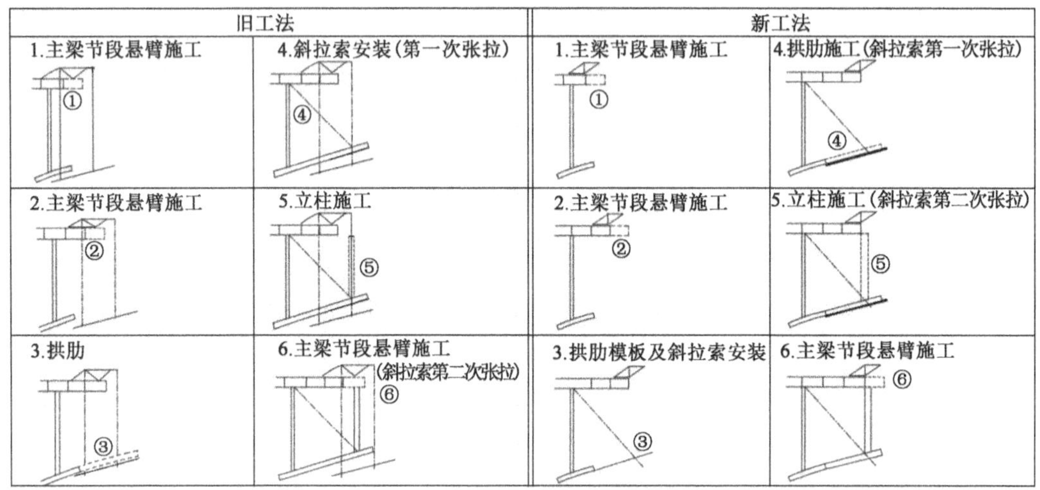

图 7.2-54　新旧施工工法比较

葡萄牙波尔图杜罗河上先后建成了几座世界著名桥梁,包括路易斯一桥(Luiz Ⅰ)、玛利亚皮亚(Maria Pia)桥等。最新修建的是一座十分纤细、主跨 280m 的倒朗格尔体系拱桥——亨利克大桥(图 7.2-55),为该类型桥梁世界跨度纪录保持者。亨利克大桥由两大相互作用的结构构件组成:刚性预应力混凝土箱梁(梁高 4.5m)、柔性混凝土拱肋(拱肋厚度为 1.5m),刚性梁由柔性拱弹性支承。主拱拱脚间水平跨度为 280m,拱肋矢高为 25m,矢高比仅为 1/11,拱肋高度沿拱轴线保持等高,拱肋宽度由跨中处 10m 线性增加至拱脚处 20m。在跨中 70m 范围内,主拱和主梁合并为整体式箱梁断面,梁高 6.0m。拱梁合并段在梁底作了凹凸处理,保持外观上的拱、梁延续性。大桥立面及横断面布置如图 7.2-56 所示。

倒朗格尔拱体系的主要受力特点有:

(1)除拱脚位置外,拱肋基本无弯矩作用。

(2)拱肋轴力变化相对缓和;由于刚性梁的限制,拱肋因温度作用、收缩徐变效应引起的矢高变化相对较小。

图 7.2-55 葡萄牙亨里克大桥

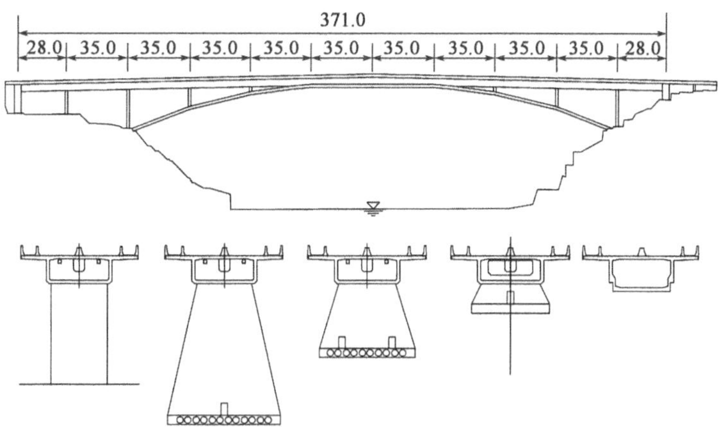

图 7.2-56 大桥总体布置(尺寸单位:cm)

(3)跨中 70m 拱梁合并段截面形心与拱肋形心存在一个偏心,拱肋轴力传递至拱肋合并段后,因偏心对主梁产生一个整体负弯矩,正好用以抵消跨中拱肋合并段自重产生的正弯矩。

(4)跨中拱梁合并段因拱肋轴力的预压作用,使得这部分主梁在成桥后无须额外施加预应力。

大桥采用柔性拱刚性梁体系,拱肋相当纤细,如不结合主梁共同受力,无法单独发挥其结构功能。大桥采用悬臂桁架法施工,从两岸向跨中对称施工,大桥施工采用的一些施工技术和方法都是极具创新性的。首先,在两岸各修建了一座临时墩结构,将孔跨由 280m 减小为施工期间的 210m。施工期间,通过在拱梁间设置竖向受压杆件(临时钢架)、斜向受拉构件(斜扣索),结合拱肋、拱上立柱及桥面系等结构构件,共同组成刚性桁架体系承受结构施工自重,直至拱桥合龙。跨中 70m 拱梁合并段采用现场挂篮节段现浇施工。岸坡至拱座范围内施工期间桁架体系与拱跨内类似,由主梁、桥台、拱座之上桥墩、斜扣索组成。斜扣索起到背索作用,保证施工期间两岸的整个桁架体系重量传递至桥台基础,直至结构合龙。斜扣索的索力严格按照施工程序进行张拉和调整,确保施工期间桁架体系受力安全。大桥施工过程主要步骤如图 7.2-57 所示。

图 7.2-57 主要施工步骤

西属加那利群岛拉帕尔马的 Arco de los Tilos 大桥(图 7.2-58)为主跨 255m 的上承式钢筋混凝土拱桥,于 2004 年建成。主拱矢跨比为 1/5.1,拱圈采用 C75 高强混凝土,因此箱形截面宽高尺寸可减小至 6.0m×3.0m。为了进一步减小拱上建筑自重,拱上立柱采用同拱肋相同型号的 C75 高强混凝土,同时桥面系采用桥宽 12.0m 的钢-混凝土组合结构,其中钢梁结构为高 1.0m 双边箱梁格,混凝土板厚度为 26cm。

图 7.2-58 Arco de los Tilos 大桥

主拱采用悬臂桁架法施工，在钢梁、立柱、拱肋之间设置临时钢拉索形成P式桁架，当临时斜拉索张拉就位后，利用爬模设备施工下一节段的拱上立柱，随后下一阶段的钢梁经已架设完毕的桥面通过起吊设备提升、旋转180°后最终就位。施工过程如图7.2-59所示。

图7.2-59　大桥施工过程

7.3　中间临时墩悬臂浇筑

7.3.1　拱肋起始段设支架

当拱桥跨越两岸地貌相对平坦时，还可以采用在主拱跨间设置临时墩的方法，通过临时墩在悬臂拱肋较大时进行支撑，并在临时墩上安装临时支架，以便设置斜拉扣挂设备支撑拱肋进一步的悬臂浇筑，直至在拱顶合龙。通常在拱肋悬臂浇筑达到临时墩之前，拱肋悬臂较大时将控制拱肋根部的受力，为此可以搭设临时支架，在支架上现浇拱肋。特别是河道及地貌条件合适时，仅需较小规模支架时，将是一种经济合理的选择。

法国朗斯河桥（图7.3-1）位于法国布列塔尼地区，跨越朗斯（Rance）河，桥梁全长424m，桥宽12m，采用主跨260m的上承式钢筋混凝土拱桥，采用悬臂浇筑施工方法，于1991年建成。

图7.3-1　法国朗斯河桥

主拱拱轴线采用半径260m的圆曲线，拱跨为261m，矢跨比为1/7.5，桥梁立面布置如图7.3-2所示。拱上腹孔共有9跨，每跨29m，拱外每侧布置3孔，其桥墩布置在基岩上，桥梁全长 424m。大桥立面布置如图 7.3-2 所示。

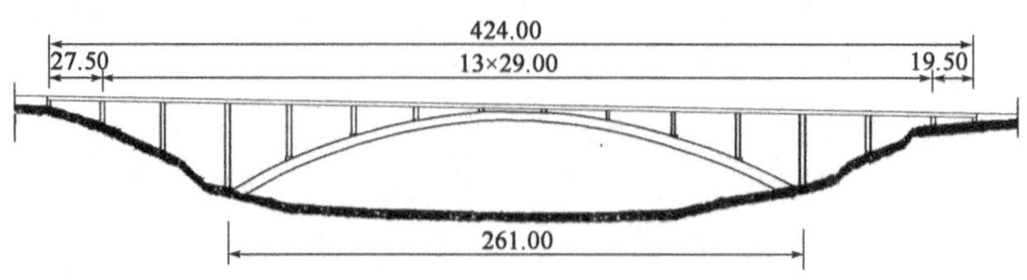

图 7.3-2　法国 Rance 河桥立面布置(尺寸单位:m)

主拱圈采用钢筋混凝土箱形截面,跨中拱圈宽度为 7.5m,在起拱线附近 30m 处拱圈逐渐加宽至 12m,这种喇叭形拱肋布置,改善了拱圈在施工中以及在横向风作用下的稳定性能。拱圈高度为 4.2m,采用 C60 混凝土,拱圈的截面面积接近 $10m^2$,极限承载力可达 110000kN。施工时拱顶设有千斤顶,以便在拱圈合龙过程调整拱圈变形。拱座尺寸根据岩石地基强度确定,岩石强度取为 1.5MPa,拱座后部与拱轴垂直,拱座与主拱圈嵌固。

拱上立柱采用两根空心矩形柱,以减少结构恒载。桥面设置 1.3%的纵坡,高侧立柱截面挖空率更大一些,使两侧立柱重量基本相等。

桥面系采用重量相对较轻的钢-混凝土组合钢板梁结构,主梁钢梁为两片高 1.1m 工字梁和横梁组成的梁格体系,20~40cm 厚混凝土桥面板通过剪力钉与钢梁形成组合断面。工字梁间距为 5.7m,与拱圈宽度相适应。

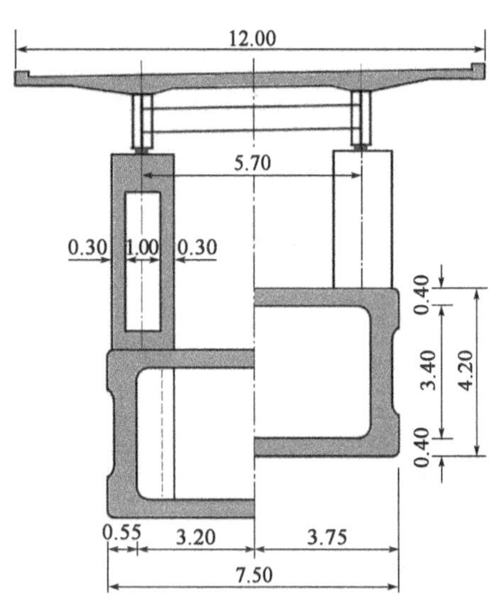

图 7.3-3　横断面布置(尺寸单位:m)

大桥横截面布置如图 7.3-3 所示。

拱圈施工方案为:两岸搭设支架,直至拱上第一立柱处,该段范围内拱肋采用支架施工;在对应拱上第一立柱处两侧设置临时墩及塔架,用扇形布置的扣索悬臂施工,直至拱肋合龙,悬臂扣索可利用已建拱圈重量得到平衡。主要施工步骤如下:

(1)完成拱座施工,在支架上施工前 6 个拱圈节段;采用挂篮进行第 7 个拱圈节段施工;施工时利用小型临时支架支撑与定位。

(2)采用挂篮进行第 8~14 拱圈节段的连续悬臂施工(相应在拱背张拉预应力);在第 14 拱圈节段下设置千斤顶;继续进行第 15、16 拱圈节段施工。

(3)临时墩支撑与定位;进行第 17~26 拱圈节段的连续悬臂施工;拆除小型临时支架;继续进行第 27~31 拱圈节段的连续悬臂施工;在拱肋节段悬臂浇筑施工过程中,适时挂设张拉相应的前端斜拉扣索和后端平衡锚索。

(4)第一次启动千斤顶,拆除单数扣索;第二次启动千斤顶,拆除双数扣索。

(5)拆除临时墩和塔架,施工拱上立柱,进行主梁的钢梁顶推施工。

(6)浇筑上层桥面组合梁的混凝土桥面板,完成全桥施工。

大桥主要施工步骤及施工过程分别如图 7.3-4 和图 7.3-5 所示。

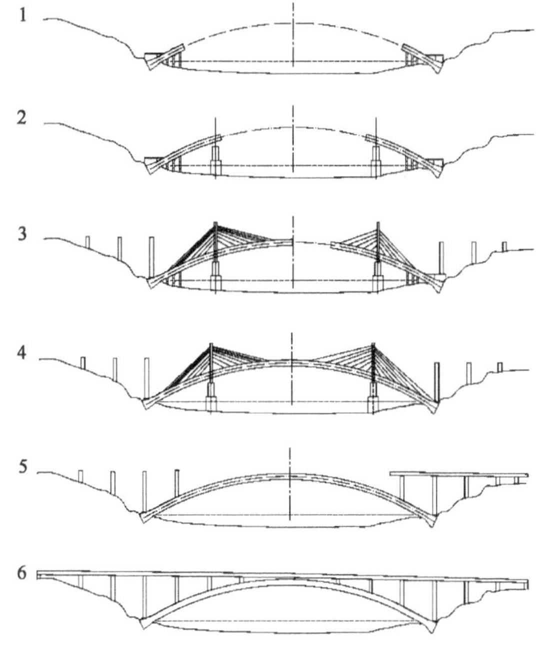

图 7.3-4 主要施工步骤示意

图 7.3-5 施工过程

孔特雷拉斯水库桥(图 7.3-6)位于西班牙 Villagordo Cabriel 地区,跨越孔特雷拉斯水库(Contreras Reservoir),也是一座拱肋起始段采用支架现浇,然后利用临时墩及临时塔架斜拉扣挂施工的混凝土拱桥。主桥采用主跨 261m 的上承式钢筋混凝土拱桥,矢高为 36.94m,矢跨比为 1/6.77,为双线铁路拱桥。

桥梁全长 587.25m,上部桥面系跨径布置为 32.625m+12×43.50m+32.625m,主梁采用单箱单室预应力混凝土梁,梁高 3.0m,桥梁宽度为 14.2m。大桥主拱截面采用钢筋混凝土单箱单室矩形空心截面,拱轴线采用多折线拟合曲线,基本与恒载作用下压力线重合,主拱截面尺寸由拱脚处 12.0m×3.4m(宽×高)渐变至拱顶处 6.0m×2.8m(宽×高),拱肋壁厚变化范围为 1.35~0.60m。拱上立柱高度变化范围为 3.53~35.376m,桥墩顺桥向宽度为 2.6m,横桥向宽度先从顶部 5.2m 逐渐减小至距离顶部 5m 处的腰部 3.2m,随后再逐渐增加。大桥立面布置如图 7.3-7 所示,拱肋和主梁横截面如图 7.3-8 所示。

图 7.3-6 西班牙孔特雷拉斯水库桥

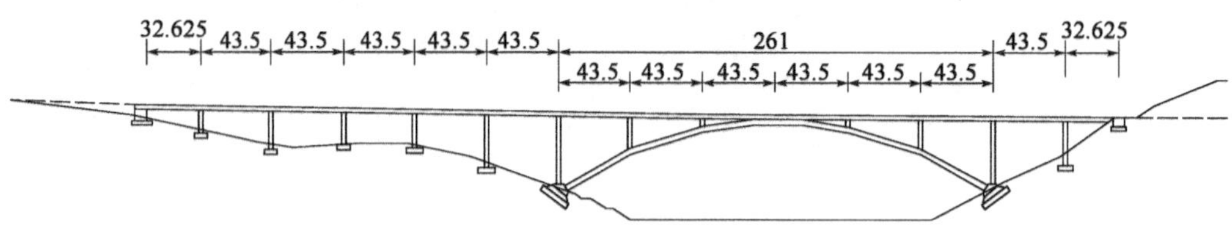

图 7.3-7 立面布置(尺寸单位:m)

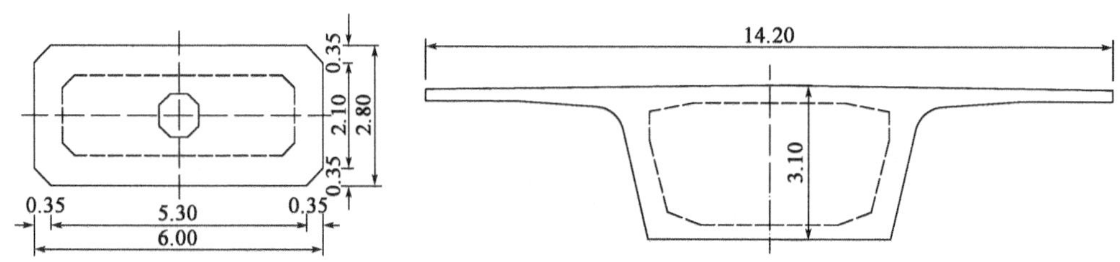

图 7.3-8 顶部拱肋及主梁横截面布置(尺寸单位:m)

结合桥位实际情况,大桥最终采用临时塔架悬臂斜拉扣挂法施工,主拱施工布置如图 7.3-9所示。大桥的施工首先从引桥开始,桥墩采用爬模法施工,上部结构采用桁式模架现浇施工;两岸引桥施工完成后,方便主拱施工设备与材料的运输。主拱施工的临时墩与自拱脚桥墩向跨中方向的第一个拱上立柱对应,在该拱上立柱施工完成后,继续向拱顶方向完成一跨主梁的现浇施工,以方便后续拱肋施工的材料与设备运输。主拱范围主梁与引桥范围主梁为连续结构,主梁的横向悬臂板与斜拉扣挂系统的部分扣索和后锚索相互干扰,为此在悬臂板上开设临时孔,如图 7.3-10 所示。

主拱的主要施工步骤如下:

(1)在两侧近岸水上施工完成两座临时墩,分别搭设拱脚至临时墩范围落地临时支架。

(2)在两岸落地临时支架上安装模板,分节段现浇施工拱脚至临时墩处拱肋节段。

(3)开始时两侧对应临时墩上的拱上立柱浇筑,随后进行拱脚立柱至临时墩处主梁浇筑,在主梁上对应立柱安装临时塔架。

(4)拆除拱脚段浇筑支架,随后安装节段现浇挂篮,两岸拱肋采用临时塔架斜拉扣挂进行节段浇筑施工;每半拱共设有 9 组预应力钢绞线扣索,伴随拱肋节段施工悬臂伸出,适时张拉扣索及后锚索,直至两半拱完成最大悬臂施工。

(5)进行拱肋合龙段浇筑施工,完成主拱合龙。

(6)随后拆除斜拉扣挂设备及临时墩,完成其余立柱、主梁等拱上建筑施工。

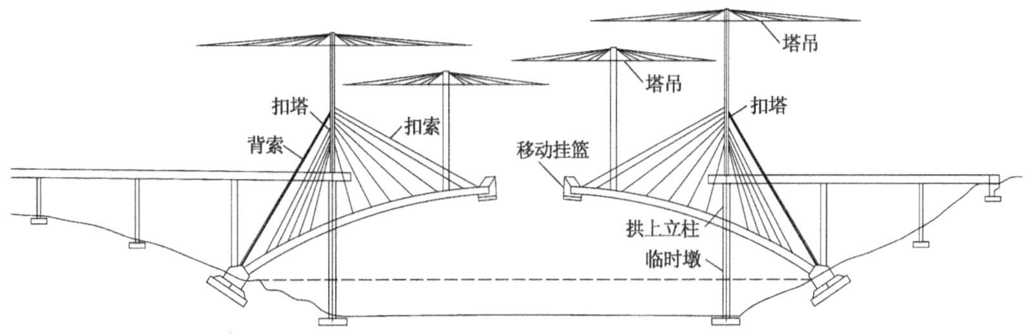

图 7.3-9 拱肋悬臂现浇施工布置示意

图 7.3 10 主梁悬臂板临时开孔

孔特雷拉斯水库桥施工过程及施工完成分别如图 7.3-11 和图 7.3-12 所示。

图 7.3-11 施工过程

图 7.3-12 施工完成

7.3.2 拱肋起始段无支架

如前所述,在拱肋悬臂浇筑达到临时墩之前,拱肋悬臂较大时将控制拱肋根部的受力。此时如果因为河道地形较为陡峭等原因,搭设临时支架规模较大、代价较高,而悬臂长度适当时,可以采用配置体外预应力(或体内外混合配索)的方法,或将成为经济合理的选择。

日本富士川大桥位于东京以西约 150km 处,是日本新 Tomei 高速公路工程的控制性工程。富士川是日本流速最急的大河之一,富士川桥位于富士川河口上游约 7km 处,桥位处为山区与平原交界区,河道多弯曲、断面狭窄、激浪推岸,从水文条件考虑,不宜在河中修建桥墩。富士川桥采用上承式拱桥,一跨过河,主拱孔跨为 265m,矢高为 40.5m,矢高比为 1/6.5,桥梁全长 381m,桥面宽度为 18.5m。大桥立面及横断面布置分别如图 7.3-13 和图 7.3-14 所示。

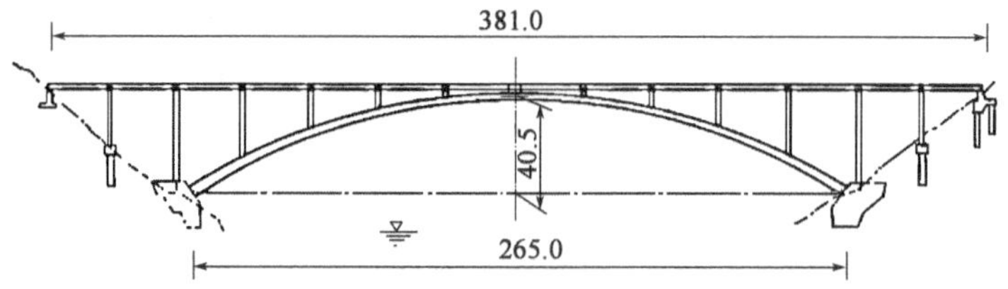

图 7.3-13 大桥立面布置(尺寸单位:m)

主拱采用钢筋混凝土无铰拱,单箱三室截面,拱圈宽度为 15.5m,高度由拱脚处 5.0m 渐变至拱顶处 3.0m,采用临时缆索悬臂扣挂施工;上部结构采用双主梁组合钢板梁,主梁高度为 2.2m,梁墩间取消支座,采用固结形式以便于维修,并提高投资效益;下部结构采用扩大基础和沉井基础。

根据地理条件、施工费用及工期和对环境的影响,富士川桥采用临时索及临时塔架的悬臂斜拉扣挂施工方法。临时塔架设置在河中,可减小拱肋悬臂长度,并可利用桥台在施工节段作为平衡重量,以减小临时钢材用量,尤其是预应力钢绞线数量可极大地减少。在日本,悬臂法施工一般不允许拱圈出现裂缝,以控制拱圈几何尺寸,提高结构耐久性。富士川桥在施工期间允许拱圈出现裂缝,但通过适当测量进行精确的几何控制,控制裂缝宽度不超过0.25mm,而施工期间拱圈裂缝在成拱后拱圈的巨大压力下闭合,保证了拱圈耐久性。允许拱圈施工期间裂缝这一设计也使得临时用预应力钢绞线数量大量减少。拱圈悬臂施工采用大型挂篮悬臂施工,每次浇筑4.5~5.5m长节段,每次浇筑混凝土体积约为100m^3。

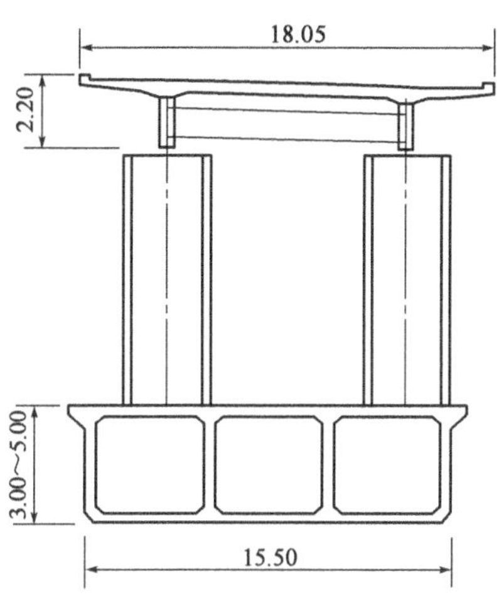

图7.3-14 大桥横截面布置(尺寸单位:m)

拱桥的施工先进行岸上基础桥墩、拱桥桥台施工,然后进行拱肋悬臂浇筑施工。拱肋悬臂施工主要分为以下3个步骤(图7.3-15)。

步骤1:利用挂篮进行拱肋悬臂浇筑施工至临时墩位置,在悬臂施工过程中适时张拉拱圈上的体外索和拱圈顶板内的预应力束;在完成临时墩顶拱肋节段浇筑后,采用安装在临时墩上的千斤顶顶起拱圈,以改善拱脚受力。

步骤2:拆除拱圈上的体外索,在临时墩上安装临时塔架,继续进行拱肋悬臂浇筑,适时从临时塔架上斜挂前缆索(扣索)和后锚索。

步骤3:两岸半拱拱圈连续进行悬臂浇筑施工,适时进行斜拉扣挂,直至拱圈合龙。

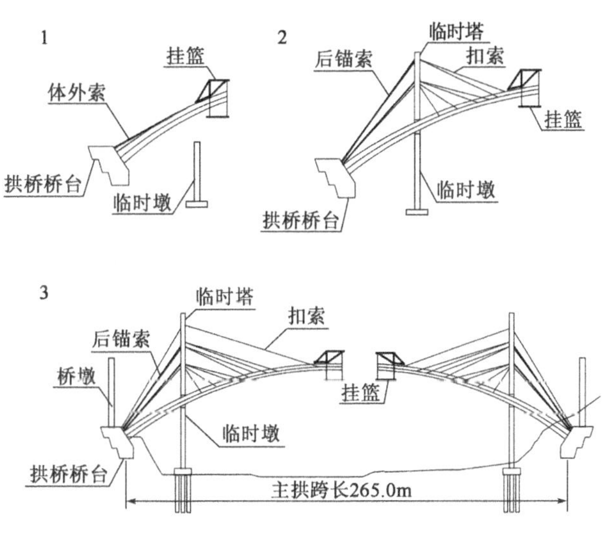

图7.3-15 施工步骤示意

主拱合龙后,拆除斜拉扣挂系统及临时塔架,依次进行拱上立柱、主梁的架设以及桥面铺装等施工。

富士川大桥拱肋从拱脚到临时墩的起始段没有采用落地支架现浇,而是采用配置体内预应力和体外索的方法,降低了拱桥的施工费用,对于搭设临时支架费用较高,甚至搭设临时支架困难的情况,是一种值得考虑的方法。然而,拱肋作为受压为主的结构,无支架悬臂施工将导致主拱承受较大的弯矩,拱肋抗弯承载能力将成为主要控制因素。因此,这种拱肋起始段无支架悬臂施工的方法,所能适应的悬臂长度有限。实际应用时,需要综合考虑临时墩的位置、斜拉扣挂悬臂施工的合理需求以及拱肋抗弯承载能力、预应力的设置和拱肋抗裂控制等多方面的因素,在充分考虑技术经济合理性的基础上加以选用。

第8章 劲性骨架及其组合法

8.1 技术特点

大跨度混凝土拱桥随着跨度增加，搭建拱架施工的成本越来越大，随之产生了一个演化方法，即采用钢桁架脚手架施工劲性骨架，以劲性骨架作为钢拱架施工混凝土拱肋。劲性骨架施工法最早由捷克工程师约瑟夫·米兰(Joseph Melan)提出，所以也经常被称为米兰法。劲性骨架施工首先架设格构式钢拱架，钢拱架既作为施工期间的混凝土浇筑支架，成桥后也作为混凝土结构钢筋参与结构受力。劲性骨架施工的优点在于规避了直接架设混凝土拱肋的困难，转为先架设重量较轻的钢拱架，再以钢拱架为模板支架，逐步浇筑混凝土拱肋，最终成拱受力；其缺点在于用钢量较大，施工期间作为支撑模板的钢拱架用钢量，比成拱后结构受力所需的用钢量大得多。

钢筋混凝土拱桥采用劲性骨架法现浇施工，事先完成拱形劲性骨架的架设，再围绕骨架分环分段浇筑拱肋混凝土，最终形成钢筋混凝土拱肋。劲性骨架在施工过程中起拱架作用，在主拱形成后作为混凝土拱肋截面的一部分。20世纪80年代，我国在大跨径混凝土拱桥中采用劲性骨架法。1997年建成的主跨420m的万县长江大桥，采用劲性骨架法施工，创造了世界上最大跨度钢筋混凝土拱桥的纪录。劲性骨架在施工中作为临时拱架，要承担混凝土拱肋的施工荷载作用，必须具有足够的强度和刚度。早期采用型钢制作劲性骨架，其柔性较大，难以保证混凝土拱肋的设计线形，骨架截面应力大，容易出现局部失稳问题，在施工安全和经济性上难以协调。为了解决这些问题，钢管混凝土骨架得以发展，钢管混凝土劲性骨架是以钢管作为骨架的上下弦杆，以型钢作为腹杆组成空间桁架结构，先安装合龙成拱形钢骨架，再浇筑管内混凝土形成钢管混凝土劲性骨架，具有刚度大、用钢量省以及施工经济、安全的特点。

劲性骨架法存在空中浇筑拱圈混凝土施工工序多、时间长、施工接缝多等方面的不足。在拱圈浇筑混凝土前，需要结合施工中的安全、质量及成桥后拱肋的线形等，确定拱圈的分环、分段等浇筑顺序与步骤。拱桥混凝土浇筑分环、分段安排，不仅要遵循对称、均衡施工原则，还要考虑混凝土浇筑过程中劲性骨架变形的均匀性，防止出现大幅度的起伏变形，使内力分布均匀，满足施工稳定性等要求。混凝土箱至少应划分为底板、腹板和顶板3环，当拱圈高度较大时，腹板可分为2~3环；混凝土箱拱，除了底板、腹板、顶板3环外，还应结合拱箱具体构造确定。每一环的分段长度，则应结合劲性骨架线形控制方法来确定，当采用斜拉扣挂调载等方法时，可以实现从拱脚到拱顶的连续浇筑；当采用多工作面法时，每环宜分为6~8个工作面，每个工作面还应划分为若干工作段。万州长江大桥通过对浇筑顺序分析的比较，最终选择每环分为6个工作面和8个工作面，每个工作面又细分为12~13个工作段的混凝土浇筑工艺。

采用劲性骨架法施工的拱桥，必须进行线形控制。常用的有斜拉扣挂调载法和多工作面法等不同方法。千斤顶斜拉扣挂调载法是利用扣挂骨架节段时使用的斜拉索,调整混凝土浇筑过程中拱轴变形、骨架上下弦杆及已浇混凝土的受力。该方法具有张拉能力大、行程控制精度高、索力调整灵活、锚固可靠等优点。但由于劲性骨架已成超静定体系,斜拉索张拉不仅影响调整区段的混凝土应力和变形,张拉点的混凝土拉应力往往成为控制因素,需要通过优化确定张拉力。多工作面法又称多点均衡浇筑法,是将拱圈横向分块、纵向分环、各环分段。施工时多点均衡浇筑混凝土,使拱圈受力、变形及稳定状态保持在允许范围内,并分环合龙。每环混凝土间隔一定龄期,达到一定强度后参与骨架联合作用,共同承受下环混凝土的重力。多点均衡浇筑法的特点是一次浇筑的混凝土量少,不需借助外荷载调整骨架变形和弦杆应力,可减轻劲性骨架的负担,骨架挠度下降均匀;骨架上下弦杆及混凝土截面始终处于受压状态,应力变化均匀,施工中的强度、稳定可以得到保证。多点均衡浇筑法工序转换比较多,施工接缝多,工期长。

劲性骨架拱桥在施工过程中的稳定性是必须解决的常遇问题。随着混凝土浇筑的进行及不同程度地参与受力,劲性骨架的稳定性也将发生波动,浇筑底板混凝土时骨架稳定性最低,浇筑顶板混凝土时也可能出现该情况。因此,必须逐步计算分析分环分段形成拱箱过程中骨架的稳定性。劲性骨架在拱箱形成过程中,最后被包住的上弦构件和腹杆的内力与应力最大,必须考虑各杆件的受力历程,防止在结构整体失稳之前,发生局部构件失稳。由于劲性骨架受载后变形较大,必要时应考虑几何非线性和材料非线性对稳定的影响。

如前所述,大跨度混凝土拱桥全跨拱肋采用劲性骨架法施工存在用钢量过大的缺点,并且考虑到骨架本身受力与稳定,也会对拱肋混凝土浇筑提出更高要求,并使施工工艺复杂化。作为一种妥协,可以选用悬臂施工与劲性骨架组合法,即拱脚段采用悬臂法施工,拱顶段采用劲性骨架法施工。组合施工方法既可以缩短拱肋结构悬臂的长度,减轻悬臂的重量,又可以大大减少劲性骨架的用钢量,而且易于控制拱轴线形,可以尽快形成拱结构,从而降低施工风险,缩短工期,是具有竞争力的施工方法。

8.2 劲性骨架法

8.2.1 悬臂安装劲性骨架

劲性骨架法采用劲性钢桁架既作为拱肋的受力筋、又作为施工支架,有别于早期混凝土拱桥采用的支架法。桑多大桥发生的坍塌事故促使西班牙工程师 Torroja 放弃原有的支架法,采用劲性骨架法建造主跨 210m 的 Esla 铁路桥,如图 8.2-1 所示。

现代混凝土拱桥的建设一般很少采用支架法施工,除非是小跨度的混凝土拱桥。主要采用斜拉扣挂悬臂浇筑、劲性骨架现浇以及组合法浇筑施工。中国工程师引入钢管混凝土作为劲性骨架,在钢管内注入混凝土可显著提高骨架的刚度和强度,更加经济合理地满足大跨度混凝土拱桥的建设要求,也提高了主拱全跨采用劲性骨架施工的经济性。对于劲性骨架的架设,最为常用的就是斜拉扣挂法,我国重庆万县长江大桥(图 8.2-2)就是采用斜拉扣挂架设劲性骨架法,建成了主跨 420m 的钢筋混凝土拱桥,并创造了钢筋混凝土拱桥的跨度纪录。大桥于 1994 年 5 月 28 日正式开工,于 1997 年 6 月 28 日建成通车。

图 8.2-1　西班牙 Esla 大桥

图 8.2-2　万县长江大桥

万县长江大桥位于重庆市万州长江上游 7km，是国道 318 线上跨越长江的一座特大跨公路桥梁，孔跨布置为 5×30.667m（利川岸）+420m（主孔）+5×30.667m（万县岸），大桥全长 856.12m，桥面全宽为 24m，大桥立面布置如图 8.2-3 所示。

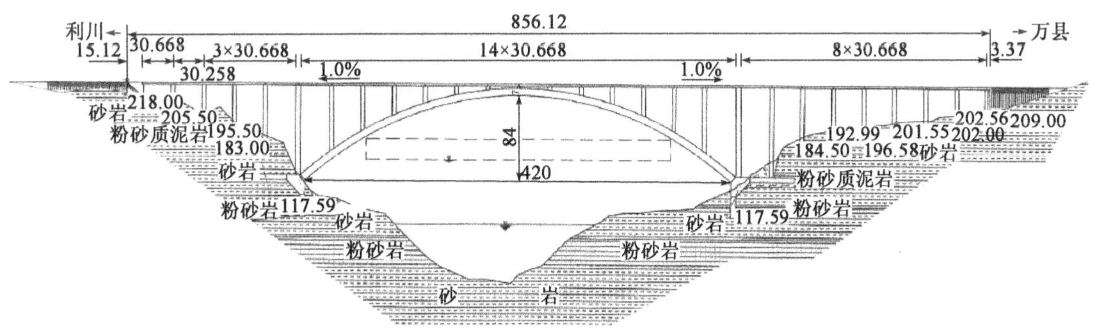

图 8.2-3　大桥立面布置（尺寸单位：m）

主拱圈净跨径为 420m，净矢高为 84m，矢跨比为 1/5，主拱拱轴线采用悬链线，拱轴系数优选采用 $m=1.6$，拱圈采用 C60 混凝土。拱圈采用三室钢筋混凝土箱梁，横向等宽 16m、高 7m，内部在拱脚以上 30m 段长内加厚顶、底、侧板，主拱横截面布置如图 8.2-4 所示。

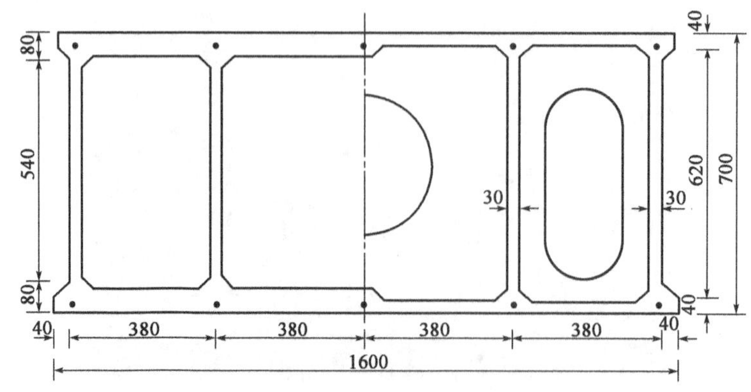

图 8.2-4 主拱截面布置(尺寸单位:cm)

大桥施工采用劲性骨架法,劲性骨架既作为施工成拱承重支撑,又作为永久结构参与主拱成桥受力。为了满足施工过程受力与稳定需要,劲性骨架采用钢管混凝土作为骨架弦杆,骨架钢管采用ϕ402mm 的 16Mn 无缝钢管,钢管壁厚 16mm,管内压注 C60 混凝土,劲性骨架构造如图 8.2-5 所示。劲性骨架成拱后,其上浇筑拱圈混凝土 11000m^3,重约 28000t。拱圈混凝土浇筑顺序为:先中箱,后边箱;每箱按底板→肋板→顶板的顺序浇筑。劲性骨架只单独承受中箱底板混凝土荷载,后续混凝土荷载由劲性骨架与混凝土组成的组合结构承受。

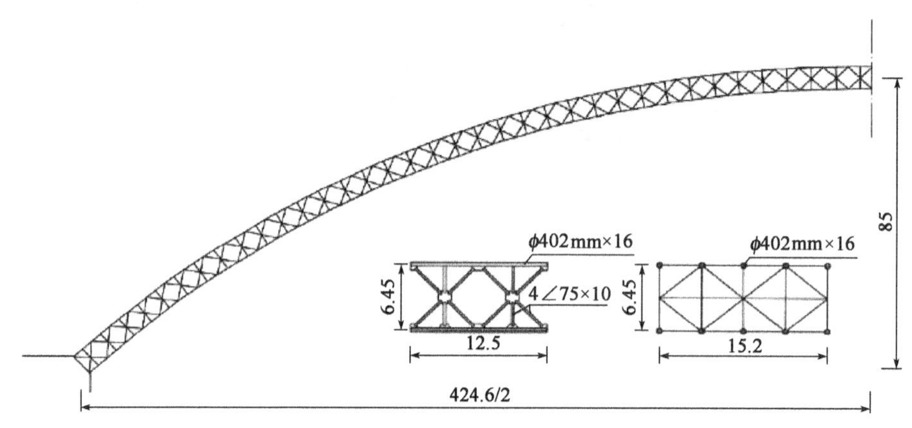

图 8.2-5 主拱劲性骨架构造(尺寸单位:m)

为了减小拱上荷载,拱上立柱采用变截面箱形薄壁钢筋混凝土双柱式结构,柱身顶部外形尺寸为 1.4m×2.5m(顺向×横向),纵向按 1 : 100 往下放坡,横向保持不变,壁厚 25cm。柱顶设置钢筋混凝土盖梁,以支撑 T 梁及桥面系结构,两柱间不设横系梁。桥面系采用跨径 30.668m 的后张预应力 T 梁,引桥及拱上结构相同,桥面总宽 24m,横向设置 10 片 T 梁,人行道两侧各悬挑 2.0m。

钢管骨架由 C60 混凝土填充,同时包裹混凝土。模板悬挂在填充的骨架上进行拱桥混凝土浇筑,拱桥的横断面被分为七部分,依次浇筑混凝土。

劲性骨架按轴长分为 36 节桁段,每节段长约 13m,高 6.8m,宽 15.6m,横向由 5 桁片组成,间距为 3.8m,每节段重约 60t,桁段节段之间由上、下弦杆的法兰盘螺栓连接。工厂先组拼桁片,最后立式组拼桁段。

在拱脚交接墩位置设置临时索塔，塔高约 50m，设置两组缆吊（$2\times5\phi17.5$mm），起吊能力为 80t，锚扣体系如图 8.2-6 所示。骨架桁段水运至桥下起吊安装，桁段吊装就位后设置好临时扣、锚系统，正扣索采用高强钢丝束，每束为 $36\phi5$mm，每组扣索 7~14 束，采用镦头锚，同时在交接墩上设置张拉锚梁，向河、向岸分别同步张拉千斤顶。每起吊 1~2 桁段先以临时扣索固定，上好法兰螺栓，待第 3 桁段就位后以正扣索扣定，并准确调整高程，如此逐段安装直至合龙。

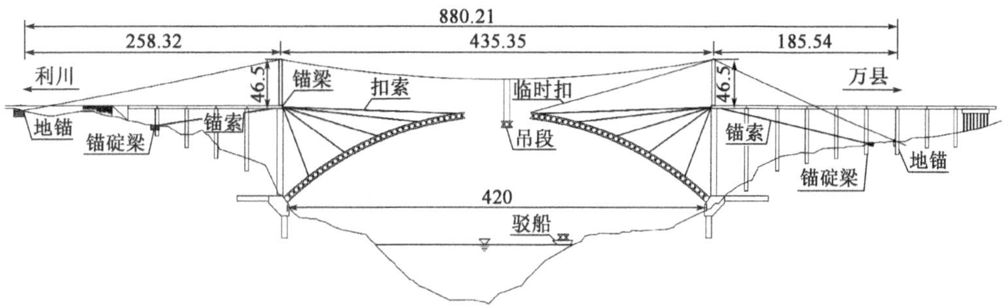

图 8.2-6 劲性骨架吊装方案及锚扣体系（尺寸单位：m）

劲性骨架合龙后拆除全部扣索，向 10 根 $\phi402$mm 钢管内压注 C60 混凝土，每根从拱脚向拱顶压注，两岸对称进行，共用 8d 完成全部 10 根钢管混凝土压注。随后严格按照设计程序：先中箱、后边箱；底板→肋板→顶板的顺序浇筑拱箱混凝土，如图 8.2-7 所示，由中箱底板开始到边箱顶板结束共分 8 环完成。每环纵向浇筑顺序按设计提出的“六（八）工作面对称、平衡加载法”进行，即拱圈纵向沿拱轴线分为六（或八）等分，每段长 60~80m，两岸从各段起点对称浇筑，逐段（每次 6.5m、13m）前进，直至完成全环。全部施工浇筑完毕用时约 9 个月，是该桥用时最长、最为关键的一道工序。大桥主要施工过程如图 8.2-8~图 8.2-19 所示。

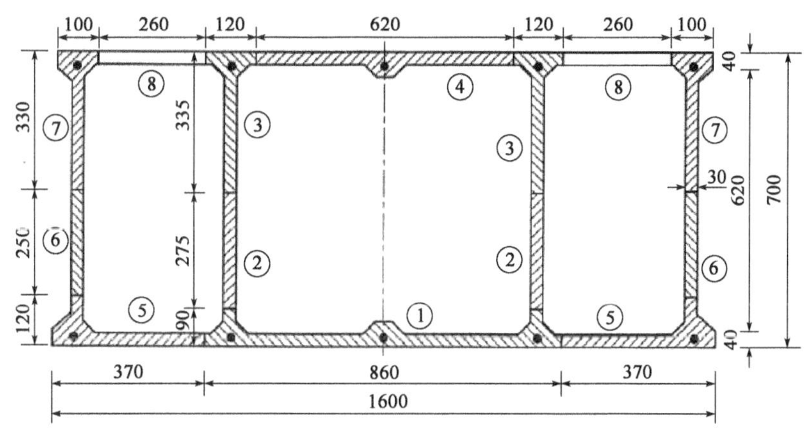

图 8.2-7 主拱圈浇筑顺序（尺寸单位：cm）

沪昆客运专线北盘江大桥为主跨 445m 的钢筋混凝土拱桥（图 8.2-20），主拱采用钢管混凝土劲性骨架法施工。大桥为客运专线双线铁路桥，于 2010 年 10 月开工，于 2015 年 11 月 19 日顺利合龙。

北盘江大桥位于贵州省关岭县和晴隆县之间，北盘江河谷深切，呈 U 字形，桥址两岸岸坡陡峻。主桥为孔跨 445m 的上承式钢筋混凝土拱桥，为世界最大跨度的钢筋混凝土拱桥，立面布置如图 8.2-21 所示。

图 8.2-8　劲性骨架桁段吊装

图 8.2-9　第 1 桁段就位,第 2 桁段正吊装

图 8.2-10　劲性骨架吊装

图 8.2-11　劲性骨架即将合龙

图 8.2-12　劲性骨架合龙、中箱底板浇筑前

图 8.2-13　中箱底板混凝土浇筑

图 8.2-14 中箱下腹板混凝土浇筑

图 8.2-15 边箱下腹板混凝土浇筑

图 8.2-16 边箱顶板混凝土浇筑

图 8.2-17 拱上立柱钢筋安装及模板吊装

图 8.2-18 拱上立柱浇筑

图 8.2-19 上部结构 T 梁安装

图 8.2-20　沪昆客运专线北盘江大桥

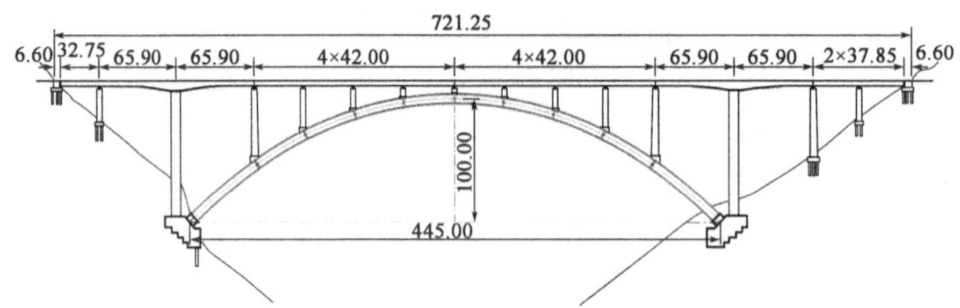

图 8.2-21　大桥立面布置图(尺寸单位:m)

主拱采用悬链线拱轴线,拱圈采用单箱三室、等高、变宽箱形截面,拱圈高度为 9.0m,拱顶 315m 段为 18m 等宽,拱脚 65m 段为 18～28m 变宽段。主拱圈拱顶处截面及拱脚处截面如图 8.2-22所示。

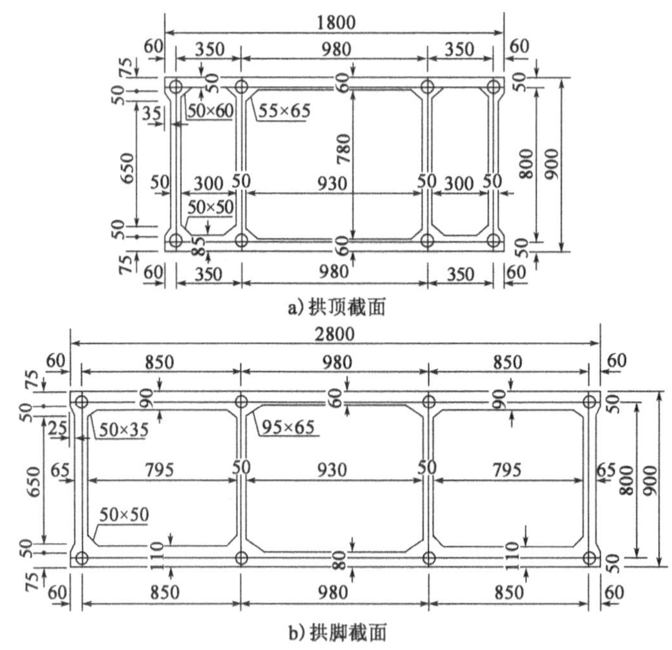

图 8.2-22　拱圈截面布置(尺寸单位:cm)

拱圈截面的形成经历了分环外包的过程，一共有12道混凝土浇筑界面，同时拱圈沿桥轴向一直处于高应力状态，为控制纵向裂缝的发生，拱圈顶底板设横向预应力。横向预应力束采用4ϕ15.2mm钢绞线，扁锚，单端张拉，沿桥轴向每0.5m间距布置一束，在顶底板横向产生1~1.5MPa的压应力。

钢管桁架跨度为445m，纵向分成2×20个节段，弧长12m左右。钢管桁架上下弦一共8根钢管，钢管直径为750mm，壁厚24mm。钢管桁架的腹杆和连接系杆件均由角钢组拼而成，桁架节点连接全部采用焊接（临时组拼是采用普通螺栓栓接）。钢管骨架节段之间考虑采用法兰盘进行连接。

钢结构杆件在工厂加工，以散件运输至桥位附近的拼装场（距离桥位约1km）。杆件在拼装场组拼为“标准单元”后（图8.2-23），再利用平板车运输至桥位正下方的吊装平台上（栈桥上）。在吊装平台上将“标准单元”组装成吊装单元，并在吊装平台上完成前后吊装单元的预拼装。钢管桁架吊装单位宽度为17.5~27.5m，长度为12m，高度为8.7m，形状呈哑铃形，起吊重量为150~180t。

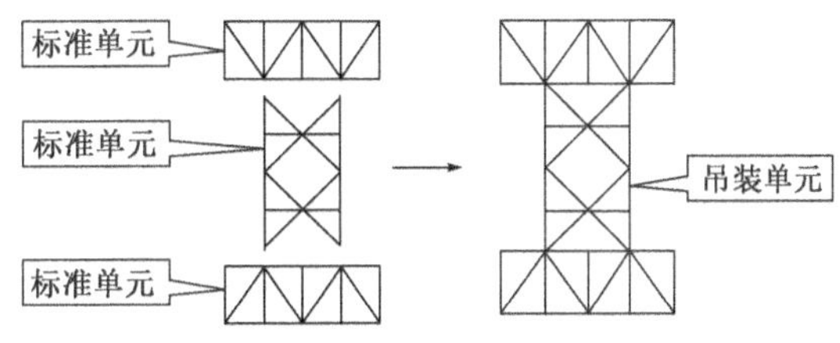

图8.2-23　劲性骨架吊装单元示意

在两岸修建缆索吊及安装塔式起重机，并浇筑拱座基础、桥墩（台）基础和锚碇。修建交界墩及65m跨T构0号块，在0号块顶部搭建扣塔设施。拱座施工时预埋劲性骨架钢管，桥墩（台）基础和锚碇施工时安装预埋件。利用缆索吊安装钢管劲性骨架，吊装时每4个节间（弧长12m左右）作一个吊装单元，吊装重量不超过150t。拱圈节段按弧长划分，节段数及节段长度如下（不含4m预埋段）：20×（12.0~12.8）m+1.0m合龙段+20×（12.0~12.8）m。每安装两个节段张拉一对扣索，每侧设18对扣索，全桥一共36对扣索，完成所有悬臂劲性骨架节段的安装，等待合龙，合龙长度为1m。图8.2-24为劲性骨架悬臂吊装总体布置示意图。

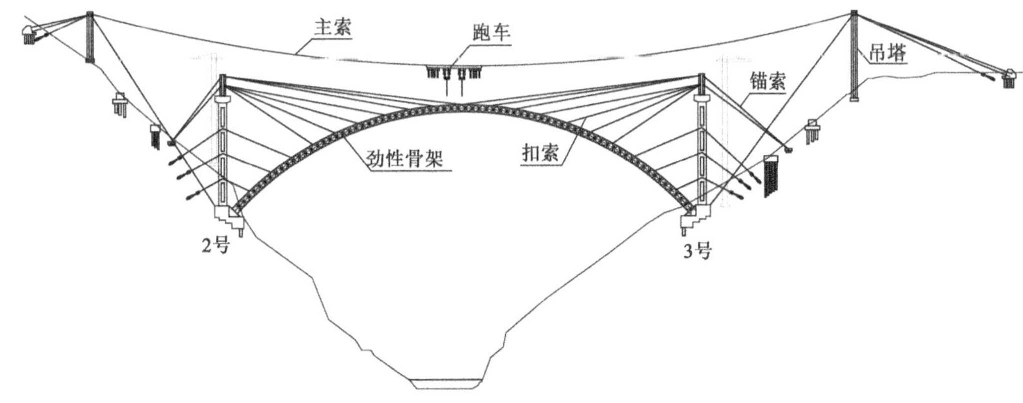

图8.2-24　劲性骨架悬臂吊装总体布置示意

常规的全劲性骨架混凝土拱桥是以劲性骨架作为施工支架,分步逐步形成拱圈全断面。但对于超大跨度的钢筋混凝土铁路拱桥,其拱圈体量很大,如果全断面同时外包混凝土均依托劲性骨架,要求骨架具有较高的刚度及强度,则需增加钢管骨架截面尺寸,从而导致拱圈截面板厚的增加,形成不良循环。北盘江大桥施工方法采用“钢管混凝土劲性骨架斜拉全断面浇筑+分环外包”组合施工方法。先依托骨架浇筑拱圈两个边箱混凝土,如此劲性骨架所承受的荷载相对较小,待两个边箱室形成后,再利用刚度较高的边箱室浇筑中室顶底板混凝土,从而形成单箱三室的全断面。在外包边箱混凝土时,拱脚段利用扣索调整骨架内力进行全断面外包,而拱顶段采用底板、腹板及顶板分环外包。斜拉扣背索保留了改善拱圈截面应力的有效手段。图 8.2-25 为拱圈各部位混凝土浇筑顺序示意。

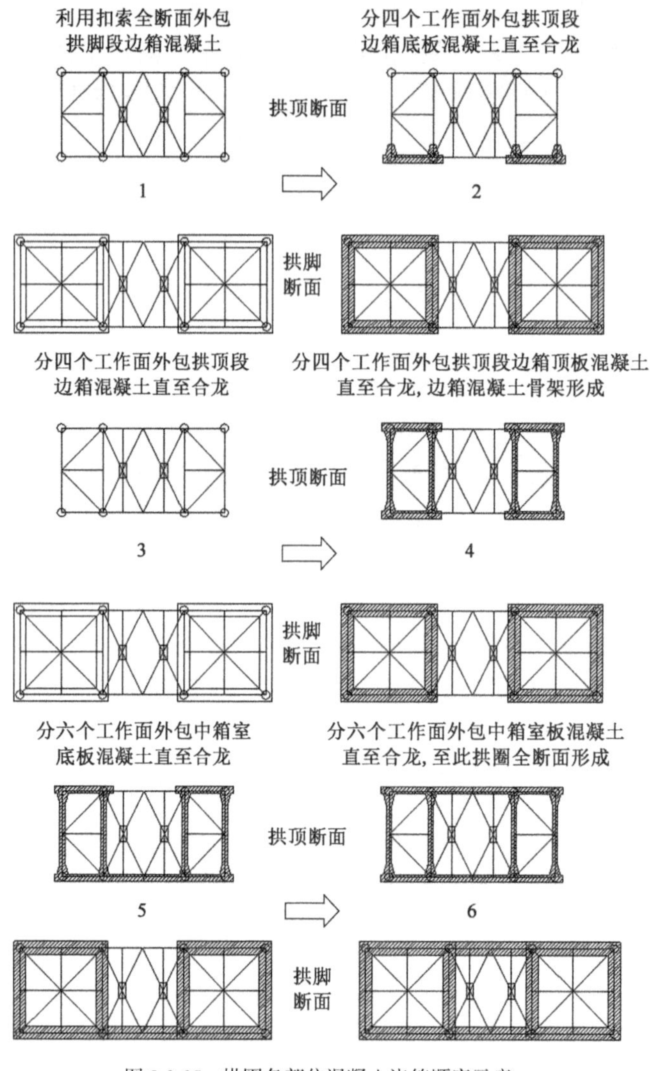

图 8.2-25　拱圈各部位混凝土浇筑顺序示意

拱圈浇筑完成后,拆除 0 号块顶塔架,施工引桥各墩台和拱上墩。采用挂篮对称悬臂浇筑交界墩 65m T 构梁直至合龙,采用支架施工拱上连续混凝土梁、引桥 32m 简支梁及 2×40m 连续梁,完成梁部的施工。安装桥面附属工程,安装检查设施。铺轨前根据设计线形进行一次梁部支座调高,铺设无砟轨道,进行成桥静动载试验。大桥主要施工过程如图 8.2-26 所示。

图 8.2-26 大桥施工过程

云桂铁路南盘江大桥(图 8.2-27)位于云南省红河州与文山州交界处,横跨南盘江,全长 852.43m,主桥为 416m 上承式劲性骨架钢筋混凝土拱桥。

南盘江大桥全长 852.430m,引桥及主桥拱上梁孔跨径布置为:3×42m 简支变截面连续梁桥+(60.9+104+60.9)m 预应力混凝土刚构桥+8×39.5m 预应力混凝土简支梁桥+2×60.9m 预应力混凝土 T 构桥+43.7m 预应力混凝土简支梁。主桥为上承式钢管混凝土劲性骨架拱桥,主拱净径为 416m,矢跨比为 1/4.2,矢高为 99m。主拱拱轴线采用悬链线,拱轴系数 $m = 1.8$,大桥主桥立面布置如图 8.2-28 所示。

图 8.2-27 云贵铁路南盘江大桥

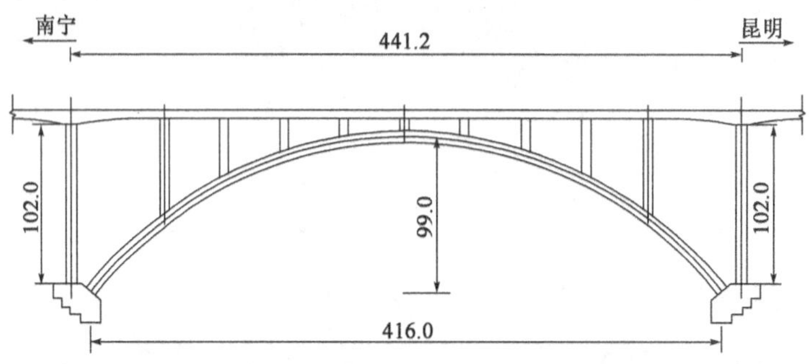

图 8.2-28 大桥立面布置(尺寸单位:m)

主拱圈采用单箱三室变宽度箱形截面,拱圈宽度变化段为拱脚区段,从拱脚至 65m 处,拱箱宽度由 28m 变化至 18m,其余拱圈均为等宽。拱圈高度采用等高度,箱高 8.5m,其中边箱顶板、底板和腹板均为变厚度,从拱脚至拱顶逐段变化。其中拱脚处底板最厚,为 110cm,拱顶处底板最薄,为 55cm;中箱顶板、底板和腹板厚度均采用 60cm。大桥采用钢管混凝土劲性骨架,弦管采用规格为 750mm×24mm 等直径、等厚度的 Q370 圆形钢管,腹杆主要角钢采用 Q345 钢材,钢管及腹杆总重为 4000t;弦管内灌注 C80 高性能混凝土,弦管外包 C60 高性能混凝土形成主拱圈,外包混凝土达 24068m^3。主拱圈及劲性骨架构造如图 8.2-29 所示。

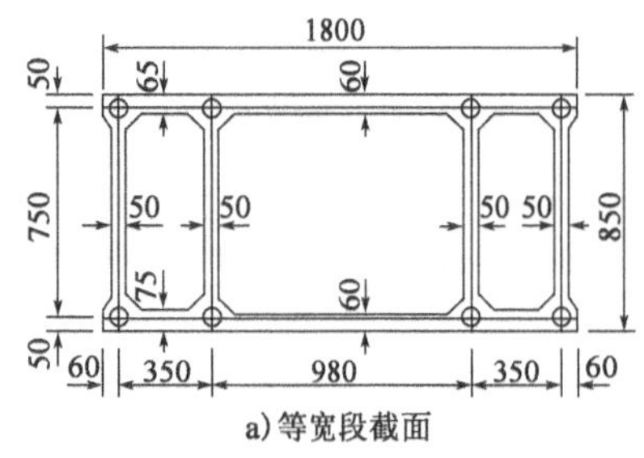

a)等宽段截面

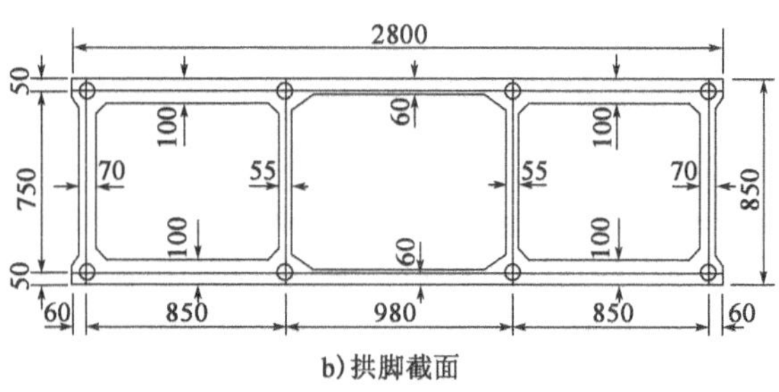

b)拱脚截面

图 8.2-29 主拱圈布置(尺寸单位:cm)

大桥采用斜拉扣挂+分环分段组合法施工拱圈。扣、锚索系统由扣塔、扣点、扣索、锚索及锚碇系统组成。扣塔由主体5号、6号交界墩及其上部钢扣塔组成；扣点利用Q345B钢板在劲性骨架上弦管节点位置焊接形成，销轴采用调质处理的Cr40钢；扣、锚索均采用7ϕ5mm钢绞线束(抗拉强度1860MPa)，锚固端采用OVM P15固定端P型锚具；锚碇系统采用岩锚和桩基承台锚碇两种形式，以充分利用永久结构。劲性骨架安装阶段扣锚系统总体布置如图8.2-30所示。

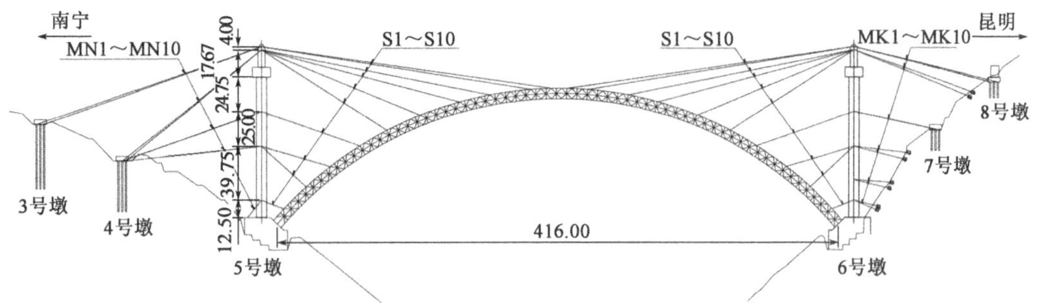

图8.2-30 劲性骨架安装总体布置(尺寸单位：m)

劲性骨架桁段在工厂采用“3+1”匹配制造，检验合格后运输至缆索吊钩下，利用缆索吊运至安装位置，逐段对称斜拉扣挂悬臂拼装，重复工序直至所有悬臂劲性骨架节段安装完成，等待合龙。骨架合龙段采用强制合龙，在清晨气温稳定时，通过扣索调整合龙口长度、角度、高程，直至可以连接法兰螺栓，安装嵌填管至合龙口，并对管口与弦管管口施焊，完成劲性骨架合龙。

劲性骨架合龙后，从上至下分级、对称、均衡放松扣索，按照先下弦、后上弦，先外侧、后内侧的顺序采用顶升法向弦管内压注C80混凝土。待管内混凝土强度达到设计强度后进行外包混凝土施工，全拱共分为6环(图8.2-31)：边箱底板、边箱下腹板、边箱上腹板、边箱顶板、中箱底板、中箱顶板。每环单侧分为3工作面、9个节段浇筑，节段划分如图8.2-32所示。每环每次浇筑3个节段，分3次浇筑完成。施工顺序如下：

(1)先张拉扣索S1′、S2′和相应锚索，支架浇筑拱脚实体段。

(2)每环浇筑的节段顺序为：节段7、节段1、节段4，节段8、节段2、节段5，节段9、节段3、节段6，同一批次浇筑的3个节段混凝土必须在混凝土达到终凝之前全部浇筑完成。

(3)边箱形成后拆除扣索S1′、S2′和相应锚索。

(4)按照与边箱相同的顺序，每侧分3个工作面依次浇筑中箱底板与顶板，拱圈全断面形成。

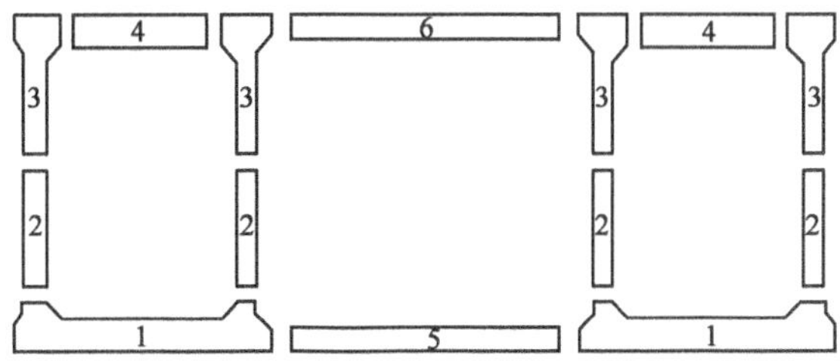

图8.2-31 劲性骨架外包混凝土浇筑顺序

1-边箱底板；2-边箱下腹板；3-边箱上腹板；4-边箱顶板；5-中箱底板；6-中箱顶板

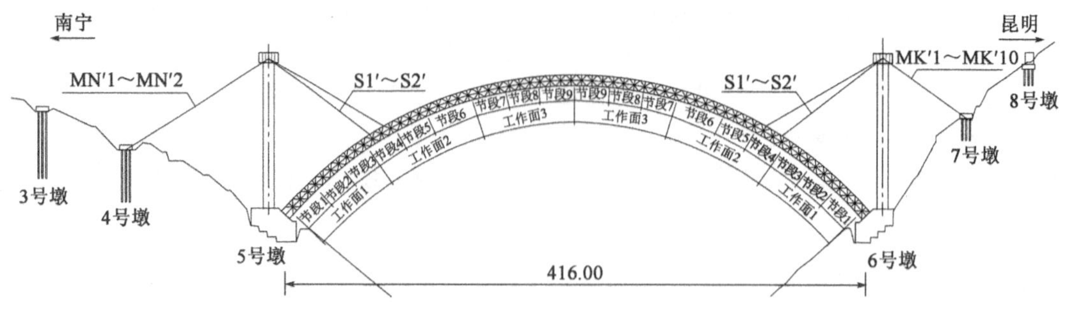

图 8.2-32　劲性骨架外包混凝土工作面划分(尺寸单位:m)

主拱圈成拱后进行拱上立柱及桥面系施工。拱圈上部八孔箱梁中,两侧边跨箱梁与引桥简支箱梁一样,采用移动模架进行整体现浇施工,中间六孔箱梁采用拱上支架法对称施工。

大桥主要施工过程如图 8.2-33 所示。

a)劲性骨架施工

b)拱肋混凝土施工

c)拱上立柱及主梁施工

图 8.2-33　主要施工过程

8.2.2 转体安装劲性骨架

采用劲性骨架法施工的钢筋混凝土拱桥，其劲性骨架的架设根据不同的环境及施工条件，又可以分为不同的方法，除了常用的斜拉扣挂法，还有转体法等，因地制宜选择合适的架设方法，可以提高劲性骨架安装的经济性，以更好地满足大跨度混凝土拱桥的建设要求。

澜沧江大桥(图 8.2-34)是新建大理至瑞丽铁路大保段的“咽喉”工程，大桥横跨澜沧江两岸，位于我国地形最为复杂的横断山脉西段，全长 528.1m，主跨为 342m，为上承式劲性骨架钢筋混凝土提篮拱桥。

图 8.2-34 大瑞铁路澜沧江大桥

桥梁上部结构采用桥跨布置为 32.75m(简支箱梁)+2×24.7m(简支箱梁)+32.7m(简支箱梁)+4×32.7m(连续箱梁)+102m(拱顶 π 形钢架梁)+4×32.7m(连续箱梁)+32.75m(简支箱梁)结构形式，大桥为主跨 342m 的上承式钢筋混凝土拱桥，总体布置如图 8.2-35 所示。

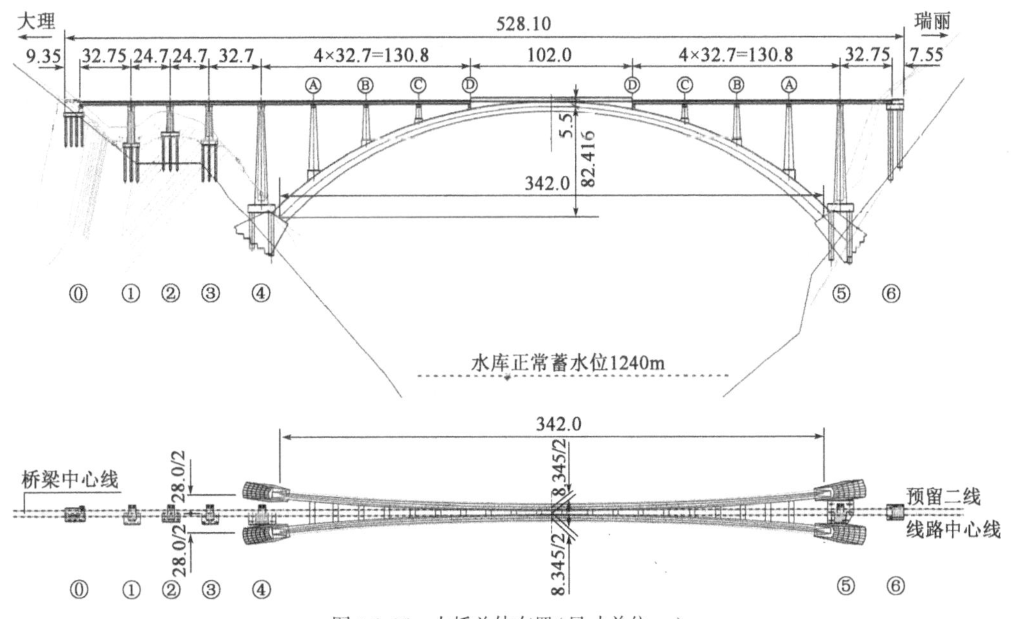

图 8.2-35 大桥总体布置(尺寸单位：m)

主拱计算跨径为342m,矢高为82.416m,矢跨比为1/4.15,拱肋采用拱轴系数$m=3.4$的悬链线提篮拱。全桥共2条拱肋,每条拱肋采用单箱单室混凝土箱梁截面,内包钢管混凝土劲性骨架,左、右拱肋相对内倾6.8°,拱肋截面高度从拱脚处10.9m变化至拱顶处6.9m。每条拱肋箱宽4.4m,为单箱单室,腹板壁厚1.0~0.6m,顶、底板壁厚1.1m。全桥拱设置20道横撑,横撑采用混凝土箱形截面,内包钢管桁架作为劲性骨架,横撑弦管为空钢管。拱肋布置如图8.2-36所示。

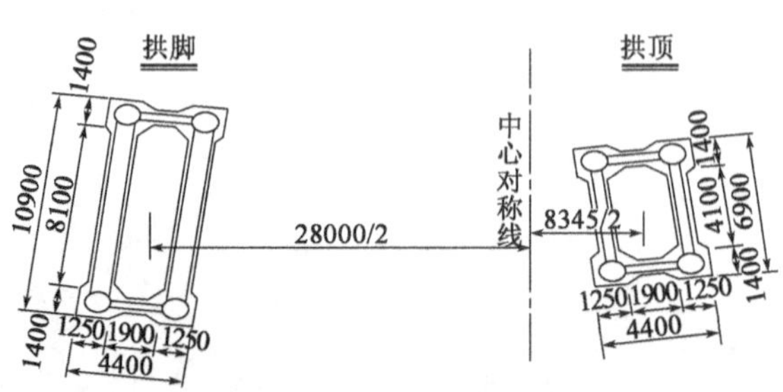

图8.2-36 拱肋横断面布置(尺寸单位:mm)

拱肋劲性骨架每肋截面采用四管式桁架,拱脚处上、下弦管中心处桁架高9.5m,拱顶处高5.5m。上、下弦管钢管外径为1.0m,壁厚根据受力部位不同分为26mm、36mm、42mm、46mm等不同规格。竖向腹杆除拱脚处采用钢箱截面外,其余为焊接工字形截面或宽翼缘H型钢。桁架上、下平联均采用HW400×400和HW350×350的宽翼缘H型钢。横撑桁架弦管为$\phi600\times16$钢管,腹杆为HW300×300和HW400×400。拱肋劲性骨架结构布置如图8.2-37所示。

劲性骨架除拱脚铰座采用Q345D外,其余均为Q345C,拱肋钢结构重5154.17t(包括中间铰和拱上扣拉点)。螺栓采用10.9S级高强度螺栓、20MnTiB螺母及垫圈,全桥共有M24高强螺栓115200套。拱肋弦管采用"先栓接定位,后焊接连接"的方式进行连接;拱肋竖向腹杆与弦管通过节点板,采用高强螺栓连接;上、下平联采用在弦管上焊接接头,通过拼接板同弦管上接头进行栓接的方式连接;横撑与主弦管通过在弦管对应位置处预焊横撑的弦管接头,然后采用"先栓接定位,后焊接连接"的方式连接;横撑腹杆同横撑弦管的连接采用直接焊接。主要焊接连接构造如图8.2-38所示。

中间铰分上、下两部分,通过销轴串联在一起,分别由支腿、转铰钢管、耳座组成。每侧两幅拱肋之间,在中间铰的转铰钢管与拱肋各节点位置设置横向风撑钢管,以保持整个转铰的横向稳定性。中间铰构造如图8.2-39所示。

受道路运输条件和施工场地限制,大桥拱肋劲性骨架弦管钢管分成6~11.5m节段,采用工厂制造预拼散件进场,现场缆索起重机支架上散拼。拱脚及拱肋1/4处设置转铰,竖转的单侧拱肋自重为2500t,每侧拱肋分两次竖转,利用两岸设置的锚碇,通过计算机控制整体提升与下放技术进行两次竖转。劲性骨架转体施工布置如图8.2-40所示。

主要施工步骤如下:

(1)钢管拱肋在加工厂加工成单元件,预拼场组拼焊接成运输单元,最后在组拼场拼装成吊装单元,利用缆索起重机进行吊装。

(2)拱脚及半跨拱肋中部(根据地形条件确定)设置转铰,钢管拱肋中间转铰以下部分沿山体竖向拼装,中间转铰以上部分在支架上拼装。

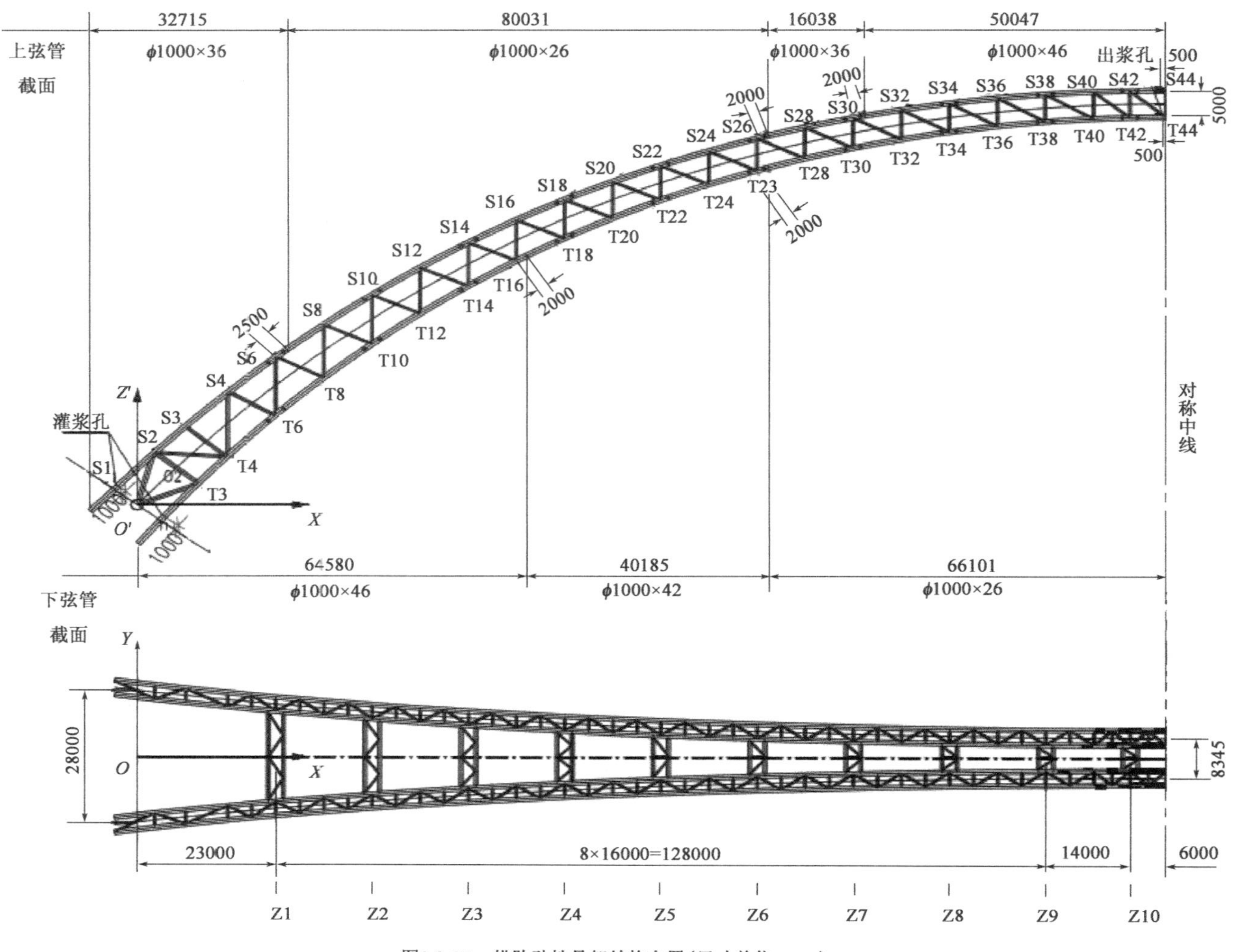

图8.2-37　拱肋劲性骨架结构布置(尺寸单位：mm)

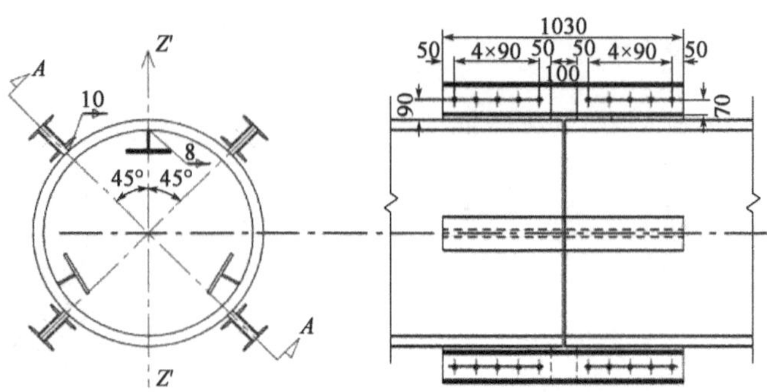

图 8.2-38　弦管节段连接示意(尺寸单位:mm)

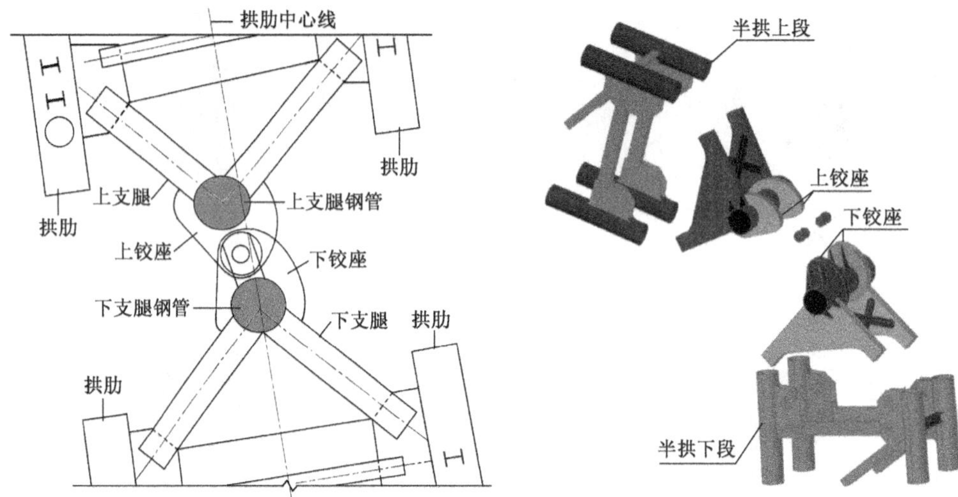

图 8.2-39　中间铰构造

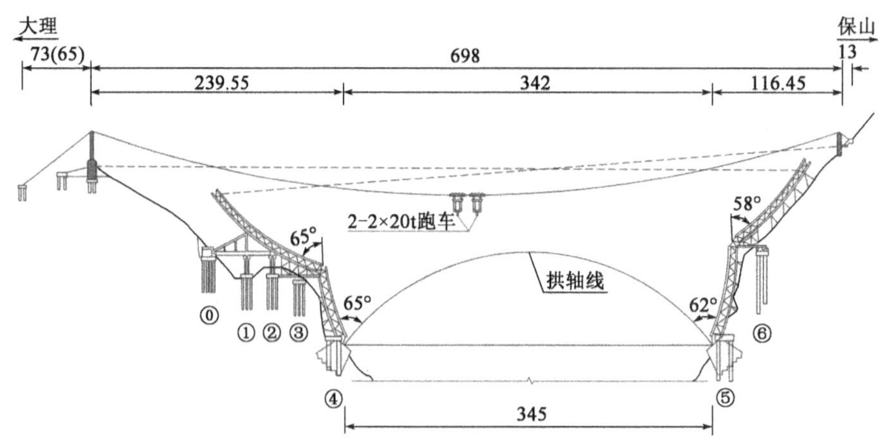

图 8.2-40　劲性骨架转体施工总体布置图(尺寸单位:m)

(3)两岸均设置竖转牵引索、下放索、拉压连接杆及竖转油缸、泵站等竖转设备。

(4)通过两岸牵引索相互牵引,将两岸中间转铰以上部拱肋扳起,完成第一次竖转。

(5)待中间转铰合龙后,牵引索继续牵引成形的半跨拱肋,直至拱肋重心超过零界点后逐渐退出工作,下放索继续下放,完成两岸半跨拱肋的向下转体。

(6)跨中合龙后进行拱脚合龙。

二次竖转总体施工顺序及步骤如下:

(1)大理岸中间铰以上部分拱肋向上转体65°。

(2)安装大理岸中间转铰处连接钢管形成半跨拱肋,完成大理岸拱肋一次转体。

(3)牵引索继续工作,开始大理岸拱肋二次转体,半跨拱肋整体向下转体55°停止。

(4)保山岸扣拉索转换安装,保山岸中间铰以上部分拱肋向上转体58°。

(5)安装保山岸中间转铰处连接钢管形成半跨拱肋,完成保山岸拱肋一次转体。

(6)牵引索继续工作,开始保山岸拱肋二次转体,半跨拱肋整体向下转体62°停止。

(7)大理岸半跨拱肋继续向下转体10°。

(8)调整拱肋线形,安装合龙段,完成拱肋竖转施工。

大桥劲性骨架竖转从2016年6月28日至11月15日,历时141d。两次竖转施工主要步骤如图8.2-41所示,施工过程主要场景如图8.2-42~图8.2-47所示。

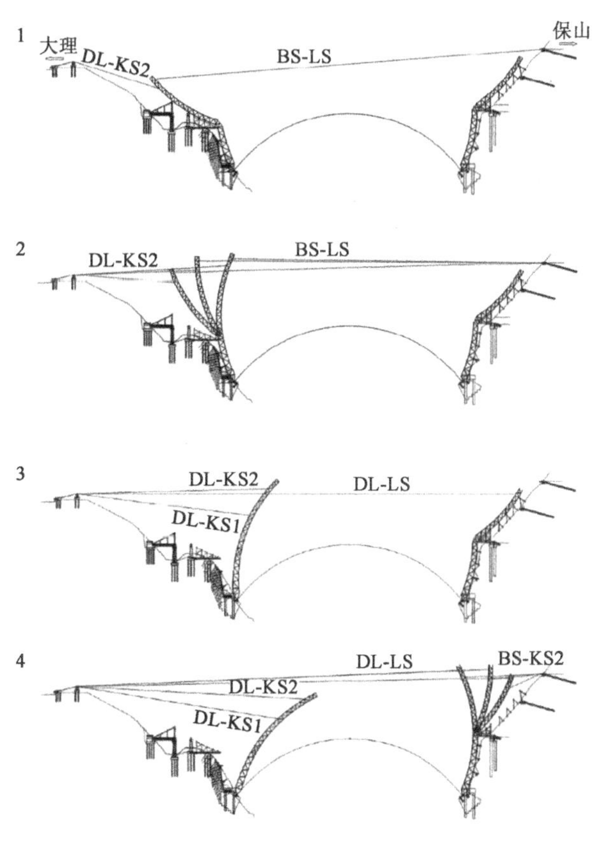

图　8.2-41

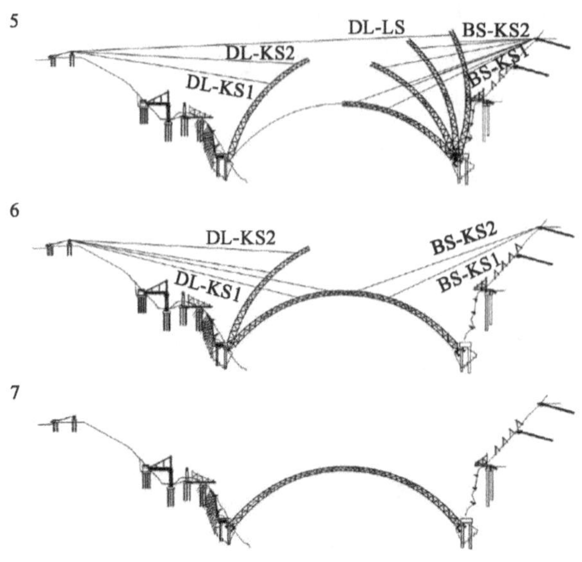

图 8.2-41 劲性骨架两次竖转主要步骤示意

图 8.2-42 大理侧拱肋桁段支架拼装

图 8.2-43 大理侧进行一次竖转

图 8.2-44 大理侧完成一次竖转

图 8.2-45 大理侧进行二次竖转

图 8.2-46 两岸二次竖转就位

图 8.2-47 劲性骨架合龙

8.2.3 强劲骨架

采用钢管混凝土作为劲性骨架的钢筋混凝土拱桥,由于其显著的优越性,已建成多座。然而,随着跨度增加以及其他结构形式和施工方法的发展,劲性骨架因相对太弱,导致工序多、工期长、风险大,限制了这种施工方法的发展。因此,要获得劲性骨架与外包混凝土的最佳匹配,充分发挥复合结构拱桥的优势,有必要进一步提高骨架的强度,探索采用强劲骨架施工的方法。

强劲骨架是指承载能力满足主拱顶板、腹板、底板三环独立加载的主拱骨架,以这种骨架施工钢筋混凝土拱桥的方法称为强劲骨架法,以便与传统的劲性骨架法加以区分。具体以拱顶截面计算含钢管混凝土率>8%以及钢管混凝土截面承载力与总截面承载力之比>20%作为两项界限指标。采用强劲骨架可以简化施工加载程序,同时降低施工风险。从工程造价来看,强劲骨架与外包钢筋混凝土共同受力,可以减小钢筋混凝土拱肋截面,综合造价可以更低。

布拖县冯家坪金沙江“溜索改桥”工程(图 8.2-48)跨越四川省与云南省交界的金沙江,是一座采用强劲骨架法施工的上承式混凝土拱桥。

图 8.2-48 布拖县冯家坪金沙江“溜索改桥”

桥梁宽度为 9.0m，荷载等级为公路—Ⅰ级，地震基本烈度为Ⅷ度，地震动峰值加速度为 0.231g，设计基本风速为 25.9m/s。桥位处地形陡峻，两岸陡崖间距离约为 247m，所在位置偏僻，养护条件有限，因此，拱桥是最为合适的选择。综合考虑养护及工程造价的因素，采用上承式钢筋混凝土拱桥一跨跨越金沙江。根据桥型所处地形、地质条件，确定主桥净跨径为 260m。大桥立面布置、拱肋横截面布置及拱肋立面布置如图 8.2-49～图 8.2-51 所示。

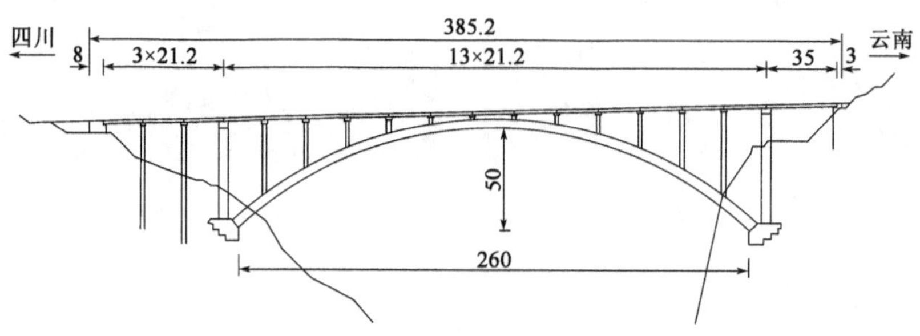

图 8.2-49　立面布置（尺寸单位：m）

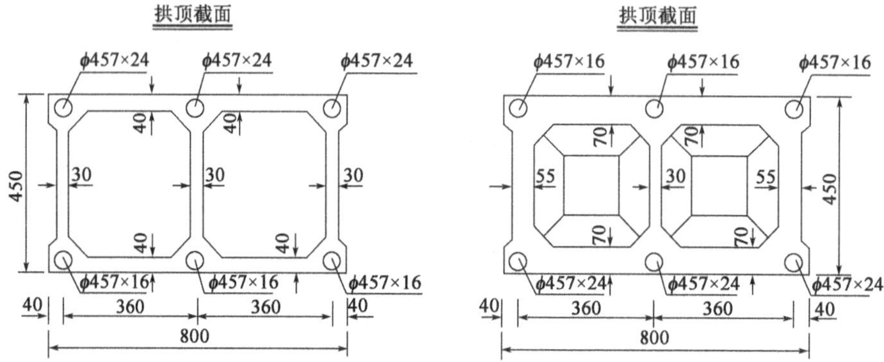

图 8.2-50　拱肋横截面布置（尺寸单位：cm）

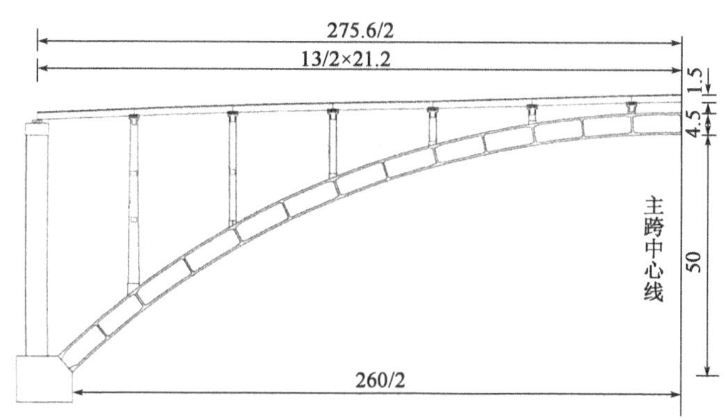

图 8.2-51　拱肋立面布置（尺寸单位：m）

主拱采用等截面悬链线无铰拱。拱圈采用单箱双室截面，横向采用等宽 8m，纵向采用外形等高 4.5m，标准段顶、底板厚 0.4m，腹板厚 0.3m。拱圈拱脚至第一根立柱间为渐变段，顶、底板混凝土厚度由 0.7m 线性变化至 0.4m，边腹板厚度由 0.55m 线性变化至 0.3m。

强劲骨架为型钢与钢管混凝土组成的桁架结构,上、下各三根 ϕ508mm×16(24)mm、内灌 C60 混凝土的钢管混凝土弦杆,弦杆通过横联角钢和竖向角钢连接构成桁架结构,在拱肋横联对应位置设交叉撑加强横向连接,腹杆及平联与弦杆均采用焊接连接。劲性骨架布置如图 8.2-52 所示。

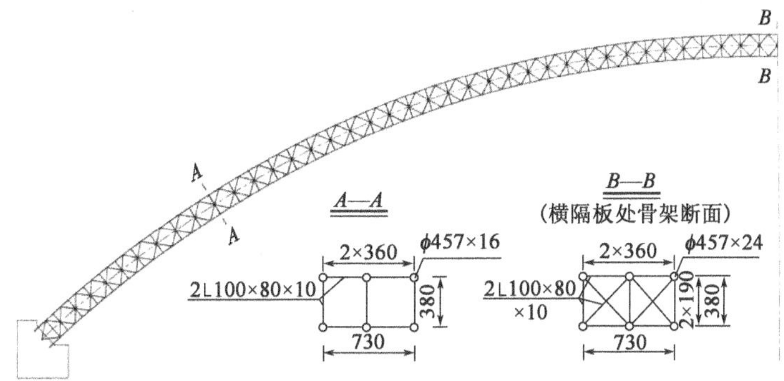

图 8.2-52　劲性骨架布置(尺寸单位:cm)

拱上构造由垫梁、拱上立柱、盖梁组成拱上排架,如图 8.2-53 所示,采用搭架现浇的施工方法。行车道板采用跨度 21.2m 的预应力混凝土小箱梁,每孔横向 3 片梁,如图 8.2-54 所示。钢筋混凝土拱座,基础置于稳定的完整的弱风化基岩。

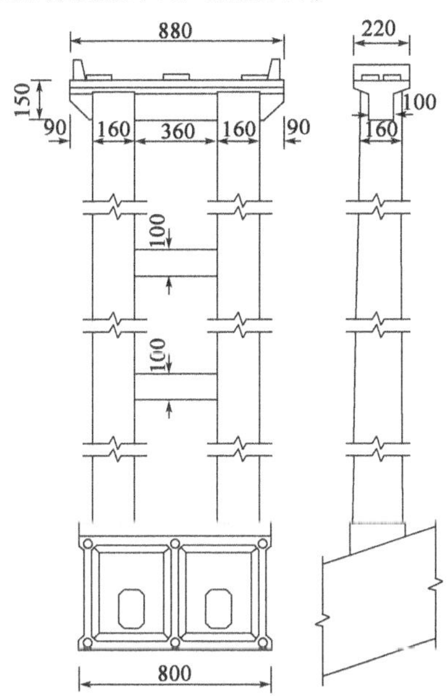

图 8.2-53　拱上立柱构造(尺寸单位:cm)

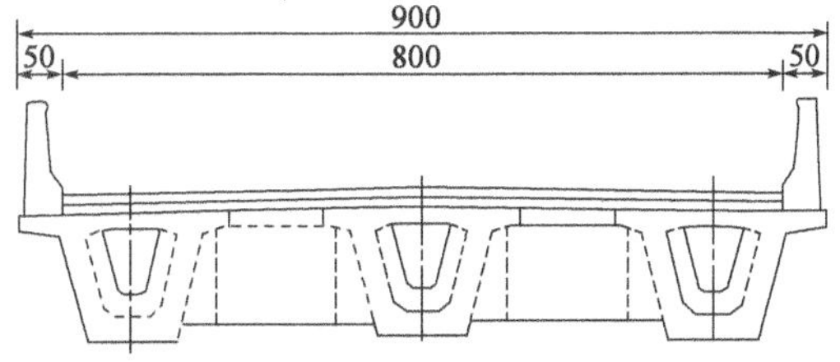

图 8.2-54　主梁构造(尺寸单位:cm)

强劲骨架采用斜拉扣挂法安装,扣吊分离。扣塔立于两岸交界墩上;缆索起重机的设置充分利用地形,四川岸吊塔较高,采用钢管塔,立于 1 号墩位置;因地势原因,云南岸吊塔矮,采用万能杆件拼装,设于桥后山体上。

利用斜拉扣挂法及缆索起重机完成空钢管骨架后,在骨架上、下弦钢管内灌注 C60 高性能混凝土。采用泵压法自拱脚向拱顶压注完成。钢管混凝土的施工质量检查采用敲击法配合超声波物探手段进行。

拱圈的浇筑采用“两环十二工作面”的浇筑方式。即先两岸对称浇筑底板+边腹板直至合龙,然后再两岸对称浇筑中腹板+顶板混凝土,如图 8.2-55 所示。

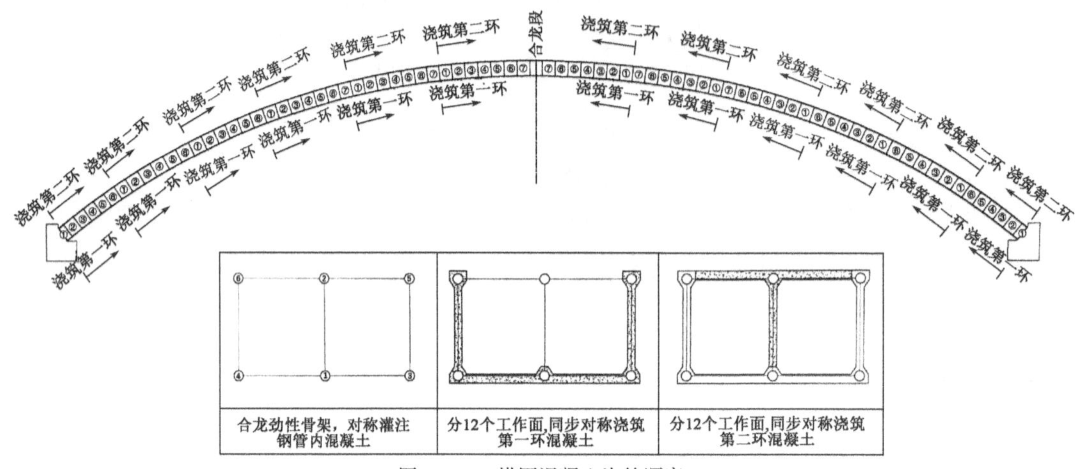

图 8.2-55　拱圈混凝土浇筑顺序

根据工期、材料价格、施工条件和结构受力性能,对骨架含钢率、管内混凝土强度等级、骨架构造形式以及外包流程等内容进行了优选。最终,强劲骨架采用 ϕ508mm 钢管和高强自密实混凝土(C60)构成的钢管混凝土弦杆;腹杆采用刚度大、经济合理的型钢构件,显著提高了骨架的强度和刚度。采用“两环十二工作面”的施工工艺,简化了施工程序,便于模板安装和移动,从而缩短外包混凝土工期并有利于施工质量。

由于强劲骨架可有效提高结构承载能力(在最不利工况下,最不利截面承载力提高约22%),保证结构在强震作用下的安全,并减少主拱截面面积及钢筋用量,降低综合造价。同时,可有效提高合龙前的横向刚度,配合抗风缆,能确保骨架吊装时的抗风性能。强劲骨架成拱后,其抗风能力佳,可保证拱圈混凝土外包时结构的抗风性能。

图 8.2-56　专用移动吊架示意

除采用强劲骨架外,该桥还在钢管混凝土拱桥中采用 C60 高性能钢管混凝土,外包混凝土采用 C50 高性能混凝土,保证了管内混凝土的灌注质量,降低了外包混凝土振捣作业的难度。由于拱肋为悬链线、曲率不断变化,再加上拱肋外包混凝土施工悬空过高,因此设置了专用移动吊架(图 8.2-56),由天车、吊杆、底平台、行走系统、止推装置等组成。该吊架设备解决了原来施工工艺安全风险高、施工难度大、临时材料多的技术难题。

该桥桥位位于Ⅷ度地震区,在设计中充分利用强劲骨架为拱圈提供的承载力,优化拱圈断面,既保证结构承载力,又不增加过多结构自重。在拱上结构的设计中,通过合理设计立柱构造和尺寸、设置抗震支座等措施来保证结构抗震需要。设计中充分利用强劲骨架提供的较强的横向刚度,并结合合理布置抗风缆等措施,保证了结构施工和运营中的抗风性能。

大桥施工过程如图 8.2-57 所示。

图 8.2-57 大桥施工过程

8.3 组 合 法

8.3.1 应用与特点

发挥悬臂拼装法和劲性骨架法的优势、规避其风险,将两种典型工法相结合的组合施工方法,虽然没有获得广泛应用,但也有一些很好的实践经验。拱脚段混凝土拱肋的悬臂浇筑,可以采用斜拉扣挂的施工方法,也可以采用悬臂桁架的方法,条件合适时还可以采用临时墩悬臂的方法。拱顶施工劲性骨架的结构形式和安装方法因地制宜能够做出多种选择;可以采用普通的钢桁架结构,也可以采用钢管桁架结构以及钢管混凝土桁架结构,甚至还可以采用钢箱结构;可以选择斜拉扣挂法安装劲性骨架,也可以选择浮式起重机整体吊装。总之,根据拱桥的结构情况、施工环境条件等,不同的悬臂施工方法和不同的劲性骨架结构形式与安装方法,可以进行多种多样的组合,从而获得最佳选择。

从已有的工程实践看,既有全跨采用劲性骨架的工程实例,也有部分采用劲性骨架的工程应用。关于采用劲性骨架法和悬臂法施工拱段长度分配比例问题,并无确切规律和定论,如前所述,还是需要因地制宜地加以确定。拱桥施工技术的多样性发展,为工程师提供了更多的选择,同时也提出了更大的挑战。在面对不同跨度、不同地貌、不同施工条件等一系列特定条件的时候,不墨守成规,创新寻求最佳解决方案,成为工程师最有意义的工作。

8.3.2 悬臂桁架与劲性骨架组合

日本最大的混凝土拱桥别府明矾桥跨径为235m,如图8.3-1所示。该桥采用悬臂安装法与劲性骨架法组合的施工方法。在该桥条件下,悬臂桁架工法形成的临时桁架适用于跨径150m以下的拱桥,但是和劲性骨架工法相结合可实现200m长的跨径。

图8.3-1 日本别府明矾桥

别府明矾桥为一座钢筋混凝土无铰拱桥,位于日本最有名的温泉区大分府和别府市郊,全桥长411m,桥宽21.4m,主拱跨径为235m。拱肋采用单箱三室箱形截面,桥面采用部分预应力混凝土箱梁。

拱脚段采用临时桁架和临时钢梁悬臂施工(图8.3-2),拱顶段70m范围采用劲性骨架法施工,主要施工步骤如下:

(1)墩台基础、墩身施工;岸上引桥上部结构施工;利用脚手架施工起拱节段,架设移动式起重机。

(2)安装后拉索,利用移动式起重机悬臂施工拱圈。

(3)移动移动式起重机后,架设斜拉索和钢立柱。

(4)吊装钢立柱、上弦杆和斜拉索,重复悬臂施工。

(5)采用大型移动式挂篮进行拱圈施工,悬臂施工至离起拱线约80m为止,悬臂施工拱圈共有18个节段,节段长度为4.4m。

(6)吊装跨中长约70m劲性钢骨架,钢骨架重约530t,首先在地面拼装整体,然后利用设置在移动式起重机上的起重设备起吊劲性骨架,并与混凝土拱圈悬臂顶端铰接,成拱后浇筑混凝土。

(7)拱圈合龙后拆除上弦杆和后拉索,浇筑立柱混凝土。

(8)施工桥面结构,桥梁建成。

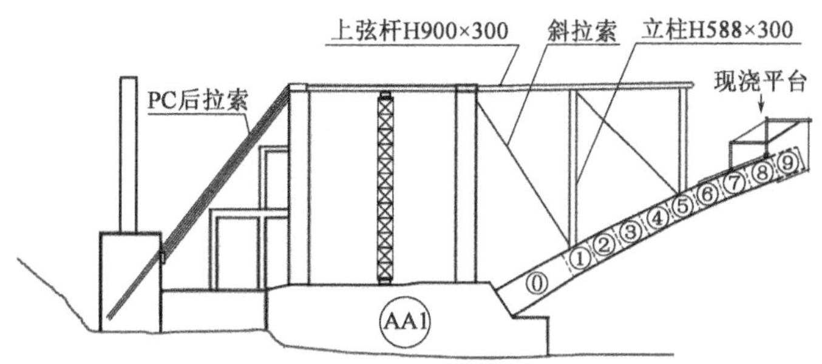

图 8.3-2　带桁架和钢梁的悬臂施工法

主要施工过程如图 8.3-3 所示。

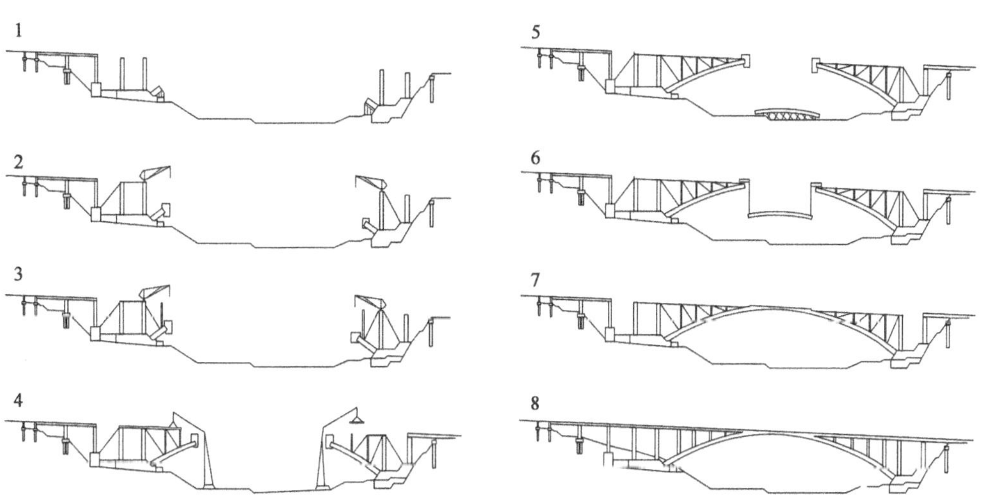

图 8.3-3　别府明矾桥施工步骤

日本的青叶大桥也是采用悬臂桁架与劲性骨架组合方法施工的一座混凝土拱桥。不同之处在于悬臂桁架的结构组成不同,青叶大桥桁架的竖杆和上弦杆利用了拱上永久立柱和主梁,而不是像别府明矾桥那样采用临时钢构件。此外,青叶大桥的跨度和宽度及劲性骨架的长度都小于别府明矾桥。

青叶大桥(图 8.3-4)位于日本宫崎县地方公路诸塚高千穗线上,桥址处风景优美,国家指定的天然纪念馆坐落附近,因此设计时十分重视桥梁与环境的和谐性。大桥采用一跨直接跨过山谷的拱桥结构,桥面距离河床高度为 100m,桥梁长度为 270m,采用上承式钢筋混凝土无铰拱结构,拱跨为 180m,桥面宽度为 10.75m,桥址行车道宽度为 7.25m,人行道宽度为 2.5m。

主拱采用钢筋混凝土单箱单室截面,拱顶附近 57m 范围采用组合拱结构。矢高为 27.5m,矢跨比为 1/6.55。拱肋高度从拱脚处 4.0m 渐变至拱顶处 3.0m,拱肋底板宽度为 8.0m,沿拱轴方向保持不变,拱肋顶部悬挑翼缘,宽度变化范围为9.0~10.45m。单箱截面拱肋的顶、底板厚度均为0.25m,拱脚处腹板厚度0.9m,拱顶组合结构腹板厚度为1.0m。主梁上部结构采用双主梁T梁结构,梁高1.5m。大桥立面布置以及拱肋、主梁横断面布置如图8.3-5和图8.3-6所示。

图8.3-4 日本青叶大桥

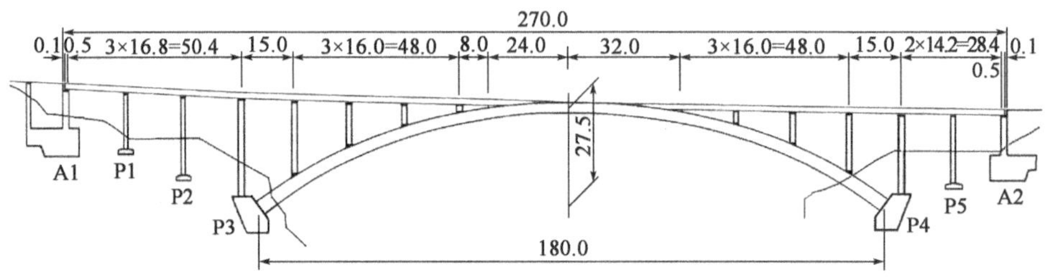

图8.3-5 立面布置(尺寸单位:m)

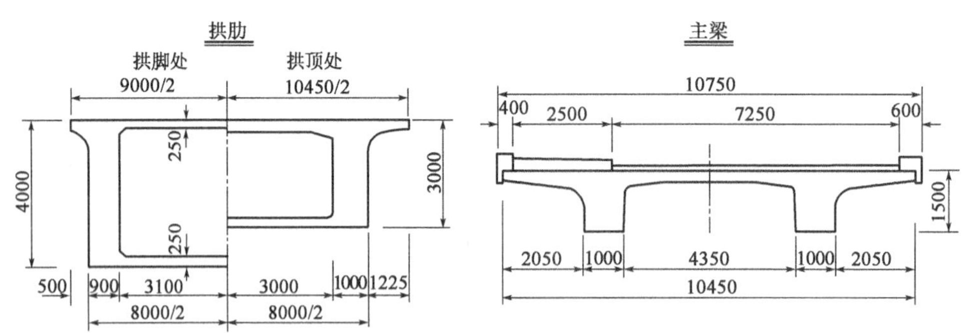

图8.3-6 主拱即主梁横断面布置(尺寸单位:mm)

青叶大桥拱顶段大约57m范围内采用劲性骨架法施工,其中劲性骨架长54m,两端过渡连接构造长度共约3m。劲性骨架由双纵梁(对应拱肋腹板)及其联结系构成,钢纵梁为高度2.5m×0.5m的窄幅箱梁。如图8.3-7所示。

青叶大桥拱肋主要施工步骤如下。

(1)土方挖掘,拱台、承台施工。

(2)桥墩施工及后锚杆施工:后锚杆通过在两岸 A1 侧、A2 侧各配置 18 根、22 根预应力钢绞线实现。

(3)岸上桥墩和主梁施工、起拱段拱肋施工:起拱段拱肋通过搭设脚手架施工,之后安装移动挂篮。

(4)悬臂桁架法施工:拱圈节段、斜杆、拱上立柱、加劲梁施工,循环进行悬臂施工。加劲梁采用逐跨施工,由于桥位较高,且桥面纵坡倾斜,采用膺架施工;拱肋采用大型移动式挂篮进行大节段施工,节段长度为 9.0m;斜杆采用变截面预应力粗钢筋,预应力值按拱圈、立柱、加劲梁各杆件应力控制目标确定。

(5)跨中 54m 范围内采用劲性骨架法施工,劲性骨架在工厂制造,采用缆索起重机架设,完成劲性骨架合龙后进行钢箱内混凝土浇筑、外包混凝土浇筑,最终形成组合截面后完成拱圈合龙。

(6)斜杆、后锚杆放松及拆除,拱顶加劲梁施工。

(7)桥面铺装、护坡工程等附属工程施工。

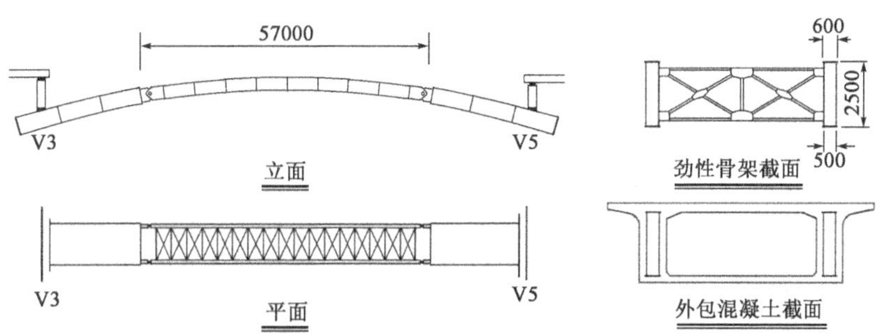

图 8.3-7 拱肋跨中 54m 范围的组合拱结构(尺寸单位:mm)

大桥主要施工步骤如图 8.3-8 所示。

8.3.3 悬臂扣挂与劲性骨架组合

头岛大桥位于日本冈山县濑户内海,连接 Kashirajima 岛和 Kakuijima 岛,主桥为跨度 218m 的钢筋混凝土拱桥,矢跨比为 1/8,主拱矢高相对比较平坦。大桥于 2000 年 3 月开工,于 2004 年 10 月建成通车,如图 8.3-9 所示。

该桥的特点是采用了对于大型拱桥来说非常平坦的拱结构(拱高比为 1/8)。对于桥梁的架设,为了尽快合龙拱肋,采用斜拉扣挂悬臂法和劲性骨架法组合的施工方法,其中,劲性骨架长度为主跨的 60%,采用双室箱形截面钢梁。在劲性钢骨架吊装完成后,该拱段随后浇筑高强度混凝土完成。由于这座桥是一座海洋桥,劲性骨架拱桥的构件总长 130.4m,在两端安装张拉临时拉索,使用 1300t 浮式起重机安装。

劲性骨架的建造方法通常用于跨中不允许设置中间临时墩的拱桥施工,尤其是对于仅使用悬臂扣挂法无法经济架设的平坦拱。这种方法首先通过由钢结构制成的劲性骨架梁(桁架梁或空心箱形截面等)来建立拱结构。该骨架梁随后被混凝土拱的混凝土包覆,共同集成为复合拱结构。主拱完成后进行拱上立柱和桥面梁架设。

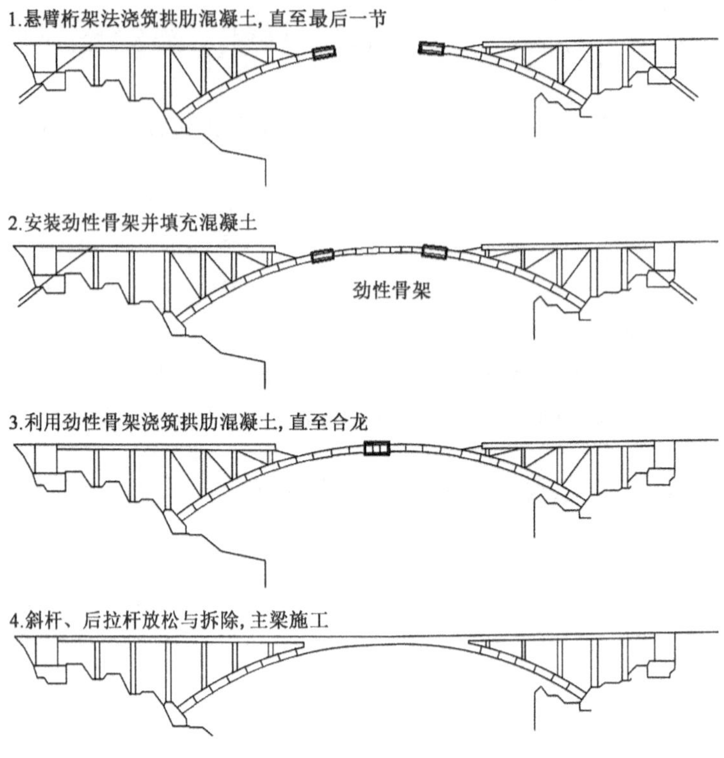

图 8.3-8　主要施工步骤示意

图 8.3-9　日本头岛大桥

混凝土拱桥施工难度相对较大、节段浇筑模板要求高，比普通桥梁浇筑工作量大，但建成后结构美观，增强了周边环境效果。根据日本土木工程学会(JSCE)结构工程委员会大跨度混凝土拱桥设计方法研究小组的报告，混凝土拱桥作为一个完整的结构，不仅可以达到 600m 跨度，而且能够为更大跨度提供一个稳定的结构。问题是如何实施建设，组合施工方法则是一个解决办法。

头岛大桥的立面布置如图 8.3-10 所示，其结构特点是拱肋和拱上立柱由钢筋混凝土组成，而桥面主梁采用双钢主梁的组合梁。较为轻型的组合梁可以大大减小影响拱肋尺寸的轴向力。对于拱跨超过 200m 的大跨度拱桥，矢跨比为 8.0，使拱桥极为平坦（拱肋恒载降低约 30%），不言而喻，这会降低建筑成本。组合梁的维护管理措施还包括铅铝喷涂等新技术，这种防锈技术与传统的重防腐相比，最初成本将增加 20%，但不需要在运营后重新涂装，因此全寿命成本可降低到 50%以下。另一个结构特点是使用 $\sigma_{ck}=50\text{N/mm}^2$ 的高强度混凝土，与使用 $\sigma_{ck}=40\text{N/mm}^2$ 的混凝土相比，使拱肋厚度从 4.5m 降至 3.5m（在起拱段）和从 3.0m 降至 2.5m（在顶拱段）成为可能，从而使更细长拱肋的截面壁厚减小。主拱和主梁截面如图 8.3-11 所示。

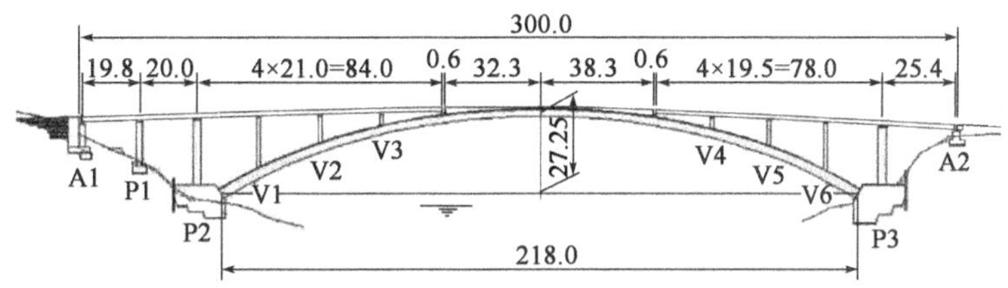

图 8.3-10　头岛大桥立面布置（尺寸单位：m）

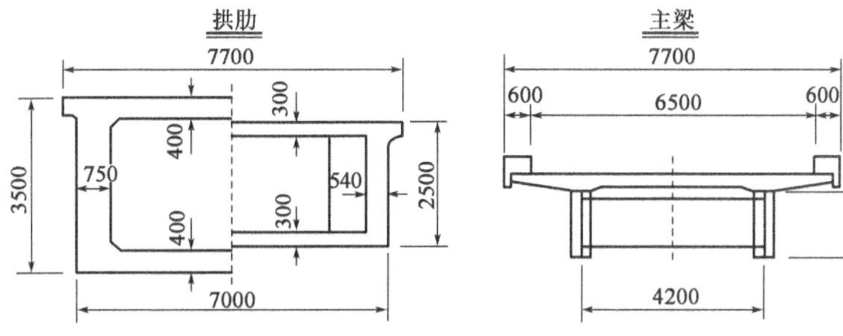

图 8.3-11　主拱与主梁截面布置（尺寸单位：mm）

大跨度拱桥施工中，在完成拱桥结构之前，结构极不稳定，需要大量的施工设备，如斜拉索和地锚。因此，从安全和经济的角度来看，施工方法的选择是一个极其重要的问题。头岛大桥考虑了跨越 Seto 内海的场地位置和需要在风和台风的影响下迅速实现稳定，劲性骨架用于在施工过程中快速形成拱形结构。劲性骨架单元长 130.4m，双钢主梁结构，重 383t。在接近总跨度 60%的范围内使用劲性骨架单元，不仅快速达到拱结构的稳定性要求，并显著降低主拱悬臂施工斜拉扣挂体系背索的锚固强度需求。

主要施工步骤如图 8.3-12 所示。拱肋的施工始于 2002 年 1 月。首先，在海峡两岸建造塔架，并与斜拉扣挂系统一起，用移动模板施工设备浇筑 9 个 4.5m 长的节段。2002 年 9 月，在 Ehime 工厂组装的劲性钢骨架用 1.6 万 t 的驳船海运至施工现场。劲性骨架单元由一艘 1300t 浮式起重机船吊起，并固定

1.斜拉扣挂悬臂浇筑拱肋，直至最后一节段

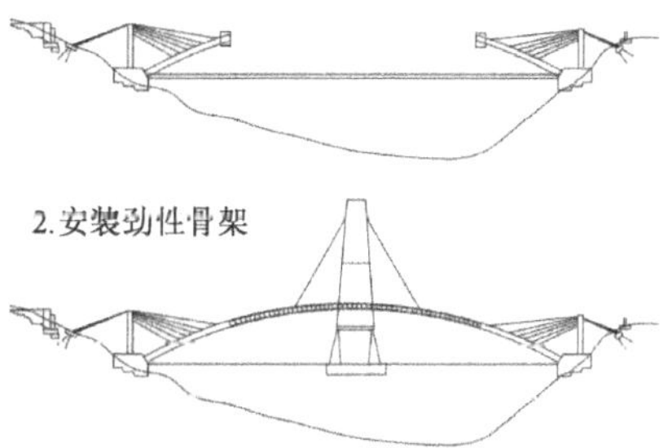

3.利用劲性骨架浇筑拱肋，直至合龙

4.拆除斜拉扣挂系统，进行拱上建筑施工

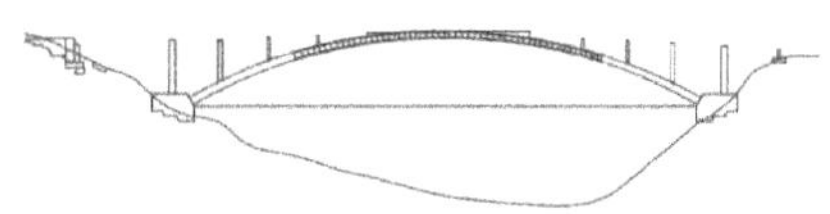

图 8.3-12　主要施工步骤

在已经完成的拱肋顶部。之后,劲性骨架单元被新混凝土包覆,拱肋最终完成。最后,完成拱上建筑施工。

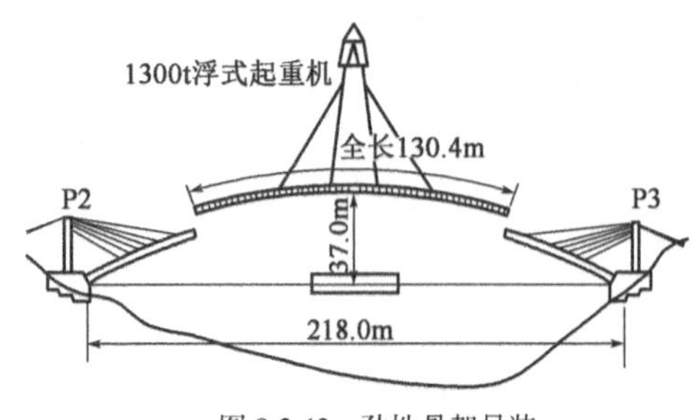

图 8.3-13 劲性骨架吊装

劲性骨架单元浮式起重机吊装施工如图 8.3-13所示。

头岛大桥对占拱跨 60%的劲性骨架单元组合截面进行了改进,简化了施工、节省了劳动力。传统的劲性骨架嵌入混凝土中,但在这种新的施工方法中,劲性骨架和腹板混凝土在箱梁内对齐设置,使骨架具有钢筋、支架和内模三种功能。

用于拱桥或斜拉桥施工的斜拉悬臂施工方法,一般特点是悬臂斜拉装置与移动模板平台相互干涉,施工平台移动不得不在预张紧斜拉索之前推出。因此,即使是拱桥,也需要面对一定长度的自由悬臂状态,并需要在拱肋内配置一些预应力。头岛大桥对此进行了改进,将拱肋梁内的预应力钢材减少了约 34%。这是通过改进可移动的施工平台来实现的,改进后的悬臂拉索和模板平台推进装置不再相互干扰,并且使所有的拱肋节段都能在无悬臂的情况下由拉索支撑。因此,悬臂施工所需的预应力钢材不仅大大减少,而且使采用较小拉索系统进行施工成为可能。

此外,骨架单元达到主拱跨度的 60%,存在劲性骨架单元与拱肋悬臂施工同期进行时出现施工误差的可能性。因此,在施工误差方面,有必要使连接混凝土拱肋的骨架单元连接到拱肋结构上可容错。为此,采用一个可调整垫片的盖伯铰链轴承座。吊装开始后大约 5h,劲性骨架单元提升达到设计高度,安装顺利完成。

大桥施工至 2003 年 12 月,完成了拱上立柱施工和主梁施工,图 8.3-14 所示为拱桥施工进入收尾阶段。

图 8.3-14 拱桥施工收尾

参 考 文 献

[1] 邵长宇.索承式组合结构桥梁[M].北京:人民交通出版社股份有限公司,2017.

[2] Jean-Paul Lebet,Manfred A Hirt.Steel bridge [M].Lausanne Switzerland:EPFL Press,2013.

[3] Perezfadón S,Herrero J E,Martíntereso L,et al.La Vicaria Arch over La Fuensanta reservoir [C]//IABSE Symposium Report,2007(8):9-16.

[4] Gregor Wollmann. Bridge across Ohio River and Blennerhassett Island [J]. Structural Engineering International,2008(1):28-30.

[5] Millanes F,Ortega M,Carnerero A.Palma del Río Arch Bridge,Córdoba,Spain [J].Structural Engineering International,2010,20(3):338-342.

[6] 中国公路学会桥梁和结构工程分会.面向创新的中国现代桥梁[M].北京:人民交通出版社,2009.

[7] 陈宝春.钢管混凝土拱桥[M].北京:人民交通出版社股份有限公司,2016.

[8] 陈宝春.钢管混凝土拱桥实例集(二)[M].北京:人民交通出版社,2008.

[9] 四川公路桥梁建设集团有限公司,四川路桥建设股份有限公司.拱桥[M].北京:人民交通出版社股份有限公司,2014.

[10] 邵长宇.组合结构桥梁——国际发展与国内展望[C]//第十八届全国桥梁学术会议论文集(上册).北京:人民交通出版社,2008.

[11] 邵长宇.九堡大桥组合结构桥梁的技术构思与特色[J].桥梁建设,2009(6):42-45.

[12] José Antonio Llombart,Jordi Revoltós. Alconétar Bridge over the River Tagus at Alcántara Reservoir,Cáceres,Spain [J].Structural Engineering International,2010(2):200-205.

[13] Horvath A,Dunai L,Nagy Z. Dunaujvaros Danube bridge:construction,design and research [J].Structural Engineering International,2006,16(1):31-35.

[14] Jordet E A,Jakobsen S E.The Svinesund bridge,Norway/Sweden [J].Structural Engineering International,2007,17(4):309-313.

[15] James M C,Kris L,Steven P,et al.Edmonton's New Walterdale Bridge [J].Structural Engineering International,2017,27(1):20-24.

[16] 陈宝春.拱桥技术的回顾与展望[J].福州大学学报(自然科学版),2009(1):94-106.

[17] 全军.宁波明州大桥主桥设计与施工[J].世界桥梁,2010(2):32-35.

[18] Savor,Z,J Radic,G Hrelja.Steel arch bridges in Croatia-past and present[C]//6th International Conference on Arch Bridges.2010.

[19] 袁长春.430m 跨上承式钢管混凝土拱桥拱肋节段双肋整体拼装施工技术[J].铁道标准设计,2009(5):43-47.

[20] 周水兴,杜国平,李丹,等.大宁河大桥设计与施工技术[C]//第十九届全国桥梁学术会议论文集(上册).北京:人民交通出版社,2010.

[21] 史淑艳,张健康,陈伟涛.纳界河提篮拱桥预拼装精度控制方法[C]//2014 年全国钢结构设计与施工学术会议论文集.钢结构,2014 增刊(29):178-181.

[22] 范瑛,梅利芳.日本富士川混凝土拱桥的设计与施工[J].世界桥梁,2002(2):14-16.

[23] 陈宝健,许有胜,陈宝春.日本钢筋混凝土拱桥调查与分析[J].中外公路,2005,25(4):96-101.

[24] 陈宝春,叶琳.我国混凝土拱桥现状调查与发展方向分析[J].中外公路,2008,28(2):89-96.

[25] 李毅谦,季文刚.支井河大桥设计技术创新与施工方案研究[J].公路,2013(1):36-44.

[26] 孙海涛.大跨度钢桁架拱桥关键问题研究[D].上海:同济大学,2007.

[27] 胡清.大跨度钢箱桁架上承式拱桥施工方法及其应用研究[J].黑龙江交通科技,2011(9):194-195.

[28] 李美军.奉节梅溪河大桥结构设计与施工[D].成都:西南交通大学,2003.

[29] 戴振藩.克尔克桥的大跨度混凝土拱悬臂施工法[J].世界桥梁,1982(4):61-63.

[30] 周水兴,刘国栋.美国新河峡谷大桥设计、施工与养护[J].中外公路,2007,27(6):94-96.

[31] 陈宝春,黄卿维.葡萄牙亨里克拱桥的设计与施工[J].世界桥梁,2006(3):1-4.

[32] 陈让利.沪昆客专北盘江特大桥设计与施工方案[J].图书情报导刊,2011,21(22):175-179.

[33] 孔宪全.大瑞铁路钢管混凝土拱桥二次竖转施工方案设计[D].湘潭:湖南科技大学,2017.

[34] Igarashi T ,林正清.采用新法悬臂施工的钢筋混凝土拱桥——日本外律桥[J].中外公路,1978(3):17-21.

[35] 陈开利.青叶大桥的设计与施工[J].世界桥梁,1997(2):24-29.

[36] 余丹如.日本别府明矾桥的设计与施工:一座位于温泉地区的混凝土拱桥[J].公路,1991(11):31-34.

[37] 金子恒夫,艾国柱,夏华晞.天子川桥的设计和架设工法[J].世界桥梁,1994(3):170-175.

[38] 刘剑萍,角本周,成泽邦彦.神原溪谷大桥的竖向转体施工[J].世界桥梁,2003(3):1-4.

[39] 黄在英.巴东县小溪河大桥转体施工监测监控[J].工程建设与设计,2018:109-110.

[40] 林春姣,郑皆连.南盘江特大桥拱圈混凝土斜拉扣挂法施工分析[J].桥梁建设,2016(5):116-121.

[41] Pulkkinen P,Hopf S,Jutila A.Conceptual design of the Chenab Bridge in India[J].Procedia Engineering,2012,40:189-194.

[42] Radić J,Šavor Z,Mandić A.Two notable arch bridges on the Croatian Adriatic Highway [J]. Structural Engineering International,2010 (1):36-40.

[43] Adão da Fonseca A, Mato F M.Infant Henrique bridge over the river Douro, Porto [J]. Structural Engineering Enternational,2005(2):85.

[44] Šavor Z,Radić J,Puž G.Krka River Bridge near Skradin [J].Arch Bridges Ⅳ,Advances in Assessment,Structural Design and Construction,2004:558-565.

[45] Wölfel R.Construction of the bridge over the Wilde Gera Valley,the longest-spanning arch bridge in Germany[C]//IABSE Symposium Report.International Association for Bridge and Structural Engineering,2002,86(16):66-73.

[46] 臧瑜.卢浦大桥施工控制[C]//中国公路学会桥梁和结构工程学会2003年全国桥梁学术会议论文集.北京:人民交通出版社,2003:393-400.

[47] 楼庄鸿.法国Rance河拱桥介绍[J].国外公路,1991(03):24-25.

[48] Virlogeux M, Bouchon E, Berthellemy J, et al. The antrenas tubular arch bridge, France[J]. Structural Engineering International, 1997(2):107-109.

[49] 牟廷敏.巫山县巫峡长江大桥技术进步研究[J].西南公路,2006(3):34-37.

[50] 丁庆军,彭艳周,何永佳,等.巫山长江大桥钢管混凝土配合比设计与施工[J].混凝土,2006(10):61-64.

[51] 王亚维.成贵铁路贵州鸭池河特大桥主桥拱肋架设施工技术[J].桥梁建设,2017(01):107-111.

[52] 韩玉,秦大燕,冯智.合江长江一桥施工关键技术及创新[J].公路,2013(3):69-74.

[53] 韩玉,冯智,秦大燕.530m跨钢管混凝土拱桥合江长江一桥施工创新技术[C]//第二十一届全国桥梁学术会议论文集(上册).北京:人民交通出版社,2014:461-467.

[54] 陈炳坤.美国罗斯福湖拱桥的架设[J].国外桥梁,1992(3):1-6.

[55] 编辑部.日本第二音户大桥[J].世界桥梁,2014(1):96-97.

[56] 冯玉涛,张先忠,伍晓孟,等.重庆朝阳复建桥总体设计[J].中外公路,2014,34(2):147-152.

[57] 张华,徐升桥,彭岚平.南广铁路西江特大桥总体设计[J].钢结构,2015,30(4):17-21.

[58] 刘海燕.3座著名的特色桥梁[J].世界桥梁,2018:93-94.

[59] 石玉灿.6000t钢箱拱桥整体提升的理论分析和模型试验研究[D].成都:西南交通大学,2018.

[60] 李跃,罗甲生,郭欣,等.广州新光大桥主跨主拱中段大段整体提升架设[J].中外公路,2006(02):113-117.

[61] 林小军.柳州官塘大桥净跨450m钢箱拱桥设计[J].西南公路,2018,147(03):16-19.

[62] 唐剑,刘永松.印尼Tayan大桥钢桁架主拱整体提升安装施工方法介绍[J].公路交通技术,2016(10):61-65.

[63] 唐剑,刘盼.塔园大桥钢桁架主拱整体提升安装与施工控制[J].公路交通技术,2017(1):42-47.

[64] 刘玉擎.日本新西海钢管混凝土拱桥的设计概况[J].世界桥梁,2006(2):5-7.

[65] 佘巧宁.新斯维讷松德桥的设计与施工[J].世界桥梁,2008(2):6-9.

[66] 庄卫林,黄道全,谢邦珠,等.丫髻沙大桥转体施工工艺设计[J].桥梁建设,2000(1):37-41.

[67] 吕建根,张辉.茅草街大桥368m跨主拱肋缆索吊装施工技术[J].建筑技术,2009,40(02):169-171.

[68] 李茂兴.卢浦大桥主桥施工技术[J].施工技术,2003(11):40-43.

[69] 编辑部.美国弗里芒特钢拱桥悬吊架设法[J].桥梁建设,1974(4):46-59.

[70] 李兴华,李德坤,魏善平.组合式公轨两用特大系杆拱桥施工技术——重庆菜园坝长江大桥施工简介[Z].中国重庆:2006.

[71] 于用庆.厦门环岛路钟宅湾大桥设计与施工关键技术[J].中国铁道科学,2005,26(4):139-144.

[72] 廖宜勤,王朝华.南昌生米大桥总体设计[J].世界桥梁,2005(3):1-4.

[73] 陈志宜.吉安阳明大桥钢管拱架设施工技术[J].桥梁建设,2006(1):48-51.

[74] 徐升桥,任为东,刘春彦.新光大桥的设计与施工[J].铁道勘察, 2007(增刊):63-71.

[75] C Y Shao.The New Incremental Launching Construction Technology of Jiubao Bridge Longspan Hybrid Arch-girder Structure [J]. Journal of Civil Engineering and Science, 2013 (2): 250-254.

[76] Taratoris S. A critical analysis of the design and construction of the Sydney harbor bridge [C]//Bridge Engineering 2 Conference 2008, University of Bath, Bath UK, 2008.

[77] Jung J H, Kim J H, Yoon H C, et al. Design and construction of the balanced arch bridge on the deep foundation[C]//Proceedings of ARCH' 10 the 6th International Conference on Arch Bridges, 2010.

[78] 稲村康,山田敦,前田晃佑,等.気仙沼大島大橋の施工[J],橋梁と基礎,2018 (2) : 14-20.

[79] 藤澤政夫,丸山忠明,横田哲也,等.木津川新橋の設計と施工(上)[J].橋梁と基礎,1994(1):7-15.

[80] 中西正昭,祖開良和,指収政男,等.木津川新橋の設計と施工(下)[J].橋梁と基礎,1994(2):39-44.

[81] 長尾悠太郎,森田哲司,鈴木智之,等.天龍峡大橋(仮称)の製作・架設[J].橋梁と基礎,2019(3):15-20.

[82] 脇坂哲也,清水英樹,天羽一貴,等.利賀大橋の設計・施工[J].橋梁と基礎,2019(1):13-19.

[83] 荻野悟,松永寛,黒木義幸,等.熊本天草幹線道路　天城橋の施工[J].橋梁と基礎,2018(9):7-12.

[84] 仲谷洋,大井祥之 谷田健 豆谷大橋の施工[J].橋梁と基礎,2018(10):7-12.

[85] Millanes F, Ortega M, Carnerero A. Palma del Río Arch Bridge, Córdoba, Spain [J]. Structural Engineering International, 2010(3):338-342.

[86] HorvathA , Dunai L , Nagy Z. Dunaujvaros Danube Bridge: construction, design and research [J]. Structural Engineering International, 2006(1):31-35.

[87] 刘钊,秦卫红.日本新浜寺桥——一座大跨度尼尔森—洛斯体系的桥梁[J].国外桥梁,1999(4):14-20.

[88] Rando M, Lomax S, Goberna E. The three Santiago Calatrava Bridges in Reggio Emilia, Italy [J]. Structural Engineering International, 2010(1):18-20.

[89] Surovtsev A, Devichinsky Y, Azanov S. NET GAIN: An unconventional launching procedure was chosen for erection of the largest network arch bridge in the world [J]. Bridge Design and Engineering, 2015, 81:34-36.

[90] Pfeiffer, M., Construction and erection of the Rhine Bridge at Dusseldorf-Neuss, Germany [J].

Structural Engineering International,1992 (1):28-33.

[91] 刘学文.京沪高铁南京大胜关长江大桥主桥施工技术综述[J].桥梁建设,2010(4):1-4.

[92] 胡涛,易伦雄.柳州市维义大桥主桥设计与施工[J].桥梁建设,2010(5):39-42.

[93] 朱鹏飞.宜万铁路宜昌长江大桥关键施工技术研究[J].桥梁建设,2004(1):62-65.

[94] Guth D, Braet D, Van Severen P, et al. A new bridge over the Rhine River [J]. Structural Engineering International, 2018 (2):118-122.

[95] 侯健,彭振华,张燕飞.沪通长江大桥天生港专用航道桥设计[J].桥梁建设,2015 (06):65-69.

[96] 段雪炜,徐伟.重庆朝天门长江大桥主桥设计与技术特点[J].桥梁建设,2010(02):41-44.

[97] Pistoletti P, Maestrelli P, Varni S. Marchetti viaduct-design and assembling of a bowstring arch bridge with a span of 250m[C]//Challenges in Design and Construction of an Innovative and Sustainable Built Environment, 19th IABSE Congress Stockholm, 21-23 September 2016, pp. 2314-2321.

[98] Arribas D, Bernal P. Almonte Viaduct. Detailed Design [C] // Challenges in design and construction of an innovative and sustainable built environment, 19th IABSE Congress Stockholm, 21-23 September 2016, pp.2274-2281.

[99] Cavero P, Arribas D, Carnero D. Almonte Viaduct. Construction Process[C]//Challenges in design and construction of an innovative and sustainable built environment, 19th IABSE Congress Stockholm, 21-23 September 2016, pp.2282-2289.

[100] Capellán G, Arenas J, Sacristán M. Design of Ponte dei Congressi in Rome, Italy[C]// Challenges in Design and Construction of an Innovative and Sustainable Built Environment, 19th IABSE Congress Stockholm, 21-23 September 2016, pp.2290-2297.

[101] MANTEROLA J, MARTÍNEZ A, et al. Railway arch bridge over the Contreras Reservoir on the Madrid-Levante high-speed railway line[C]//37th IABSE Symposium Madrid 2014, Vol.102, pp.1221-1227.

[102] MANTEROLA J, MARTÍNEZ A, et al. Railway arch bridge over the Tajo River in the Alcántara Reservoir[C]//37th IABSE Symposium Madrid 2014, Vol.102, pp.1228-1235.

[103] ŠAVOR Z, MUJKANOVIĆ N, HRELJA G. Design and construction of KRKA river arch bridge [C]// Proceedings of Chinese-Croatian Joint Colloquium on Long Span Arch Bridges, Structural Engineering Conference, Zagreb, Brijuni Islands, 2008:217-228.

[104] CHEN B C. New development of long span CFST arch bridges in China [C]//Proceedings of Chinese-Croatian Joint Colloquium on Long Span Arch Bridges, Structural Engineering Conference, Zagreb, Brijuni Islands, 2008:357-368.

[105] ŽDERIĆ Ž, RUNJIĆ A, et al. Design and construction of Cetina arch bridge [C]// Proceedings of Chinese-Croatian Joint Colloquium on Long Span Arch Bridges, Structural Engineering Conference, Zagreb, Brijuni Islands, 2008:285-292.

[106] ŽDERIĆ Ž. Cantilever erection of arch bridges[C]//Proceedings of Chinese-Croatian Joint

Colloquium on Long Span Arch Bridges, Structural Engineering Conference, Zagreb, Brijuni Islands, 2008: 337-342.

[107] RADIĆ J, ŠAVOR Z. Design and construction of The Maslenica highway bridge [C] // Proceedings of Chinese-Croatian Joint Colloquium on Long Span Arch Bridges, Structural Engineering Conference, Zagreb, Brijuni Islands, 2008: 229-239.

[108] ŠAVOR Z, BLEIZIFFER J. From Melan patent to arch bridges of 400m spans [C] // Proceedings of Chinese-Croatian Joint Colloquium on Long Span Arch Bridges, Structural Engineering Conference, Zagreb, Brijuni Islands, 2008: 349-356.

[109] ŠAVOR Z, BLEIZIFFER J. Long span concrete arch bridges of Europe [C] // Proceedings of Chinese-Croatian Joint Colloquium on Long Span Arch Bridges, Structural Engineering Conference, Zagreb, Brijuni Islands, 2008: 171-180.

[110] Per Tveit. The Network Arch [J]. On the author's home page: https://home.uia.no/pert/index.php/Home.

[111] 倪传志,宋郁民,王成波.基于3G网络的大跨度连续钢系杆拱桥顶推施工监控研究[J].公路,2018,63(12):111-115.

[112] 郑皆连,王建军.拱桥的突破——我国钢管混凝土拱桥的发展状况及主要创新技术[J].桥梁,2018(01):14-22.

[113] 韩玉.解除管内隐患——钢管拱桥管内混凝土真空灌注试验及实桥应用[J].桥梁,2018(01):24-29.

[114] 梁健,牟廷敏,郑旭峰.峡谷桥梁优选方案的思考——钢管混凝土强劲骨架在溜索改桥工程中的应用[J].桥梁,2018(04):50-55.

[115] 宋郁民,郝晋新,赵志明.大跨度系杆拱桥顶推施工技术研究[J].施工技术,2017,46(S1):858-861.